교회의 신학자 칼뱅

박경수 지음

대한기독교서회

교회의 신학자 칼뱅

2009년 4월 30일 초판 1쇄
2011년 4월 15일 초판 2쇄

지은이/박경수
펴낸이/정지강
펴낸곳/대한기독교서회
편집책임/이준환

등록/1967년 8월 26일 제1-77호
주소/135-090 서울시 강남구 삼성동 169-1
전화/편집 553-0873~4 영업 553-3343
팩스/편집 3453-1639 영업 555-7721
e-mail/cls1890@chol.com
edit1890@chol.com
http://www.clsk.org

직영서점/기독교서회
종로5가 기독교회관 1층, 전화 744-6733 팩스 745-8064

값 15,500원/ 책번호 1577
ISBN 978-89-511-1137-2 93230

The Christian Literature Society of Korea, Seoul
Printed in Korea

교회의 신학자 칼뱅

차례

제2부 교회일치의 옹호자 칼뱅

서문

올해는 개혁교회의 아버지로 불리는 종교개혁자 장 칼뱅(Jean Calvin, 1509-1564)이 태어난 지 500주년이 되는 해이다. 칼뱅은 중세 로마가톨릭의 폐해를 비판하면서 교회의 개혁을 주창했던 프랑스 출신의 프로테스탄트 개혁자로, 그의 개혁사상은 오늘날 유럽에서는 개혁교회 전통으로, 미국과 한국에서는 장로교회 전통으로 이어지고 있다. 전 세계에 흩어져 있는 개혁교회들이 자신들의 신학과 예전과 정치체제의 근본을 제공해 준 칼뱅을 기념하기 위한 행사를 준비하느라 분주하다. 특별히 칼뱅의 조국인 프랑스와 그의 주된 사역지였던 스위스 제네바에서는 대대적인 기념행사들이 추진되고 있다. 선교 초기부터 장로교회의 전통이 강하게 자리 잡은 한국에서도 교단과 신학교와 학회들을 중심으로 칼뱅을 새롭게 조명하는 모임들이 계획되어 있다. 비록 칼뱅의 육신은 오래 전에 죽어 땅에 묻혔지만, 그의 정신과 사상은 여전히 우리 곁에서 살아 숨 쉬고 있다.

종교개혁 전체를 놓고 보자면, 칼뱅은 종교개혁 1세대였던 비텐베르크의 루터(Martin Luther, 1483-1546)나 취리히의 츠빙글리(Huldrich Zwingli, 1484-1531)보다 한 세대 뒤에 활동한 2세대 종교개혁자라 할 수 있다. 그렇기 때문에 칼뱅은 처음 프로테스탄트 종교개혁을 시작한 루터나 츠빙글리보다 더 큰 틀에서 객관적으로 프로테스탄트의 위상을 조망할 수 있고, 앞선 선배들이 드러낸 약점들을 보완하고 종합할 수 있는 유리한 위치에 있었다고 할 수 있다. 칼뱅이 넓은 안목으로 프로테스탄트 진영 내부를 화해시키고 프로테스탄트 신학을 종합하려고 했다는 것은 다음의 몇 경우만 보아도 쉽게 알 수 있다. 첫째로, 칼뱅은 성만찬을 둘러싸고 심각한 갈등을 빚고 있던 루터(루터주의자)와 츠빙글리(츠빙글리주의자)를 중간에서 화해시키는 역할을 맡아 노력했다. 둘째로, 루터가 종교개혁의 기치를 내걸면서 '믿음으로 의롭게 된다.'는 이신칭의(以信稱義)의 교리를 너무 강조한 나머지 프로테스탄트는 사랑의 행함이나 거룩한 삶에는 관심이 없고 오직 믿음만 있으면 만사형통이라고 가르친다는 온갖 오해와 억측이 일어났을 때, 칼뱅은 믿음으로 말미암는 칭의와 더불어 거룩한 생활을 통한 성화를 강조함으로써 프로테스탄트 신학이 결코 편향된 가르침이 아니라 균형 잡힌 사상임을 부각시켰다. 셋째로, 루터가 개인의 구원에 관심을 둔 반면에, 칼뱅은 개인뿐만 아니라 교회와 세상까지도 하나님의 뜻에 합당한 공동체가 되기를 바라면서 사회와 정치의 유기적인 구조들을 개혁하고자 하였다. 이런 점들이 다 그가 2세대 종교개혁자였기에 가능한 신학적 종합이었을 것이다. 칼뱅을 종교개혁 사상의 완성자라고 부르는 이유가 여기에 있는 것이다.

칼뱅의 사상에서 가장 두드러지고 돋보이는 것은 단연 교회에 대한 가르침이다. 사실상 루터나 츠빙글리 같은 1세대 종교개혁자들은 로마가톨릭의 교회론과 구별되는 프로테스탄트의 교회론을 만들어 낼 여유가 없었고 또 그럴 의지도 없었다. 그러나 종교개혁이 시작된 후 한 세대가 지나면서 이제 로마 교회와 프로테스탄트 교회의 분리가 돌이킬 수 없는 현실이 되자, 프로테스탄트 신자들을 위한 독자적인 교회론이 요청되었다. 이 필요성에 부응한 사람이 바로 칼뱅이다. 칼뱅의 주저인 『기독교강요』 최종판(1559)에서 가장 많은 분량을 차지하고 있는 것이 바로 교회론을 다루는 부분이고, 우리는 여기서 그가 프로테스탄트 교회론을 확립한 신학자라는 것을 분명히 알 수 있다. 그는 교회의 표지인 말씀과 성례에 대해서, 교회를 지탱하고 성도를 세우는 권징에 대해서, 목사 · 교사 · 장로 · 집사로 이루어지는 사중직제에 대해서, 교회의 예배에 대해서, 교회와 국가의 관계에 대해서, 오늘날까지도 개혁교회와 장로교회가 의지할 수 있는 표준들을 세워놓았다. 칼뱅의 평생의 관심은 '참된 교회' 였다. 그는 무엇이 참된 교회이고, 어떻게 해야 하나님이 기뻐하시는 참된 교회가 될 수 있는가 하는 문제를 붙들고 평생을 씨름한 하나님의 사람이었다. 이런 의미에서 본서의 제목을 『교회의 신학자 칼뱅』이라고 붙였다.

본서에 실린 글들은 필자가 2004년 장로회신학대학교에 부임한 이후 지금까지 여러 학회지와 학술대회에서 발표한 논문들 중에서 칼뱅과 관련된 것들이다. 각각이 독립적인 논문이기도 하지만, 모두 '교회의 신학자' 칼뱅이라는 큰 주제를 염두에 두고 쓴 글들이기 때문에 나름대로의 통일성도 있을 것이다. 독립적인 논문들이라 서로 중복되는 부분들이 있지만 가능하면 원 논문의 틀과 내용을 유지하였다. 하지만 한 권의 책으로 묶기 위해서 꼭 필요한 경우에는 약간의 수정과 손질을 가했음을 밝혀둔다. 참고문헌은 이 책에서 인용되거나 사용된 문헌에 한정하여 수록하였다.

한 사람의 칼뱅 연구자로서 칼뱅 탄생 500주년에 맞추어 그동안의 노력들을 하나의 결실로 세상에 내놓을 수 있게 된 것은 참으로 큰 기쁨이고 보람이다. 출판 상황이 좋지 않음에도 불구하고 한국 교회가 참된 교회를 지향하는 데 일조한다는 마음으로 기꺼이 출판을 허락해 준 대한기독교서회와 출판국장 서진한 목사님, 그리고 이준환 부장님과 편집부 식구들에게 진심으로 감사를 드린다. 그리고 무엇보다 항상 내 곁에서 내 편이 되어주는 아내에게 이 자리를 빌려 고마움을 전한다. 아무쪼록 이 책이 참된 교회와 하나님의 뜻이 이루어지는 세상을 이루고자 애쓰고 있는 모든 목회자와 신학자와 신학생 그리고 그리스도인들에게 작은 도움이 되기를 바라는 마음뿐이다.

"내가 교회에서 교사의 직책을 맡은 이후, 나는 교회의 유익을 구하는 것 이외에 다른 목적을 가진 적이 없다."(『기독교강요』 서문에서)

2009년 3월

너른 나루 연구실에서 박경수

칼뱅의 생애와 사역 개요

제네바에 도착하기까지(1509-1536)

칼뱅은 프랑스 북부의 작은 마을 누아용(Noyon)에서 1509년 7월 10일 태어났다. 그의 아버지는 성당 참사회 일원으로 교회재정을 관리하는 일을 했고, 어머니는 경건한 여인이었지만 칼뱅이 어릴 때 죽었다. 칼뱅은 14살이 되던 1523년에 파리의 라 마르슈대학에 입학하여 라틴문법과 수사학을 배우다가 얼마 후 몽테규대학으로 옮겼다. 그러다가 아버지의 권유로 1528년 초에 오를레앙대학으로 가서 레스투알에게서 법학을 공부하였고, 1529년 여름에는 부르주대학으로 옮겨서 알치아티에게서 법학과 인문학을 배웠다.

칼뱅이 언제 프로테스탄트 개혁자로 회심했는지, 또 그의 회심이 갑작스러운 것이었는지 점진적인 것이었는지에 대해서는 논란이 있지만, 대체로 1533년 전후에 회심했을 것이라고 보는 것이 무리가 없다. 특히 1533년 11월 1일 만성절 파리대학 신임총장 니콜라스 콥의 종교개혁적인 성격의 연설문 작성에 칼뱅이 관여한 것이 사실이라면, 그가 이미 프로테스탄트 사상으로 회심한 것으로 볼 수 있을 것이다. 아무튼 이 사건으로 인해 칼뱅은 파리를 떠나 피신해야만 했다.

칼뱅은 바젤에 머물면서 프랑스의 박해받는 프로테스탄트 신자들을 변호하고자 유명한 『기독교강요』를 집필하기 시작해 1536년 3월 출판하였다. 칼뱅은 스트라스부르로 가던 중 프랑수아 1세와 카를 5세의 전쟁으로 인해 길이 막히자 우회하여 제네바에 들렀다. 당시 제네바는 막 가톨릭 신앙을 떠나 프로테스탄트 신앙을 받아들이던 때였다. 이때 제네바에서 종교개혁 운동을 펼치고 있던 기욤 파렐은 『기독교강요』의 저자가 제네바에 머물고 있다는 소식을 듣고 밤중에 찾아와 칼뱅에게 제네바의 종교개혁 운동에 동참해 줄 것을 강권하였다. 여러 가지 이유를 들면서 완강하게 거부하던 칼뱅은 파렐이 하나님의 저주를 들먹이면서 압박하자 결국 운명의 도시인 제네바의 사역자가 되기로 마음을 정한다.

제네바 1차 사역(1536 – 1538)

칼뱅은 제네바의 생 피에르(St. Pierre) 교회에서 성서를 가르치는 교사로 시작하여, 얼마 후에는 목회자로 사역하였다. 칼뱅과 제네바의 목회자들은 제네바 교회의 개혁을 위해 『신앙고백과 규율』과 『요리문답』을 작성하였고, 이것들은 1537년 1월 16일 의회의 승인을 받았다. 이에 따라 모든 제네바의 거주민들은 신앙고백서에 서명해야만 하였다. 하지만 제네바의 토착세력들은 외부에서 온 목회자들이 주도하는 개혁운동에 강한 불만을 표출하면서 신앙고백서 자체를 거부하였다. 여기에 정치적인 문제까지 더해졌다. 제네바가 가톨릭의 멍에에서 벗어나는 데 결정적인 도움을 주었던 베른이 제네바의 과격한 개혁을 반대하면서, 제네바 교회가 이미 폐지한 축일, 세례반, 성찬식에서의 무교병 사용 등의 관습을 복원하라고 요구한 것이다. 제네바 의회는 베른의 눈치를 볼 수밖에 없었고, 게다가 1538년 2월 선거에서 토착세력들이 승리함에 따라 칼뱅을 비롯한 목회자들의 입지는 좁아지게 되었다.

칼뱅과 파렐은 개혁을 위해서는 생활이 복음에 합당하지 않은 사람들과 신앙고백에 서명하지 않은 사람들에게는 성찬을 베풀 수 없다고 주장하였지만, 제네바 의회는 1538년 부활절 성찬식을 베른의 의식에 따라 거행할 것을 요구하였다. 4월 21일 부활절에 목회자들이 개혁을 요구하는 강력한 설교를 하고 성찬을 베풀지 않자, 의회는 바로 다음 날인 4월 22일 칼뱅과 파렐을 면직시키고 3일 안에 제네바를 떠날 것을 명하였다.

스트라스부르 사역(1538－1541)

제네바를 떠나 얼마간 바젤에서 머물던 칼뱅은 스트라스부르의 종교개혁자 마르틴 부처의 초청으로 1538년 9월 초에 스트라스부르로 갔다. 거기서 칼뱅은 프랑스 피난민들이 모인 교회의 목회자로 일하면서, 스트라스부르 아카데미에서 신약성서를 가르치는 책임도 맡았다.

칼뱅은 스트라스부르에 체류하던 이 시기가 자신의 인생에서 가장 행복한 때였다고 회고한다. 1540년에는 부처의 중매로 이들레트 드 뷔르(Idelette de Bure)와 결혼하여 가정을 꾸리지만, 안타깝게도 이들레트는 1549년 먼저 세상을 떠나고 말았다. 칼뱅은 스트라스부르에 머물면서 『기독교강요』 개정판과 『로마서주석』을 내놓았고, 루터와 츠빙글리주의자들을 중재하는 『성찬에 관한 소논문』을 발표하였으며, 제네바 시민들을 가톨릭으로 되돌리려는 의도로 로마 추기경 사돌레토가 보낸 편지를 반박하는 탁월한 답변을 쓰기도 하였다. 이처럼 칼뱅은 스트라스부르에서 목사, 교수, 저술가, 중재자로서의 바쁜 일상을 보내었다.

칼뱅이 스트라스부르에 머문 지 3년 만에 제네바 교회가 다시 그를 청하였고, 이때 칼뱅은 제네바로 돌아가느니 차라리 백번이고 십자가를 지는 것이 더 낫다면서 완강히 거절하였다. 그렇지만 파렐과 부처를 비롯한 동료들이 제네바 교회를 위해서 칼뱅이 꼭 필요하다면서 하나님의 이름을 들어 또다시 강권하였고, 결국 칼뱅은 자신의 뜻을 꺾고 제네바 행을 결심하면서 파렐에게 이렇게 써 보냈다. “만일 나에게 선택의 자유가 있다면 제네바로 돌아오라는 당신의 요구만은 정말 거절하고 싶지만, 내가 나의 주인이 아님을 돌이켜 생각하여 주님께 제물로 바치듯 내 마음을 즉시 그리고 진심으로 드립니다.”

제네바 2차 사역(1541－1564)

제네바가 개혁교회의 요람이 되기까지의 과정은 결코 순탄하지 않았다.

1541년부터 1555년까지 적어도 14년 동안 칼뱅은 폭풍이 휘몰아치는 세월을 보내야만 했다. 모든 난관을 뚫고 칼뱅은 『교회법령』을 마련하여 예배와 교회를 개혁하고, 목회자와 평신도로 구성된 치리기구인 컨시스토리(Consistory)를 만들어 도덕을 바로세우고, 신학적 논쟁들을 통해 올바른 사상을 수립하고, 제네바아카데미를 통해 교육을 개혁하고, 종합구빈원과 프랑스기금을 통해 사회복지를 실천하는 등 제네바를 하나님의 말씀에 합당한 도시로 만들어 나갔다. 1556년 제네바를 방문했던 스코틀랜드의 종교개혁자 존 녹스(John Knox)는 제네바를 보고 "사도 시대 이후 가장 완벽한 그리스도의 학교"라고 감탄하였다.

칼뱅은 1564년 5월 27일 숨을 거둘 때까지 제네바의 목회자로, 프로테스탄트 종교개혁의 지도자로, 교육자로, 신학자로 자신에게 맡겨진 소명을 감당하였다. 칼뱅이 끼친 영향은 단지 교회에만 국한된 것이 아니라 서구 사회 전체에 걸친 광범위한 것이다. 그는 하나님의 교회와 하나님의 영광을 위해서 자신의 마음을 "즉시 그리고 진심으로" 바친 위대한 하나님의 사람이었다. 칼뱅의 『기독교강요』 맨 마지막에 있는 문장, "하나님을 찬양하라."(Laus Deo)는 그의 사상의 원천이자 삶의 목표였다.

서론: 칼뱅 연구의 최근 경향

I. 신화 뒤에 가려진 인물

대화중에 칼뱅이라는 이름이 등장할 때면 사람들은 거의 자동적으로 제네바의 신정정치가, 예정론의 주창자, 개신교 운동의 조직자, 세르베투스를 화형에 처한 편협하고 완고한 사람을 떠올리게 된다. 16세기 이래로 제네바는 전투적인 프로테스탄티즘의 로마처럼 인식되어 왔으며 칼뱅은 '제네바의 교황'처럼 여겨져 왔다.

스토페르(Richard Stauffer)가 지적했듯이, 역사상 칼뱅만큼 오해받고 있는 인물도 없다.[1] 칼뱅은 그의 적대자들로부터 비방을 받았을 뿐만 아니라 그의 추종자들에게서도 많은 오해를 받아왔다. 칼뱅에 대한 비방은 그와 동시대인이었던 볼섹(Jerome Bolsec)에 의해 이미 시작되었다. 볼섹은 원래 로마 가톨릭의 수도사였으나 개신교 진영으로 전향했다가 후에 칼뱅의 예정론에 반발하면서 다시 로마의 품으로 돌아갔다. 로마 가톨릭으로 돌아간 후 볼섹

1) 볼섹으로부터 츠바이크에 이르기까지 칼뱅에 대한 많은 부정적인 묘사는 Richard Stauffer, *The Humanness of John Calvin* (New York: Abingdon Press, 1971), 19-31에 잘 나타나 있다. Thomas J. Davis, "Images of Intolerance: John Calvin in Nineteenth-Century History Textbooks," *Church History* 65 (1996): 234-248에서는 왜 칼뱅과 칼뱅주의가 미국 문화에서 부정적으로 회자되고 있는지를 보여 준다. 데이비스에 따르면 칼뱅의 편협한 이미지는 주로 19세기 미국 역사 교과서에 의해 널리 퍼지게 되었다.

은 1577년에 칼뱅 전기를 출간했는데, 그 책에서 칼뱅은 "야심이 많고, 뻔뻔하고, 거만하고, 잔인하고, 악하고, 앙심을 품은 자이고, 게다가 무식하기까지 한 인물"[2]로 묘사되었다. 볼섹 이후로 칼뱅은 로마 가톨릭 측의 저술가들에 의해서, 심지어는 그의 추종자들에 의해서조차도 무비판적인 비난을 받았다. 그 중에서 가장 부당한 것이 20세기 중엽 장 쇼레(Jean Schorer)와 츠바이크(Stefan Zweig)에 의한 비난이었다. 제네바 교회의 목사였던 장 쇼레가 바로 다름 아닌 제네바의 종교 개혁자였던 칼뱅을 대적하기 위하여 츠바이크를 부추겨 칼뱅을 비난하고 그의 적대자였던 카스텔리오를 옹호하는 책을 쓰게 한 것은 역사의 아이러니라 아니할 수 없을 것이다. 츠바이크의 책 중에서 칼뱅과 카스텔리오의 얼굴을 묘사하는 부분을 보면 칼뱅은 마치 소설과도 같은 이 책에서 터무니없이 비난을 당했으며 카스텔리오는 지나치게 미화되었다는 사실을 분명히 알 수 있다.

> 칼뱅의 얼굴은 알프스 산맥의 석회암 지형과 닮았다. 저 고독하게 동떨어져 있는 바위의 모습, 그 말없는 폐쇄성 속에는 신이 깃들 수 있을 뿐, 인간적인 그 어떤 것도 자리 잡을 수 없는 모습이다. 선의도 위안도 나이도 보이지 않는 이 금욕주의자의 얼굴에는, 삶을 풍성하고 충만하고 즐겁게 꽃피우고 따뜻하고 감각적으로 만드는 모든 것이 결핍되어 있다. 깡마르고 기다란 타원형 얼굴에 깃든 어떠한 모습도 모두 딱딱하고 추악하고 역겹고 조화가 없다. 좁고 엄격한 이마, 그 아래로 밤을 샌 듯한 두 개의 깊은 눈이 석탄처럼 이글거리고, 날카로운 매부리코는 움푹 꺼진 두 뺨 사이에 지배욕에 불타는 모습으로 높이 솟아 있고, 단도로 자른 듯한 좁은 입술은 아주 드물게만 웃음 지었을 것이 분명하다. 깊이 가라앉은, 메마른 잿빛 피부에 따뜻한 살색은 조금도 보이지 않는다. 내면의 불길이 흡혈귀처럼 뺨에 있는 핏기를 다 빨아 먹은 듯, 두 뺨은 주름지고 병들고 창백하다. 이 두 뺨이 격렬한 분노의 불길로 활활 타오르는 데는 몇 초도 안

2) Richard Stauffer, *The Humanness of John Calvin*, 20.

> 걸릴 것이다. 길게 흩날리는 예언자 수염이 이 성마르고 노란 얼굴에 남자다운 힘의 모습을 주려고 하지만 헛일이다. 이 수염도 생기나 풍만감은 없다. 그것은 하나님처럼 강력한 모습으로 내려뜨려지지 못하고 얇은 다발을 이루며 암벽에 돋아난 빈약한 관목더미 같다.[3]
>
> 오늘날 카스텔리오의 초상화는 단 한 장만 남아 있다. 그것도 중간 수준 정도의 초상화일 뿐이다. 이 초상화는 높고 훤히 트인 이마 밑으로 자유롭고 참된 눈을 가진 매우 정신적이고 진지한 얼굴을 보여주고 있다. … 칼뱅의 얼굴은 긴장 그 자체다. 초조하고도 고집스럽게 분출을 노리고 있는, 경련적이고 병적으로 응집된 에너지를 보여주는 반면, 카스텔리오의 얼굴은 온화하고 침착하게 기다리는 얼굴이다. 한 사람의 눈길은 불덩어리이고, 다른 쪽은 평온하다. 참을성 없음이 끈기에 맞서 있고, 튀어 오르려는 열의가 끈질긴 신념에 맞서 있다. 광신주의가 인문주의에 맞서 있는 것이다.[4]

지금까지 칼뱅은 흔히 예정론의 교리로 무장한 딱딱한 신학자, 철장으로 사람들을 다스렸던 제네바의 독재자, 세르베투스를 죽이고 카스텔리오를 추방한 '불관용의 대명사'[5]로 묘사되어 왔다. 이것은 일종의 '칼뱅 신화'[6]가 되었다. 그러나 칼뱅에 관한 최근의 연구들은 그동안 신화 뒤에 숨겨져 왔던 칼뱅의 모습을 점차 재발견하게 되었다. 최근의 칼뱅 연구를 추적하고자 한다면 무엇보다도 먼저 미국 미시간에 위치한 칼뱅신학교에서 발행하는 정기간행물인 「칼뱅 신학 잡지」(*Calvin Theological Journal*)를 주목해야 한다. 이 정

---

3) Stefan Zweig, *The Right to Heresy : Castellio against Calvin* (Boston : The Beacon Press, 1951), 44. 안인희 역, 『폭력에 대항한 양심 : 칼뱅에 맞선 카스텔리오』(서울 : 자작나무, 1998), 61.

4) Stefan Zweig, 안인희 역, 『폭력에 대항한 양심』, 92-93.

5) Roland Bainton, "The Peak of Protestant Intolerance : John Calvin," *The Travail of Religious Liberty* (Archon Books, 1971), 54-71.

6) Basil Hall, "The Calvin Legend," *John Calvin*, ed. G. E. Duffield (Grand Rapids : Wm. B. Eerdmans Publishing Company, 1966), 1-18.

기 간행물은 매년 11월호에 한 해 동안 세계 도처에서 발표된 칼뱅에 관한 모든 논문과 책들을 소개하고 있어서, 가장 최근의 칼뱅 연구가 어떤 방향으로 가고 있는지를 가늠할 수 있게 해준다. 이 목록 작업은 1971년 틸렌다(Joseph N. Tylenda)에 의해 시작된 이래로 클럭(Peter De Klerk, 1972-1997)을 거쳐 현재는 필즈(Paul Fields, 1998-)에 의해 계속되고 있다.[7] 최근의 칼뱅 연구의 동향을 이해하기 위해서는 또한 4년마다 모이는 세계칼뱅학회(International Congress for Calvin Research), 2년마다 모이는 미국칼뱅학회

7) 칼뱅과 칼뱅주의에 대한 최초의 계획된 참고문헌은 아마도 1900년에 출판된 *Corpus Reformatorum*의 마지막 권에 수록되어 있는 Alfred Erichson의 것일 것이다. Wilhelm Niesel의 *Calvin-Bibliographie 1901-1959*와 Dionysius Kempff의 *A Bibliography of Calviniana 1959-1974*는 Erichson 이후 1974년까지 나온 칼뱅에 대한 참고문헌을 수록하고 있다. 칼뱅 연구의 역사를 알기 위해서는 아래의 문헌들이 매우 유익할 것이다. Edward A. Dowey, Jr., "Continental Reformation : Works of General Interest, Studies in Calvin and Calvinism Since 1948," *Church History* (1955) : 360-367; 같은 저자, "Continental Reformation : Works of General Interest, Studies in Calvin and Calvinism Since 1955," *Church History* (1960) : 187-204; John T. McNeill, "Fifty Years of Calvin Study, Part I 1918-48, Part II 1948-68," *John Calvin*, ed. Williston Walker (New York : Schocken Book, 1969), xvii-lxxvii; Ford Lewis Battles, "The Future of Calviniana," *Renaissance, Reformation, Resurgence* (Grand Rapids : Calvin Theological Seminary, 1976), 133-173; John H. Leith, "Calvin Study for Today," *Interpretation* 31 (1977), 3-7; Robert White, "Fifteen Years of Calvin Studies in French (1965-1980)," *Journal of Religious History* 12 (December 1982) : 140-161; A. Wolters, "Recent Biographical Studies of Calvin"; W. Fred Graham, "Recent Studies in Calvin's Political, Economic, and Social Thought and Impact"; David E. Demson, "The Image of Calvin in Recent Research," *In Honor of John Calvin, 1509-1564*, ed. E. J. Furcha (Montreal : McGill University Press, 1987), 343-383; Richard Gamble, "Current Trends in Calvin Research, 1982-90," *Calvinus Sacrae Scripturae Professor : Calvin as Confessor of Holy Scripture*, ed. W. H. Neuser (Grand Rapids : Wm. B. Eerdmans Publishing Company, 1990), 91-111; Richard Muller, "Directions in Current Calvin Research," *Calvin Studies IX*, ed. John Leith and Robert Johnson (Davidson, NC, 1998) : 70-87; Richard Muller, "Directions in Current Calvin Research," *Religious Studies Review* 27/2 (April 2001) : 131-139; Donald K. McKim, "Recent Calvin Resources," *Religious Studies Review* 27/2 (April 2001) : 141-146.

(Calvin Studies Society)와 미국칼뱅세미나(Colloquium on Calvin Studies), 그리고 아시아나 아프리카에서 열리는 여러 지역의 칼뱅학회들에서 발행하는 학회지들을 검토해야 한다.

이와 같은 최근의 칼뱅 연구에 근거하여 이제는 칼뱅의 장점과 단점에 대한 보다 균형 잡힌 견해가 나타나고 있다. 그러면 어떤 모습의 칼뱅이 최근의 칼뱅 연구를 통해 나타나고 있는가? 본 논문에서는 최근 칼뱅 연구에서 나타나는 몇 가지 칼뱅 상들에 주목하면서 칼뱅 연구의 흐름을 소개하고자 한다.

II. 수사학자 칼뱅

최근 칼뱅 연구는 칼뱅이 르네상스 인문주의의 수사학 전통에 서 있음을 밝혀주고 있다. 일찍이 윌리스(David Willis)는 자신의 논문 "칼뱅신학에서 수사학과 책임"(Rhetoric and Responsibility in Calvin's Theology)을 통해 수사학 전통이 칼뱅에게 영향을 미쳤음을 주장하였다.[8] 윌리스는 신학자로서의 칼뱅은 기본적으로 인문주의 수사학 전통의 영향을 받았다고 말하면서, 칼뱅 신학에서 조정(accommodation)의 개념이 수사학 전통과 연관되어 있다고 이해하였다. 윌리스에 따르면, 칼뱅은 계시를 "하나님의 설득력 있는 조정"으로 파악하였다. "하나님은 우리의 낮은 수준에 자신을 맞추어 조정하신다. 이 조정의 이야기가 바로 하나님의 목적과 섭리의 역사이다."[9] 칼뱅의 신학이 하나님께서 인간의 상황에 자신을 조정하신다는 확신에 기초하고 있다면, 수사학 전통은 칼뱅 신학을 이해하는 데 있어서 매우 중요한 것이고, 따라서 수사학은 칼뱅 연구의 중요한 주제 중 하나가 되어야 할 것이다.

8) E. David Willis, "Rhetoric and Responsibility in Calvin's Theology," *The Context of Contemporary Theology*, eds. Alexander J. McKelway and E. Davis Willis (Atlanta : John Knox Press, 1974), 43-63.

9) E. David Willis, "Rhetoric and Responsibility in Calvin's Theology," 53.

수사학의 목적은 말하는 사람이 청중에게 가장 알맞은 방식으로 자신의 언어를 조정하고 맞춤으로써 자신의 의도를 명확하게 전하도록 하는 것이다. 칼뱅에 따르면 하나님께서는 자신의 계시를 전하기 위해 바로 이런 조정의 원리를 사용하시는 "대 수사학자"(the Grand Rhetorician) 혹은 "대 연설자"(the Grand Orator)이시다.[10] 그분은 성육신을 통하여, 성서를 통하여, 성례를 통하여, 자연을 통하여 인간의 수준에 맞추어서 자신의 계시를 조정하여 전하셨다. 칼뱅이 사용한 이미지를 따라 표현하자면, 하나님은 유모가 어린 아이에게 말하듯이 우리에게 말씀하신다. 그 이유는 우리의 낮은 수준에 맞추어서 자신을 조정하시기 때문이다.[11] 이런 의미에서 하나님의 말씀을 전하는 사람은 누구나 회중들의 눈높이에 자신을 맞추는 눈높이 교사, 즉 조정의 원리를 사용하는 수사학자가 되어야 할 것이다.

인문주의자요 수사학자로서의 칼뱅의 모습은 윌리엄 부스마(William Bouwsma)에 의해 가장 분명하게 드러났다. 헤이코 오버만(Heiko Oberman)이 칼뱅과 중세 신학의 관계를 신학적 측면에서 심도 있게 분석했다면, 부스마는 칼뱅의 인식론과 르네상스 인문주의와의 관계를 노련하게 다루었다.[12] 부스마의 핵심은 조직적인 신학자로서의 칼뱅 상 대신에 인문주의 수사학자로서의 칼뱅 상을 제시한 것이었다. 부스마는 자신의 책 『칼뱅』에서 16세기의 역사적 맥락 안에서 칼뱅을 분석하면서 그가 신학자라기보다는 수사학자로서의 면모를 보여주고 있음을 설득력 있게 주장하였다.[13] 이러한

---

10) David F. Wright, "Was John Calvin a 'Rhetorical Theologian'?" *Calvin Studies IX*, eds. John Leith and Robert Johnson (Davidson, NC, 1998), 59.

11) *Institutes*, I, 13, 1. "For who even of slight intelligence does not understand that, as nurses commonly do with infants, God is wont in a measure to 'lisp' in speaking to us? Thus such forms of speaking do not so much express clearly what God is like as accommodate the knowledge of him to our slight capacity."

12) William J. Bouwsma, "Calvin and the Renaissance Crisis of Knowing," *Calvin Theological Journal* 17 (November 1982) : 190-211.

13) William J. Bouwsma, *John Calvin : A Sixteenth Century Portrait* (Oxford : Oxford University Press, 1988).

시도는 칼뱅 연구에서 하나의 분수령을 이루는 것이었다. 부스마의 『칼뱅』에 대해 신학자들은 대체로 실망하였고, 역사학자들은 환영하였다.[14] 그러나 실제적이고 역사적인 칼뱅의 모습을 바로 알기 위해서는 역사학자들은 신학자들의 소리에, 그리고 신학자들은 역사학자들의 소리에 귀를 기울여야 할 것이다.

최근에는 시린 존스(Serene Jones)가 그녀의 책 『칼뱅과 경건의 수사학』(*Calvin and the Rhetoric of Piety*)을 통해 칼뱅 연구에 중요한 공헌을 하였다. 그녀는 자신의 책에서 칼뱅의 『기독교강요』를 수사학의 관점에서 바라보는 새로운 방법을 제시하였다. 존스는 기본적으로 칼뱅을 16세기 프랑스의 인문주의 수사학자라는 맥락 안에서 고찰하였다. 존스에 따르면, 칼뱅은 "초기 근대 유럽의 가장 탁월한 수사학자들 중 한 사람"[15]이었다. 칼뱅은 자신의 주장을 명확하게 전하기 위해 수사학적 방법을 의식적으로 그리고 능숙하게 사용하였다. 칼뱅은 그가 상대해야 할 구체적인 청중들에 대해 잘 알고 있었기에 그들에게 이르는 수사학적 전략을 노련하게 사용할 수 있었던 것이다. 칼뱅의 목표는 "청중들의 마음을 움직여서 그들로 하여금 구체적인 기독교적 삶과 믿음과 성향을 가지도록"[16] 하는 것이었다. 따라서 칼뱅의 『기독교강요』나 다른 저술들의 참된 의미를 탐구함에 있어서 수사학적 방법이 결코 간과되어서는 안 된다. 수사학자로서의 칼뱅이라는 주제는 칼뱅 연구에서 하나의 새로운 방향을 제시하였으며, 칼뱅의 수사학은 앞으로도 칼뱅 연구에서 계속하여 중요한 주제로 남게 될 것이다.[17]

---

14) 부스마의 책에 대한 다양한 서평들을 보기 위해서는 John Hesselink, "Reactions to Bouwsma's Portrait of 'John Calvin'," *Calvinus Sacrae Scripturae Professor: Calvin as Confessor of Holy Scripture*, ed. W. H. Neuser (Grand Rapids: Wm. B. Eerdmans Publishing Company, 1990), 209-213, 그리고 Richard Muller의 최근 저작인 *The Unaccommodated Calvin* (Oxford: Oxford University Press, 2000), 제5장 "Beyond the Abyss and the Labyrinth"를 참고할 수 있다.

15) Serene Jones, *Calvin and the Rhetoric of Piety* (Louisville: Westminster/ John Knox Press, 1995), 2.

16) Serene Jones, *Calvin and the Rhetoric of Piety*, 3.

III. 주석가이자 설교자로서의 칼뱅

칼뱅에 대한 전통적이며 일반적인 인상은 그가 한 권의 책, 즉 『기독교강요』로 대표된다는 것이다. 그러나 실제로 칼뱅은 자신을 현대적 의미에서의 조직신학자로 여기지 않았다. 오히려 그는 자신을 한 사람의 주석가요 설교자로 생각했다. 파커(T. H. L. Parker)는 『칼뱅: 그의 전기』[18]에서 칼뱅이 자신의 기본적인 사명은 주석과 설교를 통해서 성서를 해석하는 것이라고 여겼음을 강조한 바 있다. 볼터스(A. Wolters)가 말한 것처럼, 칼뱅은 어떤 의미에서 "오직 성서라는 종교개혁 원칙의 화신"[19]이었다. 칼뱅이 『기독교강요』를 쓴 목적도 "신학을 공부하려는 사람들이 하나님의 말씀을 읽을 수 있도록 준비시키고 가르쳐서 그들이 하나님의 말씀에 보다 쉽게 접근하고 또 아무런 어려움 없이 말씀 안에서 성장할 수 있도록 하려는 것"[20]이었다. 다시 말하면 『기독교강요』는 성서를 읽는 사람들에게 하나의 지침서가 되고자 하는 소박한 목적을 가진 책이었다는 것이다. 따라서 칼뱅이 『기독교강요』에서 의도한 것은 하나의 거대한 신학적 체계를 세우려는 것이었다기보다는 성서의 의미를 밝히려는 것이었다. 만일 칼뱅이 많이 배우지 못한 사람들에게 성서의 의미를 밝혀주기 위한 안내서를 제공하려는 의도로 『기독교강요』를 썼다면 당연히 『기독교강요』를 읽을 때에는 그런 그의 동기를 염두에 두어야 할

17) 칼뱅과 수사학에 대한 논의를 위해서 다음의 논문들이 유익할 것이다. David F. Wright, "Was John Calvin a 'Rhetorical Theologian'?"; 같은 저자, "Calvin's Accommodating God," *Calvinus Sincerioris Religionis Vindex: Calvin as Protector of the Purer Religion*, eds. Wilhelm H. Neuser and Brian G. Armstrong (Kirksville, Missouri: Sixteenth Century Journal Publishers, 1997), 3-19; Ford L. Battles, "God Was Accommodating Himself to Human Capacity," *Interpreting John Calvin* (Grand Rapids: Baker Books, 1996), 117-137.

18) T. H. L. Parker, *John Calvin: A Biography* (Philadelphia: Westminster Press, 1975).

19) A. Wolters, "Recent Biographical Studies of Calvin," *In Honor of John Calvin, 1509-1564*, ed. E. J. Furcha (Montreal: McGill University Press, 1987), 352.

20) *Institutes* (1559), "John Calvin to the Reader," 4.

것이다. 그렇다면 우리는 칼뱅 연구에서 그의 주석과 설교가 그의 『기독교강요』나 신학적인 저작들만큼, 아니 어쩌면 그보다 더 중요하다고 말할 수 있을 것이다. 기독교고전전집(Library of Christian Classics)에서 칼뱅의 주석을 편집한 하루투니안(Joseph Haroutunian)은 책의 서론에서 "칼뱅 신학의 모든 특징은 『기독교강요』의 전문적인 주장들에서보다는 주석들의 직접적인 설명들에서 보다 간결하고 분명하고 설득력 있게 제시되었다."[21]고 말하였다. 『기독교강요』는 칼뱅의 주석들과 분리해서는 결코 바르게 이해될 수 없으며, 주석들도 『기독교강요』나 다른 신학적 저작들과 분리되어서는 안 될 것이다. 만일 우리가 칼뱅의 전체적인 사상을 바르게 이해하고자 한다면 칼뱅의 『기독교강요』뿐만 아니라 그의 주석과 설교에도 관심을 기울여야 할 것이다.

지난 20여 년 동안 칼뱅 연구에서는 그의 주석에 대한 르네상스라 부를 만큼 주석에 대한 관심이 고조되었다. 파커의 책 『칼뱅의 구약주석』[22]과 『칼뱅의 신약주석』[23]은 특별히 중요한 책들이다. 이 두 책은 칼뱅의 주석에 대한 많은 정보들을 제공하여 줌으로써 학자들로 하여금 칼뱅이 주석을 할 때 어떤 방법을 채택했는지를 알 수 있도록 해주었다. 파커의 다른 책 『칼뱅의 로마서 주석』[24] 또한 칼뱅의 주석 방법에 대해 매우 중요한 내용들을 시사해 주었다. 최근에 와서는 푸켓(David L. Puckett)이 『칼뱅의 구약성서 주석』[25]이란 책에서 칼뱅의 성서 해석에 대해서 보다 구체적으로 다루었다. 푸켓의 이 연구는 칼뱅의 주석적 전제들을 밝힘과 동시에 그가 구약성서를 주석하는 구체적인 절차들에 대해 분명하게 보여주었다. 칼뱅의 성서 주석에 대한 연구를 통해서

---

21) *Calvin : Commentaries and Letters*, ed. Joseph Haroutunian (Philadelphia : The Westminster Press, 1958), 24. 이 책은 L.C.C. 23권이다.

22) T. H. L. Parker, *Calvin's Old Testament Commentaries* (Edinburgh : T. & T. Clark, 1986).

23) T. H. L. Parker, *Calvin's New Testament Commentaries*, 2nd ed. (Louisville : Westminster/John Knox Press, 1993).

24) T. H. L. Parker, *Commentaries on the Epistle to the Romans 1532–1542* (Edinburgh : T. & T. Clark, 1986).

25) David L. Puckett, *John Calvin's Exegesis of the Old Testament* (Louisville : Westminster/John Knox Press, 1995).

푸켓은 칼뱅의 주석 방법뿐만 아니라 성서의 본질에 대한 칼뱅의 신학적 견해도 규명하였다. 주석가로서의 칼뱅을 규명하려는 이러한 노력은 매우 필요할 뿐만 아니라 『기독교강요』에 지나치게 집중되어 왔던 종래의 칼뱅 연구에 대한 중요한 보완이 될 수 있을 것이다. 따라서 주석가로서의 칼뱅이라는 주제는 학자들과 학생들을 위해서도 좋은 길잡이가 될 것이다.

더욱이 칼뱅의 설교 원고가 『칼뱅전집보충』(*Supplementa Calviniana*)이라는 편집본으로 출간되자 설교자로서의 칼뱅에 대한 연구가 보다 활성화되었다.[26) 킹던(Robert Kingdon)과 그의 동료들에 의해 제네바 컨시스토리(Consistory)의 기록들이 재발견되어 칼뱅 연구에 큰 영향을 미치고 있는 것처럼, 칼뱅의 새로운 설교 원고들의 출간은 앞으로 칼뱅 연구에서 중요한 토대가 될 것임이 분명하다. 스토페르 교수는 칼뱅의 설교에 대한 연구가 『기독교강요』에 치우친 칼뱅 연구를 보충할 수 있을 것이며 또한 칼뱅에 대한 전통적인 이해를 교정해 줄 수 있을 것임을 간파하였다. 최근 암스트롱(Brian Armstrong)은 한 논문에서 칼뱅의 설교는 그의 삶에서 매우 중요하기 때문에 그의 설교 스타일과 내용이 그의 신학을 이해하는 데 있어서 결정적으로 중요한 요소로서 검토되어야 한다고 주장했다.[27) 파커의 책 『칼뱅의 설교』[28) 또한 칼뱅의 설교 방식을 분석하고 설교의 내용에 대한 균형 잡힌 신학적 견해를 제공하였다. 최근에는 드브리스(Dawn DeVries)가 그녀의 책 『칼뱅과 슐라이어마허의 설교에 나타난 예수 그리스도』를 통해서 공관복음에 관한 칼뱅의 설교와 슐

26) 칼뱅의 설교는 1549년 이후에 Denis de Raguenier를 대표로 하는 몇 사람의 서기들에 의해 기록되었다. Raguenier의 목록(1549 - 1560)에는 2,042편의 설교가 있는데, 이후에 263편이 더 기록되었다. 오늘 우리가 가지고 있는 칼뱅의 설교가 1,460편이니 약 850편의 설교가 분실되었음을 의미한다. 칼뱅의 설교 중 874편의 설교는 *Corpus Reformatorum*에 수록되어 있으며, 1961년 이후로 206권의 설교가 5권으로 편집되어 *Supplementa Calviniana*라는 이름으로 출간되고 있다.

27) Brian G. Armstrong, "Exegetical and Theological Principles in Calvin's Preaching, with Special Attention to His Sermons on the Psalms," *Ordentlich und Fruchtbar : Festschrift fur Willem van't Spijker*, eds. Wilhelm Neuser and Herman Selderhuis (Leiden : J. J. Groen en Zoon, 1997) : 191 - 203.

28) T. H. L. Parker, *Calvin's Preaching* (Louisville : Westminster/ John Knox Press, 1992).

라이어마허의 설교를 비교 분석함으로써 설교자로서의 칼뱅을 재조명하였다. 드브리스는 칼뱅과 슐라이어마허 모두 그리스도 중심적인 설교자였으며 말씀에 대한 성례전적 이해를 가지고 있었다고 확신하였다. 그녀에 따르면, 설교의 중심은 선포된 말씀 속에 나타난 그리스도이며, "개혁교회 전통에서 설교는 단순한 가르침(didactic)이 아니라 성례(sacramental)이다. 이것은 설교가 단순히 교훈의 방법이 아니라 은혜의 수단임을 말하는 것"이었다.[29] 그러나 드브리스는 칼뱅과 슐라이어마허 사이에는 공통점만이 아니라 많은 차이점들도 있다는 사실을 간과하였다.[30] 칼뱅에게 있어서 설교를 통한 그리스도의 제시가 은혜의 객관적 작용이라면 슐라이어마허에게 있어서 설교는 하나님에 대한 새로운 의식이라는 다분히 주관적인 결과를 가져오는 것이었다. 칼뱅에게 있어서 그리스도 안에 하나님이 현존한다는 것은 위격의 일치를 통해 신적인 본성이 그리스도 안에 함께 한다는 것을 의미한 반면에 슐라이어마허에게 있어서 그것은 하나님에 대한 절대 의존의 감정을 의미하는 것이었다. 따라서 칼뱅과 슐라이어마허 사이의 공통점들은 표면적인 것이었을 뿐이었으며 오히려 근본적으로는 서로 공통점이 없었다. 멀러(Richard Muller)는 드브리스의 슐라이어마허와 칼뱅에 대한 비교가 그녀 자신의 신학적 이해를 16세기에까지 밀어붙인 것에 불과하다고 꼬집었다.[31] 그녀의 관심은 분명히 20세기의 것이었지 결코 16세기의 것은 아니었다. 멀러가 강조한 것처럼 칼뱅을 연구하는 학자들은 칼뱅을 16세기의 지적인 맥락 안에서 이해해야지 오늘날의 신학적 관심사를 과거에 투영해서는 안 될 것이다. 아무튼 주석가와 설교자로서의 칼뱅은 앞으로의 칼뱅 연구에서도 가장 흥미로운 주제들 가운데 하나가 될 것이 분명해 보인다.

---

29) Dawn DeVries, *Jesus Christ in the Preaching of Calvin and Schleiermacher* (Louisville : Westminster/ John Knox Press, 1996), 104.

30) 드브리스의 책에 대한 리처드 멀러의 비판적 서평은 *Calvin Theological Journal* 31 (November 1996) : 603-607에 수록되어 있다.

31) Richard Muller, *The Unaccommodated Calvin*, 4.

IV. 목회자로서의 칼뱅

주석가와 설교자로서의 칼뱅 상은 당연히 칼뱅의 경건 혹은 영성이라는 주제로 우리들을 인도한다. 칼뱅의 『기독교강요』 최종판(1559)의 번역자인 포드 베틀즈(Ford Lewis Battles)는 책의 서문에서 다음과 같이 말하였다. "우리는 칼뱅이 직업적인 신학자라기보다는 종교적인 영성이 깊은 사람이었다고 말할 수 있을 것이다. 그는 체계적인 사고를 하는 데 특별한 재능을 소유하고 있었으며 자신의 신앙의 함의들을 기술하고자 하는 충동에 따라서 『기독교강요』를 썼다. 그는 자신의 『기독교강요』를 '신학의 대전' (summa theologiae)이 아니라 '경건의 대전' (summa pietatis)이라고 부른다. 칼뱅의 정신적 에너지의 비밀은 그의 경건에 있었다. 그의 경건의 산물이 그의 신학이었으며, 그의 신학에서 그의 경건은 충분히 표현되었다."[32] 칼뱅이 거대한 조직신학 책을 쓰려고 했던 것이 아니라 경건 생활에 필요한 것들을 기술하고자 하였음을 잘 지적해 주는 대목이다. 이러한 칼뱅의 의도는 『기독교강요』 초판(1536) 제목에서도 이미 나타난 바 있다. 1536년 『기독교강요』의 전체 제목은 "모든 경건의 개요와 구원의 교리를 아는 데 필요한 기독교의 가르침: 경건에 열심을 가진 모든 사람들에 의해 읽힐 만한 가치가 있는 최근의 저서"였다. 여기에서도 우리는 분명히 칼뱅의 『기독교강요』가 신학이 아니라 경건의 진보에 관심을 가지고 있음을 알 수 있다. 그가 『기독교강요』를 쓴 목적은 다름 아닌 참된 경건을 가르치고자 함이었다. 베틀즈는 그의 서문에서 자신의 논지를 뒷받침하기 위해 헌터(A. Mitchell Hunter)의 글을 인용하고 있는데, 헌터에 따르면 "경건이야말로 칼뱅이라는 인물을 파악하는 데 있어서 핵심이다. 그는 하나님께 붙잡힌 영혼이었다. 그는 신학 그 자체를 공부하는 것에는 아무 관심도 없었다. 그가 신학에 헌신한 것은 그것이 신앙의 의미를 지지해 주는 뼈대의 역할을 해주기 때문이었다."[33] 따라서 우리는 칼뱅의 『기독교강

32) *Institutes*, "Introduction," li.

33) A. Mitchell Hunter, *The Teaching of Calvin* (Eugene, OR : reprinted by Wipf and Stock

요』 최종판에 경건이라는 단어가 180회 이상이나 나오는 데 대해서 하등 놀랄 이유가 없는 것이다.

그럼에도 불구하고 칼뱅의 경건 혹은 영성이라는 주제는 여러 학자들로부터 그 중요성에 상응하는 관심을 끌지 못하였다. 이것은 부분적으로는 후기 칼뱅주의자들이 칼뱅을 주로 교리적인 신학자로 간주하는 경향이 있던 데서 기인한다고 볼 수 있다. 칼뱅의 영성을 직접적으로 다룬 최초의 작품들 중 하나로 리처드(Joseph Richard)의 『칼뱅의 영성』[34]이라는 책을 들 수 있다. 이 저작은 칼뱅의 영성의 개념을 중세 후기의 '근대적 경건 운동'(Devotio Moderna)의 맥락에서 검토하면서, 칼뱅의 영성이 말씀과 성령의 상호관계에 근거한 영성임을 지적하고 있다. 리처드의 책이 칼뱅의 영성이라는 주제에 대해 흥미롭고 유익한 공헌들을 많이 한 것은 사실이지만, 그가 칼뱅의 경건을 다분히 개인적인 관점에서만 파악하고 경건의 공동체적 성격에 대해서는 주목하지 못한 것이 아쉬운 점이다. 리처드 이후에는 베틀즈의 『칼뱅의 경건』, 존 리스(John H. Leith)의 『칼뱅 : 그리스도인의 삶』, 그리고 부스마의 논문 "칼뱅의 영성" 등이 목회자로서의 칼뱅의 경건과 영성에 관해 관심을 가지고 출판된 글들이다.[35]

특별히 데니스 탐부렐로(Dennis Tamburello)는 그의 책 『그리스도와의 연합 : 칼뱅과 성 베르나르의 신비주의』에서 칼뱅에게 나타나는 신비주의 경향을 재검토하고 있다.[36] 그의 연구는 칼뱅과 베르나르의 사상을 비교함으로써

Publishers, 1999), 291.

34) Lucien Joseph Richard, *The Spirituality of John Calvin* (Atlanta : John Knox Press, 1974). 최근 칼뱅의 영성을 사회 윤리와 연결시킨 시도가 Paul Chung, *Spirituality and Social Ethics in John Calvin : A Pneumatological Perspective* (Lanham : University Press of America, 2000)이다. 이 책은 또한 저자의 손질을 거쳐 한국어로도 출간되었다. 정승훈, 『종교개혁과 칼빈의 영성』(서울 : 대한기독교서회, 2000).

35) Ford Lewis Battles ed., *The Piety of John Calvin* (Grand Rapids : Baker Book House, 1978); John H. Leith, *John Calvin : The Christian Life* (San Francisco : Harper & Row, 1984); William Bouwsma, "The Spirituality of John Calvin," *Christian Spirituality : High Middle Ages and Reformation*, ed. J. Raitt (New York : Crossroad, 1987), 318-333.

두 인물 사이에서 보이는 유사성을 밝혀 준다. 탐부렐로는 '신비적 연합'(unio mystica)이라는 주제에 관해 두 사람이 10가지의 유사점과 6가지의 차이점을 가지고 있다고 주장하였다. 그러나 엘지 맥키(Elsie Anne McKee)는 이러한 비교 연구가 칼뱅의 전체 신학에서 '신비적 연합'이 가지는 의미와 역할에 대해 다소 부적절하게 이해하도록 이끈 측면이 있음을 지적하기도 하였다.[37] 칼뱅과 베르나르의 신비주의의 유사점을 분석한 탐부렐로의 연구는 다른 한편으로는 미래의 에큐메니칼 운동에 있어서 중요한 통찰력을 제공하기도 한다. 그는 자신이 에큐메니칼 운동에 참여한 경험으로부터 다음과 같이 결론을 내리고 있다. "오늘날의 상호 대화가 열매를 맺기 위해서는 교리보다는 영성이 아마도 더 좋은 출발점이 될 것이다. 왜냐하면 많은 그리스도인들은 바로 실천, 즉 행동하는 영성이라는 분야에서 교파적 차이들을 넘어서는 방식으로 함께 어울릴 수 있다는 것을 발견하기 때문이다."[38] 이런 측면에서 그의 책은 비단 칼뱅 연구뿐만 아니라 교회의 일치와 협력이라는 주제와 관계해서도 기여한 바가 있다고 할 수 있을 것이다.

최근에는 프린스턴신학교 교수인 맥키가 칼뱅의 경건에 관한 책을 편집하면서 유익한 서문을 덧붙였다. 이 책은 칼뱅 자신의 종교적 경험들에 대한 묘사와 하나님과 인간의 관계에 대한 그의 설교와 가르침을 함께 고찰함으로써 칼뱅의 경건 혹은 영성의 경향들을 추적하고 있다. 칼뱅은 흔히 독재적인 개혁자요 예정론의 교리를 중심으로 하는 논리적인 신학자로 여겨져 왔다. 그러나 맥키의 칼뱅은 "무엇보다도 회중들을 돌보는 목회자요, 목회자들의 교사이며, 그의 경건은 목회적 경건이다."[39] 조직신학자라기보다는 목회자로서의 칼뱅이라는 개념은 그를 교리의 관점에서 파악하기보다 경건의 관점

---

36) Dennis Tamburello, *Union with Christ : John Calvin and the Mysticism of St. Bernard* (Louisville, KY : Westminster/John Knox Press, 1994).

37) Elsie A. McKee ed., *John Calvin : Writings on Pastoral Piety* (New York : Paulist Press, 2001), 344.

38) Dennis Tamburello, *Union with Christ*, 109-110.

39) Brian Gerrish, "Preface," in Elsie A. McKee ed., *John Calvin : Writings on Pastoral Piety*, xiii.

에서 파악하고 있음을 의미한다. 맥키에 따르면 "일반적으로 경직된 교리의 총화로 여겨지는 『기독교강요』가 사실상은 매우 강한 목회적 방향과 경건에 대한 많은 문구들을 가지고 있다."[40] 칼뱅이 행하고 말한 모든 것은 적어도 의도에서는 경건의 진보를 위한 것이었다.

칼뱅은 분명 신학자였지만 그것은 목회자로서 설교하고 목사의 일을 하기 위함이었다. 이것은 칼뱅이 먼저 목회자였고 그 다음에 신학자였음을 의미한다. 브누아(Jean-Daniel Benoit)는 칼뱅이 인류 역사에 중요한 영향을 끼친 것은 신학자나 교회의 행정가로서가 아니라, "영혼의 인도자"(director of souls)인 목회자로서였다고 주장하였다.[41] 칼뱅의 마지막 유언도 목회자로서의 그의 자의식을 보여주는데, 그는 자기 스스로를 "제네바 교회에서 하나님의 말씀의 사역자인 나 장 칼뱅"이라고 말하였다. 칼뱅의 사역에서 관심의 초점은 목회적인 돌봄이었고 영혼의 치유였다. 이러한 목회자로서의 칼뱅에 대한 연구는 최근 영성이라는 주제에 대한 관심의 증대와 맞물려서 미래의 칼뱅 연구에서도 분명 계속될 것이고 중요한 주제로 남게 될 것이다.[42]

여기에서 언급하고 넘어 가야 할 문제 중 하나가 칼뱅을 흔히 제네바의 독재자로 묘사하는 것이다. 그러나 이러한 인식 또한 다분히 칼뱅에 대한 신화에서 비롯된 것임이 최근 연구들에서 드러나고 있다. 내피(William Naphy)는 칼뱅 당시의 시의회, 법원, 컨시스토리 등의 일차 자료들을 검토하여 칼뱅이 결코 제네바의 독재자가 될 수 없었음을 지적하였다. 칼뱅은 1536년 제네바의 개혁자로서의 삶을 시작했지만 1538년에 제네바의 시의회에 의해 쫓겨났으며, 1541년에 제네바로 귀환한 후에도 여전히 반대자들의 견제와 제재를 받았다. 내피에 따르면, "1555년 이전 제네바에서 칼뱅의 목회는 계속적인 논

40) Elsie A. McKee, "General Introduction," *John Calvin*, 19.

41) Jean-Daniel Benoit, *Calvin, directeur d'ames* (Strasbourg, 1947), quoted in Kenneth Leech, *Soul Friends* (New York : HarperSanFrancisco, 1992), 85.

42) 칼뱅의 영성에 대한 다양한 논의를 보기 위해서는 미국칼뱅학회의 제10차 모임의 결과로 출판된 David Foxgrover ed., *Calvin and Spirituality* (Grand Rapids : Calvin Studies Society, 1998)를 참고할 수 있다.

쟁, 알력, 명백한 반대로 점철된 것이었다."[43] 예를 들면 1548년이나 1553년의 선거에서 의회를 장악한 다수파는 아미 페랭(Ami Perrin)이 이끄는 칼뱅의 반대자들이었다.[44] 칼뱅이 제네바에서 주도적인 역할을 할 수 있었던 것은 적어도 14년의(1541-1555) 격동을 겪은 후에나 가능하였다. 따라서 칼뱅의 위치는 제네바의 독재자와는 거리가 멀었다. 죽기 5년 전인 1559년에야 제네바의 시민권을 획득한 칼뱅이 제네바의 독재자라고 불리는 것은 어색한 일이다.

로버트 킹던과 그의 동료들이 1987년 이후 지금까지 계속 진행하고 있는 제네바 컨시스토리의 문서에 대한 연구도 칼뱅에 대한 새로운 상을 제시하고 있다.[45] 제네바 컨시스토리는 칼뱅이 스트라스부르에서 제네바로 귀환한 1541년에 설립되었다. 컨시스토리는 제네바의 치리법원으로 12명의 평신도와 12명의 목회자로 구성되었는데, 12명의 평신도는 소의회에서 2명, 60인

---

43) William G. Naphy, *Calvin and the Consolidation of the Genevan Reformation* (Manchester : Manchester University Press, 1994), 1. 제네바의 역사와 칼뱅의 관계에 대한 간략한 설명은 최근 내피의 논문에 잘 요약되어 있다. William Naphy, "Calvin and Geneva," *The Reformation World*, ed. Andrew Pettegree (London : Routledge, 2000), 309-322.

44) François Wendel, *Calvin : Origins and Development of His Religious Thought*, trans. Philip Mairet (Durham, North Carolina : The Labyrinth Press, 1987), 88-93. 제네바에서 칼뱅과 그 반대자들의 투쟁에 관해서는 아래의 글들이 도움이 된다. William Naphy, "Church and State in Calvin's Geneva," *Calvin and the Church*, ed. David Foxgrover (Grand Rapids : Calvin Studies Society, 2002), 13-28; 같은 저자, *Calvin and the Consolidation of the Genevan Reformation*; Robert M. Kingdon, "Was the Protestant Reformation a Revolution? The Case of Geneva," *Transition and Revolution* (Minneapolis : Burgess Publishing Company, 1974), 53-77; François Wendel, *Calvin : Origins and Development of His Religious Thought,* chapter three; John T. McNeill, *The History and Character of Calvinism* (New York : Oxford University Press, 1954), chapter eleven.

45) Robert M. Kingdon, "A New View of Calvin in the light of the Registers of the Geneva Consistory," *Calvinus Sincerioris Religionis Vindex*, Vol. XXXVI, eds. W. H. Neuser and B. G. Armstrong (Kirksville, Mo. : Sixteenth Century Journal Publishers, 1997) : 21-33; 같은 저자, "The Geneva Consistory in the time of Calvin," *Calvinism in Europe, 1540-1620*, eds. Andrew Pettegree et al. (Cambridge : Cambridge University Press, 1994), 21-34.

의회에서 4명, 200인 의회에서 6명이 선출되었으며, 12명의 목회자는 제네바 시의 목사들이었다. 컨시스토리는 행정장관 중 한 사람이 의장을 맡았으며, 서기와 소환 책임자를 두고 있었다. 컨시스토리는 매주 목요일 정기적으로 모여서 제네바 시에서 일어난 범죄나 나쁜 행실에 대해 심리하여 공적인 질책에 해당하는 충고(remonstrance 혹은 admonition)를 하였다. 이 충고에는 공적인 용서가 따랐는데 이것은 로마 가톨릭의 고해성사 때에 신부의 사면 선언과 유사한 심리적 기능을 하는 것이었다.

하지만 놀랍게도 우리는 컨시스토리의 주례 모임에서 실제로 어떤 일들이 일어났는지에 대해 많이 알지 못하고 있다. 컨시스토리의 기록이 없어서가 아니라 그것이 손으로 더욱이 고대 프랑스어로 속기한 것이기 때문에 그 중요성에 비하여 학자들의 충분한 주목을 받을 수 없었던 것이다. 따라서 대부분의 이전 연구들은 1853년 제네바의 골동품 수집 연구자였던 크라머(Frédéric-Auguste Cramer)에 의해 작성된 사본들에 의존한 것들이었다. 하지만 크라머의 사본들은 많은 결점들을 가지고 있다. 우선 사본들은 양에 있어서 컨시스토리 기록 전체의 5%밖에 되지 않는다. 크라머는 고문서 학자가 아니었기 때문에 자신이 잘 읽을 수 없는 부분은 그냥 생략해 버렸고, 게다가 그는 일상적인 대부분의 사례들은 무시해 버리고 사람들을 놀라게 할 만한 사례나 엄하게 처벌된 사례들에만 관심을 기울였기 때문에 마치 컨시스토리가 엄격한 종교 재판소인 것 같은 왜곡된 인상을 남기게 되었다.

그러나 킹던과 그의 동료들이 제네바의 공문서 보관소(Geneva State Archives)에 잘 보존되어 있는 컨시스토리의 기록들을 면밀히 검토한 결과 칼뱅 당시 컨시스토리는 강제적인 잔인한 재판소의 역할만을 한 것이 아니라 동시에 교육과 목회 상담의 기능을 담당하기도 한 기구였음이 밝혀졌다. 1542년부터 칼뱅이 죽은 1564년까지의 컨시스토리의 기록들은 현재 21권으로 정리되어 미시간의 칼뱅신학교에 위치한 칼뱅 연구소인 헨리 미터 센터, 프린스턴신학교 도서관, 위스콘신-메디슨대학, 그리고 스코틀랜드의 성 앤드류 대학에 컴퓨터 자료화되어 보관되어 있다. 그리고 1권은 최근 영어로 번역되어 출판되었다.[46] 이 새로운 자료들은 제네바에서의 반성직주의(anticlericalism)

나 이혼에 관한 새로운 연구로 선을 보이고 있다.[47] 새로운 연구에서 나타나는 칼뱅은 독재자나 신학자라기보다는 자신이 맡은 사람들의 필요를 채워주는 목회자이다. 그는 무엇보다도 먼저 하나님의 말씀의 설교자였고, 영혼들을 돌보는 목회자였다.[48]

V. "교회 교사"로서의 칼뱅

파커의 책 『칼뱅 : 그의 전기』는 다른 칼뱅 전기들과 비교할 때 두 가지 뚜렷한 특징을 지니고 있는데, 첫째는 칼뱅을 성서 주석가로 본 것이고 둘째는 칼뱅을 교회 교사(doctor ecclesiae)로 본 것이다. 교회 교사라는 칭호는 보편 교회의 형성과 발전을 위해 결정적으로 중요한 공헌을 한 가르침을 편 사람들에게 수여된 영예로운 명칭이다. 파커는 칼뱅을 단지 개신교의 개혁주의 전통을 수립한 사람으로만 본 것이 아니라 모든 시대의 교회가 공유할 만한 보편적 기독교 신앙의 해설자로 보았다. 존 맥닐(John T. McNeill)도 1973년 이미 "칼뱅 : 교회의 교사"(John Calvin : Doctor Ecclesiae)라는 제목의 논문을 출판한 바가 있다.[49] 최근 가녹지(Alexandre Ganoczy), 맥도넬(Kilian McDonnell), 올린(J. C. Olin)과 같은 로마 가톨릭 학자들까지도 칼뱅의 교회에 대한 가르침에 관심을

---

46) *Registers of the Consistory of Geneva in the Time of Calvin*, ed. R. M. Kingdon, Vol. 1 : 1542-1554, eds. T. A. Lambert and I. M. Watt, trans. M. W. McDonald (Grand Rapids : Wm. B. Eerdmans, 2000).

47) Robert Kingdon, "Anticlericalism in the Registers of the Geneva Consistory 1542-1564," *Anticlericalism in Late Medieval and Early Modern Europe*, eds. Peter A. Dykema and Heiko A. Oberman (Leiden : E. J. Brill, 1993), 617-623; 같은 저자, *Adultery and Divorce in Calvin's Geneva* (Cambridge, MA, Harvard University Press, 1995).

48) 칼뱅의 목회상담 신학에 관한 논의로는 David Willis-Watkins, "Calvin's Theology of Pastoral Care," *Calvin Studies* VI, ed. John H. Leith (Davidson, NC : Davidson Colloquium on Calvin Studies, 1992), 137-146을 참고할 수 있다.

49) *The Heritage of John Calvin*, ed. John H. Bratt (Grand Rapids : Eerdmans, 1973), 9-22에 수록됨.

기울이고 있다는 사실은 칼뱅이 단순히 개신교회를 위한 개혁자가 아니라 보편 교회 모두에게 영향을 끼친 인물이었음을 반증해 주고 있다고 할 것이다.[50)]

보편 교회의 교사로서의 칼뱅이라는 맥락 안에서 칼뱅의 교회, 목회, 그리고 성례에 대한 가르침에 대한 관심이 더욱 고조되고 있다. 특히 칼뱅의 성찬에 대한 이해를 다룬 저작들이 많이 나오고 있는데, 이것은 "그리스도의 몸과 피의 성례인 성찬이 16세기 이후 지금까지 다른 어떤 기독교의 신조나 예전보다 더 신학적 논쟁의 요소였기 때문이다."[51)] 제네바의 칼뱅과 취리히의 불링거 사이에서 체결된 『취리히합의』(*Consensus Tigurinus*)에 대한 폴 로렘(Paul Rorem)의 상세한 연구는 성례 논쟁에 대한 주의 깊은 분석을 통해 두 신학자 사이의 미묘한 차이점들을 잘 포착함으로써 칼뱅 연구에 중요한 공헌을 하였다. 이것은 제네바의 교회와 취리히의 교회를 일치시키기 위한 칼뱅의 노력을 가장 잘 보여주는 성과로 기록될 것이다.[52)] 브라이언 게리쉬(Brian A. Gerrish)의 『은혜와 감사』는 칼뱅의 성찬론에 대해 주제별로 검토하고 있다.[53)] 그러나 그는 칼뱅 신학의 역사적 맥락이나 칼뱅의 성찬론의 발전 과정에 대해서는 전혀 검토하지 않고 있다. 리처드 멀러도 지적했듯이 게리쉬는 놀랍게도 실제 칼뱅의 성찬론과 다른 교리 형성에 있어서 큰 영향을 미쳤던 마르틴 부처의 역할에 대해서도 언급조차 하지 않고 있다. 게리쉬는 멜란히톤의

---

50) Alexandre Ganoczy, *The Young Calvin*, trans. David Foxgrover and Wade Provo (Philadelphia : Westminster Press, 1987)와 Kilian McDonnell, *John Calvin, the Church, and the Eucharist* (Princeton : Princeton University Press, 1967)는 칼뱅 연구에서 빼놓을 수 없는 고전이 되었으며, J. C. Olin은 Jacopo Sadoleto와 John Calvin 사이에 있었던 논쟁을 *A Reformation Debate : Sadoleto's Letter to the Genevans and Calvin's Reply* (Grand Rapids : Baker Book House, 1966)에서 편집하여 출간하였다.

51) Christopher Elwood, *The Body Broken : The Calvinist Doctrine of the Eucharist and the Symbolization of Power in Sixteenth-Century France* (Oxford : Oxford University Press, 1999), 3-4.

52) Paul Rorem, *Calvin and Bullinger on the Lord's Supper* (Bramcote : Grove Books Limited, 1989).

53) Brian A. Gerrish, *Grace and Gratitude : The Eucharistic Theology of John Calvin* (Minneapolis : Fortress Press, 1993).

가르침과 칼뱅의 가르침을 비교하는 것에도 관심을 기울이지 않는다.[54] 이것은 게리쉬가 칼뱅의 사상을 교리적으로 고찰하기만 하지 그 역사적 맥락은 외면하고 있음을 의미하는 것이다.

칼뱅의 성찬 신학에 대한 데이비스(Thomas J. Davis)의 최근 연구는 칼뱅의 성찬 신학의 발전 단계들을 밝히고 있다.[55] 먼저 데이비스는 『취리히합의』를 칼뱅 성찬론의 "해석학적 필터"(hermeneutical filter)로서 검토한다. 그 다음 세 장에 걸쳐서는 1536년부터 1557년까지의 칼뱅의 성찬론을 연대기순으로 정리하고 있다. 데이비스는 "칼뱅의 성찬론은 불완전하고 가끔은 모호한 개요로부터 보다 통일성 있는 체계로 통합되어 가는 큰 개요"[56]로 발전한다고 주장한다. 또 다른 중요한 연구는 크리스토퍼 엘우드(Christopher Elwood)에 의해 이루어졌는데, 그는 칼뱅주의의 성찬론과 16세기의 정치 사회적인 논쟁들 간의 관련성을 찾아내려고 하였다.[57] 엘우드는 칼뱅주의의 성찬론을 16세기 프랑스의 사회적, 경제적, 그리고 정치적 맥락 안에서 검토한다. 이러한 접근은 칼뱅 연구에서 하나의 정당한 방법론으로 여겨지는데, 그 이유는 누구나 칼뱅을 바르게 이해하기를 원하는 사람이라면 오늘날의 신학적 관심을 과거에 투영하기보다는 16세기의 다양한 상황 안에서 칼뱅을 이해해야만 그를 올바르게 그리고 정당하게 이해할 수 있기 때문이다.

20세기 중반에 접어들면서 에큐메니칼 운동의 성장과 관련하여 중요하게 부각되는 또 하나의 칼뱅 상이 교회일치 추구자로서의 모습이다. 오랫동안 16세기는 교회분열의 시기로만 취급되어 왔으며, 칼뱅을 포함한 종교개혁자들은 하나의 거룩한 보편 교회를 깨뜨린 사람으로 간주되어 왔다. 그러나 우리가 칼뱅이 실제 어떤 말을 하고 어떤 활동을 했는지를 면밀히 검토한다면 그가 교회일치를 얼마나 열망하고 또 그것을 이루기 위해 얼마나 노력했는지

54) 게리쉬의 책에 대한 Richard Muller의 비평이 *The Journal of Religion* Vol. 75, No. 1 (1995) : 119-121에 수록되어 있다.

55) Thomas J. Davis, *The Clearest Promises of God : The Development of Calvin's Eucharistic Teaching* (New York : AMS Press, 1995).

56) Thomas J. Davis, *The Clearest Promises of God,* 7.

57) Christopher Elwood, *The Body Broken*을 참고하라.

를 분명히 알게 될 것이다. 지금까지 많은 학자들이 칼뱅 자신의 목소리에 귀를 기울이기보다는 칼뱅주의의 가르침에 경도되어 칼뱅을 교회분열의 주범 중 한 사람으로만 취급한 것이 사실이다. 그러나 20세기 후반 에큐메니칼 시대의 도래와 함께 칼뱅의 교회일치 추구라는 주제도 조명을 받기 시작하였다. 교회일치 추구자로서의 칼뱅에 관심을 가진 선구자는 미국의 저명한 칼뱅 학자인 맥닐이다. 맥닐은 자신의 책 『개신교의 일치사상』(*Unitive Protestantism*)에서 16세기 종교개혁자들의 교회 일치를 위한 열망과 활동을 폭넓게 다루면서, "기독교 일치의 이상은 개신교의 뚜렷한 특징 중 하나였다"[58]라고 주장했다. 그는 특히 칼뱅이 분열된 개신교회의 일치를 이루기 위해 최선을 다했던 개혁자들 가운데 하나라고 주장하였다. 물론 칼뱅이 교회일치를 모든 것보다 우선시하지는 않았다. 칼뱅에게는 진리와 신앙이 일치와 평화보다 더 중요한 원칙이었음은 사실이다. 따라서 그의 일치의 범위는 동일한 신앙과 진리를 가지고 있는 개신교회에 국한되었으며, 로마 가톨릭이나 급진적 개혁자들은 여기서 배제되었다. 맥닐에 이어서 칼뱅의 교회일치라는 주제를 본격적으로 다룬 연구물은 네덜란드 학자인 네이언하이스(Willem Nijenhuis)의 『칼뱅의 에큐메니즘 : 칼뱅과 그의 서신을 통해 살펴본 교회일치』이다.[59] 이 책은 칼뱅이 개신교의 울타리 안에 함께 있던 츠빙글리주의자들, 루터주의자들, 그리고 영국 교회와의 관계에서 어떻게 교회일치라는 이상을 추구했는지를 추적하고 있다. 하지만 이 연구는 책의 부제가 보여주는 것처럼 칼뱅의 서신에 주로 의존한 것이었다. 비슷한 시기 독일에서는 베버(Otto Weber)가 칼뱅의 교회일치에 대한 두 논문을 발표하였다.[60] 베버는 이 논문들에서 "교회일치에 대한 추구는 칼뱅 사상과 활동의 중심에 자리 잡고 있다"[61]고 주장하였다. 이

58) John T. McNeill, *Unitive Protestantism : The Ecumenical Spirit and Its Persistent Expression* (Richmond : John Knox Press, 1964), 15-16.

59) Willem Nijenhuis, *Calvinus Oecumenicus : Calvijn en de eenheid der kerk in het licht van zijn briefwisseling* ('S-Gravenhage : Martinus Nijhoff, 1959).

60) 첫 번째 논문은 "Die Einheit der Kirche bei Calvin" (1960)이고, 두 번째 논문은 "Calvin's Lehre von der Kirche" (1966)이다. 이 논문들은 Otto Weber, *Die Treue Gottes in der Geschichte der Kirche* (Neukirchen : Neukirchen Verlag, 1968)에 게재되어 있다.

들 외에도 스위스 역사학자인 로흐(Gottfried Locher), 프랑스의 칼뱅 학자 카디에(Jean Cadier)도 칼뱅과 교회일치에 대한 글을 발표하였으며,[62] 영어로 된 논문들도 리드(W. Stanford Reid), 파커, 크로밍가(John Kromminga) 등에 의하여 발표되었다.[63]

그 후 한동안은 이 주제가 학자들의 관심에서 멀어지는 듯했으나, 1980년대에 와서 칼뱅에 대한 새로운 접근들이 대두되면서 교회일치 추구자로서의 그의 모습이 다시금 재조명되기 시작하였다.[64] 이러한 최근의 흐름은 칼뱅이 로마 가톨릭과 급진적 개혁자들의 양 극단을 피하고 중도의 길(via media)을 취함으로써, 당시 흩어지고 분열되었던 개신교회의 일치를 위해 노력했음을 시사하고 있다. 칼뱅과 교회일치에 대한 연구의 깊이와 폭을 더하기 위해서 앞으로 더 연구되어야 할 주제들을 제시해 본다면 "교회일치에서 칼뱅의 원칙들", "교회일치에 있어서 칼뱅과 부처의 차이점", "칼뱅과 아디아포라(adiaphora)의 문제", "성찬 논쟁에 나타난 칼뱅의 중도적 입장", "칼뱅과 '취리히합의'", "칼뱅과 멜란히톤의 관계", "칼뱅과 엄격한 루터주의자들의 논쟁점", "칼뱅과 영국 교회" 등 많은 것들이 있을 것이다. 교회일치 추구자로서의 칼뱅 상은 특별히 교회분열의 상처가 깊은 한국의 상황에서 매우 중

---

61) Otto Weber, "Die Einheit der Kirche bei Calvin," *Calvin-Studien 1959*, ed. Jürgen Moltmann (Neukirchen : Neukirchen Verlag, 1960), 131.

62) Gottfried Locher, *Calvin Anwalt der Okumene* (Zollikon : Evangelischer Verlag, 1960). 그리고 Jean Cadier, "Calvin and the union of the churches," *John Calvin*, ed. G. E. Duffield (Grand Rapids : Wm. B. Eerdmans Publishing, 1966), 118-130.

63) 리드와 크로밍가의 논문은 최근에 Richard Gamble이 편집한 *Calvin's Ecclesiology : Sacraments and Deacons* (New York : Garland Publishing, 1999), 94-108와 37-53에 실려 있으며, 파커의 논문은 T. H. L. Parker, *Portrait of Calvin* (London : SCM Press, 1954), 106-122에 있다.

64) 이를 위해서는 Ford Lewis Battles, "*Calculus Fidei* : Some Ruminations on the Structure of the Theology of John Calvin," *Interpreting John Calvin* (Grand Rapids : Baker Books, 1996), 139-246; Alexandre Ganoczy, *The Young Calvin;* Willem Balke, *Calvin and the Anabaptists Radicals* (Grand Rapids : Wm. B. Eerdmans Publishing Company, 1999)가 유익하다.

요한 주제가 될 것이다. 한국 교회의 일치가 화두가 되어 있는 이때에, 칼뱅이 과연 이 문제를 얼마나 진지하게 다루었고 어떤 태도로 접근했는지를 그의 글과 활동을 통해 밝히는 것은 비단 칼뱅 학계뿐만 아니라 앞으로의 교회 일치운동에도 시사하는 바가 클 것이라고 본다.

VI. 맺는 말

칼뱅 연구에서 나타나는 이러한 최근의 흐름들은 미국칼뱅학회 모임들의 주제들을 보면 분명하게 확인할 수 있다. 최근 미국칼뱅학회의 주제들은 "칼뱅과 영성"(1995년), "칼뱅과 교회"(2001), "칼뱅과 목회자회"(2003)였다. 그리고 가장 최근의 미국칼뱅세미나의 주제도 "칼뱅과 성서 해석"(2002)이었다. 칼뱅에 대한 이러한 새로운 관점들은 최근 여러 지역의 공문서 보관소의 일차 문헌들에 대한 새로운 연구들에 힘입은 바가 크다. 16세기의 문헌들에 근거한 연구는 구체적인 지역들과 주제들에 대한 연구를 가능케 하여 풍성한 성과를 낳고 있다. 최근 칼뱅 연구의 다양성과 복잡성 때문에 칼뱅 연구가 부스마의 표현대로 "심연"과 "미로"로 빠질 위험이 있는 것도 사실이지만, 16세기의 역사적 맥락과 문헌 안에서 '역사적 칼뱅'을 찾으려고 하는 힘겨운 노력은 계속되어야만 하고 또 계속될 것이다.

제1부 교회개혁의 주창자 칼뱅

제1장 종교개혁에 대한 사돌레토와 칼뱅의 논쟁

왜 프로테스탄트 종교개혁자들이 로마 가톨릭교회를 떠날 수밖에 없었는지를 알기 원하는 사람이라면 추기경 야코포 사돌레토(Jacopo Sadoleto)와 종교개혁자 장 칼뱅(Jean Calvin) 사이의 논쟁을 검토해야만 한다.[1] 사돌레토의 편지와 그에 대한 칼뱅의 답변은 "종교개혁 시기에 로마 가톨릭과 프로테스탄트 사이에 이루어졌던 의견 교환 가운데 가장 흥미로운 것들 중 하나"이며, "16세기 종교논쟁에 대한 뛰어난 서론"을 제공하기 때문이다.[2] 따라서 본 논문은 사돌레토와 칼뱅 사이에 있었던 종교개혁 논쟁의 역사적 배경, 내용, 의미를 차례대로 살펴봄으로써, 로마 가톨릭과 프로테스탄트 양 진영의 논리가 무엇이고 각각 어떤 점들을 강조했는지를 객관적으로 분석하고, 종교개혁이 왜 일어날 수밖에 없었는지 밝혀 보고자 한다.

---

1) 사돌레토의 편지는 Henry Beveridge가 편집하고 번역한 *Tracts and Treatises on the Reformation of the Church* (Grand Rapids : Wm. B. Eerdmans Publishing Company, 1958), Vol. I, 1-22를 참조하였고, 칼뱅의 답변은 J. K. S. Reid가 번역한 *Calvin : Theological Treatises* (London : SCM Press, 1954), 221-256을 참조하였다. 칼뱅의 답변의 경우 Beveridge의 번역보다 Reid의 번역이 보다 이해하기 쉽고 분명하기 때문이다.

2) Jacopo Sadoleto and John Calvin, *A Reformation Debate : Sadoleto's Letter to the Genevans and Calvin's Reply*, ed. John C. Olin (Grand Rapids : Baker Book House, 1966), 7.

I. 논쟁의 역사적 배경[3)]

사돌레토의 편지나 칼뱅의 답변은 모두 당시의 정치적, 종교적 갈등의 와중에서 씌어진 것들이다. 따라서 두 사람의 논쟁은 16세기의 역사적 배경을 고려할 때에라야 바르게 이해될 수 있다. 특히 제네바 종교개혁은 처음부터 16세기의 정치상황과 긴밀히 연관되어 있었다. 두메르그(Emile Doumergue)가 지적한 것처럼, "제네바 종교개혁의 특징은 종교개혁이 정치적 해방과 연결되어 있다는 것이다."[4)] 이런 의미에서 제네바의 종교개혁은 정치혁명의 연장으로 간주될 수 있다.

종교개혁이 일어나기 이전의 제네바는 종교적인 관점에서 보면 주교의 통치권 아래 있는 도시였고, 정치적 관점에서는 사보이 공작의 영향력 아래 있었다. 제네바의 주교는 오랫동안 사보이 궁정과 밀접한 연관을 맺고 있었다. 따라서 제네바의 종교개혁은 "주교와 사보이 가문의 동맹체제에 대항한 반란으로"[5)] 간주될 수 있었다. 1526년 일단의 제네바 애국자들이 사보이의 권력에 저항하기 위해 베른과의 동맹에 찬성하는 결의안을 통과시켰다. 그 후 베른은 제네바 종교개혁의 전개과정에서 가장 중요한 요인들 가운데 하나가 되었다. 특히 베른이 1528년 츠빙글리의 개혁을 채택한 것은 제네바의 종교개혁에 직접적인 영향을 미쳤다. 마침내 1536년 5월 21일 주일날 제네바 시

3) 이 시기의 제네바 역사를 위해서는 Robert Kingdon, "Was the Protestant Reformation a Revolution?: The Case of Geneva," *Transition and Revolution,* ed. Robert Kingdon (Minneapolis, Minnesota: Burgess Publishing Company, 1974), 53-76을 참고하라. 또한 John T. McNeill, *The History and Character of Calvinism* (New York: Oxford University Press, 1954), 제9장과 David C. Steinmetz, "Luther and Calvin on Church and Tradition," *Calvin's Ecclesiology: Sacraments and Deacons*, ed. Richard Gamble (New York & London: Garland Publishing, 1999), 2-15도 보라.

4) Jacopo Sadoleto and John Calvin, *A Reformation Debate*, 13.

5) Robert Kingdon, "Was the Protestant Reformation a Revolution?: The Case of Geneva," 64.

민들은 하나님의 말씀에 따라 살고 우상숭배를 버릴 것을 맹세하였다.[6] 이로써 정치적이며 종교적인 혁명이 완성되었다. 이것이 칼뱅이 제네바에 도착하기 바로 직전의 상황이었다.

비록 제네바가 자신의 새로운 신앙으로 프로테스탄트 사상을 받아들이기는 했지만, 프로테스탄티즘이 제네바 토양에 뿌리내리는 것은 결코 쉬운 일이 아니었다. 이는 제네바 개혁자로서의 칼뱅의 생애가 항상 평온무사한 것만은 아니었음을 의미한다. 1537년 1월 칼뱅은 교회치리에 관한 계획을 입안하여 제네바 의회의 승인을 받고자 하였고, 제네바의 개혁교회를 위한 요리문답과 신앙고백서도 출판하였다. 그러나 칼뱅이 시행하고자 한 엄격한 치리에 대한 반발이 곧바로 나타났다. 1537년 11월 제네바 총회는 신앙고백서를 실행에 옮기기를 거부했고, 200인 의회도 칼뱅과 파렐은 불순종하는 신자들을 파문할 수 있는 권리가 없다고 선언하였다. 더욱이 1538년 선거에서 뽑힌 제네바 권력자들은 자신들의 불확실한 권력을 공고화하기 위해 베른에 더욱 의존하려고 하였다. 그래서 그들은 목회자들과 상의도 없이 제네바에 베른식의 예식들을 급하게 채택하였다. 특히 베른은 세례반(洗禮盤)의 사용을 고집하고, 성만찬에서 발효시키지 않은 무교병의 사용을 주장했는데, 1538년 3월에 200인 의회는 칼뱅과 파렐에게 이 같은 베른의 예식들을 따르라고 경고하였다. 하지만 칼뱅과 파렐은 베른의 형식을 따르기를 거부하였다. 그것은 비록 베른의 예식들이 꼭 잘못된 것도 아니고 그리스도교 신앙에서 그리 중요한 의미를 지닌 것들도 아니었지만, 그런 것들을 강요하는 것은 이제 막 시작된 신생교회인 제네바 교회의 자유와 자율성을 침해하는 일이었기 때문이었다. 결국 1538년 4월 22일 200인 의회는 칼뱅과 파렐을 면직하고 3일 안에 제네바를 떠날 것을 명하였다.

칼뱅과 파렐의 추방은 제네바를 매우 불안정한 상황으로 몰고 갔고, 제네바 교회 안에 불화를 일으켰다. 제네바의 저명인사 아미 페랭(Ami Perrin)의 주도로 결성된 기욤파(Guillermins : 기욤 파렐의 이름에서 나온 별칭이다.)

---

6) John T. McNeill, *The History and Character of Calvinism*, 135.

는 칼뱅과 파렐 자리에 대신 임명된 새로운 목회자들을 거부하였다. 신생 제네바 교회는 동요하였고 분열의 위기에 처하였다. 어떤 이들은 제네바가 다시 로마 가톨릭으로 돌아갈지도 모른다고 생각하였다. 제네바에는 여전히 로마 가톨릭을 의지하고 있는 사람들이 많이 있었고, 제네바 교회의 위기는 그들로 하여금 제네바가 옛 신앙으로 복귀할 수도 있다는 새로운 희망을 갖도록 했다. 이런 상황에서 1539년 3월 18일 추기경 사돌레토가 제네바 사람들에게 편지를 보내 로마 교회의 품으로 다시 돌아오라고 설득하였다. 테오도르 베즈(Théodore de Bèze)는 이에 대해 사돌레토가 "제네바 상황을 주시하면서 기회를 엿보고 있다가, 제네바가 훌륭한 목회자들을 빼앗겼을 때 이웃이라는 미명 아래 양떼를 쉽게 유혹할 수 있으리라 생각하고서"[7] 편지를 보냈다고 평하였다. 맥닐(John McNeill)은 사돌레토의 편지를 "프로테스탄트 영토의 탈환을 노리는 반동 종교개혁의 첫 번째 주목할 만한 도전"[8]으로 간주한다.

사돌레토의 편지를 받은 제네바 권력자들은 제네바와 베른의 관계를 고려하여 사돌레토의 편지 사본을 베른으로 보냈다. 몇 달에 걸쳐 서로 협의한 후에 두 도시의 의회는 1539년 7월 말경에 칼뱅에게 답장을 써달라고 부탁하기로 결정하였다. 당시 칼뱅은 스트라스부르에서 프랑스 난민들을 대상으로 목회를 하고 있었다. 베른 의회는 슐처(Simon Sulzer)를 스트라스부르로 보내 제네바와 베른에 대한 묵은 유감을 청산하고 사돌레토의 편지에 대한 답을 써달라고 간청하였다. 얼마간 망설이다가 칼뱅은 펜을 들어 6일 만에 사돌레토의 편지에 대한 답장을 썼다. 이 답변은 1539년 9월 1일자로 되어 있다. 칼뱅의 답변은 사돌레토의 편지와 함께 스트라스부르에서 리헬(Wendelin Rihel)에 의해 출판되었다.

7) *Tracts and Treatises*, Vol. I, 1.

8) John T. McNeill, *The History and Character of Calvinism*, 154.

II. 논쟁의 내용

사돌레토의 편지와 칼뱅의 답변에서 우리는 종교개혁에 대한 로마 가톨릭교회와 프로테스탄트 교회 사이의 모든 중요한 논쟁적 주제들과 만나게 된다. 칼뱅이 로마 가톨릭을 이탈한 프로테스탄트 종교개혁을 어떻게 정당화했는가를 알기 위해서 두 사람의 차이점들을 조목조목 살펴보는 것이 필요하다.

A. 교회냐 성서냐

사돌레토와 칼뱅 사이에서 가장 논쟁적인 주제는 교회와 성서의 관계에 대한 것이었다. 사돌레토의 편지는 본질적으로 고대교회를 변호하는 것이었는데, 그는 프로테스탄트 개혁자들이 고대교회의 권위를 뒤엎고 새로운 것들을 도입함으로써 고대교회의 신앙을 변경시키려 하고 있다고 주장하였다. 사돌레토의 주장은 로마 가톨릭교회만이 그리스도의 신부이며, 성령께서 로마교회를 항상 인도하시고 로마교회의 교리와 공의회를 이끄시기 때문에 거기에는 어떤 오류도 있을 수 없다는 것을 전제하고 있었다. 그러므로 사돌레토의 편지는 불순종에 반대하여 권위를, 혁신에 반대하여 교리적 전통을 옹호하였다. 사돌레토는 프로테스탄트 개혁자들은 혁신을 도입한 자들이라고 비난하였다. 사돌레토는 "나는 고래로부터 잘 확립된 것들을 혁신하려는 그런 자들, 그와 같은 혼란, 분쟁들이 단지 사람들의 영혼에 위험할 뿐만 아니라 (이것이 모든 악 중에서 가장 커다란 악입니다.) 사적이고 공적인 일에서도 또한 유해하다는 것을 잘 알고 있습니다."[9]라고 말하였다. 그는 분명한 용어로 핵심적인 질문을 제시한다.

9) *Tracts and Treatises*, Vol. I, 5.

> 둘 중에 어떤 것이 더 우리의 이익에 도움이 되는지, 어떤 것이 더 좋은 것인지, 전능하신 하나님의 은혜를 얻기에 더 적합한 것인지, 전체 교회와 잘 조화를 이루는지, 그리고 교회의 가르침과 법령들과 성례들을 신실하게 준수하고 있는지, 아니면 분쟁과 새로운 것을 찾는 자들에게 동조하는지 살펴봅시다. 사랑하는 형제들이여, 이곳이야말로 길이 두 방향으로 갈라지는 바로 그 지점입니다. 하나는 우리를 생명으로 인도하고, 다른 하나는 영원한 죽음으로 이끄는 길입니다.[10]

사돌레토는 로마교회와 프로테스탄트 교회의 길을 비교하면서 전자는 우리를 생명으로 이끌지만 후자는 우리를 죽음으로 끌고 간다고 결론지었다. 그는 1,500년의 전통을 지닌 로마교회의 품이 겨우 30여 년 전에 나타난 프로테스탄트 교회의 오만한 허구보다 훨씬 더 안전하다고 강조하였다.[11] 사돌레토에 따르면 로마 가톨릭교회를 통해서만 구원받을 수 있기 때문에 모든 그리스도인들은 겸손과 순종으로 거룩한 교회의 전통과 가르침에 복종해야만 한다는 것이다. 사돌레토에게 있어서 거룩한 교회는 바로 로마교회를 말한다. 그에게 프로테스탄트 개혁자들은 거룩한 교회의 권위와 전통을 무시함으로써 "모든 교회법으로부터 벗어나는 행동의 자유를, 그리고 자신들의 욕망을 위한 면허장을 얻으려고 애쓰는"[12] 자들처럼 보였다. 사돌레토의 가장 중요한 무기는 바로 고대교회와 로마 가톨릭 전통 사이의 연속성이었다.

칼뱅은 자신의 답변에서 로마교회가 흠 없는 그리스도의 신부이고 고대교회에 충실하다는 사돌레토의 주장을 거부하였다. 칼뱅은 또한 프로테스탄트 개혁자들이 그리스도의 교회가 1,500년 동안 동의해 온 것을 혼란에 빠트리는 혁신자들이라는 생각도 거부하였다. 그는 오히려 로마교회가 끔찍한 방식으로 하나님의 말씀과 고대교회에서 이탈하였다고 믿었다.

---

10) *Tracts and Treatises*, Vol. I, 15–16.

11) *Tracts and Treatises*, Vol. I, 14.

12) *Tracts and Treatises*, Vol. I, 15.

> 나는 우리가 당신보다 훨씬 고대의 유산들과 더 밀접하게 연결되어 있을 뿐만 아니라, 우리의 모든 시도가 고대교회의 모습을 갱신하려는 것이었다는 사실을 당신이 알면서도 간교하고 교묘하게 숨겼다는 점을 명백하게 밝힐 것입니다. 고대교회의 모습은 먼저는 무관심하고 무지한 사람들에 의해 훼손되고 왜곡되더니 이후에는 로마교황과 그 도당들에 의해 극악무도하게 난도질당해 거의 파괴되어 버렸습니다.[13]

칼뱅에 따르면 중세 로마교회 하에서 교회의 모든 기초들, 즉 교리, 성례, 치리, 예식 등 모든 것이 전적으로 타락하였다. 따라서 프로테스탄트 종교개혁은 로마교회에 의해 손상된 고대교회의 유산을 회복하려는 노력이었다. 칼뱅은 "모든 점들에서 고대교회는 확실히 우리 편이고, 우리들이 하는 것 이상으로 당신을 반대하고 있습니다."[14]라고 주장하였다. 로마교회에 대한 프로테스탄트의 반대는 "하나님의 말씀의 힘뿐만 아니라 거룩한 교부들의 도움으로도 무장되어"[15] 있었다. 페이튼(James Payton)이 지적한 것처럼 칼뱅은 그의 답변에서 여러 차례 고대교부들을 인용했지만 사돌레토는 단 한 차례도 교부들을 인용하지 않았다는 사실은 대단히 흥미롭고 시사하는 바가 크다 할 것이다.[16] 칼뱅에 의하면 개혁자들이 아니라 교황주의자들이 고대교회의 전통에 새로운 것을 도입한 장본인들이다.

칼뱅이 고대교부들과 공의회가 프로테스탄트의 가르침을 지지하고 있다는 것을 보여주려고 노력하기는 했지만, 그런 것들이 성서보다 더 중요하다

---

13) *Calvin : Theological Treatises*, 231.

14) *Calvin : Theological Treatises*, 240.

15) *Calvin : Theological Treatises*, 240.

16) James R. Payton, Jr., "History as Rhetorical Weapon : Christian Humanism in Calvin's Reply to Sadoleto, 1539," *In Honor of John Calvin*, ed. E. J. Furcha (McGill University, 1987) : 96–132. 그리고 Anthony N. S. Lane, *John Calvin : Student of the Church Fathers* (Grand Rapids : Baker Books, 1999)와 Irena Backus, "Calvin and the Greek Fathers," *Continuity and Change*, eds. Robert J. Ast and Andrew C. Gow (Leiden : Brill, 2000)을 참고하라.

고 생각한 것은 결코 아니었다. 교부들이나 공의회가 성서를 바르게 이해하는 데 필수불가결한 도움을 제공하는 것은 사실이지만, 성서는 그것들과 비교할 수 없는 월등한 권위이다. 칼뱅은 자신의 답변에서 교회전통이 성서에 종속된다는 것을 분명하게 밝히고 있다.

> 비록 우리가 하나님의 말씀만이 우리의 판단 영역 너머에 있고, 교부들과 공의회들은 말씀의 규범과 일치하는 한도 내에서만 권위를 지닌다고 주장하지만, 우리는 여전히 공의회들과 교부들에게 그리스도 아래에서 그들이 지니기에 적합한 지위와 영광을 돌립니다.[17)]

고대교부들의 진술과 공의회들의 결정은 성서와 일치하는 한도 내에서만 권위를 지니는 것이다. 그렇지 않다면 그것들은 아무런 권위도 없는 것이다. 칼뱅은 언제나 전통에 대한 성서의 우월성을 주장하였다.

사돌레토는 겸손과 순종의 덕목을 강조했지만, 칼뱅에게 있어서 참된 겸손과 순종은 로마교회가 규정해 놓은 전통이 아니라 하나님의 말씀에 복종하는 것이었다. 사돌레토는 사도적 계승의 교리를 강조했지만, 칼뱅은 교황주의자들에게 사도들의 계승자라는 직함을 주는 것을 거부하였다. 교황주의자들은 참된 신앙과 진리를 저버렸기 때문이다. 사도적 계승은 "근본적으로 신앙과 진리를 계승한 것이 아니라면 허울뿐인 자랑"[18)]에 불과하다. 칼뱅에게는 신앙과 진리의 계승이 단순한 사도적 계승보다 훨씬 더 근본적인 것이었다. 사돌레토와 칼뱅의 논쟁에서 궁극적인 권위를 가지는 것이 교회인지 아니면 성서인지 하는 문제는 중요한 주제였다.[19)] 사돌레토가 거룩한 교회의 권

---

17) *Calvin : Theological Treatises*, 255.

18) Paul D. L. Avis, *The Church in the Theology of the Reformers* (Atlanta : John Knox Press, 1981), 129.

19) George H. Tavard, *Holy Writ or Holy Church* (New York : Harper and Brothers, 1959)에서 중세 말기와 종교개혁 시기 동안의 신학과 문학이라는 관점에서 이 문제를 탐구한다. 칼뱅을 다루는 7장과 사돌레토를 언급한 154-156을 참고하라. 이 책에 대한 훌륭한 비평 논문인 Robert McAfee Brown, "'Tradition' as a Problem for

위를 강조한 반면에 칼뱅은 성서가 궁극적인 권위라고 주장하였다.

B. 성령과 말씀

두 사람 사이의 또 다른 중요한 논쟁점은 그들이 교회라는 용어를 어떻게 정의하는가의 차이에서 분명하게 드러난다. 사돌레토는 교회를 이렇게 정의하고 있다.

> 가톨릭교회는 모든 부분에서, 현재뿐만 아니라 세상의 모든 지역에서 그리스도 안에서 연합하고 일치되며, 항상 모든 곳에서 그리스도의 한 성령의 인도를 받았기에, 이 교회에서는 어떠한 불일치도 있을 수 없습니다. 왜냐하면 그 모든 부분들이 서로에게 연결되어 있으며, 함께 호흡하기 때문입니다.[20]

칼뱅은 이런 사돌레토의 정의가 불충분하다고 지적하면서, 자신의 입장을 밝힌다.

> 교회에 대한 당신 자신의 정의보다 더 정확한 정의를 받아들일 자세가 되었다면, 이후에는 교회란 모든 성도들의 모임, 즉 온 세상에 편만한, 모든 시대에 존재했던 성도들이, 하나의 교리와 그리스도의 한 성령으로 함께 묶여져서, 신앙의 일치와 형제애적인 조화를 증진시키고 지키는 모임이라고 말하십시오.[21]

사돌레토가 성령의 인도를 강조했다면, 칼뱅은 하나님의 말씀에 근거한

Protestants," *Union Seminary Quarterly Review*, XVI, No. 2 (January 1961) : 197-221도 유익하다.

20) *Tracts and Treatises*, Vol. I, 14.

21) *Calvin : Theological Treatises*, 231.

건전한 교리와 성령을 함께 강조하였다. 칼뱅에 의하면 교회는 신앙을 일으키는 거룩한 교리와 사랑을 고무시키는 성령의 관점에서 정의되어야 한다. 말씀과 성령은 결코 분리되어서는 안 된다. 그럼에도 불구하고 사돌레토의 교회에 대한 정의는 성령만 언급할 뿐 말씀에 대해서는 아무런 언급이 없다. 성령도 말씀으로써 교회를 세우고 인도하심을 간과하고 있는 것이다. 따라서 칼뱅은 사돌레토가 "성령은 교회에 앞서 가면서 교회로 하여금 말씀을 이해할 수 있도록 빛을 비추고, 다른 한편으로 말씀은 시금석(Lydian Stone)과 같아서 교회가 그것으로써 모든 교리들을 판가름한다는 것을"[22] 깨닫지 못하고서 말씀과 성령을 분리시켰다고 비판하였다. 칼뱅에게 교회의 토대는 하나님 말씀의 진리였으며, 따라서 말씀의 진리는 그리스도의 몸으로서의 교회의 진정성을 결정짓는 기준이었다. 가톨릭 학자인 알렉산더 가녹지(Alexandre Ganoczy)조차도 "사돌레토가 제시한 교회에 대한 정의는 불완전하다."[23]고 평가하고 있다.

칼뱅이 볼 때 교황주의자들과 재세례파의 공통된 오류가 바로 성령과 말씀을 분리시키는 것이었다.[24] 그들이 성령을 자랑할 때, 필경 하나님의 말씀을 무시하는 경향이 있었다. 칼뱅은 말씀이 없는 성령의 위험성을 이렇게 지적하였다. "말씀은 없이 성령만을 자랑하는 것이 얼마나 위험한 일인지 알기 때문에, 주님께서는 교회가 실로 성령에 의해 통치되어야 한다고 선포하시면서, 그 통치가 모호하거나 불안하지 않도록 하기 위해 성령을 말씀과 한데 묶으신 것입니다."[25] 만일 교회가 말씀은 없이 성령에 의해서만 인도된다면 그것은 분파나 카리스마적인 집단에 불과하다. 칼뱅은 선지자들, 사도들, 교부들이 모두 교회에서 말씀에 첫 자리를 부여했다고 주장하였다.

22) *Calvin : Theological Treatises*, 230–231.

23) Alexandre Ganoczy, *The Young Calvin* (Philadelphia : The Westminster Press, 1987), 279.

24) *Calvin : Theological Treatises*, 230.

25) *Calvin : Theological Treatises*, 229.

C. 사랑과 믿음

칭의 교리가 종교개혁 논쟁의 핵심이라는 사실은 널리 알려진 것이다. 따라서 사돌레토와 칼뱅 사이에서 이 교리의 이해에 대한 충돌은 불가피한 것이었다. 칼뱅은 사돌레토에 대한 답변에서 칭의 교리를 "우리 논쟁에서 가장 주요하고 민감한 주제"[26]라고 말하고 있다. 칼뱅은『기독교강요』에서도 칭의 교리를 "종교의 성패가 달려 있는 중심 요체"[27]이며, "가장 중요한 전환점"[28]이라고 언급하였다. 칼뱅은 자신의 답변에서 많은 교리적 주제들을 강조했지만, 칭의 교리는 그 중에서도 가장 논쟁적인 주제이다.

사돌레토는 자신의 편지에서 칭의에 관한 프로테스탄트 교리의 결점을 지적하였다. 사돌레토가 볼 때 믿음만으로 의롭게 된다고 가르치는 것은 믿는 자들에게 사랑에서 우러나는 도덕적 행위의 책임이 있다는 것을 부인하는 것이나 마찬가지였다. 사돌레토는 다음과 같이 주장한다.

> 내가 오직 믿음만으로라고 말할 때, 나는 새로운 것을 고안해 내는 그런 자들처럼 단순히 하나님에 대한 가벼운 신뢰를 의미하는 것이 아닙니다. 이런 것들은 기독교 정신에서 나오는 자비와 책임을 배제시켜 버리는 것입니다. … 믿음은 그 의미하는 바가 아주 풍부한 용어로서, 신뢰와 확신뿐만 아니라 하나님께 순종하려는 소망과 열망, 그리고 모든 미덕 가운데 첫째로 꼽히는 사랑까지 포괄합니다. … 그렇다면 하나님과 예수 그리스도에 대한 믿음만으로 우리가 구원받을 수 있다고 말할 때, 우리는 바로 이 믿음 안에 사랑이 우리 구원의 가장 중요하며 본질적인 것이라고 이해해야 합니다.[29]

---

26) *Calvin : Theological Treatises*, 234.

27) John Calvin, *Institutes of the Christian Religion*, ed. John T. McNeill, trans. Ford L. Battles (Philadelphia : The Westminster Press, 1960), III권, 11장, 1절.

28) *Institutes*, III, 15, 1.

29) *Tracts and Treatises*, Vol. I, 9-10.

사돌레토에게 있어서 믿음은 하나님에 대한 단순한 "신뢰와 확신" 이상이었다. 그것은 하나님을 기쁘시게 하기 위해 사랑의 행위를 하려는 인간의 바람과 의도까지 포함하는 것이었다. 따라서 믿음이 사랑의 행위를 배제하고 있다면 그것은 정당하지도 않고 충분하지도 못하다. 사돌레토는 사랑의 덕이 "모든 미덕 가운데 첫째로 꼽히는 것"일 뿐만 아니라 "우리 구원의 가장 중요하며 본질적인 것"이라고 규정하였다. 그에 따르면 프로테스탄트적인 의미에서의 "믿음만으로"는 구원을 위해 충분한 것이 아니었다.

그러나 인간의 자유의지와 사랑의 행위에 대한 사돌레토의 지나친 강조에 대해서는 그의 동료들조차도 반대를 표하였다. 구원에 있어서 인간의 협동을 강조한 사돌레토에 반대하여 추기경 콘타리니(Gasparo Contarini)는 칭의 과정에서는 오히려 믿음이 중요함을 강조하였다. 리처드 더글러스(Richard Douglas)에 따르면 "이런 불화는 콘타리니를 사돌레토보다 칼뱅과 가깝도록 만들었다."[30] 칭의론을 둘러싼 논쟁과 관련하여 콘타리니가 가장 뚜렷하게 등장한 것은 레겐스부르크 회의(1541)에서였다. 그곳에서 그는 로마 가톨릭과 프로테스탄트 교회의 화해를 소망하면서 칭의 과정에서의 믿음과 성화 과정에서의 사랑을 함께 강조하는 이중칭의(double justification) 교리를 옹호한 바 있다. 물론 사돌레토는 이런 이중칭의 개념을 강하게 거부하였다.

반면 칼뱅은 파렐에게 보낸 1541년 5월 11일자 편지에서 『레겐스부르크 문서』에서 칭의를 다룬 다섯 번째 조항에 대한 만족감을 이렇게 표현하였다.

> 칭의를 둘러싼 논쟁이 매우 격렬하였습니다. … 당신이 이 편지에 포함되어 있는 발췌된 사본을 읽어보시면 우리의 대적들이 크게 양보했다는 사실을 알고 매우 놀랄 것입니다. 우리 친구들이 참된 교리의 본질을 유지하였고, 따라서 이 문서 안에 우리의 저작들에서 발견되지 않는 것은 어떤 것도 포함되지 않았습니다. … 우리가 상대한 사람들이 어떤 사람들

30) Richard M. Douglas, *Jacopo Sadoleto 1477–1547: Humanist and Reformer* (Cambridge, Massachusetts: Harvard University Press, 1959), 146. 사돌레토와 콘타리니 사이의 논쟁을 자세히 알기 원한다면 80–93쪽과 145–162쪽을 참조하라.

이라는 것을 고려한다면, 우리가 많은 것을 성취했다는 것을 당신은 인정 할 것입니다.[31)]

칼뱅은 분명 믿음으로 말미암는 의로움의 우선성을 강조였다. 그럼에도 불구하고 선행의 가치를 평가절하하지도 않았다. 칼뱅은 사돌레토에게 보내는 답변에서 "만일 당신이 신앙과 행위가 어느 정도로 분리될 수 없는지를 제대로 알기 원한다면, 사도 바울이 고린도전서 1장 30절에서 가르치는 것처럼 칭의와 성화를 위해 우리에게 주신 바 되신 그리스도를 바라보라"[32)]고 주장하였다. 또한 『기독교강요』에서도 선행을 "부르심의 열매", "하나님의 선물", "선택을 받았음을 알게 해주는 표지"[33)]라고 말하고 있다. 칼뱅은 분명 믿음으로 말미암는 칭의의 우선성을 강조하면서, 동시에 의로워진 자의 선행의 가치를 주장한 것이다.

문제의 핵심은 선행의 존재 자체가 아니라 선행의 지위였다. 칼뱅에게 있어서 선행은 로마 가톨릭적인 의미의 공덕이 아니라 신앙의 열매였다. 칼뱅은 이렇게 말한다.

> 우리는 이렇게 해서 인간이 그리스도 안에서 하나님 아버지와 화해를 이루었으며, 이것이 우리 자신의 어떤 공덕이나 선행이 아니라 아무런 이유가 없는 자비에 의한 것이라고 주장합니다. … 우리는 선행이 칭의에서 어떤 역할을 한다는 것을 부인하지만, 의롭게 된 사람들의 삶에서는 선행이 충분한 권위를 지녀야 한다고 주장합니다. … 우리는 사람들이 아무런 선행의 공로 없이 값없이 단번에 의롭게 될 뿐만 아니라, 이러한 값없이 주시는 칭의에 인간의 구원이 달려 있음을 끊임없이 주장합니다.[34)]

31) John Calvin, *Letters of John Calvin*, ed. Jules Bonnet (New York : Burt Franklin, 1972), Vol. 1, 260.

32) *Calvin : Theological Treatises*, 236. "너희는 하나님께로부터 나서 그리스도 예수 안에 있고 예수는 하나님께로서 나와서 우리에게 지혜와 의로움과 거룩함과 구속함이 되셨으니."(고전 1 : 30)

33) *Institutes*, III, 14, 19-20.

선행은 인간을 의롭게 하는 데 어떤 기여도 할 수 없다는 것이 칼뱅의 확신이었다. 그는 칭의에 있어서 믿음의 중요성을 강조하면서, 로마교회가 사랑의 행위를 구원의 근거로 삼으려고 하는 것에 반대하였다. 칼뱅은 "당신이 우리 구원의 가장 우선되고 주요한 동기가 사랑이라고 주장하는 것을 읽고 나는 놀라지 않을 수 없었습니다."[35]라고 말하였다. 칼뱅에 의하면 오히려 그 반대가 사실이었다. 성서는 사랑이 구원의 원인이라고 가르치지 않고, 구원은 오로지 은혜로우신 하나님의 무조건적인 택하심에 달려 있다고 가르친다. 올바른 순서는 먼저 믿음으로 의롭게 되고, 그 후에 선행을 행하는 것이다. 좋은 나무는 자연히 좋은 열매를 맺는 것처럼, 의롭게 된 자는 선행을 낳게 되는 것이다. 참된 믿음은 소망의 어머니일 뿐만 아니라 사랑을 낳는 것이다.

D. 누가 분리주의자인가?

논쟁에서 사돌레토가 칼뱅에게 가한 가장 중대한 비난은 개혁자들이 그리스도의 몸을 찢으려 했다는 것이었다. 다른 모든 것은 참을 수 있다 하더라도 분열의 죄는 결코 간과할 수 없다는 것이었다. 사돌레토는 "그들이 그리스도의 신부를 갈기갈기 찢으려 했다는 것, 이교도 병사들도 나누어 가지기를 꺼려했던 주님의 옷을 그들이 나누려 했을 뿐만 아니라 쥐어뜯으려 했다는 것은 어떻게 용인될 것입니까?"[36]라고 물었다. 사돌레토는 프로테스탄트 교회들의 불일치를 지적하면서 "진리는 항상 하나인 반면, 허위는 다양하고 여러 가지 모양을 하고 있습니다. 곧은 것은 단순하고, 굽은 것은 많은 성향을 내포하고 있습니다."[37]라고 말한다. 사돌레토에게 있어서 로마교회는 참되고 곧은길이며, 프리테스탄트 교회들의 가르침은 거짓되고 굽은 길이었다. 사돌레토가 볼 때 로마교회는 언제나 교회의 일치를 지키려고 노력해 온 반

34) *Calvin : Theological Treatises*, 235-236.

35) *Calvin : Theological Treatises*, 236-237.

36) *Tracts and Treatises*, Vol. I, 19.

37) *Tracts and Treatises*, Vol. I, 19.

면 개혁자들은 일치를 깨려고 하였다. 따라서 프로테스탄트 종교개혁은 교회의 일치를 교란하는 분파적 행동이었으며, 개혁자들은 분리주의자들에 불과하였다.

칼뱅은 무엇보다 종교개혁의 불가피성을 강조함으로써 프로테스탄트 교회가 로마교회에서 분리된 것을 정당화하였다. 칼뱅에 따르면 로마교회의 수많은 기만들로 인해 하나님의 말씀이 사라졌으며, 세례와 성찬의 참된 의미도 훼손되었다. 이것은 교회의 표지인 말씀과 성례가 뒤틀려졌음을 의미한다. 칼뱅은 종교개혁이 일어날 수밖에 없었던 필연성에 대해서 이렇게 말한다.

> 이 필연성이란 하나님의 진리의 빛이 꺼졌고, 하나님의 말씀이 파묻혔으며, 그리스도의 덕이 깊은 망각의 늪에 빠졌으며, 목회자의 직무가 파괴되었다는 것입니다. 그동안 불신앙이 너무 만연해져서 거의 모든 종교적인 교리가 순수함을 지키지 못하고 혼합되었고, 모든 의식들이 오류에 빠졌으며, 거룩한 예배가 지극히 작은 부분까지 미신에 의해 손상을 입지 않은 부분이 없습니다.[38]

이런 상황 하에서 개혁자들은 로마교회로부터 분리되는 것 외의 다른 선택의 여지가 없었다. 비록 로마교회 안에도 아직 교회의 어떤 미세한 흔적들이 남아 있기는 하지만, 전체적으로 로마교회는 더 이상 참된 하나님의 교회가 아니었다. 그것은 말씀과 성례라는 교회의 두 표지가 완전히 훼손되었기 때문이었다. 따라서 분리는 필요했고 불가피했다.

사돌레토가 진리는 하나이고 오류는 하나 됨을 교란시킨다고 말한 것은 옳은 지적이었다. 그러나 그는 프로테스탄트 종교개혁이 분파를 조장하려고 했던 것이 아니라 성서의 참된 가르침을 회복함으로써 원래의 순수한 고대 교회의 모습을 회복시키려고 했다는 점을 이해하지 못했다. 복음주의적 프로테스탄트 교회는 로마교회로 인해 타락한 교리, 성례, 치리, 예식을 회복시키

38) *Calvin : Theological Treatises*, 241.

고자 하였다. 칼뱅이 진정으로 원한 것은 분리가 아니라 개혁이었으며, 파괴가 아니라 재건이었다. 칼뱅은 분명 자신의 사역이 참된 교회 회복의 한 부분이라고 생각하였다.[39)]

칼뱅은 교회일치의 중요성을 고백하였다. 분리는 사돌레토에게서와 마찬가지로 칼뱅에게도 받아들일 수 없는 것이었다. 칼뱅의 다음과 같은 신앙고백은 그가 그리스도에 근거한 참된 일치를 얼마나 열망하는지를 잘 보여주고 있다.

> 누가 비난받아야 하는지 결정할 이는 오 주님, 바로 당신이십니다. 저는 항상 말과 행동을 통해 제가 일치를 얼마나 갈구하는지를 증언해 왔습니다. 그렇지만 제가 말하는 일치는 당신으로 시작해서 당신으로 귀결되는 교회의 일치였습니다. 당신께서 저희에게 평화와 일치를 권고하셨을 때는 언제나 당신은 그것을 보존하는 유일한 끈이 당신 자신임을 보여주셨습니다. 하지만 제가 교회의 우두머리이고 신앙의 기둥들이라고 뽐내는 자들과 평화롭기를 바랐다면, 저는 당신의 진리를 부인하는 대가를 지불해야 했을 것입니다. 저는 그러한 저주스러운 타협에 무릎 꿇는 일보다 더 참기 힘든 일은 없다고 생각했습니다. 왜냐하면 당신의 기름부음 받은 그리스도께서 친히, 천지는 없어지겠으나 내 말은 없어지지 아니하리라(마 24 : 35)고 선포하셨기 때문입니다.[40)]

위의 인용문에서 우리는 교회일치에 대한 칼뱅의 대원칙을 발견할 수 있다. 무엇보다 교회의 일치는 주님으로 시작해서 주님 안에서 끝나야 한다는 것이다. 그는 또한 그리스도의 머리되심을 교회일치의 전제조건으로 간주하였고, 그리스도에게 가기 위해 로마교회를 떠났다고 밝혔다.[41)] 칼뱅은 요한복음 주석에서 "교황주의자들이 우리를 반대하여 제기하는 주된 비난이 우

---

39) *Calvin* : *Theological Treatises*, 251–252.

40) *Calvin* : *Theological Treatises*, 249.

41) *Institutes*, IV, 2, 6.

리 교리가 교회의 평안을 뒤흔들었다는 것이다. … 그러나 모두가 한통속이 되어 하나님을 경멸하는 것보다는 몇몇이라도 머리되신 그리스도와 하나가 되기 위해 사악한 자들로부터 분리되는 것이 더 나을 것이다."[42]라고 말한다. 뿐만 아니라 칼뱅은 하나님의 말씀에 근거하지 않은 교회의 일치는 의미가 없다고 믿었다. 그는 "우리의 교회를 하나님의 말씀을 겸손하고도 경건하게 공경하고 그 말씀의 권위에 순종하는 것을 최상의 관심사로 여기는 그런 교회로 삼자."[43]고 제안한다. 칼뱅은 "제가 요구한 유일한 것은 모든 논쟁이 당신의 말씀에 의해 판결되어야 한다는 것"[44]이라고 말하기까지 하였다. 칼뱅이 추구했던 일치는 어디까지나 하나님의 말씀 안에서의 일치였다.

칼뱅은 자신의 시대상황을 바라보면서 하나님 말씀에 근거한 보편적 신앙과 교제로부터 이탈한 측은 바로 교황주의자들이라고 결론지었다. 따라서 분리는 로마의 탈선에 기인한 것이었다. 그럼에도 불구하고 칼뱅은 사돌레토에게 보내는 그의 답변을 그리스도교적 일치를 위한 기도로 끝내고 있다.

> 사돌레토여, 주님이 당신과 당신의 당파로 하여금 교회일치의 유일한 참된 끈은 그리스도 주님이시라는 것을 마침내 깨닫게 해주시기를 바랍니다. 주님은 우리를 하나님 아버지와 화해시키셨고, 우리를 현재의 절망적인 상태에서 구해내어 자신의 몸의 교제 속으로 불러 모으실 것입니다. 그리하여 그의 한 말씀과 성령을 통해 우리는 하나의 마음과 하나의 영으로 결합될 것입니다.[45]

42) Comm. Jn. 10 : 19.
43) *Calvin : Theological Treatises*, 241.
44) *Calvin : Theological Treatises*, 250.
45) *Calvin : Theological Treatises*, 256.

III. 논쟁의 의미

사돌레토의 전기 작가 더글러스는 사돌레토의 편지와 칼뱅의 답변에 대해 "사돌레토의 편지는 … 피로한 기색을 보이며 30살밖에 되지 않은 적수의 답변에 비해 확실히 가치가 떨어진다. 추기경의 편지는 그 논리가 느슨하고 일상적인 수사법을 구사하고 있는데 반해, 칼뱅의 답변은 팽팽하고 진취적"[46] 이라고 평가하였다. 웅변술의 입장에서 볼 때, 사돌레토의 편지는 그의 명성에 훨씬 못 미쳤다. 사돌레토는 이미 두 차례 비슷한 편지를 쓴 적이 있었는데, 한 번은 1537년 비텐베르크에 있던 멜란히톤(Philipp Melanchthon)에게, 또 한 번은 1538년 스트라스부르에 있던 장 슈투름(Jean Sturm)에게였다. 멜란히톤과 슈투름에게 보낸 이전의 편지들은 우아한 글이었지만, 이 세 번째 편지는 문체의 세련미가 부족하였다.[47] 반대로 칼뱅의 답변은 16세기의 가장 우아한 문학작품들 중 하나라는 평가를 받았다. 티모디 조지(Timothy George)에 따르면, "칼뱅의 답변은 문학적 역작으로 아마도 16세기에 씌어진 개혁신앙에 대한 최고의 변호였다."[48] 칼뱅은 자신의 저술들에서 항상 평이한 문체를 추구했지만, 사돌레토의 편지에 대한 답변에서만은 예외적으로 기독교 인문주의 운동의 수사학적 기교를 사용하였다.[49]

그러면 사돌레토와 칼뱅의 서신왕래는 어떤 결과를 초래했는가? 제네바 사람들을 다시 로마교회의 품으로 돌아오게 하려던 사돌레토의 계획은 실패로 끝났다. 그 편지가 라틴어로 씌어졌기 때문에 널리 유포될 수 없었던 것도 그 이유 중 하나였다. 반면에 프로테스탄트주의와 프로테스탄트 교회를 설

46) Richard M. Douglas, *Jacopo Sadoleto*, 147.

47) 더글러스는 자신의 책에서 사돌레토가 멜란히톤에게 보낸 편지를 117-124에서, 슈투름에게 보낸 편지를 131-135에서, 제네바에 보낸 편지를 143-150에서 각각 분석하고 있다.

48) Timothy George, *Theology of the Reformers* (Nashville : Broadman Press, 1988), 182.

49) James R. Payton, Jr., "History as Rhetorical Weapon : Christian Humanism in Calvin's Reply to Sadoleto, 1539," 109.

립하려 한 자신의 노력을 변증했던 칼뱅의 답변은 제네바의 지지를 얻어내었고 제네바에서 자신의 위상을 다시금 고양시키는 결과를 낳았다. 칼뱅의 답변은 그가 제네바로 귀환하는 데 어느 정도 발판을 마련해 준 측면이 있다. 그렇지만 칼뱅의 답변이 그가 귀환하는 데 결정적인 이유였다고 말하는 것은 아니다. 왜냐하면 베른과의 협상에 실패한 반(反)칼뱅파가 권력을 잃게 된 1539-1540년의 정치적인 상황이 칼뱅을 제네바로 돌아오게 한 주된 이유였기 때문이다.[50] 우리는 칼뱅이 귀환하는 조건으로 베른의 사전 동의를 요구했다는 사실에서 정치적인 상황이 그의 귀환에 중요한 역할을 했음을 짐작할 수 있다. 칼뱅의 축출과 귀환은 모두 제네바의 정치상황과 긴밀하게 연관되어 있었다. 그럼에도 칼뱅이 사돌레토와의 논쟁에서 판정승을 거두었다는 세간의 평가가 칼뱅의 제네바 귀환에 일정 부분 기여했을 것이라는 점은 능히 짐작할 수 있다.

제네바 의회는 1540년 1월 30일 사돌레토의 편지와 칼뱅의 답변을 라틴어와 프랑스어로 출판할 것을 결정하였다. 프랑스어 출판은 평범한 사람들도 그 내용을 알 수 있도록 하기 위한 조처였다.[51] 멜란히톤은 사돌레토에 대한 답변으로 칼뱅이 비텐베르크에서까지 새로운 명성을 얻게 되었고, 루터에게도 긍정적인 인상을 남겼다고 생각했다. 루터는 1539년 10월 부처에게 보낸 편지에서 칼뱅의 답변을 "아주 특별한 즐거움으로"[52] 읽었다고 말했다. 이것은 루터가 칼뱅의 이름을 거론한 유일한 경우였다. 사돌레토의 편지에 대한 적절한 답변을 통해 칼뱅은 그 이전보다 더욱 프로테스탄트 종교개혁의 강력한 옹호자로 나설 수 있는 기회를 갖게 되었다.

본 논문에서 필자는 종교개혁의 성격과 정당성을 둘러싸고 벌어진 사돌레토와 칼뱅의 논쟁을 16세기 제네바라는 구체적인 역사적 배경 속에서 분석하면서, 그 분석의 틀로 교회와 성서, 성령과 말씀, 사랑과 믿음, 분파와 일

50) Jacopo Sadoleto and John Calvin, *A Reformation Debate*, 25.

51) Jacopo Sadoleto and John Calvin, *A Reformation Debate*, 24.

52) Jacopo Sadoleto and John Calvin, *A Reformation Debate*, 24, 각주 37.

치라는 네 가지 항목들을 사용하였다. 필자가 이 네 항목의 분석틀을 선택한 것은 그것들이 사돌레토의 편지와 칼뱅의 답변에서 가장 두드러진 주제들인 동시에 전체 종교개혁 논쟁에서도 가장 첨예한 문제라고 보았기 때문이다. 이러한 시도를 통해 두 사람의 주장의 핵심, 그리고 로마 가톨릭과 프로테스탄트 양측의 주장과 논리를 보다 선명하게 파악할 수 있었다. 필자가 선택한 이 네 항목의 분석틀이 사돌레토의 편지와 칼뱅의 답변을 분석하는 데 그치지 않고, 종교개혁을 둘러싼 다른 논쟁들에도 유효한 분석틀로 기여할 수 있기를 기대한다.

제2장 칼뱅에게 나타난 참된 교회의 표지

I. 시작하는 말

마르틴 루터가 은혜의 문제와 씨름한 개혁자라면, 장 칼뱅은 참된 교회라는 문제를 끌어안고 고민했던 개혁자였다. 루터가 "내가 어떻게 은혜로운 하나님을 만날 수 있을까?" 고민했다면, 칼뱅은 "내가 어디에서 참된 교회를 발견할 것인가?" 고심하였다.[1] 두 개혁자의 차이는 무엇보다도 그들이 처한 실존적, 역사적 상황에서 귀결된 것이었다. 루터는 "내가 어떻게 의로우신 하나님 앞에서 구원받을 수 있을 것인가?"를 물었고, 그 대답으로서 "은혜를 인하여 믿음으로 말미암아 구원 받는다."(justification through faith by grace)는 종교개혁의 유명한 슬로건을 발견하였다. 이 표어는 죄인은 오로지 하나님의 은혜로만 의롭게 되며, 행위가 아니라 믿음으로 구원받을 수 있다는 선언이었다. 루터에게 이 교리는 "교회가 서느냐 무너지느냐를 결정하는 항목"[2]이었다. 물론 루터가 그리스도인의 삶에서 선행의 중요성과 필요성을 부인한 것은 아니었다. 하지만 그는 선행이란 구원의 원인이 아니라 그 결과임을 강조하였다. 루터가 볼 때, 당시 로마 가톨릭교회는 복음의 핵심인 은총의 교리를 상실한 것으로 비쳤다.

---

1) Alister E. McGrath, *Reformation Thought : An Introduction* (Oxford : Blackwell, 1988), 132; 같은 저자, *Christian Theology : An Introduction* (Oxford : Blackwell, 1994), 6.

비록 루터가 구원에 있어서 은총의 우선성과 중요성을 재발견함으로써 종교개혁을 촉발시켰지만, 교회론에 대해서는 충분한 관심을 기울이지 못했다. 그 이유는 종교개혁 초기에 루터나 루터주의자들은 자신들의 항의가 새로운 교회를 세우게 될 것이라고까지는 생각하지 못했고, 로마교회가 종교회의를 통해서 잘못을 개선하면 다시 합쳐질 수 있다고 믿었기 때문에, 프로테스탄트의 독자적 교회론을 수립할 필요성을 느끼지 못했다. 루터주의자들의 신앙고백서인 1530년 『아우크스부르크 신앙고백』(*Augsburg Confession*)이 로마가톨릭에 대해서 대단히 우호적인 이유도 이런 이유 때문이다. 그러나 이러한 기대는 시간이 갈수록 허물어졌고, 1541년 로마가톨릭과 프로테스탄트 진영의 화해를 모색했던 레겐스부르크 회의(Colloquy of Regensburg)가 실패로 끝나자 양측은 일치의 희망을 버릴 수밖에 없었다. 로마가톨릭은 1545년 트렌트 종교회의(Trent Council)를 소집하여 프로테스탄트를 정죄하였고, 개혁자들도 이제 로마와의 분리는 일시적인 것이 아니라 영구적인 것이라는 사실을 깨닫게 되었다. 따라서 종교개혁자들은 프로테스탄트 교회론을 정립하고 종교개혁 운동의 정당성을 분명히 해야 할 필요에 직면했다.

이런 시점에 나타난 인물이 바로 칼뱅이었다. 칼뱅은 "참된 교회란 어떤 교회인가?"를 물었고, 그 대답으로서 로마교회가 아니라 하나님의 진리 위에 서 있는 교회가 참된 교회라는 것을 발견하였다. 따라서 칼뱅에게 있어서 종교개혁은 분파적 행동이 아니라 하나님의 진리를 찾고 참된 교회를 회복하는 운동이었다. 주목할 만한 것은 우리가 칼뱅의 『기독교강요』 초판(1536)에서부터 최종판(1559)의 흐름을 보면, 교회론은 주로 1543년판에서 집중적으로 형성되었다.[3] 이것은 앞에서 말한 1541년 레겐스부르크 회의의 실패로부터 프로테스탄트 교회론을 정립할 긴급한 필요가 생겼음을 말해주는 것이

2) Alister E. McGrath, *Christian Theology : An Introduction*, 410.

3) Jean-Daniel Benoit, "The History and Development of the Institutio : How Calvin worked," *John Calvin*, ed. G. E. Duffield (Grand Rapids : Wm. B. Eerdmans Publishing Company, 1966), 102-117; Wilhelm H. Neuser, "The Development of the Institutes 1536 to 1559," *John Calvin's Institutes : His Opus Magnum*, ed. W. van't Spijker (Potchefstroom : Potchefstroom University, 1986), 33-54.

다. 가톨릭 신부이며 칼뱅연구자인 가녹지(Alexandre Ganoczy)도 레겐스부르크의 실패가 칼뱅의 교회론을 형성하는 데 가장 큰 자극이 되었다고 지적하고 있다.[4] 이런 점에서 볼 때, 칼뱅의 교회론은 단순히 교리적 관심에서 나온 것만이 아니라 당시 역사적 상황의 산물이기도 하다. 칼뱅은 자신의 교회론에서 종교개혁의 정당성을 변호하였고, 로마교회가 아니라 프로테스탄트 교회가 참된 교회라고 주장하였다. 이와 같이 루터가 구원론에 있어서 큰 영향을 미쳤다면, 칼뱅은 교회론에서 중요한 공헌을 하였다.

그렇다면 과연 "칼뱅은 어떤 교회를 참된 교회로 보았는가? 그에게 있어서 참된 교회의 기준은 무엇이었는가? 왜 그는 로마 가톨릭교회에서 분리될 수밖에 없었는가? 정말 그는 가톨릭이 말하는 것처럼 분파주의자인가?"라는 질문이 제기된다. 이 질문들에 대한 대답으로서 필자가 본 논문에서 다루고자 하는 주제는 칼뱅의 교회표지에 대한 견해이다. 칼뱅에게 있어서 말씀설교와 성례라는 두 가지 교회표지가 참된 교회냐 거짓 교회냐를 가르는 기준이 되기 때문에 교회표지는 그의 교회론 이해에 있어서 핵심적인 역할을 한다. 또한 교회표지에 대한 이해는 그가 로마교회를 떠나야만 했던 이유를 설명해 줄 것이다.

II. 칼뱅의 교회표지

칼뱅은 교회를 교회되게 하는 두 가지 표지가 있다고 믿었는데 그것은 바로 말씀과 성례였다. 1559년 최종판 『기독교강요』에서 칼뱅은 "순수한 말씀 사역과 순수한 형태의 성례전 거행, 이 두 가지 표지가 있는 공동체를 교회라고 간주하는 것은 충분한 근거가 있다고 해도 틀림없을 것"[5]이라고 주

4) Alexandre Ganoczy, *The Young Calvin*, trans. David Foxgrover and Wade Provo (Philadelphia : Westminster Press, 1987), 286.

5) John Calvin, *Institutes of the Christian Religion* (1559), ed. John T. McNeill, trans. Ford L. Battles, Library of Christian Classics Vols. 20-21 (Philadelphia : The Westminster Press,

장했다. 이와 같은 칼뱅의 주장에 동의한다면 만일 어떤 공동체가 말씀과 성례라는 두 가지 표지를 가지고 있다면 우리는 그것을 "교회"라고 부를 수 있을 것이다. 반면에 어떤 공동체가 아무리 스스로를 교회라고 우긴다 할지라도 말씀과 성례전의 표지를 가지고 있지 못하다면 우리는 그것을 참된 교회라고 부를 수 없을 것이다. 칼뱅에 따르면 로마교회는 이 두 가지 표지를 지니지 못하였기에 진정한 의미에서 교회가 아니었다. 말씀이 더 이상 우선권을 가지지 못하고 성례전의 역할이 훼손되었다면 그 공동체는 거짓 교회일 뿐이다. 때문에 칼뱅은 로마교회를 다음과 같이 비판한다.

> 교황제도 하의 상황이 이러할진대 거기에 얼마나 교회다움이 남아있다고 말할 수 있는가. 말씀 사역 대신에 거짓을 버무린 뒤틀린 조직이 로마교회를 지배하고 있으니 순수한 빛이 얼마간은 꺼져버렸고, 일부는 희미해졌다. 주의 만찬 대신에 추악한 신성모독 행위가 도입되었다. 하나님에 대한 예배는 견디기 어려운 수많은 미신으로 퇴락하였다. 그리스도교는 진리의 가르침이 없이는 존립할 수 없음에도 불구하고 이런 가르침도 완전히 매장되었고 제거되었다. 공적인 모임들도 우상숭배와 불경건을 가르치는 곳이 되어버렸다.[6]

칼뱅은 로마교회 안에서는 말씀과 성례전이라는 교회의 표지가 거의 왜곡되거나 사라져버린 것으로 생각했다. 바로 이런 이유로 인해 칼뱅은 로마교회로부터 떨어져 나올 수밖에 없었다. 이런 상황에서 분리는 당연하고도 불가피한 의무였다.

반면에 어떤 그리스도인 공동체가 말씀과 성례전의 참된 사역을 보존하고 있다면 우리는 그 공동체에서 분리되어서는 안 된다. 왜냐하면 그 공동체는 참된 교회이기 때문이다. 칼뱅은 "비록 어떤 공동체가 여러 오류들을 가지고 있다고 할지라도, 말씀과 성례전의 사역을 유지하고 있는 한 우리는 그

1960), IV권, 1장, 12절.

6) *Institutes*, IV, 2, 2.

공동체를 배척해서는 안 된다."[7]고 주장하였다. 교회의 표지를 보존하고 있는 복음적 교회들 사이에서는 비본질적인 문제들에서 차이점이 있다하더라도 분리되어서는 안 되며, 하나님의 영광과 복음의 진보를 위해 신앙의 일치를 유지해야만 한다. 이처럼 칼뱅에게 있어서 말씀과 성례전의 사역, 즉 교회표지는 교회일치 문제에 있어서 매우 중요한 원칙이었다. 칼뱅은 교회의 두 표지가 유지되는 한, 복음주의 교회들의 분리주의적 경향을 강하게 비판하였다. 교회의 표지가 유지되고 있음에도 불구하고 분열하는 것은 마귀의 행동이며 치명적 죄였다. 칼뱅은 교회의 표지가 존재한다면 "악한 영들은 항상 분열하려고 하겠지만, 우리는 보편교회를 위해서 교회일치를 유지해야만"[8] 하는 것이다. 이처럼 가시적 교회의 두 표지는 칼뱅의 교회의 분리와 일치에 대한 이해에서도 핵심적인 역할을 하고 있다.

A. 교회의 첫째 표지 - 하나님의 말씀 설교

칼뱅은 하나님의 말씀 설교가 하나님의 임재를 현실화시키고, 개인의 삶과 공동체 안에서 하나님의 역사를 이루게 하는 가장 중요한 수단이라고 믿었다. 한 사람의 그리스도인으로서 칼뱅은 말씀 설교를 신뢰했는데, 바로 그것이 교회의 삶에 있어서 은혜의 수단이 되며 사회 안에 경건한 정신을 만들어 낼 수 있다고 믿었기 때문이었다.

칼뱅은 제네바에서 사역하는 동안(1536-1538, 1541-1564) 그리고 스트라스부르 체류 기간 동안(1538-1541) 쉬지 않고 설교하였다. 그러나 아쉽게도 1549년 이전 칼뱅의 설교에 대해서는 거의 알려진 바가 없다. 1549년 이전의 설교 중 남아 있는 것은 두 편으로, 1545년 11월 4일 시편 115편을 본문으로 한 설교와 1545년 11월 11일 시편 124편을 본문으로 한 설교뿐이다. 1549년 8월 25일 제네바 교회는 대단히 의미 있는 결정을 하였는데, 라구에니어(Denis de Raguenier)를 속기사로 임명한 것이다. 라구에니어는 1560년 죽을

7) *Institutes*, IV, 1, 12.

8) *Institutes*, IV, 1, 9.

때까지 칼뱅의 설교를 속기로 받아 적는 일을 성실하게 수행하였다. 칼뱅의 설교들이 우리에게 전해진 것은 전적으로 그의 노력의 결과라 해도 과언이 아닐 것이다. 칼뱅의 설교는 대체로 1시간 이상 지속되었고 원고나 메모 없이 이루어졌다. 그는 주일 오전에는 신약, 오후에는 신약이나 시편, 주중에는 구약을 강해하였고, 특별한 절기에는 절기에 맞는 본문으로 설교하였다. 말년에 건강으로 인해 거동이 불편해지자, 그는 의자에 앉은 자신을 설교단으로 데려가 달라고 다른 사람들에게 부탁하면서까지 설교자로서의 책임을 다하였다.

칼뱅은 스트라스부르에서 제네바로 돌아온 다음 1541년부터 주일은 두 번, 그리고 평일에는 세 번(월, 수, 금) 설교하였다. 1549년부터는 주일에 두 번, 평일에는 격주로 매일 설교하였다. 라구에니어의 목록(1549–1560년의 설교목록)에는 2,042편의 칼뱅 설교가 열거되어 있다. 1560년 이후에는 추가로 263편의 설교가 기록되었다. 칼뱅의 설교 중 일부는 그의 생전에 출판되었지만, 많은 것들은 사후에 빛을 보았다. 오늘날 우리가 알고 있는 칼뱅의 설교가 1,500편 정도이니 약 800편의 설교가 분실된 것이다. 1805–1806년에 제네바대학 도서관이 서가의 공간을 확보하기 위해 많은 칼뱅의 설교 필사본들을 팔아버린 것은 너무나 안타까운 일이다. 다행히 일부 원고는 고물상에서 발견되어 되돌아왔지만 나머지는 사라져 버렸다. 칼뱅의 설교 중 874편의 설교가 『칼뱅전집』(*Calvini Opera*)에 수록되어 있고, 1961년 이후 칼뱅의 미간행 설교들이 『칼뱅전집보충』(*Supplementa Calviniana*)이라는 이름으로 출간되고 있다. 설교는 칼뱅의 전체 저술 중 대략 3분의 1에 달할 만큼 방대한 양이다. 칼뱅의 설교는 『기독교강요』에 대한 중요한 보완자료가 될 것이며, 칼뱅 신학의 원자료로 활용될 수 있을 것이다.[9]

칼뱅은 "교회는 설교를 통해 그리스도 위에 세워진다."[10]고 말함으로써 설교가 하나님의 교회의 토대가 됨을 분명히 하였다. 바로 말씀 설교를 통해서 "하나님께서는 자신의 교회를 낳으시고 배가시키시는 것이다."[11] 설교를

9) 박경수, "칼뱅에게 배우는 설교", 「교회와 신학」 제67호(2006 겨울호), 52–60.

10) Comm. Eph. 2 : 20.

11) Comm. Ps. 22 : 30.

통해 "교회가 진리를 보존하고" "후손들에게 진리를 전해주기"[12] 때문에, "살아있는 말씀 설교가 그친다면 경건은 사라지고 말게 될 것이다."[13] 이처럼 설교는 믿음과 교회와 경건의 자궁과 같은 것이다.

칼뱅은 또한 설교는 성서의 의미를 명확하게 해주는 도구라고 생각하였다. 칼뱅에 따르면 설교는 성서를 강해하는 방식으로 이루어져야 한다. 이 점에서 칼뱅은 츠빙글리의 전통을 좇고 있다. 츠빙글리는 취리히의 종교개혁자로 첫발을 디딘 1519년부터 성서의 책 중 한 권을 택하여 처음부터 끝까지 빠짐없이 강해설교를 해 나갔다. 칼뱅도 츠빙글리와 같이 성서를 연속적으로 강해 설교하였다(lectio continua). 미리 짜놓은 성서구절(lectionary)을 설교하거나 설교자 개인의 기호에 따라 본문을 선정하는 데 대해 반대하였다. 칼뱅은 멜란히톤(Philipp Melanchthon)과 우호적인 관계를 유지하였지만, 멜란히톤의 설교 본문 선택방식에 대해서는 편파적이라고 비판하였다. 칼뱅이 1538년 제네바에서 추방되었다가 1541년 9월 제네바로 돌아온 후, 1538년 중단되었던 설교에 뒤이은 본문을 가지고 설교했다는 것은 강해설교의 진수를 보여준다. 이런 강해설교의 방식을 따라 123편의 창세기 설교, 200편의 신명기 설교, 343편의 이사야 설교, 174편의 에스겔 설교, 159편의 욥기 설교, 189편의 사도행전 설교, 176편의 고린도전후서 설교가 이루어졌다.

칼뱅의 설교 문체의 중요한 특징은 단순성과 명료함에 있다.[14] 이것은 단지 칼뱅의 설교의 특징일 뿐만 아니라 그의 신학과 삶의 특징이기도 하다. 그는 유식한 사람이나 무식한 사람이나 모두가 이해할 수 있는 설교를 하길 원했다. 따라서 불필요한 장황한 설명을 피하고 성서 본문에 집중하였다. 단순성에 대한 칼뱅의 강조를 보여주는 요한복음 주석의 몇 구절을 살펴보면 그의 입장을 이해할 수 있을 것이다.

---

12) Comm. 1 Tim. 3 : 15.

13) Comm. Deut. 31 : 9.

14) Richard C. Gamble, "Brevitas et Facilitas : Toward an Understanding of Calvin's Hermeneutic," *Westminster Theological Journal* 47 (1985), 3.

여기서 난해한 토론으로 들어가는 것은 불필요할 것이다. … 왜냐하면 그리스도께서는 우리가 이와 같은 교묘함에 사로잡히는 것을 원하지 않기 때문이다.(요 5 : 30)

이 주제를 더 장황하게 다루는 것은 내가 추구하는 간결성과 조화되지 않기 때문이다.(요 5 : 46)

따라서 우리는 참되고 단순한 의미에 만족하자.(요 11 : 9)

칼뱅은 멜란히톤이나 부처의 설교 내용에 대해서는 비판하지 않았지만, 두 사람의 설교방법에 대해서는 비판적이었다. 칼뱅은 멜란히톤의 설교는 본문선택에 있어서 편파적이라고 보았고, 부처의 설교는 너무 장황하다고 생각했다. 칼뱅은 어렵고, 현학적이며, 이해할 수도 없는 말들을 나열하는 설교로는 설교 본연의 목적을 도무지 이룰 수 없다고 보았기 때문에, 그는 할 수 있는 한 성서의 메시지를 간단하고 분명하게 전함으로써 평신도들로 하여금 말씀의 의미를 쉽게 이해하고 하나님의 명령에 즉시 순종할 수 있도록 해야 한다고 믿었다.

칼뱅이 사용한 설교의 방식은 중용의 방법(via media)이었다. 중요한 칼뱅학자이며 영문판 『기독교강요』의 번역자인 베틀즈(Ford Battles)는 칼뱅의 신학적 방법론을 중용이라고 주장한다.[15] 베틀즈에 따르면 칼뱅 신학에 있어서 중요한 사상들은 모두 과도한 극단 사이에 놓여 있다. 베틀즈는 자신의 주장을 입증하기 위해 『기독교강요』에서 수많은 증거를 제시하였다. 갬블(Richard Gamble)은 칼뱅이 중용의 사람이라는 베틀즈의 주장을 칼뱅의 주석에도 적용하고자 하였다. 갬블은 칼뱅의 성서 주석의 유형을 도표로 표현하였다.[16] 아래 도표는 칼뱅이 중용의 입장을 선택하고 있음을 분명하게 보여준다.

15) Ford Lewis Battles, "*Calculus Fidei* : Some Ruminations on the Structure of the Theology of John Calvin," *Interpreting John Calvin* (Grand Rapids : Baker Books, 1996), 139–246.

주석의 유형들

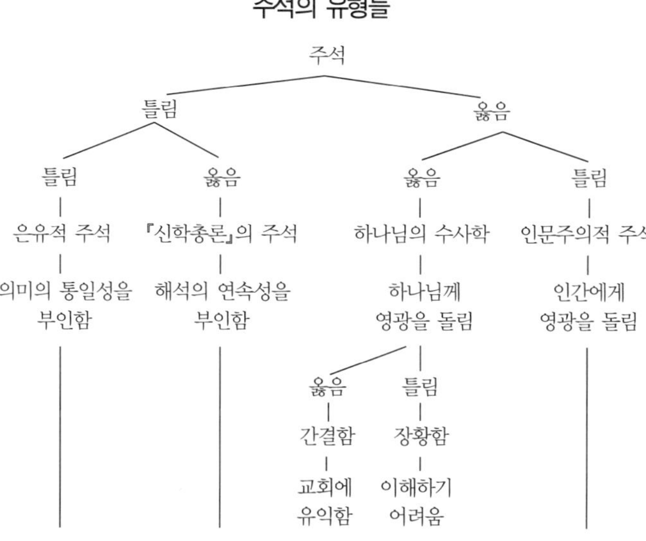

이 도표에서 "은유적" 주해가 좌측의 극단에 있다. 칼뱅은 온갖 공상적 이야기로 가득 찬 로마교회의 은유적 주해를 강하게 비판하였다. 칼뱅의 갈라디아서 주석의 한 구절은 은유적 해석에 대한 그의 반감을 잘 표현하고 있다.

> 가톨릭주의자들은 성서는 풍성한 책이기에 다양한 의미들을 가지고 있다고 말한다. 나도 성서가 가장 풍요로운 책이며, 모든 지혜의 끝없는 원천이라는 사실을 인정한다. 그러나 나는 성서의 풍성함이 곧 누구라도 성서를 자기 마음대로 해석해도 되는 여러 가지 의미를 뜻한다는 것에는 동의할 수 없다. 따라서 우리는 성서의 참된 의미는 단순한 것이라는 사실을 알고 그것을 단단히 붙들고 품도록 하자. 문자적 의미에서 벗어난 허구적인 해석들은 의심스러운 것이므로 무시해야 할 뿐만 아니라 치명적

16) Richard C. Gamble, "Exposition and Method in Calvin," *Westminster Theological Journal* 49 (1987), 163.

인 부패이기에 과감히 던져버려야 한다.[17]

도표의 우측의 극단에는 "인문주의적" 주해가 있다. 칼뱅은 비록 자신이 한때 인문주의자였음에도 불구하고 하나님의 신비를 인간 이성 안에 가두려고 하는 모든 시도를 거부하였다. 로마서 주석의 한 구절이 인문주의적 성서 해석에 대한 그의 입장을 대변해 준다.

> 만일 우리가 하나님의 신비를 이해할 수 있기를 원한다면, 무엇보다 우리 자신의 이성에서 벗어나려고 노력해야만 한다는 사실을 기억해야 할 것이다.[18]

이 두 가지 잘못된 극단 사이에 두 가지 바른 성서 주해가 있다. 첫째는 멜란히톤의 『신학총론』(*Loci Communes*)에 나타난 성서해석이다. 하지만 칼뱅은 멜란히톤의 성서해석에 결점이 있다고 보았는데, 멜란히톤이 모든 성서의 본문을 살펴보지 않고 일부 본문만 선택적으로 주해하고 있다는 점에서 편파성을 지닌다는 것이다. 둘째는 부처의 성서해석이다. 칼뱅은 부처가 훌륭한 성서해석자이긴 하지만, 그 해석이 너무 장황하여 평신도들이 이해하기에 어렵다는 결점이 있다고 보았다. 멜란히톤이 성서의 의미를 온전히 그리고 충분히 밝히지 못한 잘못이 있다면, 부처는 지나치게 넘친다는 것이 칼뱅의 판단이다. 따라서 칼뱅은 모자라는 것과 넘치는 것 사이에서 중용을 취하고자 하였다.

칼뱅은 은유적 해석과 인문주의적 해석 사이에서, 또한 멜란히톤과 부처 사이에서 자신의 해석 방법을 찾았다. 이와 같은 중용의 입장은 칼뱅의 신학, 설교, 주석에 걸친 뚜렷한 특징이다. 교회일치의 문제에 있어서도 예외는 아니어서 칼뱅은 로마가톨릭과 급진적 재세례파 사이에서, 또한 루터와 츠빙글리 사이에서 중용의 길을 찾고자 하였다.

설교는 하나님께서 우리에게 다가오시는 외적인 은혜의 수단 가운데 가

---

17) Comm. Gal. 4 : 22.

18) Comm. Rom. 3 : 5.

장 중요한 것이다. 말씀 설교야말로 칼뱅에게 있어서 첫 번째 교회의 표지이다. 하나님의 말씀이 선포되고 들려지는 바로 그곳에 하나님이 임재하시고, 하나님의 은혜가 베풀어지고, 하나님의 교회가 존재하는 것이다. 칼뱅은 설교를 하나님의 임재를 우리에게 현실로 만들어주는 대표적인 수단이라고 생각했다. 설교를 통해 하나님의 뜻이 개인의 삶과 공동체 안에서 이루어진다. 다시 말하면 설교에 의해서 "새로운 인간"과 "새로운 공동체"가 형성되는 것이다.

B. 교회의 둘째 표지 – 성례

칼뱅에 따르면 교회의 성례에는 두 가지가 있는데, 세례와 성만찬이 바로 그것이다. 그는 성례란 "하나님께서 우리의 연약한 믿음을 격려하기 위해 우리를 향한 하나님의 선한 약속을 우리 마음에 보증하시는 외적인 표징이며, 또한 우리 편에서는 하나님과 천사와 사람들 앞에서 하나님을 향한 우리의 충성을 증언하는 외적인 표징"[19]이라고 정의하였다. 하나님께서는 말씀뿐만 아니라 성례를 허락해 주심으로써, 말씀으로 주신 약속을 보증하시고 더욱 생생하고 확실한 것으로 만들어 주시는 것이다. 우리의 믿음은 하나님의 말씀으로 말미암는 것이지만 성례를 통해서 더욱 든든해지는 것이다.

1. 하나님의 자기조절로서의 성례

하나님의 계시는 말씀 설교를 통해 귀로 다가오기도 하지만, 성례를 통한 물질적 요소를 통해 눈으로 다가오기도 한다. 하나님께서 우리에게 다가오시는 과정을 설명하면서 칼뱅은 "자기조절"(accommodation)이라는 용어를 사용한다. 칼뱅에 따르면, "하나님께서 우리의 수준에 자신을 맞추어 조절하시지 않는 한, 우리는 하나님을 이해할 수가 없다."[20] 다시 말하면 하나님께서는 우리에게 말을 걸기 위해서 우리의 수준에 맞게 스스로를 조절하시는 분이시다. 분명히 칼뱅은 "자기조절"의 개념을 고전 수사학의 전통에서 빌려

19) *Institutes*, IV, 14, 1.
20) Comm. Ezek. 9 : 3 – 4.

왔을 것이다.[21] 칼뱅 자신도 한때 인문주의자로서 수사학을 공부했기 때문이다. 수사학의 목적은 청중들에게 알맞은 방식으로 자신의 언어를 조절하고, 적응하고, 맞추는 것이다. 특별히 말씀과 성례를 통한 자기조절이 바로 하나님이 스스로를 계시하시는 방식이다. 이런 의미에서 하나님은 "위대한 수사학자"(the Great Rhetorician)라고 할 수 있을 것이다.

에드워드 다우이(Edward Dowey)는 자기조절이라는 용어를 이렇게 정의하고 있다.

> 자기조절이라는 단어는 하나님께서 자신의 뜻을 계시하실 때 인간의 수준에 맞추어 자신을 한정하시고 조정하시는 과정을 일컫는다. 혹은 인간이 본질상 이해할 수 없는 하나님 존재의 무한한 신비를 인간의 능력에 맞추어 하나님께서 자기를 줄이거나 조정하시는 방법이다.[22]

이 정의에 따르자면, 하나님의 모든 계시의 방법은 하나님의 자기조절의 실례로 간주될 수 있다. 무엇보다도 하나님의 자기조절의 가장 놀라운 예는 성육신이다. 칼뱅은 『기독교강요』에서 "무한하신 아버지께서 아들 안에서 유한하게 되신 것은 우리 마음이 하나님의 광대한 영광에 압도되지 않도록 우리의 낮은 수준에 맞추어 자기를 조절하신 것"[23]이라는 초대교회 교부인 이레네오스(Irenaeus)의 말을 인용하고 있다. 성서 또한 하나님의 자기조절이다. 성서는 인간의 필요에 따라 하나님을 아버지, 교사, 의사로 표현하고 있다. 성서에서 하나님은 어린 아이에게 웅얼거리는 유모와 같이 묘사되고 있다. 칼뱅에게 성서는 일종의 하나님의 웅얼거림이다. 하나님의 자기조절의 가장 생생한 형식은 말씀 설교와 성례전이다. "하나님께서는 우리의 연약함에

21) David F. Wright, "Was John Calvin a 'Rhetorical Theologian'?" *Calvin Studies* IX, eds. John Leith and Robert Johnson (Davidson, NC : Colloquium on Calvin Studies, 1998), 46-69.

22) Edward A. Dowey, Jr., *The Knowledge of God in Calvin's Theology* (New York : Columbia University Press, 1952), 3.

23) *Institutes*, II, 6, 4.

따라 자기를 조절하시는데, 선포된 말씀이라는 '문서'와 물질적인 성례라는 '보증'으로서 그렇게 하신다."[24] 하나님께서는 우리를 가까이 하시기 원하신다. 이를 위해서 하나님은 성육신으로, 성서 안에서, 말씀으로 들리도록, 성례로 보이도록 자기 스스로를 조절하시는 것이다.

밀너(Benjamin C. Milner Jr.)의 분석에 따르면, "칼뱅은 하나님의 자기조절이 성서에 나타난 하나님의 말씀, 설교, 성례의 상징들의 순서로 하강하고 있다고 생각하는 것처럼 보인다. 규범적 가치에 있어서는 하나님의 말씀, 설교, 성례의 순서이지만, 효과에 있어서는 오히려 성례, 설교, 말씀의 순서이다."[25] 중요성의 관점에서 보자면 하나님의 말씀은 절대적인 가치를 가지고 있으며, 그 다음으로 하나님의 말씀에 근거한 설교가, 마지막으로 선포된 설교에 근거한 성례가 중요성을 가진다. 그러나 효력이라는 측면에서 보자면, 성례가 설교보다 더 효과적이고 깊이 파고들며, 설교가 성서보다 더 감명을 주는 경향이 있다. 이런 식으로 말씀과 성례의 사역은 참된 교회에 있어서 가장 중요한 표지가 되어진다.

2. 성례의 의미, 본체, 효과

칼뱅은 성례를 세 가지 방식으로 이해하였다. 성례는 하나님의 약속을 가리킨다는 의미를 지닌다. 성례가 지시하는 본체는 그리스도의 죽음과 부활이다. 성례의 효과는 구속, 의로움, 성화, 그리고 생명이다.[26] 무엇보다 칼뱅에 따르면 성례의 의미는 항상 하나님의 말씀과 연관되어 있다. 성례의 역할은 하나님의 은혜와 구원의 약속을 우리에게 보증하고 우리 안에서 유효하게 하는 것이다. 따라서 약속의 말씀과 분리된 성례는 아무런 의미도 없다. 칼뱅에게 있어서 분명한 것은 말씀의 약속이 없는 성례는 그저 "유치한 마

24) Ford L. Battles, "God Was Accommodating Himself to Human Capacity," *Interpreting John Calvin* (Grand Rapids: Baker Books, 1996), 117-137.

25) Benjamin Charles Milner Jr., *Calvin's Doctrine of the Church* (Leiden, Netherlands: E. J. Brill, 1970), 113.

26) *Institutes*, IV, 17, 11.

력"(childish charms)[27]일 뿐이며, "아무 쓸모도 없는 상징"[28]일 뿐이다. 칼뱅은 말씀이 더해지기 전에는 성례의 요소들이 효력이 없다고 생각했다.

칼뱅은 성례를 말씀의 부록이라고 칭함으로써 성례가 말씀에 종속된다는 사실을 분명히 하였다. "성례에는 반드시 선행하는 약속이 있으며, 성례는 이 약속에 결합된 부록과 같은 것이다. 성례는 약속을 확증하고 보증하며, 약속이 우리에게 보다 분명하도록 해주며 비준해주는 역할을 한다."[29] 따라서 칼뱅은 성례의 표징들을 원본 문서의 내용을 확증하기 위해 도장을 찍는 것에 비유하였다. "정부의 문서나 공적 법령에 첨부되는 도장은 그것 자체로는 아무런 의미가 없다. 문서에 아무것도 기록되어 있지 않다면 도장을 찍는 것은 무의미한 것이다."[30] 말씀이 없는 성례를 칼뱅은 "우상이며 무의미한 그림자",[31] "전적인 부패",[32] "미혹시키는 표징"[33]이라고 불렀다. 따라서 성례의 표징은 말씀에서 분리되어서는 결코 안 된다. 칼뱅은 성만찬이 거행되는 날에는 목사가 설교 전체를 통해서 혹은 적어도 설교의 결론 부분에서 성만찬 성례전의 의미를 설교해야 한다고 주장하였다.[34] 칼뱅은 로마교회가 말씀과 성례를 분리시킨 것에 대해서 강하게 비판하였다. 그는 말씀과 성례가 굳게 결합되어야만 한다고 믿었다.

우선권이 말씀에 주어진다면, 성례는 어떤 지위를 가지는지 물을 수 있을 것이다. 칼뱅은 "성례들은 하나님께서 당신 백성들의 믿음을 자라게 하고, 각성시키고, 확증하시며, 또한 사람들 앞에서 신앙을 고백하도록 하시려고 사용하시는 의식들"[35]이라고 주장하였다. 선포된 말씀은 귀를 통하여 우리에게

27) Comm. Ex. 24 : 5.

28) Comm. Gen. 31 : 47.

29) *Institutes*, IV, 14, 3.

30) *Institutes*, IV, 14, 5.

31) Comm. Matt. 28 : 19.

32) Comm. Is. 6 : 7.

33) Comm. Ex. 24 : 5.

34) John Calvin, "The Form of Church Prayers, Geneva 1542," *Liturgies of the Western Church*, selected and introduced by Bard Thompson (Philadelphia : Fortress Press, 1980), 204.

호소하며 우리 마음에 신앙이 생기도록 하는 반면에 성례는 말씀의 호소력을 강화시키며 신앙이 더 든든해지도록 만들어 준다. 예를 들면 아브라함의 믿음은 하나님의 약속을 들었을 때 확고했지만, 그 믿음은 "별을 봄으로써 더 강해졌다. 왜냐하면 하나님께서는 말씀을 주신 이후에 당신의 백성들을 더욱 붙들기 위하여 또한 그들의 마음속에 효과적으로 침투하기 위하여 눈으로 볼 수 있는 외적인 상징들로 자극을 주신다. 그럼으로써 귀와 눈이 함께 공감할 수 있도록 하신다."[36] 그러므로 성례는 우리의 감각에 더욱 가시적이며 구체적으로 전달되어서 말씀을 확증하는 역할을 하는 것이다. 성례는 이런 식으로 우리 믿음을 지지하며, 유지하며, 굳게 하며, 자라게 한다.

성례의 본체 혹은 본질은 그리스도, 특히 그의 죽음과 부활이다. 칼뱅은 "세례는 우리가 깨끗하게 씻겼다는 것을 증언해주며, 성만찬은 우리가 구속받았다는 것을 증언해 준다. 물은 씻음을 상징하고, 피는 속죄를 상징한다. 이것은 모두 그리스도 안에서 발견된다."[37] 이처럼 성례의 본질은 항상 그리스도와 관련되어 있다. 세례를 통해 "우리는 그리스도의 죽음에서처럼 우리의 욕망에 대해 죽어야 하며, 그리스도의 부활에서처럼 의에 대해서 살아야 한다는 사실을 권고 받는다."[38] 성만찬을 통해 "그리스도는 빵과 포도주, 즉 그리스도의 몸과 피의 상징을 통해 우리에게 참으로 나타나신다."[39] 따라서 칼뱅은 "그리스도는 모든 성례의 본체 혹은 본질"[40]이라고 결론 내린다. 성례의 본질은 십자가에 달리셨다가 부활하신 그리스도이다. 성례도 설교와 마찬가지로 예수 그리스도를 우리에게 제시하는 것이다.

성례의 가장 중요한 효과는 그리스도와의 연합이다. 칼뱅은 세례와 성만찬의 성례를 그리스도와 우리의 연합의 표징이라고 말하였다. 세례가 이 연합에 우리가 입회하였음을 증거하는 것이라면, 주의 만찬은 이 연합에 우리

35) *Institutes*, IV, 14, 19.

36) Comm. Gen. 15 : 5.

37) *Institutes*, IV, 14, 22.

38) *Institutes*, IV, 15, 5.

39) *Institutes*, IV, 17, 11.

40) *Institutes*, IV, 14, 16.

가 계속 참여하고 있다는 표징이다. "세례가 교회 안으로 들어가는 것이고 믿음에 입문하는 것이라면, 성만찬은 그리스도께서 믿는 자들을 영적으로 먹이시는 계속적인 양식이라고 할 것이다."[41] 세례는 그리스도와 우리의 연합의 상징이며,[42] 그리스도와의 연합은 주의 만찬의 특별한 결실이다.[43] 이 연합 안에서 칼뱅이 "놀라운 교환"(wonderful exchange)[44]이라고 부르는 일이 일어나는데, 그리스도의 것이 우리의 것이 되고 우리의 것이 그리스도의 것으로 교환되는 역사가 발생한다. 이 연합 안에서 우리의 죄는 그리스도에게로 전가되며, 그리스도의 은혜와 구속은 우리의 것이 되는 신비한 교환이 발생하는 것이다.

여기에서 오직 성령의 효과적인 사역을 통해서만이 믿는 자들이 성례의 효력을 누릴 수 있다는 점을 지적해야 할 것이다. 칼뱅은 우리가 어떻게 그리스도와 연합할 수 있는가에 대해 답할 때에 성서는 언제나 성령을 언급하고 있다고 주장한다.

> 성례가 그 임무를 온전하게 수행하려면 언제나 내적 교사이신 성령께서 성례에 임해야만 한다. 성령의 능력으로만 우리 마음이 감동되고 감정이 움직이며 우리 영혼이 열려서 성례가 들어올 수 있는 것이다.[45]

성령이 없다면 소경의 눈에 햇살이 비치거나 귀머거리에게 소리가 울려도 아무 소용이 없듯 우리 마음에 아무것도 이룰 수가 없다. 말씀과 성례에 효력을 부여하시는 분은 바로 성령이시다. 성령이 말씀을 들을 때 믿음이 생기도록 하시며 성례를 행할 때에 확증이 일어나도록 하신다. 성례 그 자체에 내재된 신비한 능력이 있는 것이 아니다. 성령의 신비롭고 비밀스러운 능력

---

41) *Institutes*, IV, 18, 19.

42) *Institutes*, IV, 15, 6.

43) *Institutes*, IV, 17, 2.

44) *Institutes*, IV, 17, 2.

45) *Institutes*, IV, 14, 9.

을 통해서만 성례는 효과적인 은혜의 수단이 되는 것이다.[46] 엄밀히 말하면 성례가 아니라 성령의 능력이 우리를 그리스도와 연합시키신다. 성령에 대한 강조야 말로 성례전 신학에 대한 칼뱅의 가장 중요한 공헌이라 할 것이다.

결론적으로 하나님께서는 말씀 설교와 성례전을 제정하셨고, 이 둘을 참된 교회의 표지로 삼으셨다. 만일 어떤 공동체가 말씀과 성례전의 사역을 유지하고 있다면 그 공동체는 분명 하나님의 교회이다. 이런 교회로부터는 결코 분리되어서는 안 된다. 오히려 그리스도인들은 이 교회와의 일치는 지키기 위해 애쓰고 노력해야만 한다. 칼뱅에게 있어서 교회일치의 중요한 기준 중 하나가 과연 그 교회에 말씀과 성례가 온전히 보존되어 있는가 하는 것이었다. 이런 이유로 인해 칼뱅은 로마교회로부터 분리될 수밖에 없었고, 프로테스탄트 교회들 사이에서는 일치를 주장했던 것이다.

III. 맺는 말

종교개혁자 칼뱅은 가시적 교회의 표지로 말씀과 성례 두 가지를 제시하였다. 말씀과 성례가 교회를 교회 되게 하는 요소이며, 참된 교회와 거짓 교회를 가르는 기준이 된다는 것이다. 이러한 칼뱅의 확신을 잘 드러내주는 일화가 있다. 칼뱅은 1536년 제네바의 개혁자로 초청받아 사역을 시작했지만, 정치적이고 종교적인 문제들을 둘러싼 시의회와의 갈등으로 인해 1538년 제네바에서 쫓겨나게 되었다. 그 후 칼뱅은 스트라스부르의 종교개혁자 부처의 초청으로 그곳에서 약 3년간 머물면서 목회와 저술활동을 하게 된다. 칼뱅은 스트라스부르에서의 생활이 자기 인생에서 가장 행복한 시간이었다고 회고하고 있다. 스트라스부르에 있을 때, 칼뱅은 제네바 교회가 보낸 편지를 받았다. 그 편지에서 칼뱅은 제네바 교회의 성도들 중 칼뱅과 파렐을 지지하는 사

46) T. H. L. Parker, *Calvin : An Introduction to His Thought* (Louisville : Westminster, 1995), 149.

람들이 새로 온 목회자들을 반대하면서 그들이 베푸는 성찬에도 참여하기를 거부하고 있다는 것을 알게 되었다. 이때 칼뱅은 자신의 추종자들을 질책하는 내용의 답장을 보내었다(1539년 6월 25일자 칼뱅의 편지).[47] 제네바 교회가 비록 자신을 쫓아내기는 했지만, 그곳에 하나님의 말씀과 성례가 있는 이상 교회를 소란스럽게 하거나 새로 온 목회자들을 반대하고 성찬을 거부하는 것은 대단히 잘못된 행동이라고 책망한 것이다. 칼뱅은 말씀과 성례가 분명히 있다면, 비록 목회자들에게 사소한 도덕적 결함이 있다고 하더라도 그것이 교회를 떠날 이유가 되지는 못한다고 말한다. 이처럼 칼뱅에게 있어서 말씀과 성례는 교회를 교회이게 하는 참된 표지였다.

필자가 칼뱅의 교회표지에 관심을 가지고 본 논문을 쓴 이유는 실상 오늘 한국 교회가 참된 교회이며, 말씀 설교와 성례의 표지를 제대로 지키고 있는가에 대한 반성에서 출발한 것이다. 이 시대에 "사람들의 심중으로 파고 들어가 그들로 하여금 십자가에 못 박히신 그리스도를 바라보게 만들고, 그리스도가 흘리시는 보혈을 느끼도록 만드는"[48] 설교가 선포되는 교회가 얼마나 있는가? 리처드 백스터(Richard Baxter)의 유명한 표현처럼 "지금 하는 설교가 자신의 마지막 설교인 것처럼" 그리고 "죽어가는 사람이 죽어가는 사람에게 말하듯이" 선포하는 설교자가 얼마나 있는가? 세례 예식에서, 성만찬 예식에서 두려움과 떨림과 감격과 새로워지는 경험들이 있는가? 성만찬에서 그리스도와 연합이 이루어지며, 하나님의 신비가 경험되고 있는가? 이제 한국 개신교회는 하나님의 말씀이 바르게 선포되고, 세례와 성만찬의 성례가 합당하게 행해지는 참된 교회의 회복을 위해 종교개혁자들의 첫 사랑과 첫 열정을 배우고 기억해야 할 것이다.

---

47) *Letters of John Calvin*, ed. Jules Bonnet (New York : Burt Franklin, 1972), Vol. I, 142-144.

48) Comm. Gal. 3 : 1.

제2부 교회일치의 옹호자 칼뱅

제3장 칼뱅의 교회일치 사상과 실천

I. 시작하는 말

교회사에서 16세기는 흔히 분열의 시기로 인식되어 왔다. 이 시기에 로마가톨릭으로부터 프로테스탄트의 다양한 교파들이 나뉘어져 나왔기 때문에, 프로테스탄트 개혁자들은 분열의 주범으로 지목받기 쉬웠다. 특히 가톨릭교회가 개혁자들을 분파주의자로 맹렬히 공격했기 때문에, 많은 사람들이 그런 색안경을 쓰고 개혁자들을 바라보게 되었다. 제네바의 종교개혁자 칼뱅도 이러한 편견으로부터 자유로울 수 없었다. 과연 그는 교회의 일치를 깬 분파주의자였는가? 이 질문에 답하기 위해 본 글에서는 그가 교회의 통일성과 분열에 대해 어떤 생각을 가지고 있었으며, 어떤 활동들을 했는지 살펴보고자 한다. 칼뱅의 글과 활동을 면밀히 추적해 본다면 우리는 칼뱅이 교회의 분열을 매우 혐오했으며, 참된 교회의 일치를 위해 최선을 다한 16세기의 교회일치 운동가였다는 사실을 발견하게 될 것이다. 이것은 칼뱅의 유산을 이어받았다고 자부하면서도 유독 심한 분열상을 보이는 한국 장로교회에 새로운 도전이 될 것이라 믿는다.

II. 칼뱅의 교회일치에 관한 기존 연구들

우리에게 주어진 주제를 잘 이해하기 위해서는 기존에 이 주제에 대해 어떤 연구들이 있었는지를 숙지하는 것이 중요하다. 종교개혁자들의 교회일치 사상을 폭넓게 연구한 선구자는 미국의 칼뱅연구가이자 『기독교강요』 영어판 편집자인 존 맥닐(John T. McNeill)이다. 그는 『프로테스탄티즘의 일치사상』이라는 책에서 칼뱅을 그 당시의 누구보다도 복음주의 교회들의 일치를 추구했던 개혁자로 소개하고 있다. 맥닐은 이 책에서 칼뱅을 위시한 여러 종교개혁자들의 사상을 조망하면서, "그리스도인들의 일치에 대한 이상은 프로테스탄티즘의 고유한 특징"[1]이라고 역설하였다.

맥닐의 연구가 종교개혁자들 전반에 걸친 것이었다면, 네덜란드 학자 네이언하이스(Willem Nijenhuis)의 연구는 칼뱅의 에큐메니칼 사상에 초점을 맞춘 보다 본격적인 연구였다.[2] 그는 칼뱅이 종교개혁 진영의 여러 사람들, 예를 들어 츠빙글리주의자, 루터주의자, 잉글랜드의 국교회주의자들과 어떤 에큐메니칼적인 관계를 맺었는지를 밝혀준다. 동시에 칼뱅의 교회일치 활동이 가톨릭주의자들이나 급진주의자들에게까지는 미치지 못한 한계에 대해서도 지적하였다. 그의 연구가 교회일치론자로서의 칼뱅의 모습을 밝혀준 선구적인 연구임에도 불구하고, 책의 부제("서신을 통해서 본 칼뱅과 교회일치")가 말해주듯이 그의 연구는 주로 칼뱅의 편지에 의존했다는 제한성을 갖는다.

독일 학자 오토 베버(Otto Weber)도 1960년에 교회의 통일성에 대한 칼뱅의 견해를 다룬 논문을 발표해 "교회의 일치에 관한 탐구는 칼뱅의 사상과

---

1) John T. McNeill, *Unitive Protestantism : The Ecumenical Spirit and Its Persistent Expression* (Richmond : John Knox Press, 1964), 15.

2) Willem Nijenhuis, *Calvinus Oecumenicus : Calvijn en de eenheid der kerk in het licht van zijn briefwisseling* ('S-Gravenhage : Martinus Nijhoff, 1959).

3) Otto Weber, "Die Einheit der Kirche bei Calvin," *Calvin-Studien 1959*, ed. Jürgen

활동의 핵심임에 분명하다."[3]고 주장하였다. 스위스 역사학자 고트프리트 로흐(Gottfried Locher)도 칼뱅의 교회일치에 관한 관심과 노력을 조명하는 글을 발표하였고,[4] 프랑스 학자 장 카디에(Jean Cadier) 역시 칼뱅과 교회일치의 관계를 다루는 논문을 출판하였다.[5] 영어권에서도 칼뱅의 에큐메니칼 사상에 대한 연구논문들이 나왔는데, 대표적인 것으로는 리드(W. Stanford Reid)의 "칼뱅의 에큐메니칼 사상"(Ecumenicalism of John Calvin), 크로밍가(John Kromminga)의 "칼뱅과 에큐메니즘"(Calvin and Ecumenicity), 파커의 "교회일치 사상가 칼뱅"(Calvin the Ecumenical Churchman) 등이 있다.[6] 그렇지만 위에 언급된 글들은 모두 1970년 이전의 연구들이어서 최근의 칼뱅 연구 결과들을 반영하지 못하고 있다는 문제가 있다.

비교적 최근에는 네덜란드 학자 발케(Willem Balke)가 칼뱅과 재세례파의 관계에 대한 책[7]에서 칼뱅의 교회일치에 대한 견해를 간략히 다루었으며, 프랑스 출신 가톨릭 학자인 가녹지(Alexandre Ganoczy)와 미국의 역사학자 부스마(William Bouwsma)가 각각 저술한 칼뱅 전기도 부분적으로 교회일치 운동가로서의 칼뱅의 모습을 조명하고 있다.[8] 가장 최근에는 루카스 피셔

Moltmann (Neukirchen : Neukirchen Verlag, 1960), 131. 이 논문은 베버가 1966년에 칼뱅의 교회론 전반에 대해 쓴 논문 "Calvin's Lehre von der Kirche"와 하나의 책으로 묶여 출판되었다. Otto Weber, *Die Treue Gottes in der Geschichte der Kirche* (Neukirchen : Neukirchen Verlag, 1968).

4) Gottfried Locher, *Calvin Anwalt der Okumene* (Zollikon : Evangelischer Verlag, 1960).

5) Jean Cadier, "Calvin and the union of the churches," *John Calvin*, ed. G. E. Duffield (Grand Rapids : Wm. B. Eerdmans Publishing Company, 1966), 118-130.

6) Reid와 Kromminga의 논문은 Richard Gamble, ed., *Calvin's Ecclesiology : Sacraments and Deacons*, Vol. 10 (New York & London : Garland Publishing, 1999), 94-108; 37-53에 각각 수록되어 있고, Parker의 글은 T. H. L. Parker, *Portrait of Calvin* (London : SCM Press, 1954), 106-122에 실려 있다.

7) Willem Balke, *Calvin and the Anabaptists Radicals* (Grand Rapids : Wm. B. Eerdmans Publishing Company, 1999).

8) Alexandre Ganoczy, *The Young Calvin* (Philadelphia : The Westminster Press, 1987) 그리고 William Bouwsma, *John Calvin : A Sixteenth Century Portrait* (Oxford : Oxford University Press, 1988).

(Lukas Vischer)가 교회의 통일성과 일치를 주장하는 칼뱅의 글들을 발췌하여 자신의 논문과 함께 엮어 소책자를 출간하였고, 제인 더글러스(Jane Douglass)도 케임브리지대학에서 출판하는 칼뱅연구서에 칼뱅의 에큐메니칼 정신을 살피는 논문을 실었다.[9] 국내에서는 필자가 한국칼뱅학회에서 발간하는 「칼빈연구」에 칼뱅의 에큐메니칼 정신에 관해 조명하는 몇 편의 글을 발표해 왔다.[10]

III. 칼뱅의 교회일치를 향한 노력

A. 프로테스탄트 종교개혁 운동의 필연성을 역설하다

프로테스탄트 종교개혁자들이 처음부터 가톨릭교회와 전혀 다른 새로운 교회를 세우고자 의도한 것은 결코 아니었다. 루터나 멜란히톤과 같은 개혁자들은 자신들이 복음에 기초한 정당한 목소리를 발하면, 로마 가톨릭교회가 이 소리를 듣고 공의회를 소집하여 부패와 오류를 일소하고 교회를 갱신할 것이라고 믿고 있었다. 따라서 1세대 프로테스탄트 개혁자들은 새로운 분파를 만든다는 생각이 아니라 로마교회를 갱신한다는 신념으로 개혁의 기치를 들었던 것이다. 아마도 프로테스탄트 개혁자들조차도 자신들의 요구가 전혀 새로운 교회를 세우게 되리라고는 예견하지 못했을 것이다. 하지만 역사의 흐름은 그들이 생각하는 방향으로 가지 않고 프로테스탄트 교회의 형성이라는 새로운 길로 나아갔다. 그럼에도 불구하고 1세대 종교개혁자들은 여전히 가톨릭교회와 통합되리라는 소망을 버리지 않았다.

---

9) Lukas Vischer ed., *Pia Conspiratio : Calvin's Commitment to the Unity of Christ's Church*, John Konx Series No. 12 (Geneva : International Reformed Center, 2000); Jane Douglass, "Calvin in Ecumenical Context," *John Calvin*, ed. Donald K. McKim (Cambridge University Press, 2004), 305-316.

10) 본서의 1장, 4장, 6장을 참고하라.

1세대 종교개혁자들과 달리, 칼뱅과 같은 2세대 개혁자에게는 이제 교회의 분리는 돌이킬 수 없는 필연적인 것으로 비춰졌다. 로마교회와 프로테스탄트 교회 사이의 차이는 극복할 수 없는 것으로 보였다. 로마가톨릭의 추기경 사돌레토의 편지에 대한 답변에서, 칼뱅은 개혁자들이 로마교회로부터 이탈하게 된 불가피성을 이렇게 말하고 있다.

> 훨씬 더 강력한 필연성이 결국 우리가 나서도록 만들었습니다. 이 필연성이란 하나님의 진리의 빛이 꺼졌고, 하나님의 말씀이 파묻혔으며, 그리스도의 덕이 깊은 망각의 늪에 빠졌으며, 목회자의 직무가 파괴되었다는 것입니다. 그동안 불신앙이 너무 만연해져서 거의 모든 종교적인 교리가 순수함을 지키지 못하고 혼합되었고, 모든 의식들이 오류에 빠졌으며, 거룩한 예배가 지극히 작은 부분까지 미신에 의해 손상을 입지 않은 부분이 없습니다.[11]

이런 비참한 교회의 상황에서 칼뱅은 교회개혁 운동에 나설 수밖에 없었다. 하지만 그도 자신의 개혁운동은 결코 분파주의적인 행동이 아니라, 거짓 교회를 새롭게 갱신하려는 참된 교회의 회복운동이라고 믿었다. 그가 진정으로 원한 것은 분리가 아니라 개혁이었으며, 파괴가 아니라 재건이었다. 하지만 로마교회가 스스로를 개혁하리라는 희망을 더 이상 가질 수 없게 되자 독자적인 교회론을 수립할 수밖에 없었다. 1세대 종교개혁자들에게서 약하게 나타났던 교회론이 칼뱅에게서 강조되었던 것은 바로 이러한 시대적인 이유 때문이었다.

칼뱅에게 있어서 종교개혁은 순전히 흩어진 하나님의 백성을 다시금 "그리스도의 깃발" 아래로 모으려는 노력이었다.

> 교회를 유기한다는 비난에 관해서는, 그들이 곧잘 내게 이런 비난을

11) John Calvin, "Reply to Sadolet," *Calvin : Theological Treatises*, ed. J. K. S. Reid (London : SCM Press, 1954), 241.

> 했는데, 내 양심에 거리낄 것이 아무것도 없습니다. 행군명령을 받은 병사들이 이리저리 흩어져 행렬을 이탈하는 것을 보고 지휘자의 군기를 들고 그들을 각자의 자리로 소환하는 사람이 유기자로 간주되어야 하는 게 아니라면 말입니다. … 이렇게 흩어진 사람들을 함께 모으기 위해서, 나는 낯선 깃발을 세운 것이 아니라, 우리가 당신의 백성이라면 마땅히 좇아야 하는 당신의 거룩한 깃발을 세웠습니다. … 이에 대해 통탄할 소동이 일어 논쟁이 불붙었으며, 분열이 초래되었습니다.[12)]

프로테스탄트 개혁자들은 자신들이 고안한 깃발을 든 것이 아니라 원래 있던 그리스도의 깃발을 들고 사방으로 흩어진 하나님의 군사들을 한 곳으로 모아 대오를 새롭게 정비하려고 한 사람들이다. 따라서 분열의 책임은 개혁자들에게 있는 것이 아니라 오히려 하나님의 군대를 방치하여 탈영병이 속출하게 만든 로마교회에 있다는 것이다. 칼뱅은 구약성서의 선지자들이 당시의 교회 지도자들이었던 제사장들을 상대로 싸웠지만 그들을 분파주의자라고 할 수 없는 것처럼, 프로테스탄트 개혁자들이 중세 가톨릭교회의 사제들을 상대로 다툰다는 이유만으로 그들이 분파주의자로 매도당할 수는 없다고 말한다. 오히려 그것은 거짓 교회를 거부하고 참된 교회를 회복하려는 몸부림이었다.

B. 루터와 츠빙글리를 중재하려고 하다

칼뱅에게 있어서 로마교회로부터의 이탈은 거짓 교회로부터의 분리이기 때문에 불가피한 측면이 있었다. 하지만 그는 프로테스탄트 내에서의 분리는 명분이 없다고 판단했다. 칼뱅의 『기독교강요』 중 교회론을 다루고 있는 4권의 처음 장만 읽어 본다면 그가 얼마나 참된 교회 안에서의 분열을 혐오하고 있는지 금방 알게 될 것이다. 그는 "교회로부터의 분리는 곧 하나님과 그리

12) John Calvin, "Reply to Sadolet," 248 - 249.

스도를 부인하는 것이다. 그러므로 우리는 더더욱 이 사악한 분리를 피해야만 한다."[13]고 강조하고 있다. 맥닐이 말한 것처럼, 어느 누구도 칼뱅만큼 참된 교회로부터의 분리를 맹렬하게 비판하지는 못했다.[14]

그렇기 때문에 칼뱅은 개혁운동의 선배였던 루터와 츠빙글리의 불화를 누구보다 안타까워하면서 중간에서 이들을 화해시키고 프로테스탄트 교회의 일치를 회복시키려고 부단히 노력하였다. 프로테스탄트 개혁자들이 서로 손을 잡는 것은 신학적으로뿐만 아니라 정치적인 관점에서도 꼭 필요한 일이었다. 이제 막 시작한 프로테스탄트 교회가 로마가톨릭의 거센 위협을 헤쳐 나가기 위해서는 무엇보다 서로간의 협력이 절실했던 것이다. 하지만 개혁 운동의 두 지도자인 루터와 츠빙글리 사이의 골은 점점 깊어만 갔다.

루터와 츠빙글리 사이의 불화의 핵심은 성만찬에 대한 견해 차이였다. 1529년 두 진영은 마르부르크에서 회담[15]을 가져 대부분의 주제들에 대해 합의하였지만 성만찬에서 예수 그리스도의 임재 방식에 대한 문제에서만큼은 합의에 이르지 못하였다. 루터는 끝까지 "이것은 내 몸이다"(Hoc est corpus meum)라는 제정의 말씀을 문자적으로 받아들여 성만찬에서 예수 그리스도의 육체적 임재를 주장하였고, 츠빙글리는 그 말씀을 상징적으로 해석하면서 육체적 임재를 거부하였다. 결국 프로테스탄트 종교개혁 운동은 분열되었다.

이런 상황에서 칼뱅이 루터와 츠빙글리 사이의 중재자로 나섰다. 칼뱅은 『성만찬에 관한 소논문』을 통해 두 진영을 화해시키고자 하였다.[16] 여기

13) John Calvin, *Institutes of the Christian Religion*, ed. John T. McNeill, trans. Ford Lewis Battles (Philadelphia : The Westminster Press, 1960), IV권, 1장, 10절.

14) John T. McNeill, *Unitive Protestantism*, 180.

15) 마르부르크 회담에 대한 자세한 보고는 "The Marburg Colloquy and the Marburg Articles, 1529," *Luther's Works* 38 (Philadelphia : Fortress Press, 1971), 5-89를 참조하라.

16) John Calvin, "Short Treatise on the Lord's Supper," *Calvin : Theological Treatises*, ed. J. K. S. Reid (London : SCM Press, 1954), 142-166. 이 소논문은 1540년 스트라스부르에서 씌어졌고, 1541년 제네바에서 출판되었다. 여기에서 칼뱅은 성만찬과 관련된 많은 주제들, 즉 제정의 말씀, 성만찬의 유익들, 올바른 사용, 오류들, 논쟁들에 대해 다루고 있다.

에서 칼뱅은 마르부르크 회담의 실패는 서로를 선의로 대하기보다는 경원시하고 각기 자기주장만을 관철시키려고 한 태도에서 기인된 것이라고 진단하였다. 칼뱅은 두 진영의 유연하지 못한 적대적 태도를 안타깝게 생각하면서, 루터의 정(thesis)과 츠빙글리의 반(antithesis)을 조화시켜 하나의 합(synthesis)을 만들고자 하였다. 다시 말하면 칼뱅은 영적 임재설로써 루터의 육체적 임재설과 츠빙글리의 상징설을 연결하고 통합시키고자 했던 것이다. 칼뱅은 『소논문』의 마지막 부분에서 루터주의자들과 츠빙글리주의자들이 우호적인 태도와 공감하는 마음으로 서로를 대할 때 교회의 하나 됨이 하나님의 뜻 안에서 반드시 이루어질 것이라는 소망을 피력하였다.

C. 『취리히합의』를 통해 개혁교회의 일치를 이루다

칼뱅의 중재 노력에도 불구하고 루터파와 츠빙글리파의 갈등은 점점 격화되어 갔다. 루터는 1544년 『거룩한 성례에 관한 간략한 고백』을 출판하여 츠빙글리주의자들을 공격하였고, 시편 1편을 패러디하여 "복 있는 사람은 성례주의자들의 꾀를 좇지 아니하며 츠빙글리주의자들의 길에 서지 아니하며 취리히인들의 자리에 앉지 아니한다."[17]고 말하기까지 하였다. 츠빙글리의 후계자인 하인리히 불링거(Heinrich Bullinger)는 1545년 『참된 고백』이라는 제목의 책을 통해 츠빙글리의 성만찬론을 옹호하고, 루터의 책을 "악의, 비기독교적인 표현, 중상 모략하는 말들, 다투려는 마음, 불순한 언사, 분노, 속임수, 격정과 격노로 가득 찬"[18] 것이라고 맞받아쳤다.

칼뱅은 루터와 불링거에게 편지를 보내 양측을 화해시키고자 애썼다. 그러면서 그는 먼저 불링거를 대표로 하는 취리히의 지도자들과 성만찬에 관

17) Brian A. Gerrish, "The Pathfinder : Calvin's Image of Martin Luther," *The Old Protestantism and the New : Essays on the Reformation Heritage* (Chicago : The University of Chicago Press, 1982), 33.

18) Timothy George, "John Calvin and the Agreement of Zurich (1549)," *John Calvin and the Church : A Prism of Reform*, ed. Timothy George (Louisville : Westminster Press, 1990), 46.

해 합의하는 문서를 발표하고, 뒤이어 루터주의자들과 일치에 이르는 것이 전략상 좋으리라 판단하였다. 그리하여 먼저 취리히의 지도자들과 접촉을 시도하였다. 칼뱅이 불링거에게 보낸 편지들을 읽어 보면 복음주의 교회들의 일치를 향한 그의 열정을 쉽게 확인할 수 있다.

> 친애하는 불링거, 지금 이 순간 모든 수단을 동원하여 우리 사이에 형제적 친교를 유지하고 강화하는 것보다 더 큰 우리의 관심사가 무엇이겠습니까? … 우리는 그리스도의 모든 참된 일군들과 더불어 교제와 사귐을 의도적으로 그리고 조심스럽게 지켜 나가야 합니다. … 나로서는 내 힘이 미치는 한 언제나 이 목적을 위해 일할 것입니다.[19]

> 만일 우리에게 반나절이라도 이 문제를 논의할 시간이 주어진다면, 우리는 이 문제 자체뿐 아니라 그것을 문서화하는 일에서도 쉽게 합의를 이룰 것이라고 생각합니다. 그 와중에서 이러한 작은 차이가 우리가 동일한 그리스도를 섬기고 그 안에서 하나가 되는 것을 막지는 못할 것입니다.[20]

결국 칼뱅은 직접 취리히로 찾아가 불링거와 취리히의 지도자들을 만나 1549년에 26개 조항으로 이루어진 『취리히합의』 문서를 내기에 이르게 된다.[21]

『취리히합의』는 칼뱅과 불링거를 연합시켰고, 제네바와 취리히 교회들을 하나의 개혁교회로 단단하게 결합시켰다. 그리하여 스위스에서 일어난 교

---

19) 1540년 3월에 보낸 편지. John T. McNeill, *Unitive Protestantism*, 184-185.

20) 1544년 11월에 보낸 편지. Timothy George, "John Calvin and the Agreement of Zurich (1549)," 46.

21) 『취리히합의』를 도출하기 위한 편지왕래, 본문, 해설이 John Calvin, *Tracts and Treatises on the Doctrine and Worship of the Church*, Vol. 2, trans. Henry Beveridge (Grand Rapids : Wm. B. Eerdmans Publishing Company, 1958), 199-244에 수록되어 있다.

회개혁 운동을 개혁교회 전통이라는 하나의 이름으로 부를 수 있도록 만들어주었다. 『취리히합의』를 도출하기 위해 칼뱅이 먼저 주도적으로 편지를 보내고, 찾아가고, 양보했다는 데서 우리는 그의 교회일치를 향한 열망의 크기를 짐작할 수 있다.

『취리히합의』는 분명 스위스 개혁교회를 하나로 단단하게 묶어주는 역할을 했지만, 동시에 루터주의자들과의 불화의 불씨가 되기도 했다는 점에서 절반의 성공을 거둔 셈이다. 1546년 루터가 죽은 후에 루터파는 엄격하게 루터를 따르려는 사람들과 멜란히톤을 중심으로 한 온건파로 양분되어 있었는데, 엄격한 루터주의자들은 이제 칼뱅까지도 츠빙글리주의자가 되었다고 판단하고 신랄한 공격을 퍼부었다. 이로 인해서 루터와 츠빙글리 사이에 벌어졌던 성만찬 논쟁에 이어서 소위 '제2의 성만찬 전쟁'(second sacramental war)이라고까지 불리는 문서 논쟁이 불붙게 되었다.[22] 칼뱅의 의도는 먼저 스위스 내에서 일치를 이룬 후 독일의 루터주의자들과도 합의에 도달하려는 것이었지만, 오히려 루터주의와 개혁교회의 간극이 더 벌어지는 결과가 초래되고 만 것은 참으로 안타까운 일이다. 그렇지만 프로테스탄트 개혁자들과 교회들의 일치를 위해 노력한 칼뱅의 열정과 헌신만은 특별히 기억해야 할 것이다.

D. 잉글랜드 교회와의 교제를 꿈꾸다

칼뱅의 에큐메니칼 노력은 루터주의자들과 츠빙글리주의자들의 범위를 넘어서 잉글랜드의 교회에까지 확장되었다. 잉글랜드의 종교개혁자 크랜머(Thomas Cranmer)는 칼뱅에게 보낸 편지(1552년 3월 20일)에서 프로테스탄트 복음주의 교회들의 일치를 논의하기 위한 지도자들의 모임을 제안하였다. 이에 대한 답장(1552년 4월)에서 칼뱅은 당시의 분리적인 경향을 한탄하면서 크랜머의 제안에 전적인 동의를 표하였다. 그리고 자신이 조그마한

22) 칼뱅과 엄격파 루터주의자였던 요아킴 베스트팔과의 문서 논쟁에 대한 자세한 내용은 본서의 5장을 참고하라.

보탬이라도 된다면 어떤 일이라도 무릅쓰고 모임에 참석할 것이라고 약속하였다.

> 다양한 교회들로부터 학식이 뛰어난 사람들이 한 장소에 모여 신앙의 요점들을 하나하나 주의 깊게 논의한 후에 일치된 합의에 따라 성서의 참된 가르침을 후손들에게 전달하는 일은 가능한 일입니다. 우리 시대의 주된 악들 가운데 하나로 꼽을 만한 일이 있으니, 즉 교회는 분열되어 있고, 우리 가운데 인간적 교제는 거의 찾아볼 수 없으며, 더욱이 그리스도인의 친교를 모두 말하고 있긴 하지만 진심으로 행하는 경우는 거의 없다는 것입니다. 만일 학식을 가진 사람들이 마땅히 행해야 할 바대로 하지 않고 유보적으로 행동한다면, 자신들의 죄 많은 일들에 사로잡혀서 전체 교회의 안전과 경건에는 무관심한 지도자들, 사적인 평안만으로 개인적으로 만족하고 다른 것에는 전혀 관심도 없는 지도자들에게 가장 무거운 비난이 가해질 것입니다. 그리스도의 지체들이 분리되어져 몸에서 피를 흘리고 있습니다. 이 일과 관련하여 필요하다면 나는 열 개의 바다라고 해도 기꺼이 건널 것입니다.[23)]

칼뱅은 프로테스탄트 교회들 사이의 분열이 자기 시대의 중요한 죄악이라고 생각했으며, 이 분열을 치유하기 위해서라면 어떤 힘든 일이라도 마다하지 않겠다고 결심하였다. 하지만 크랜머와 칼뱅의 이 계획은 잉글랜드에서 1553년 메리가 왕좌에 오르면서 무산되고 말았다. 잉글랜드의 지도자들이나 개혁자들과 주고받은 칼뱅의 편지들을 살펴보면, 그가 잉글랜드 교회에 대해 그리스도 안에서의 깊은 유대감을 느꼈다는 사실을 분명하게 알 수 있다. 칼뱅이 자신의 이사야서주석을 잉글랜드의 왕 에드워드 6세에게 헌정하고, 몇 년 뒤에는 이사야주석 제2판을 엘리자베스 여왕에게 헌정한 것도 잉글랜드 교회와 연대하려는 노력의 일환이었다. 이와 같이 칼뱅은 교회의 일치를 위

23) John Calvin, *Letters of John Calvin*, Vol. 2, ed. Jules Bonnet (New York : Burt Franklin, 1972), 347-348.

해 루터주의자나 츠빙글리주의자들뿐만 아니라 잉글랜드 교회와도 가까운 관계를 유지하였다.

1560년 12월에 프랑스의 개혁교회에 보낸 편지에서도 칼뱅은 여전히 프로테스탄트 교회들 사이의 차이점을 해결할 자유롭고 보편적인 공의회의 개최를 희망하였다.

> 기독교계에 존재하는 분열들을 끝내기 위해서는 자유롭고 보편적인 공의회(a free and universal council)를 가져야만 합니다. 공의회는 장소, 사람, 진행방식으로부터 자유로워야 합니다. … 만일 공의회의 목적이 기독교계의 모든 어려운 난제들을 푸는 데 있지 않다면, 다시 말해 보편적이지 못하다면 단지 공의회를 개최하는 것만으로는 불충분합니다.[24]

크랜머의 제안에 대한 칼뱅의 답변이나 자신의 자유롭고 보편적인 공의회에 대한 비전은 그가 프로테스탄트 복음주의 교회들의 연합을 증진시키기 위해 얼마나 항구적으로 노력했는지를 보여주는 좋은 증거가 된다.

E. "디아스포라" 개혁교회들과 연대하다

칼뱅은 제네바에 있으면서 저술활동과 서신 교류를 통해 유럽 전역에 새롭게 형성된 개혁교회들, 예를 들어 스위스, 프랑스, 네덜란드, 독일, 잉글랜드, 스코틀랜드 등에 흩어져 있는 디아스포라 개혁교회들을 보살폈다. 제네바가 유럽 개혁교회의 요람이 된 데에는 1559년 제네바에 설립된 제네바 아카데미의 영향이 컸다.[25] 많은 사람들이 제네바아카데미에서 수학한 후에 다시 고국으로 돌아가 개혁전통의 교회들을 설립하였다. 존 녹스(John Knox)의 경우에도 제네바를 방문하여 영어권 피난민 교회를 섬기면서, 칼뱅의 신학, 예배, 그리고 교회정치에 대해 배웠다. 그리고 1559년 스코틀랜드로 돌아

24) John Calvin, *Letters of John Calvin*, Vol. 4, 158.

25) 제네바아카데미에 관해서는 본서의 12장을 참고하라.

가 제네바에서의 경험을 바탕으로 장로교회를 조직하였다.

칼뱅은 디아스포라 개혁교회들이 도움을 요청할 때면 언제든지 그들을 돕는 일에 발 벗고 나섰다. 예를 들어 1541년 뇌샤텔에서 칼뱅의 선배 개혁자였던 파렐이 부당하게 면직되어 교회가 어려움에 처했을 때, 칼뱅은 피에르 비레(Pierre Viret)를 뇌샤텔로 보내 그곳의 불안을 가라앉히고자 하였다. 프랑크푸르트의 피난민 교회에서 분쟁이 일어났을 때도 칼뱅은 그것을 해결하기 위해 수많은 편지를 보냈으며, 1556년에는 직접 프랑크푸르트를 방문해 두 주간을 머물면서 조정자의 역할을 하였다.[26]

제네바 교회를 위해 준비한 1545년 요리문답 서문에서 칼뱅은 동(東)프리슬란트에 있는 모든 교회를 위해서도 제네바 요리문답이 도움이 되기를 바라는 마음을 표현하였다. 그는 각 교회의 독자성에도 불구하고 요리문답이 공동의 신앙을 공유하는 가장 좋은 수단들 가운데 하나라고 믿었고, 그래서 그는 다른 교회들도 이용할 수 있도록 하기 위해 제네바 요리문답을 출판하였던 것이다. 또한 칼뱅은 폴란드에 있는 개혁교회들의 사정을 충분히 살핀 후에, 자신은 비록 장로회 정치체제를 옹호하지만 폴란드 교회를 위해서는 감독체제를 권면하기까지도 할 만큼 유연성이 있었다.

칼뱅은 16세기 종교개혁 이전의 두 개혁운동 진영, 즉 발도파와 후스파와도 연관성을 가졌다. 발도파는 12세기에 프랑스 리옹의 상인이었던 피에르 발도(Pierre Waldo)의 청빈 사상을 좇아 시작된 개혁운동이었지만 결국 이단으로 선포되었다. 발도파는 북이탈리아의 산악지대로 도망하여 박해를 피해 생활하다가, 종교개혁 시기에 와서는 프로테스탄트로 자처하였다. 칼뱅은 개혁파 신앙과 교회질서를 수용한 발도파와 관계를 맺고 그들에게 목회자들을 파송하였으며, 1545년 프랑스 왕 프랑수아가 발도파 신자들을 학살했을 때는 그들을 위해 정치적인 지원을 하기도 하였다. 또한 칼뱅은 스트라스부르에 체류하는 동안 후스(Jan Hus)의 추종자들인 체코 형제단의 지도자들과도 친분 관계를 맺었다.[27]

26) 칼뱅이 베른의 Wolfgang Müslin에게 보낸 1556년 10월 26일자 편지를 보라.

27) Jane Douglass, "Calvin in Ecumenical Context," 308–309.

IV. 칼뱅의 교회일치의 원칙

칼뱅은 분명히 로마 가톨릭교회나 급진적인 재세례파와는 확실한 선을 긋고, 복음주의적인 프로테스탄트 교회들 간의 일치를 추구하였다. 왜 로마교회와는 분리하고, 루터란 교회나 잉글랜드 교회와는 연합하고자 했는가? 그는 어떤 원칙과 기준을 가지고 교회일치를 추구했는가? 필자는 그의 교회일치에 대한 원칙으로 네 가지를 제시하고자 한다.

A. 교회의 표지 : 말씀과 성례[28]

칼뱅은 교회를 교회되게 하는 두 가지 표지가 있다고 믿었는데 그것은 바로 말씀과 성례였다. 1559년 최종판 『기독교강요』에서 칼뱅은 "순수한 말씀 사역과 순수한 형태의 성례전 거행, 이 두 가지 표지가 있는 공동체를 교회라고 간주하는 것은 충분한 근거가 있다고 해도 틀림없을 것"[29]이라고 주장했다. 이와 같은 칼뱅의 주장에 동의한다면 말씀과 성례라는 두 가지 표지를 가지고 있는 공동체라면 우리는 그것을 "교회"라고 부를 수 있을 것이다. 반면에 어떤 공동체가 아무리 스스로를 교회라고 우긴다 할지라도 말씀과 성례전의 표지를 지니고 있지 못하다면 우리는 그것을 참된 교회라고 부를 수 없다. 칼뱅에 따르면 로마교회는 이 두 가지 표지를 지니지 못하였기에 진정한 의미에서 교회가 아니었다. 말씀이 더 이상 우선권을 가지지 못하고 성례전의 역할도 훼손되었다면 그 공동체는 거짓 교회일 뿐이다. 때문에 칼뱅은 로마교회를 다음과 같이 비판한다.

> 교황제도 하의 상황이 이러할진대 거기에 얼마나 교회다움이 남아있다고 말할 수 있는가. 말씀 사역 대신에 거짓을 버무린 뒤틀린 조직이 로

28) 이 주제에 관해서는 본서의 2장을 보라.

29) *Institutes*, IV, 1, 12.

> 마교회를 지배하고 있으니 순수한 빛이 얼마간은 꺼져버렸고, 일부는 희미해졌다. 주의 만찬 대신에 추악한 신성모독 행위가 도입되었다. 하나님에 대한 예배는 견디기 어려운 수많은 미신으로 퇴락하였다. 그리스도교는 진리의 가르침이 없이는 존립할 수 없음에도 불구하고 이런 가르침도 완전히 매장되었고 제거되었다. 공적인 모임들도 우상숭배와 불경건을 가르치는 곳이 되어버렸다.[30]

칼뱅은 로마교회 안에서는 말씀과 성례전이라는 교회의 표지가 거의 왜곡되거나 사라져버린 것으로 생각했다. 바로 이런 이유로 인해 칼뱅은 로마교회로부터 떨어져 나올 수밖에 없었다. 이런 상황에서 분리는 당연하고도 불가피한 의무였다.

반면에 어떤 그리스도인 공동체가 말씀과 성례전의 참된 사역을 보존하고 있다면 우리는 그 공동체에서 분리되어서는 안 된다. 왜냐하면 그 공동체는 참된 교회이기 때문이다. 칼뱅은 "비록 어떤 공동체가 여러 오류들을 지니고 있다고 할지라도 말씀과 성례전의 사역을 유지하고 있는 한 우리는 그 공동체를 배척해서는 안 된다."[31]고 주장하였다. 교회의 표지를 보존하고 있는 복음적인 교회들 사이에서는 비본질적인 문제들에서 차이점이 있다 하더라도 분리되어서는 안 되며, 하나님의 영광과 복음의 진보를 위해 신앙의 일치를 유지해야만 한다. 이처럼 칼뱅에게 있어서 말씀과 성례전의 사역, 즉 교회표지는 교회일치 문제에서 매우 중요한 원칙이었다. 칼뱅은 교회의 두 표지가 유지되고 있는데도 분리적인 경향을 띠는 복음주의 교회들을 강하게 비판하였다. 교회의 표지가 유지되고 있음에도 불구하고 분열하는 것은 마귀의 행동이며 치명적인 죄였다. 칼뱅은 교회의 표지가 존재한다면 "악한 영들은 항상 분열하려고 하겠지만 우리는 보편교회를 위해서 교회일치를 유지해야만"[32] 한다고 주장하였다. 이처럼 가시적인 교회의 두 표지는 교회의 분리와

30) *Institutes,* IV, 2, 2.

31) *Institutes,* IV, 1, 12.

32) *Institutes,* IV, 1, 9.

일치에 대한 칼뱅의 이해에서 핵심적인 역할을 하고 있다.

B. 본질적인 교리와 비본질적인 교리의 구분

칼뱅은 본질적인 교리와 사소한 교리를 구분함으로써 교회일치를 확보하고자 하였다. 그는 고린도교회에 대한 사도 바울의 태도를 예로 든다. 비록 고린도인들 사이에 수많은 죄와 오류와 악행이 있었지만, 바울은 고린도교회와의 교제를 단절하지 않았다. 이처럼 칼뱅은 비본질적인 사소한 문제들(adiaphora), 예를 들면 예배에서의 촛불사용 문제, 포도주의 색깔 문제, 무교병이냐 유교병이냐의 문제, 영혼의 중간상태 문제, 목회자의 윤리적 흠결 문제 등으로 인해 교회에서 분리되는 것은 심각한 죄라고 생각했다. 칼뱅은 "비본질적인 문제에 대한 의견의 차이 때문에 그리스도인들 사이에 분열이 생기는 것은 현명하지 못한 일"[33]이라고 말한다. 예전(禮典)과 같은 문제들에 대해서는 각 교회가 자신들이 처한 상황에 따라 판단하고 선택할 수 있는 자유를 가지고 있는 것이다. 심지어 그리스도께서 제정하신 성례 가운데 하나인 세례의 경우에도, "완전히 물 속에 침례를 할 것인지, 침례를 한 번만 할지 세 번을 할지, 아니면 머리 위에 물을 뿌릴 것인지 하는 문제들은 그렇게 중요한 것이 아니다. 이런 자세한 것들은 각 지역의 다양성에 따라 교회들이 선택할 수 있는 문제"[34]이다. 칼뱅은 이런 비본질적인 문제들로 인해 교회가 분열되거나 어려움에 처해서는 안 된다고 촉구하였다.

어떤 교리들이 본질적인 것인지 칼뱅이 명확하게 밝히고 있지는 않다. 그렇지만 어떤 것이 본질적인 교리에 해당하는지에 대한 단초는 그의 글에 나타난다. 그는 『기독교강요』에서 "참된 교리의 모든 조항들이 똑같이 중요한 것은 아니다. 그 중 어떤 조항들은 분명하고 의문의 여지가 없는 것이기 때문에 모든 사람들이 신앙의 진정한 원칙으로 알아야만 한다. 하나님은 한 분이시다, 그리스도는 하나님이시며 하나님의 아들이시다, 우리 구원은 하나

33) *Institutes,* IV, 1, 12.

34) *Institutes,* IV, 15, 19.

님의 자비에 달려 있다 등이 바로 이런 조항들에 해당한다."[35]고 말한다. 하나님, 그리스도, 구원의 교리가 신앙의 근본적인 원리에 해당하는 것들이며, 나머지는 상황에 따라 유연성을 가질 수 있다는 의미이다. 칼뱅은 "가장 최선의 것은 모든 문제들에 대해 의견의 일치를 이루는 것이다. 그러나 모든 인간은 어느 정도 무지에 싸여 있기 때문에 우리는 아예 교회를 남겨두지 말든지 아니면 모르고 지내도 신앙에 결정적인 해가 되지 않고 구원을 잃어버릴 위험이 없는 그런 문제들에 대해서는 이견을 용인해야 할 것이다."[36]고 주장한다. 이상적으로는 모든 그리스도인들이 모든 교리에 대해 완전히 일치해야 하지만, 현실적으로는 이것이 불가능하기 때문에 신앙의 핵심에 해당하지 않는 문제들에 대해서는 차이를 허용해야 한다는 것이다. 이와 같이 본질적 교리와 비본질적 교리의 개념은 칼뱅이 프로테스탄트 교회들의 일치를 추구하는 데 있어서 하나의 출발점이 되었다.[37]

C. 그리스도와 말씀진리[38]

칼뱅의 교회일치를 위한 열정은 언제나 하나님 말씀의 진리 곧 그리스도와 연결되어 있었다. 그는 일치의 전제 조건으로서 그리스도의 진리를 강조했다. 칼뱅은 『사돌레토에게 보내는 답변』에서 교회일치에 대한 자신의 견해를 분명히 했다.

> 나는 언제나 말과 행동으로 내가 일치를 얼마나 열망하는지를 증언하였습니다. 그러나 내가 말하는 교회의 일치는 **그리스도와 함께** 시작되고 **그리스도 안에서** 끝나는 것입니다. 왜냐하면 그리스도께서 우리에게 평화

35) *Institutes,* IV, 1, 12.

36) *Institutes,* IV, 1, 12.

37) Martin Klauber, "Calvin on Fundamental Articles and Ecclesiastical Union," *Westminster Theological Journal* 54 (1992), 342.

38) 이와 관련해서는 본서의 6장을 참조하라.

와 일치를 명하셨을 때, 그는 동시에 자신이 그것을 보존하는 유일한 끈이 되심을 보여주셨습니다. 만일 내가 자신들이 교회의 머리들이고 신앙의 기둥들이라고 떠벌이는 사람들과의 평화를 원한다면, 나는 **그리스도의 진리를** 부인함으로써 그것을 달성할 수 있을 뿐입니다. 이런 저주스런 화해에 굴복하는 것보다 더 견디기 어려운 것은 아무 것도 없다고 믿습니다.(강조는 필자의 표시임.)[39]

칼뱅은 그리스도의 머리 되심을 교회일치의 전제 조건으로 강조하였고, 그리스도에게로 가기 위해 로마교회를 떠났다고 밝혔다.[40] 칼뱅에게 있어서 그리스도의 진리는 포기할 수 없는 최후의 보루였다.

칼뱅은 『교회개혁의 필요성』(*Necessity of Reforming the Church*)이라는 글에서도 교회일치에서 순수한 교리의 중요성을 분명하게 주장하였다.

그러므로 우리가 그리스도에게만 붙어 있어야 한다는 **순수한 교리**에 대해 서로 공감할 때에만 거룩한 일치로 하나가 될 수 있다는 것이 불변의 요점이 되도록 합시다. 만일 아무런 교리든지 거기에 찬동하기만 하면 충분하다고 한다면 도대체 하나님의 교회를 사악한 자들의 불경스러운 파당들로부터 어떻게 구별할 수 있단 말입니까?(강조는 필자의 표시임.)[41]

하나님의 말씀, 즉 진리야말로 모든 교리의 순수성과 교회의 진정성을

---

39) John Calvin, "Reply to Sadolet," 249. 칼뱅은 이 글에서 또한 "당신의 **진리**가 일치의 끈이 되는 한도 안에서, 내가 당신의 교회의 일치를 위해 얼마나 열정을 불태웠는지 내 양심이 증언"(250)한다고 말한다.

40) *Institutes,* IV, 2, 6.

41) John Calvin, *The Necessity of Reforming the Church*, trans. Henry Beveridge (Philadelphia : Presbyterian Board of Publication, 1843), 143. 이 문서는 부처의 권유에 따라 종교개혁의 필요성을 옹호하려는 목적을 가지고 작성되어 1544년 열린 슈파이어 회의에 제출되었다.

판단하는 시금석(Lydian Stone)이었다. 칼뱅이 추구한 일치는 "진리로부터 떠난 이름뿐인 교회의 일치가 아니라 참된 교회의 가시적인 일치"[42]였기 때문에, 그의 교회일치를 위한 노력은 프로테스탄트 교회들에 국한될 수밖에 없었다. 현대의 칼뱅학자 중에는 이런 교리적인 순수성을 향한 그의 욕구가 역사적으로는 적어도 교회의 일치를 파괴하는 하나의 씨앗으로 작용했다고 보는 사람들도 있다.[43]

D. 중도의 길

중도의 길(via media)은 칼뱅의 교회일치 원칙들 가운데 하나였다. 칼뱅은 루터와 츠빙글리의 중간의 길을, 더 넓게는 로마가톨릭과 급진주의 중간의 길을 택하였다. 칼뱅의 독창성은 다양한 입장들을 취하되 그것들을 자신의 방식으로 자신의 사상 안에 녹여 통합시키는 능력에 있었다. 중도의 길은 그의 신학을 전개하는 중요한 방식이었다. 영문판 『기독교강요』의 번역자인 포드 베틀즈(Ford L. Battles)는 칼뱅의 신학적 방법론을 중용이라고 주장한다.[44] 베틀즈에 따르면 칼뱅 신학에 있어서 중요한 사상들은 모두 과도한 극단들 사이에 놓여 있었다. 칼뱅은 "정도를 벗어난 로마주의라는 스킬라(Scylla)와 급진적 경향의 카리브디스(Charybdis) 사이의 중도의 길"을 헤쳐 나갔다.[45]

윌리엄 부스마는 칼뱅의 전기에서 그의 신학을 "대립적인 충동들 사이의 일종의 대화"로 묘사하였다.[46] 칼뱅은 대립적인 견해들 중에서 하나를 선택하여 따르기보다는 그것들을 중도의 입장에서 조화시키고 통합시키고자 하

---

42) John T. McNeill, *Unitive Protestantism*, 186.

43) R. Ward Holder, "Calvin's Heritage," *John Calvin*, ed. Donald K. McKim (Cambridge University Press, 2004), 255; Jane Douglass, "Calvin in Ecumenical Context," 314.

44) Ford Lewis Battles, "*Calculus Fidei* : Some Ruminations on the Structure of the Theology of John Calvin," *Interpreting John Calvin* (Grand Rapids : Baker Books, 1996), 139–246.

45) Ford Lewis Battles, "*Calculus Fidei*," 140.

46) William Bouwsma, *John Calvin : A Sixteenth Century Portrait*, 4.

였다. 이런 식으로 칼뱅은 로마가톨릭의 기형적 교회(ecclesia deformata)와 재세례파의 완전한 교회(ecclesia perfecta) 중간에서 균형을 잡고, 비록 알곡과 가라지가 함께 섞여 있기는 하지만 끊임없이 개혁되는 교회를 세우고자 하였다.[47] 칼뱅은 부족한 경향과 과도한 경향 모두를 비판하고 중도의 길에 서서 복음적인 프로테스탄트 교회들의 일치를 이끌어내고자 하였다.

V. 맺는 말

필자는 칼뱅이 네 가지 중요한 원칙 아래, 프로테스탄트 종교개혁자들과 복음주의 교회들의 일치를 증진시키려고 얼마나 노력했는지를 살펴보았다. 칼뱅이 복음적인 프로테스탄트 교회의 일치를 소중하게 생각했음을 보여주는 일화가 있다. 칼뱅은 1536년 제네바의 개혁자로 초청받아 사역을 시작했지만, 정치적이고 종교적인 문제들을 둘러싼 시의회와의 갈등으로 인해 1538년 제네바에서 쫓겨나게 되었다. 그 후 칼뱅은 스트라스부르에서 약 3년간 머물면서 목회와 저술활동을 하게 된다. 그곳에 있을 때 칼뱅은 제네바 교회가 보낸 편지를 받았는데, 그 편지에서 그는 제네바 교회의 성도들 중 칼뱅과 파렐을 지지하는 사람들이 새로 온 목회자들을 반대하면서 그들이 베푸는 성찬에도 참여하기를 거부하고 있다는 사실을 알게 되었다. 이때 칼뱅은 자신의 추종자들을 질책하는 내용의 답장을 보내었다(1539년 6월 25일자 편지).[48] 제네바 교회가 비록 자신을 쫓아내기는 했지만, 그곳에 하나님의 말씀과 성례가 있는 이상 교회를 소란스럽게 하거나 새로 온 목회자들을 반대하고 성찬을 거부하는 것은 대단히 잘못된 행동이라고 책망한 것이다. 칼뱅은 교회의 표지인 말씀과 성례가 분명히 있다면, 비록 목회자들에게 사소한 도덕적 결함이 있다고 하더라도 그것이 교회를 떠날 이유가 되지는 못한다고 말한다.

47) Willem Balke, *Calvin and the Anabaptists Radicals*, 112.

48) John Calvin, *Letters of John Calvin*, Vol. 1, 142-144.

교회의 통일성에 대한 칼뱅의 관심을 보여주는 또 다른 일화가 있다. 1552년 봄에 칼뱅은 런던에서 목회하고 있던 폴란드 출신 종교개혁자 요하네스 아 라스코(Johannes à Lasco)의 편지를 한 통 받았다. 런던 교회는 주로 네덜란드 교인들과 프랑스 교인들로 구성되어 있었는데, 프랑스 교인들이 런던 교회의 어떤 측면이 제네바 교회의 가르침에서 벗어났다며 문제를 제기하고 소란을 일으킨 데 대해 칼뱅에게 조언을 구하기 위한 편지였다. 문제가 된 것은 동정녀 마리아를 하나님의 어머니라고 불러야 할 것인가 하는 것이었다. 칼뱅은 답장에서 자신의 이름을 빌어서 교회를 혼란스럽게 하는 사람들을 준엄하게 책망하였다(1552년 9월 27일자 편지). 칼뱅은 그것이 "자신을 우상으로 삼고, 제네바를 예루살렘으로 만드는" 행위라고 책망하였다.[49)]

칼뱅은 언제나 하나님의 자녀들이 분열하고 있는 데 큰 슬픔을 느꼈으며, 교회 안에서 일치를 이루어야 할 필요성에 대해 강력하게 권고하였다. 시편 133편 주석에서 칼뱅은 "우리가 하나님 아버지 안에, 그리고 그리스도 안에 있는 만큼, 우리 가운데 상호화합과 형제애적인 사랑으로 일치가 확증되어야만 한다."[50)]고 주장하고 있다. 칼뱅은 사돌레토에게 보내는 편지에서 "나는 언제나 말과 행동으로 내가 일치를 얼마나 열망하는지를 증언하였습니다."[51)] 라고 고백하기도 하였다. 그는 16세기의 진정한 교회일치 운동가였다.

최근 케임브리지대학에서 펴낸 칼뱅 안내서에 실린 한 논문에 "분열은 한국장로교회와 개혁교회의 현저한 특징"이라는 주장이 담겨 있다.[52)] 이것이 외국 학자들의 눈에 비친 한국 교회의 모습이라는 사실이 참으로 부끄럽고 안타깝다. 이것은 한국의 교회와 그리스도인들의 교만과 욕심이 빚어낸 결과이다. 칼뱅 탄생 500년을 맞아 다시금 그의 교회일치에 대한 이해와 실천에 대해 조명하는 것은 과거의 칼뱅을 우상시하려는 것도 아니고 그의 사상을

---

49) Andrew Pettegree, "The Spread of Calvin's Thought," *John Calvin*, ed. Donald K. McKim (Cambridge University Press, 2004), 207.

50) John Calvin, *Commentary on the Book of Psalms,* Vol. V, trans. James Anderson (Grand Rapids： Wm. B. Eerdmans Publishing Company, 1949), 164.

51) John Calvin, "Reply to Sadolet," 249.

52) R. Ward Holder, "Calvin's Heritage," 254.

그대로 답습하려는 것도 아니다. 오늘날에도 그에게서 배울 수 있는 유산들이 있다면 기꺼이 그 원리를 배워서 보다 더 개혁된 교회의 모습을 되찾으려 노력해야 한다고 믿는 것뿐이다. "개혁교회는 항상 개혁되어야 한다."(ecclesia reformata semper reformanda est)라는 표어가 단지 구호로만 그쳐서는 안 되고, 오늘날에도 한국 교회의 현실을 바꾸는 동력이 되어야 할 것이다. 이제 한국 교회는 실추된 사회적 공신력을 회복하기 위해서, 또 교회의 본질적인 하나 됨을 지키기 위해서 우리 주님의 간절한 기도 소리에 귀 기울여야만 한다.

> 거룩하신 아버지여 내게 주신 아버지의 이름으로 저희를 보전하사 우리와 같이 저희도 하나가 되게 하옵소서. … 아버지께서 내 안에 내가 아버지 안에 있는 것같이 저희도 다 하나가 되어 우리 안에 있게 하사 세상으로 아버지께서 나를 보내신 것을 믿게 하옵소서. … 우리가 하나가 된 것같이 저희도 하나가 되게 하려 함이니이다.(요한복음 17장에 있는 주님의 기도 중에서.)

제4장 성만찬론에 나타난 칼뱅의 교회일치를 위한 노력 : 『성만찬에 관한 소논문』(1541)과 『취리히합의』(1549)를 중심으로

I. 시작하는 말

성만찬은 교회의 성례 중 하나이다. 성만찬에서 그리스도인들은 그리스도와의 연합을 맛볼 뿐만 아니라 형제자매들과의 일치를 경험하게 된다. 그러나 불행하게도 성만찬 교리는 종교개혁 시기 이후로 분열을 초래하는 가장 중심적인 주제가 되어 왔다. 성만찬 문제는 루터와 츠빙글리를 분열시켰고 그들은 끝내 화해하지 못하였다. 오늘날까지도 성만찬은 에큐메니칼 운동에서 핵심적인 논쟁거리 중 하나가 되고 있다.[1)]

본고에서 필자는 특별히 칼뱅의 성만찬론을 통해 그가 어떻게 16세기 개혁자들 사이에서 일치를 이루고자 노력했는지를 조명해 보고자 한다. 여기

1) "에큐메니칼"이라는 용어는 "온 세상"을 뜻하는 그리스어 오이쿠메네(oikoumene)에서 유래하였다. 이 단어는 시대마다 매우 다양한 의미로 사용되었다. 종교개혁 시기 이후로, "에큐메니칼"이란 단어는 많은 교회들 혹은 다양한 교파들 사이에서의 일치를 위한 노력과 표현이라는 의미로 사용되어 왔다. 본고에서도 이런 의미에서 에큐메니칼이란 단어를 사용한다. 오늘날 이 단어는 종종 선교운동이나 종교적 다원주의와 연결되어 사용되기도 한다. 에큐메니칼 운동의 자세한 역사를 위해서는 Ruth Rouse and Stephen Charles Neill, *A History of the Ecumenical Movement 1517-1948*, Vol. I, 그리고 Harold E. Fey, *A History of the Ecumenical Movement 1948-1968*, Vol. II (Geneva : WCC, 1986)를 참고할 수 있다. 특히 "에큐메니칼"이라는 단어에 대해서는 Willem Adolf Visser't Hooft, "The Word 'Ecumenical' It's History and Use," *A History of the Ecumenical Movement 1517-1948*, Vol. I, 735-740을 보라.

서 우리는 16세기 상황에서 교회일치를 위한 칼뱅의 노력은 프로테스탄트 교회들에 국한되어 있음을 기억해야 한다. 왜냐하면 그는 로마 가톨릭교회와 급진 종교개혁자들을 참된 교회의 구성원으로 간주하지 않았기 때문이다. 필자는 칼뱅을 루터와 츠빙글리 사이에 다리를 놓은 개혁자로서 조명하면서, 그가 중간에서 어떻게 루터와 츠빙글리의 견해들을 조정하고 있는지 살펴볼 것이다. 더불어 그가 스위스 개혁교회의 일치를 위해 불링거를 대표로 하는 취리히의 목회자들과 어떻게 성만찬에 관해 합의를 이루어 갔는지도 살펴 볼 것이다.

이러한 목적을 위해 필자는 교회일치의 추구자로서 칼뱅의 노력과 저술들을 다룰 것이다. 효율적인 논의를 위해 필자는 『성만찬에 관한 소논문』(1541)[2]과 『취리히합의』(1549)[3]에 관심을 국한시키고자 한다. 칼뱅의 『소논문』은 성만찬에 대한 그의 가르침과 교회일치를 위한 입장이 분명히 드러난 글이고, 『취리히합의』는 교회일치를 위한 칼뱅의 실질적인 활동의 대표적인 산물이기 때문이다. 이 두 글의 분석을 통해 우리는 칼뱅의 중도적 입장을 보게 될 것이고, 그가 루터, 츠빙글리, 불링거와 같은 다른 개혁자들과 어떤 차이를 보이는지도 알게 될 것이다. 본고는 칼뱅 자신의 교회일치에 대한 입장

---

2) John Calvin, "Short Treatise on the Lord's Supper," *Calvin : Theological Treatises*, trans. J. K. S. Reid (London : SCM Press, 1954), 142-166. 『소논문』은 1540년 스트라스부르에서 씌어졌고, 1541년 제네바에서 출판되었다. 이 『소논문』에서 칼뱅은 성만찬과 관련된 많은 주제들, 즉 제정의 말씀, 성만찬의 유익들, 올바른 사용, 오류들, 논쟁들에 대해 다루고 있다. 테오도르 베즈는 이것을 "프랑스 동족들을 위해 칼뱅이 쓴 성만찬에 관한 작지만 황금 같은 논문"이라고 평하고 있다. John Calvin, *Tracts and Treatises on the Doctrine and Worship of the Church*, Vol. II, trans. Henry Beveridge (Grand Rapids : Wm. B. Eerdmans Publishing Company, 1958), 163.

3) 필자는 많은 영어 번역들 가운데 두 개의 다른 본문을 사용할 것이다. *Tracts and Treatises*, Vol. II, 199-244에 나오는 Henry Beveridge의 번역과 "The Consensus Tigurinus," *Journal of Presbyterian History* Vol. 44 (1996) : 45-61에 나오는 Ian D. Bunting의 번역이 그것들이다. 베즈는 "이 문서는 칼뱅과 불링거를 결합시켰고, 제네바와 취리히 교회들을 단단하게 묶어 주었다."고 말한다. *Tracts and Treatises*, Vol. II, 199.

을 이해할 수 있도록 해줄 뿐만 아니라 현대 에큐메니칼 운동을 위한 통찰과 근거를 제시할 수 있다는 데서도 그 의의가 클 것이다.

II. 『성만찬에 관한 소논문』에 나타난 교회일치를 위한 칼뱅의 입장

로마 가톨릭의 위협에 맞서 공동전선을 형성하고자 했던 프로테스탄트 신학자들의 회합인 마르부르크 회담(1529)이 실패로 끝난 이후에, 대부분의 프로테스탄트 신자들은 혼란에 빠지게 되었다. 루터주의자들과 츠빙글리주의자들이 다른 모든 점에서 상호합의에 도달했으면서도 끝내 성만찬의 의미와 성만찬에서 그리스도가 어떻게 임재하는가에 대해서는 이견을 좁히지 못함으로써 마르부르크 회담이 결렬되고 만 것이다. 성만찬에 관한 개혁자들의 불일치로 인해 일반 성도들은 성만찬이 어떤 의미가 있는지, 성만찬에 어떻게 참여해야 하는지 갈피를 잡지 못하였다. 이런 상황에서 칼뱅은 개혁자들 사이에 일치가 필요하다는 사실을 절감하였다. 더욱이 그는 우왕좌왕하고 있는 연약한 성도들을 위해 지침을 제시할 필요가 있음을 깨달았다.[4] 개혁자들을 연합시키려는 칼뱅의 노력은 이러한 근본적이고 실제적인 이유들에 기초하고 있다. 여기에서 필자는 칼뱅의 성만찬론을 가장 잘 담고 있는 『소논문』을 다루고자 한다.[5]

---

4) John Calvin, "Short Treatise on the Lord's Supper," 142, 163–164.

5) Brian A. Gerrish는 칼뱅의 성만찬론을 7가지 특징들로 요약하고 있다. (1) 성만찬은 은사이다. (2) 예수 그리스도 자신이 바로 그 은사이다. (3) 그 은사는 표지들을 통해 주어진다. (4) 그 은사는 성령을 통해 주어진다. (5) 그 은사는 교통하는 모든 사람들에게 주어진다. (6) 은사의 유익은 믿음을 통해 받게 된다. (7) 은사는 감사를 불러일으킨다. Brian A. Gerrish, "Gospel and Eucharist : John Calvin on the Lord's Supper," *The Old Protestantism and New* (Chicago : University of Chicago Press, 1982), 112–115를 참고하라. John D. Nicholls도 칼뱅의 성만찬론의 네 가지 특징들을 제시한다. (1) 그리스도의 몸과의 합일. (2) 성령의 역할. (3) 우리 믿음의 연약함 때문에 성만찬을 제정하셨다. (4) 성만찬은 은혜의 수단이다. John D. Nicholls, "Union with Christ : John Calvin on the Lord's Supper," *Union and Communion* (London : Westminster

『소논문』에서 칼뱅은 루터와 츠빙글리 사이의 논쟁을 안타까워하면서 중간에서 그들을 화해시키려고 노력하고 있다. 칼뱅은 마르부르크 회담의 실패가 참석자들의 태도에서 기인했다고 주장한다. "그들은 선의를 가지고 만나기보다는, 스스로의 입장만 옹호하려 하고 그에 반하는 것은 무엇이든 논박하려고 하면서 항상 서로에게서 점점 더 물러서는 태도를 취하였다."[6] 그들은 적으로 만나서 더 큰 원수가 되어 헤어진 것이다.[7]

한편으로 칼뱅은 루터가 무엇보다 "교황주의자들이 상상하는 것과 같은 공간적 임재를 주장하려는 의도가 없었다는 것을 명백하게 했어야만 하고, 둘째로 성례를 하나님 대신으로 숭배하려고 하지 않았다고 주장했어야 하며, 셋째로 받아들이기 어려운 비유들을 삼가거나 혹은 그것들을 좀더 완화시켜 사용함으로써 공격을 야기하지 않도록 해석했어야 한다."[8]고 쓰고 있다. 다른 한편으로 칼뱅은 츠빙글리와 오이콜람파디우스는 "선을 세우기보다는 악을 쳐부수기 위해 노력하였다."[9]고 쓰고 있다. 칼뱅은 또한 그들이 "사람들이 믿어야 하는 성만찬에서의 그리스도의 임재가 어떤 것인지, 그리고 사람들이 성만찬에서 그리스도의 몸과 피를 받을 때 어떤 교통이 일어나는지 규명하는 것을"[10] 잊어버렸다고 비판한다. 칼뱅은 『소논문』에서 루터와 츠빙글리의 적대적 태도를 한탄하였고, 유연하지 못한 그들의 완고함을 안타깝게 생각하였다. 그렇다고 칼뱅이 교회일치의 희망을 버린 것은 아니었다.

필자는 칼뱅이 일종의 합(synthesis)을 이루려고 했다는 맥닐(John T. McNeill)의 주장에 동의한다. 칼뱅은 "루터와 츠빙글리의 정(thesis)과 반

Conference, 1979), 36-43.

6) John Calvin, "Short Treatise on the Lord's Supper," 165.

7) Joseph N. Tylenda, "The Ecumenical Intention of Calvin's Early Eucharistic Teaching," *Reformatio Perennis : Essays on Calvin and the Reformation in honor of Ford Lewis Battles*, ed. Brian A. Gerrish (Pittsburgh, The Pickwick Press, 1981), 27.

8) John Calvin, "Short Treatise on the Lord's Supper," 165.

9) John Calvin, "Short Treatise on the Lord's Supper," 165.

10) John Calvin, "Short Treatise on the Lord's Supper," 165.

(antithesis)이 하나의 합으로 만나, 그 안에서 모든 진의가 이해되고 모든 논쟁자들이 화해할 수 있기를 희망하였다."[11] 칼뱅은 루터와 츠빙글리 사이에 하나의 다리를 놓고자 하였다. 츠빙글리와 함께, 칼뱅은 승천 후에 그리스도가 실제적인 몸을 가지고 하늘에 계신다고 주장하였다. 루터와 함께, 칼뱅은 성만찬의 빵과 포도주는 그리스도가 참으로 임재하신다는 사실을 드러내 주는 표지라고 믿었다. 칼뱅은 "츠빙글리의 주석적인 명료함과 루터의 종교적인 깊이와 내면성을 결합시켰다."[12] 칼뱅에게 성만찬은 하나님의 깊은 신비였기에, 그는 "나는 이해하기보다 경험한다."[13]고 고백하고 있다.

로렘(Paul Rorem)에 따르면 칼뱅의 『소논문』은 두 가지 견해를 밝히고 있는데, "그리스도의 살과 피와 온전한 성례전적 교통을 나눈다는 것을 지지하면서도, 공간적 혹은 육체적인 임재에 대해서는 반대한다."[14] 칼뱅은 성만찬에서 예수 그리스도의 참된 교통을 강조하여, 빵과 포도주를 "우리 주 예수 그리스도가 우리에게 자신의 살과 피를 나누어주는 수단들로"[15] 간주하였다. 빵과 포도주는 텅 빈 표지들이 아니라 하나님의 은혜를 운반하는 수단이다. 성만찬에서 성도들은 성령을 통해 하나님의 은혜와 유익을 받을 수 있다. 동시에 칼뱅은 그리스도가 빵과 포도주 아래에(under), 함께(with), 안에(in) 공간적으로 임재한다는 관념을 거부하였다. 그는 공간적 임재라는 관념은 화체설의 망령에서 유래된 어리석은 것이라고 생각하였다.[16] 칼뱅에 따르면 공

11) John T. McNeill, *Unitive Protestantism : The Ecumenical Spirit and Its Persistent Expression* (Richmond : John Knox Press, 1964), 186.

12) John T. McNeill, *Unitive Protestantism*, 187.

13) John Calvin, *Institutes of the Christian Religion*, ed. John T. McNeill, trans. Ford Lewis Battles (Philadelphia : The Westminster Press, 1960), IV권, 17장, 32절.

14) Paul Rorem, *Calvin and Bullinger on the Lord's Supper* (Bramcote : Grove Books Limited, 1989), 7.

15) John Calvin, "Short Treatise on the Lord's Supper," 147.

16) 로렘에 의하면, 칼뱅은 다음과 같은 네 가지 이유로 육체적 임재를 거부하였다. 육체적 임재는 (1) 빵에 대한 미신적 우상숭배의 위험이 있으며, (2) 그리스도의 천상의 영광과 인성에 대항하는 것이며, (3) 성령의 역할을 침해하는 것이며, (4) 성만찬의 신비에 반대하는 것이다. Paul Rorem, *Calvin and Bullinger on the Lord's Supper*, 9-11.

간적 임재라는 관념은 "망상일 뿐만 아니라 가증스러운 오류여서, 그리스도의 영광에 모순되고, 그리스도의 인성에 대해 우리가 지녀야 할 것을 파괴한다."[17]

이처럼 『소논문』에서 칼뱅은 프로테스탄트주의의 일치와 평화를 위해 화해적인 논조를 유지하였다. 루터와 츠빙글리의 결점들에도 불구하고 칼뱅은 다음과 같이 말하고 있다. "우리는 그들이 예전이나 지금이나 거룩한 삶과 탁월한 지식, 그리고 교회를 세우고자 하는 열심에 뛰어난 자들이라는 것을 알기 때문에, 그들에 관해 언제나 정중하고도 존중하는 태도로 판단하고 말해야 한다."[18] 칼뱅은 개혁자들 사이에 일치와 합의가 이루어질 것이라는 소망을 다음과 같이 분명하게 피력한다. "아직까지는 합의를 이룬 어떤 공식 문서도 나오지 않았다. 하지만 하나님께서 사람들을 한자리에 모아 그 문서를 작성하고자 하실 때 그 일은 이루어질 것이다."[19] 칼뱅은 루터주의자들과 츠빙글리주의자들이 우호적인 태도와 공감하는 마음을 가질 때 교회의 하나됨이 하나님의 뜻 안에서 회복될 것이라고 믿었다.

칼뱅의 『소논문』이 1545년 라틴어로 번역되었을 때 루터는 그것을 읽고 이렇게 말하였다. "이 사람은 분명 학식이 있고 경건한 사람이다. 내가 처음부터 이 논쟁을 그에게 맡겼더라면 좋았을 텐데. 만약 나의 대적자들이 이와 같이 말했다면 우리는 화해를 이루었을 것이다."[20] 루터의 이러한 언급을 통해 우리는 칼뱅의 에큐메니칼적인 태도와 타협을 이루려는 접근방식을 잘 알 수 있다. 오늘날에도 우호적인 태도는 서로 다른 입장을 가진 교회들의 일치를 위한 대화에서 대단히 중요한 원칙이 되고 있다.

---

17) John Calvin, "Short Treatise on the Lord's Supper," 159.
18) John Calvin, "Short Treatise on the Lord's Supper," 166.
19) John Calvin, "Short Treatise on the Lord's Supper," 166.
20) Joseph N. Tylenda, "The Ecumenical Intention of Calvin's Early Eucharistic Teaching," 40.

III. 『취리히합의』에 나타난 교회일치를 위한 칼뱅의 입장

A. 『취리히합의』의 역사적 배경

『소논문』이 출판된 이후도 루터와 츠빙글리주의자들은 그들의 경쟁적인 논쟁들을 계속하였을 뿐 아니라 더욱 심화시켰다. 루터는 1544년 9월에 『거룩한 성례에 관한 간략한 고백』(*Brief Confession concerning the Holy Sacrament*)을 출판하였다. 이 책자에서 루터는 신랄한 공격을 퍼부었다. "나는 성례의 적들, 즉 카를슈타트, 츠빙글리, 오이콜람파디우스, 슈텡크펠트(Stenckfeld), 그리고 취리히와 곳곳에 있는 그들의 제자들을 정죄하고 거부한다."[21] 더욱이 루터는 자신의 적들을 공격하기 위해 시편 1편을 패러디하기까지 했다. "복 있는 사람은 성례주의자들의 꾀를 좇지 아니하며 츠빙글리주의자들의 길에 서지 아니하며 취리히인들의 자리에 앉지 아니한다."[22] 루터의 공격에 대한 취리히인들의 반응이 1545년 『참된 고백』(*True Confession*)에서 나타나고 있다. 『참된 고백』의 초안자인 불링거는 츠빙글리의 성만찬론을 옹호하고 루터의 책을 "악의, 비기독교적인 표현, 중상모략하는 말들, 다투려는 마음, 불순한 언사, 분노, 속임수, 격정과 격노로 가득 찬"[23] 것이라고 맞받아쳤다.

이런 심각한 대립의 와중에서 칼뱅은 편지를 통하여 양측 사이를 중재하려고 시도하였다. 1545년 1월에 칼뱅은 루터에게 믿음 안에서 자신의 "아버지"라고 부르는 편지를 보내었다.[24] 불행히도 이 편지는 루터에게 전달되

21) Timothy George, "John Calvin and the Agreement of Zurich (1549)," *John Calvin and the Church : A Prism of Reform*, ed. Timothy George (Louisville : Westminster Press, 1990), 45.

22) Brian A. Gerrish, "The Pathfinder : Calvin's Image of Martin Luther," *The Old Protestantism and the New : Essays on the Reformation Heritage* (Chicago : The University of Chicago Press, 1982), 33.

23) Timothy George, "John Calvin and the Agreement of Zurich (1549)," 46.

24) John Calvin, *Letters of John Calvin*, Vol. 1, ed. Jules Bonnet (New York : Burt Franklin,

지 못하였다. 멜란히톤이 "마르틴 박사가 모든 일을 의심스러운 눈길로 보고 있고, 자신의 생각을 밖으로 표현하고 싶어 하지 않는다."[25]는 이유로, 이 편지를 전하지 않았기 때문이다. 칼뱅은 또한 불링거에게도 편지하여 루터의 인간적인 뛰어남, 그의 탁월한 재능, 하나님의 출중한 종으로서의 능력과 헌신을 기억하라고 썼다.[26] 이 편지에서 칼뱅은 루터에 대해서 "비록 그가 나를 마귀라고 부른다고 해도, 나는 그래도 여전히 그를 존경할 것이며 뛰어난 하나님의 종으로 인정할 것"[27]이라고 말하기까지 하였다.

칼뱅은 특히 개혁교회 내의 일치를 회복하기 위해 노력하였다. 그는 불링거와 더불어 성만찬에 관해 상호이해에 도달하려고 열심을 내었다. 칼뱅과 불링거 사이의 편지왕래를 통해, 두 사람 사이의 차이점들이 드러났다.[28] 칼뱅은 성만찬을 하나님의 은혜의 수단으로 생각했기 때문에 성만찬을 통해 신자들이 그리스도와의 완전한 교통을 경험하고 그리스도의 살과 피에 참여한다고 믿었다. 반면에 불링거는 이런 도구주의(instrumentalism)를 거부했으며, 성만찬을 이미 주어진 하나님의 은혜에 대한 증거 혹은 유비로 간주하였다. 불링거의 입장에서는 빵과 포도주는 은혜를 제공하거나 실어 나르는 것이 아

1972), 440. 이 편지에서 칼뱅은 "그리스도의 교회의 매우 탁월한 목회자이며 제가 가장 존경하는 아버지이신 마르틴 루터 박사"라고 말하고 있다. 이 편지는 칼뱅이 루터에게 보낸 유일한 편지라는 점에서 특별히 중요하다. 교회의 일치에 대한 깊은 확신으로 가득 찬 이 편지는 존경심과 온건함으로 씌어졌다.

25) John T. McNeill, *Unitive Protestantism*, 192.

26) 불링거에게 보낸 1544년 11월 25일자 편지를 보라. John Calvin, *Letters of John Calvin*, Vol. 1, 433.

27) John Calvin, *Letters of John Calvin*, Vol. 1, 433.

28) 특별히 칼뱅의 편지(July 1548), 불링거의 주해(November 1548), 칼뱅의 답변(January 1549), 그리고 불링거의 메모들(March 1549)이 그들 사이의 미묘한 차이들을 잘 보여준다. Brian A. Gerrish에 따르면, 개혁교회 안에는 성만찬에 관한 세 가지 서로 다른 견해가 있다. "상징적 기념설"(symbolic memorialism, Zwingli), "상징적 도구설"(symbolic instrumentalism, Calvin), "상징적 병행설"(symbolic parallelism, Bullinger)이 그것들이다. Brian A. Gerrish, "Sign and Reality : The Lord's Supper in the Reformed Confessions," *The Old Protestantism and New* (Chicago : University of Chicago Press, 1982), 118-130.

니라 은혜를 증거하거나 혹은 기억하게 해주는 것이다.[29] 이러한 차이에도 불구하고 칼뱅과 불링거는 일련의 서신왕래를 통해 친구가 되었고, 자신들을 분열시킬 만한 본질적인 문제는 아무것도 없다고 믿게 되었다. 칼뱅은 1544년 11월 25일 불링거에게 보낸 편지에서 이렇게 쓴 바 있다.

> 만일 우리에게 반나절이라도 이 문제를 논의할 시간이 주어진다면, 우리는 이 문제 자체뿐 아니라 그것을 문서화하는 일에서도 쉽게 합의를 이룰 것이라고 생각합니다. 그 와중에서 이러한 작은 차이가 우리가 동일한 그리스도를 섬기고, 그 안에서 하나가 되는 것을 막지는 못할 것입니다.[30]

칼뱅은 이제 취리히로 가서 얼굴을 대면하고 불링거를 만나기를 원했다. 교회일치를 위한 대화를 칼뱅이 주도하였던 것이다.

B. 『취리히합의』의 구조와 내용

『취리히합의』의 원제는 "취리히 교회의 목회자들과 제네바 교회의 목회자 장 칼뱅 사이에 이루어진 성만찬 문제에 관한 상호합의"[31]이다. 26개의 조항으로 이루어진 이 문서는 대체적으로 1549년 칼뱅의 일치를 위한 활동을 통해 이루어진 것으로, 계속적인 협상으로 약간의 수정을 거친 다음 1551년 출판되었다. 1554년에는 이 합의에 대한 해설도 출판되었다. 26개 조항의 제목들은 다음과 같다.

합의 조항들[32]

1. 교회의 모든 영적 통치는 우리를 그리스도에게로 이끈다.

29) Paul Rorem, *Calvin and Bullinger on the Lord's Supper*, 20–28.

30) Timothy George, "John Calvin and the Agreement of Zurich (1549)," 46.

31) Paul Rorem, *Calvin and Bullinger on the Lord's Supper*, 39.

32) *Tracts and Treatises*, Vol. II, 212–220. 제목은 Beveridge의 번역을 따랐다.

2. 성례들에 대한 참된 지식은 그리스도에 대한 지식에서 온다.
3. 그리스도에 대한 지식의 본질.
4. 제사장이자 왕이신 그리스도.
5. 어떻게 그리스도가 자신을 우리와 교통하시는가.
6. 영적인 교통—성례들의 제정.
7. 성례들의 목적.
8. 감사.
9. 표지와 그것이 가리키는 실체는 분리되지는 않지만 구별된다.
10. 성례는 주로 약속에 의지한다.
11. 우리는 성례의 요소들을 응시하고 있지는 않다.
12. 성례들은 그 자체로는 아무런 효력이 없다.
13. 하나님께서는 도구를 사용하지만, 모든 효력은 하나님께 속한다.
14. 성취되는 모든 것은 그리스도에 의한 것이다.
15. 성례들은 어떻게 베풀어지는가.
16. 성례에 참여하는 모든 사람들이 실체에 참여하는 것은 아니다.
17. 성례들은 은혜를 베풀지 않는다.
18. 은사가 모두에게 주어졌지만 믿는 자들만 그것을 받게 된다.
19. 믿는 자들은 성례 이전에, 성례 없이도 그리스도와 교통한다.
20. 그 교통을 통해 언제나 유익을 얻는 것은 아니다.
21. 공간적인 임재를 상상해서는 안 된다.
22. "이것이 내 몸이다."라는 표현에 대한 해설.
23. 몸을 먹는다는 것에 대하여.
24. 화체설과 기타 어리석은 이론들.
25. 그리스도의 몸은 하늘에 있다.
26. 그리스도가 빵 안에 있는 것처럼 숭배되어서는 안 된다.

26개 조항의 제목들은 크게 다섯 부분으로 나뉠 수 있다. 기독론적 서론(1-6), 성례에 대한 일반적 교리(7-9), 성례론적 물질주의에 대한 방어(10-

15), 신앙의 필요성(16-20), 그리고 구체적인 오류들에 대한 반박(21-26).[33] 아래에서는 칼뱅이 어떻게 성만찬에 대한 합의와 일치를 이끌어내기 위해 노력했는지 구체적으로 살펴보자.

제5항과 제23항은 『취리히합의』의 원본에는 빠져 있었다. 이 두 조항은 칼뱅의 요청과 불링거의 동의로 포함되었다. 제5항에서 칼뱅은 성만찬을 통한 그리스도와 신자들의 교통을 강조하였다. "그리스도는 우리에게 자신을 드러내고(exhibit)[34] 그 효력들을 우리 안에 일으키시며, 그분은 우리와 하나가 되시고 우리는 그분의 몸에 접붙여진다."[35] 제23항 또한 성찬을 그리스도의 살과 피를 교통하는 실제적인 수단으로 이해하려는 칼뱅의 생각을 보여준다.[36] 그리스도는 "성령의 중재에 의한 신앙을 통해"[37] 우리 영혼과 교통하

33) Timothy George, "John Calvin and the Agreement of Zurich (1549)," 48. 취리히대학의 Paul Christ는 『취리히합의』를 두 부분으로 나누고 있는데, "처음 아홉 조항들은 성만찬이 단순히 '공허한 상징'이 아니라는 사실을 밝히고 있으며, 나머지 조항들은 칼뱅의 가르침이 공재설로 기울어져 있다는 비난에 대해 반박하고 있다."고 보았다. John Theodore Mueller는 "『취리히합의』는 두 부분으로 나눌 수 있다고 보았다. 그에 따르면 1-20항에서 칼뱅은 자신의 성만찬 이론이 가톨릭 사람들이나 루터주의자들의 견해와 다르고 츠빙글리의 견해와 본질적으로 일치하고 있다는 것을 밝히고 있고, 21-26항에서는 불링거와 취리히-베른측을 만족시키기 위해 가톨릭과 루터주의의 이론에 대한 자신의 거부입장을 분명하고도 날카롭게 밝히고 있다."고 분석한다. John Theodore Mueller, "Notes on the *Consensus Tigurinus* of 1549," *Concordia Theological Monthly* Vol. 20, No. 12 (December 1949), 898, 900.

34) 이 단어는 성만찬의 능력을 표현하기 위해 칼뱅이 애용하는 단어들 중 하나이다. 『취리히합의』에서 이 단어는 두 차례(제5항과 제8항) 사용되었으며, 1559년 『기독교강요』 4권 17장에서 17차례나 사용되었다. Timothy George, "John Calvin and the Agreement of Zurich (1549)," 49.

35) *Tracts and Treatises*, Vol. II, 213. Beveridge와 Bunting의 번역에 약간의 차이가 있다. Bunting은 이 조항을 "그리스도는 우리에게 이런 방식으로 자신을 드러내고 그 효력들을 우리 안에 일으키시며, 우리는 그분과 하나가 되어야 하며 그의 몸과 하나가 되어야 한다."고 번역하고 있다. Ian D. Bunting, "The Consensus Tigurinus," 51.

36) 제23항에 대하여 칼뱅은 1549년 6월에 불링거에게 이렇게 편지하였다. "지금까지 실체에 대해서는 아무런 언급이 없었다. 왜냐하면 그것은 지금껏 표지라고 불렸기 때문이고, 특별히 살을 먹는 것에 대해서는 문서에 어떠한 언급도 없었기 때문이다." Paul Rorem, *Calvin and Bullinger on the Lord's Supper*, 45.

며 우리 영혼을 먹이신다. 이 조항에서 칼뱅은 성만찬에서의 살과 피의 실제적이고 영적인 성격을 강조하고 있다.

제6항에서 성례들은 성령에 의해 일어나는 영적 교통으로 정의되었다. 이 사실을 "증거하기"(testify) 위해서 설교와 성례들이 제정되었다. 이 조항에 나타난 성령에 대한 강조와 "증거하다"라는 단어가 불링거를 만족시켰을 것임은 분명하다.[38] 또한 성만찬에서 복음 설교를 강조하는 것은 개혁교회의 중요한 특징이기도 하다.[39] 칼뱅과 취리히 목회자들은 "성례는 일종의 보이는 말씀"[40]이라고 생각했다. 제10항에서도 역시 성만찬에서 하나님의 말씀의 약속이 갖는 중요성을 강조하고 있다. 칼뱅과 취리히 목회자들은 이 조항을 이렇게 해설하고 있다. 성례를 행할 때에 "사람이 단지 자신의 눈만 열어두고 귀는 닫는다면, 성례들은 이교의 세속적인 의식들과 아무런 차이도 없게 될 것이다."[41] 여기에서 우리는 성만찬에서 빵과 포도주라는 물질적 요소에 말씀이 더해질 때에만, 말씀이 선언되기 때문이 아니라 믿어지기 때문에, 성례가 된다는 칼뱅의 입장을 확인할 수 있다. 따라서 칼뱅은 성만찬이 있는 날에는 목회자들이 설교 전체를 통해 혹은 적어도 설교의 결론 부분에서 성만찬의 의미와 유익에 대해서 가르쳐야 한다고 주장했다.[42]

제7항은 우리에게 츠빙글리의 성만찬 이론을 상기시킨다. 제7항은 "성례들의 목적은 그리스도인의 고백과 교제의 표지와 상징이 되는 것이며", 가

37) *Tracts and Treatises*, Vol. II, 219.

38) Paul Rorem, *Calvin and Bullinger on the Lord's Supper*, 41.

39) Brian Gerrish는 칼뱅의 성만찬 이론을 세 관점에서 설명하고 있다. "첫째로, 인간의 관점에서 그리스도는 신앙의 행위 안에 임재하신다. 둘째로, 하나님의 관점에서 그리스도는 성령의 활동을 통해 임재하신다. 셋째로, 외적 수단의 관점에서 그리스도는 말씀을 통해 임재하신다. 이 세 가지, 즉 신앙, 성령, 말씀은 나누어질 수 없다." Brian A. Gerrish, "Gospel and Eucharist : John Calvin on the Lord's Supper," 109.

40) *Tracts and Treatises*, Vol. II, 225.

41) *Tracts and Treatises*, Vol. II, 228.

42) John Calvin, "The Form of Church Prayers, Strassburg, 1545 and Geneva, 1542," *Liturgies of the Western Church*, ed. Bard Thompson (Philadelphia : Fortress Press, 1980), 204.

장 주된 목적은 우리에게 베푸시는 하나님의 은혜를 "증거하고, 상징하며, 보증하는" 것이라고 말하고 있다.[43] 로렘이 지적한 것처럼 이러한 용어들은 의심할 여지없이 츠빙글리가 선호한 것들이다. 로렘에 따르면, 제7항은 두 개의 츠빙글리주의자의 논지로 시작된다. 첫째는 성례들이 그리스도인들의 공동체의 표지들이라는 것이며, 둘째는 성례들이 그리스도의 죽음을 우리로 하여금 기억하게 만든다는 것이다.[44] 츠빙글리는 성만찬이 갈보리의 희생에 대한 기억이며 그리스도의 구속에 대한 증거라고 주장했다.

제7항이 츠빙글리의 가르침에 가까운 것이라면, 제8항은 칼뱅의 견해를 반영하고 있다. 제8항은 하나님께서는 "성례가 우리의 눈과 다른 감각에 표상하는 것을 성령을 통하여"[45] 우리 안에 허락하신다고 말하고 있다. 성령은 성만찬에서 하나님과 온전히 교통하도록 하는 끈이 되시기 때문에, 우리는 성령의 활동에 의해 그리스도의 살과 피에 참여하게 되는 것이다. 칼뱅의 성만찬 이론에서 두드러진 특징이 바로 성령에 대한 강조이다.

제9항은 성만찬에서 신앙의 중요성을 보여준다. 제9항은 "우리는 표지로부터 실체를 분리하지 않는다. 하지만 성만찬 때에 주어지는 복음의 약속을 믿는 신앙 안에 거하는 모든 사람들은 영적인 은사들과 함께 그리스도를 영적으로 받게 된다는 것을 인정한다."[46]고 말하고 있다. 제16항에서부터 제20항까지도 성만찬에서의 신앙의 필요성에 대해 특별한 관심을 기울인다. 우리는 신앙을 통해 성만찬의 효력과 유익을 받는 것이다. 신앙이 없다면 표지들은 "헛된 것"이고 "공허한 것"이다.[47] 그러므로 신자들은 표지 그 자체에 관심을 집중해서는 안 되며, 오히려 자신들의 마음과 영혼을 하늘로, 즉 그리스도에게로 들어올려야 한다. 여기에서 성례전 용어인 수르숨 코르다(sursum corda, "마음을 높이 들어올리라")가 적용될 수 있다. 『소논문』에서 칼뱅은

43) *Tracts and Treatises*, Vol. II, 214.

44) Paul Rorem, *Calvin and Bullinger on the Lord's Supper*, 42.

45) *Tracts and Treatises*, Vol. II, 214-215.

46) *Tracts and Treatises*, 215.

47) *Tracts and Treatises*, 215.

"우리는 모든 육욕적인 상상들을 차단해야 하며, 우리 주 예수 그리스도를 끌어내려 썩어질 물질 아래에 가두려고 할 것이 아니라 우리의 마음을 하늘 높이 들어올려야만 한다."고 피력한 바 있다.[48] 이것이 바로 신앙의 행위이다. 우리는 신앙의 분량만큼 성만찬으로부터 하나님의 은사들을 받게 된다. 성령, 수르숨 코르다, 신앙, 이 세 가지가 개혁교회 전통의 성만찬 이론에서 중요한 특징이 된다.

제12항에서 제14항까지는 빵과 포도주의 성격에 관한 칼뱅과 취리히 목회자들의 견해 사이에 절묘한 균형을 이루고 있다. 한편으로 성례들은 하나님께서 은혜의 수단으로 사용하시는 "수단"(helps)이고 "도구"(instruments)[49] 이자 "도움의 방책"(aids)이다.[50] 다른 한편으로 성례들 그 자체는 하나님께서 성령으로 역사하지 않는 한 아무것도 아니다. 오직 그리스도만이 성만찬에서 우리로 자신에게 참여하도록 하실 수 있다. 이 조항들은 성만찬을 둘러싼 칼뱅과 불링거의 일치를 위한 노력을 잘 보여주고 있다.

제16항에서 칼뱅은 다소 논쟁적인 주제를 다루고 있다. 이 조항은 "우리는 하나님께서 성례를 받는 모든 사람에게 구별 없이 자신의 능력을 행사하시는 것이 아니라, 오직 택자들에게만 역사하신다는 것을 신중하게 가르친다."[51] 오로지 믿는 자들만이 자신의 믿음에 따라 성만찬의 유익을 얻을 수 있다. 이런 관점에서 제17항에서도 성례는 그 자체로 아무런 은혜도 베풀지 않는다고 말하고 있다.[52]

제21항에서 제26항까지는 로마 가톨릭과 루터주의자들의 성만찬 이론에 대한 직접적인 거부를 표시한다.[53] 칼뱅과 취리히의 목회자들은 공간적 임

---

48) John Calvin, "Short Treatise on the Lord's Supper," 166.

49) 로렘은 이 단어(*organa*)를 도구(instrument)가 아니라 방편(implement)이라고 번역한다. 그것이 타협을 위한 여지를 제공한다고 주장하고 있다. Rorem, *Calvin and Bullinger on the Lord's Supper*, 43–44.

50) *Tracts and Treatises*, Vol. II, 216.

51) *Tracts and Treatises*, Vol. II, 217.

52) *Tracts and Treatises*, Vol. II, 217.

53) *Tracts and Treatises*, Vol. II, 218–220.

재라는 개념을 거부했으며, 그리스도의 몸은 공간적으로 하늘에 있다고 주장했다. 그들은 가톨릭의 화체설(transubstantiation)뿐만 아니라 루터의 공재설(consubstantiation)[54]도 거부하였다. 그들에 따르면 빵과 포도주가 그리스도의 살과 피로 변하는 것도 아니며, 그리스도가 빵과 포도주 "안에, 함께, 아래에" 있는 것도 아니다. 빵과 포도주는 그저 빵과 포도주일 뿐이고, 그리스도는 하늘에서 하나님 보좌 우편에 계시는 것이다. 그들은 "이것이 내 몸이다, 이것이 내 피다."라는 제정의 말씀을 문자적으로보다는 상징적으로 해석하였다.

『취리히합의』의 분석을 통해 우리는 성만찬에 대한 칼뱅의 견해에서 성령과 신앙의 중요성을 발견하게 된다. 비록 그리스도의 몸이 육체적으로는 하늘에 있다 할지라도, 동시에 영적으로는 성령의 역사하심을 통하여 성만찬에 참으로 임재할 수 있는 것이다. 성령의 비밀스러운 능력은 우리를 그리스도의 살과 피에 동참할 수 있도록 이끄신다. 성만찬 때에 오직 믿는 자들에게만 그리스도가 임재하신다는 칼뱅의 주장에서 볼 수 있는 것처럼, 성만찬의 효력을 결정짓는 것은 바로 신앙이다. 프루엣(Gordon E. Pruett)에 따르면, 성만찬에서 신앙의 역할에 대한 칼뱅의 견해는 다음과 같은 세 가지로 요약될 수 있다. (1) 신앙이 없는 사람은 단지 공허한 표지만을 받을 뿐이다; (2) 신앙으로 받는 것은 그리스도의 살과 피다; (3) 신앙은 또한 성만찬의 열매이기도 하다.[55] 이런 견해는 개혁교회의 일치를 위한 칼뱅의 양보의 결과이기도 했다. 칼뱅은 성례 그 자체는 아무런 효과도 없고, 성례를 성령과 신앙을 통해 받지 않는 한 아무런 은혜도 끼칠 수 없다고 말함으로써 츠빙글리주의자들과의 타협을 위한 여지를 마련했다. 더욱이 칼뱅은 성만찬에서 그리스도가 공간적으로 또 육체적으로 임재하신다는 생각에 반대함으로써 취리히 교회와의 공통적인 토대를 마련하였다. 우리는 『취리히합의』에서 분열의 위기에 놓여 있었던 16세기의 제네바와 취리히 개혁교회들의 일치를 위해 애쓰는 칼

54) 루터는 이 용어를 사용하지 않았다. 이 용어는 속성의 교류(communicatio idiomatum) 이론에 근거한 루터의 편재설 때문에 후대의 역사가들이 붙인 것이다.

55) Gordon E. Pruett, "A Protestant Doctrine of the Eucharistic Presence," *Calvin Theological Journal* Vol. 10, No. 2 (November 1975), 143-144.

뱅을 만나게 된다.

C. 『취리히합의』에 대한 평가와 여파

『취리히합의』는 분열과 격변의 시기에 개혁교회가 이룬 일치운동의 성과로서 탁월한 위치를 점하고 있다.[56] 샤프-헤르조크 전문사전은 『취리히합의』에 대해 "칼뱅과 취리히에서 츠빙글리를 계승했던 불링거의 성만찬에 관한 일치된 견해를 담고 있는 개혁교회의 신조 가운데 하나이며, 성만찬이란 주제에 관한 개혁교회의 이론을 알고자 할 때 참고할 수 있는 최상의 자료들 중 하나이다."[57]라고 기술하고 있다. 바젤의 역사가인 슈테헬린(Ernst Staehelin)은 이 합의를 "츠빙글리주의자들과 칼뱅주의자들의 개혁운동이 하나의 개혁교회로 영구히 결합할 수 있도록 만든 중대한 합의문"[58]이라고 평가하였다. 『취리히합의』는 칼뱅의 후반기 교회일치 운동 가운데 가장 중요한 공헌이었다. 『취리히합의』를 통하여 칼뱅은 스위스 개혁교회가 칼뱅주의와 츠빙글리주의라는 두 집단으로 분열되는 것을 막을 수 있었다.[59]

필립 샤프(Philip Schaff)에 의하면, "칼뱅은 루터와 츠빙글리의 중간에 서 있었고, 그의 신앙을 통한 그리스도의 영적이며 실재적인 임재 이론으로 양측의 올바른 요소들을 연합시키고자 노력하였다."[60] 이 합의를 도출하는 과정에서 주도권을 가지고 임한 사람은 칼뱅이었으며, 합의문서의 출판을 재촉한 사람도 칼뱅이었다. 로렘의 말처럼 칼뱅이 최종적으로 "자신의 입장에서 중요한 부분을 빼는 데 동의했기"[61] 때문에 칼뱅과 불링거는 합의에 도달할

---

56) John Theodore Mueller, "John Calvin and the Agreement of Zurich (1549)," 907.

57) Paul Christ, "Zurich Consensus," *New Schaff-Herzog Encyclopedia of Religious Knowledge*, Vol. 12 (New York : Funk and Wagnalls Company, 1912), 536.

58) Timothy George, "John Calvin and the Agreement of Zurich (1549)," 42.

59) John Theodore Mueller, "John Calvin and the Agreement of Zurich (1549)," 909.

60) Philip Schaff, *The Creeds of Christendom*, Vol. III (New York : Harper & Brothers, 1877), 232에서 재인용.

61) Paul Rorem, *Calvin and Bullinger on the Lord's Supper*, 54.

수 있었다. 이런 이유 때문에 프랑수아 방델(François Wendel)은 "『취리히합의』는 여러 면에서 수차례 계속된 양보의 대가로 이루어진 것이기 때문에, 진정한 칼뱅주의 이론을 객관적으로 연구하는 기초로 이 문서를 택하는 것은 안전하지 못하다."[62]고 경고하기까지 하였다. 방델의 이런 언급은 칼뱅이 개혁교회의 일치를 위해 자신의 견해를 많이 양보했다는 사실을 보여주는 것이다.

샤프는 또한 『취리히합의』가 가져다준 부작용에 대해서도 언급하고 있다. 『취리히합의』는 스위스 개혁교회에게 평화와 조화를 가져다주었지만, 동시에 그것은 개혁교회와 루터를 따르는 신학자들 사이에서 제2의 성만찬 논쟁을 야기하였다.[63] 요아킴 베스트팔(Joachim Westphal)이나 틸레만 헤슈시오스(Tileman Heshusius) 같은 엄격한 루터주의자들은 칼뱅에 대해 신랄한 공격을 가했으며, 그를 이단이라고 정죄하기까지 하였다. 칼뱅은 1555년, 1556년, 1557년, 1561년 계속하여 그들에게 응답하였다. 『마지막 권고』에서도 칼뱅은 교회일치의 소망을 포기하지 않았다. "나는 나의 주님께 탄원할 것입니다. 그분은 온 세계에 흩어져 있는 모든 사람들을 모으는 분이시기 때문에, 비록 우리의 적대자들이 우리에게 아무런 희망도 주고 있지 않지만, 주님께서는 이런 불행한 분쟁의 치료책을 찾아 주실 것입니다."[64] 에밀 두메르그(Emile Doumergue)의 다소 과장된 표현에 따르면, 칼뱅은 일치의 영이었고, 베스트팔은 분열의 영이었다.[65]

---

62) François Wendel, *Calvin : Origins and Development of His Religious Thought*, trans. Philip Mairet (Durham : The Labyrinth Press, 1963), 330.

63) Philip Schaff, *The Creeds of Christendom*, Vol. I, 471-473.

64) John Calvin, "Last Admonition to Joachim Westphal," *Tracts and Treatises*, Vol. 2, 494. 칼뱅은 한때 "루터가 아직 살아있기만 했더라면 좋았을 것을. 그가 맹렬하긴 했어도 그의 추종자들만큼은 결코 아니었을 것이다. 루터의 추종자들은 제자들이라고 불리기보다는 모방자들이요 흉내 내는 원숭이들이라는 것이 옳을 것이다."고 한탄한 적이 있었다. 그러나 불링거는 칼뱅과 의견을 달리하여, "친애하는 칼뱅이여 루터가 아직 살아 있다고 해도 그는 결코 우리에게 손을 내밀지 않았을 것이다. 살아 있는 동안 루터는 결국 츠빙글리와 오이콜람파디우스에게 손을 내밀기를 거절했었다."고 말했다. John T. McNeill, *Unitive Protestantism*, 85-87.

몇몇 학자들은 『취리히합의』가 칼뱅이 예상했던 것보다 더 츠빙글리주의적인 경향으로 기울었다고 보고 있다. 엄격한 루터주의자들의 대변자인 프리드리히 벤터(Friedrich Bente)는 칼뱅의 성만찬론에 "칼뱅의 츠빙글리주의"라는 딱지를 붙였다. 벤터는 다음과 같이 쓰고 있다.

> 성만찬에 관한 칼뱅과 그의 추종자들의 교리는 종종 실질적으로 변형된 츠빙글리주의라고 특징지을 수 있다. … 칼뱅의 교리는 루터가 가르친 실제적 임재를 전적으로 부인하고 있다.… 사실상 칼뱅의 교리는 츠빙글리의 유치한 가르침에 광을 낸 것에 지나지 않는다.[66)]

이것은 『취리히합의』가 한편으로는 개혁교회들 사이에서 무너지기 쉬운 허약한 일치를 이루었고, 다른 한편으로는 개혁교회와 루터주의 교회 사이에 돌이킬 수 없는 분열을 초래했음을 뜻한다. 티모디 조지가 지적하듯이, 『취리히합의』는 일치인 것만큼 분열이기도 하였다.[67)] 결국 칼뱅과 루터주의자들은 서로에 대하여 적대감을 표출하였다. 칼뱅은 1559년의 『기독교강요』 최종판에서 루터주의자들에 대해 이렇게 말하고 있다. "확실히 어떤 자들[루터주의자들]은 자신들의 오류를 털끝만큼도 포기하지 않고 오히려 자신들의 수치에 대한 무지를 드러낸다. 나는 지금 교황주의자들을 말하는 것이 아니다. 교황주의자들의 가르침이 오히려 더 참을 만하거나 적어도 더 온건하다."[68)] 루터주의자들의 주요한 신앙고백서 중 하나인 『협화신조』(*The Formula of Concord*, 1577)에서, 그들은 칼뱅주의자들을 "음흉한 성례주의자들, 가장 유해한 족속들"[69)]이라고 불렀다. 이처럼 개혁교회 신학자들과 루터주의자들은 마치 루

---

65) John T. McNeill, *Unitive Protestantism*, 200.

66) Friedrich Bente, *Triglot Concordia* (St. Louis : Concordia Publishing House, 1920), 174.

67) Timothy George, "John Calvin and the Agreement of Zurich (1549)," 55.

68) *Institutes,* IV, 17, 30. Emile Doumergue는 "칼뱅은 츠빙글리보다 루터를 높이 평가했지만, 루터주의자들보다는 츠빙글리주의자들을 훨씬 더 높이 평가하였다. 츠빙글리주의자들은 자기 스승을 완화시켰고, 루터주의자들은 자기 스승을 과장하였다."고 평한 바 있다. John T. McNeill, *Unitive Protestantism*, 187 note 27.

터와 츠빙글리가 마르부르크 회담에서 서로를 외면하고 돌아섰던 것처럼 분리되고 말았다. 이런 점에서 『취리히합의』는 절반의 성공이었으며, 만족스럽지 못한 결과를 초래했다. 그럼에도 불구하고 우리는 『취리히합의』의 중요성과 개혁교회의 일치에 기여한 칼뱅의 교회일치 노력을 과소평가해서는 안 된다.

IV. 맺는 말

본고에서 필자는 칼뱅의 교회일치에 대한 열정과 활동을 고찰하였다. 그의 열정은 하나님의 거룩한, 보편적 교회에 대한 사랑에서 나온 것이었다. 무엇보다도 칼뱅은 이 땅 위에 존재하는 모든 가시적 교회들의 하나 됨을 믿었다. 따라서 누구라도 교회가 말씀과 성례의 참된 표지를 지니고 있는 한, 그리스도의 몸인 교회를 떠나서는 안 된다고 생각하였다.[70] 칼뱅에게 말씀과 성례는 참된 교회의 두 기둥이었다.[71] 그는 관습, 의식, 조직과 같은 비본질적인 문제들 때문에 교회의 일치가 깨어져서는 안 된다고 생각했다.[72] 이러한 원칙들 내에서 칼뱅은 하나님의 교회의 하나 됨과 거룩함을 지키기 위해 노력하였다. 현대 에큐메니칼 운동의 용어를 빌어 표현하자면 칼뱅은 "다양성 속의 일치, 일치 속의 다양성"을 추구하였던 것이다.

---

69) Justo A. González, *A History of Christian Thought*, Vol. III (Nashville : Abingdon Press, 1975), 116.

70) *Institutes,* IV, 1, 10.

71) Rodolphe Peter, "Calvin and Liturgy, according to the *Institutes,*" *John Calvin's Institutes : His Opus Magnum* (Potchefstroom : Potchefstroom University for Christian Higher Education, 1986), 249.

72) *Institutes,* IV, 1, 12, 그리고 IV, 10, 31. 칼뱅은 기독교 신앙에서 본질적인 것과 비본질적인 것을 구분하였다. 『기독교강요』에서 그는 기독교 신앙에서 본질적인 것들로 다음과 같은 것을 들었다. 하나님은 한 분이시다; 그리스도는 하나님이며 하나님의 아들이시다; 우리의 구원은 하나님의 자비에 달려 있다.

칼뱅의 교회일치 정신은 그의 『소논문』과 『취리히합의』에 잘 나타나 있다. 『소논문』에서, "칼뱅은 한편으로는 성례전적 표지와 실체를 분리시키려는 츠빙글리주의자들에 반대하여 성만찬이 그리스도의 살과 피와 온전한 교통을 이루는 수단이 된다고 확신하였으며, 다른 한편으로는 표지와 실체, 즉 그리스도의 몸을 결합시켜 동일시하는 루터주의자들에 반대하여 성례에서의 육체적 임재를 반대함으로써, 칼케돈의 중용의 길을 택하였다."[73] 『소논문』을 통해 칼뱅은 루터주의자들과 츠빙글리주의자들의 간격에 다리를 놓고자 한 것이다. 『취리히합의』에서, 칼뱅은 개혁교회들 사이에서 성만찬에 관한 합의를 이끌어내고자 노력하였다. 비록 『취리히합의』가 개혁교회와 루터주의 교회 사이에 심각한 분열을 초래한데다가 개혁교회 안에서도 결코 공식적인 신앙고백으로 채택되지 못했지만, 그것은 개혁교회의 교회일치 역사에서 중요한 분수령이 되었다.[74] 실제로 교회일치를 염원하는 칼뱅의 열정은 그의 시대에는 특별한 것이었다.

결론적으로 말하자면, 칼뱅은 교회일치의 신학자였고, 교회의 하나 됨을 위해 최선을 다하였다.[75] 칼뱅은 하나님의 자녀들이 분열하고 있는 데 큰 슬픔을 느꼈으며, 교회 안에서 일치를 이루어야 할 필요성에 대해 강력하게 권고하였다. 시편 133편 주석에서 칼뱅은 "우리가 하나님 아버지 안에, 그리고 그리스도 안에 있는 만큼, 우리 가운데 상호화합과 형제애적인 사랑으로 일치가 확증되어야만 한다."[76]고 주장하고 있다. 『기독교강요』 최종판의 서문에서도 칼뱅은 "내가 교회에서 교사의 직책을 맡은 이후, 나는 교회의 유익을 구하는 것 이외에 다른 목적을 가진 적이 없다."[77]고 진심으로 공언하였다. 게다가 칼뱅은 사돌레토에게 보내는 편지에서 "나는 항상 말과 행

73) Paul Rorem, *Calvin and Bullinger on the Lord's Supper*, 11.

74) John Theodore Mueller, "John Calvin and the Agreement of Zurich (1549)," 907.

75) Otto Weber, "Calvins Lehre von der Kirche," *Die Treue Gottes in der Geschichte der Kirche* (Neukirchener Verlag des Erziehungsvereins, 1968), 54.

76) John Calvin, *Commentary on the Book of Psalms,* Vol. V, trans. James Anderson (Grand Rapids : Wm. B. Eerdmans Publishing Company, 1949), 164.

77) *Institutes,* I, preface, 4.

동으로 내가 얼마나 일치를 열망하는지를 밝혀왔습니다."[78]라고 고백하기도 하였다. 참으로 칼뱅은 교회의 교사였으며, 교회일치를 추구한 종교개혁자였다.

78) *Ioannis Calvini Opera quae supersunt omnia,* Vol. X, eds. G. Baum, E. Cunitz, and E. Reuss (Brunswick and Berlin, 1863–1900), 409. William J. Bouwsma, *John Calvin : A Sixteenth-Century Portrait* (New York : Oxford University Press, 1988), 215에서 재인용.

제5장 칼뱅과 베스트팔 : 16세기 성만찬에 관한 일 논쟁

I. 시작하는 말

16세기 종교개혁의 역사에서 가장 '뜨거운 감자'는 성만찬 교리였다. 사실 성만찬은 신자들에게 그리스도와의 신비적 연합을 경험하게 해주는 사건인 동시에 그리스도 안에서 신자들 간의 형제애를 확인하게 해주는 사건이다. 그럼에도 불구하고 종교개혁의 기치를 내세웠던 프로테스탄트 교회들 사이에서 성만찬이 "불화의 사과"[1]가 되었다는 것은 안타까운 일이다.

로마 가톨릭에 맞서서 프로테스탄트 진영의 공동전선을 형성하고자 했던 헤센의 필리프(Philipp of Hessen)는 루터(Martin Luther)와 츠빙글리(Huldrych Zwingli) 사이에 마르부르크 회담(Marburg Colloquy, 1529)을 주선하였다. 그러나 회담은 실패로 끝났고, 그 후 프로테스탄트 내부의 분열이 가속화되었다. 그 분열의 핵심에 바로 성만찬 교리가 있었다. 루터파와 츠빙글리파 모두를 포함하는 프로테스탄트의 일치를 추구했던 칼뱅(Jean Calvin)은 성만찬 교리와 관련하여 두 사람 사이의 중재를 떠맡았다. 이런 칼뱅의 노력은 그의 『성만찬에 관한 소논문』(*Short Treatise on the Lord's Supper*, 1541)과 『취리히합의』(*Consensus Tigurinus*, 1549)에 잘 나타나 있다.[2] 그 중에

1) John T. McNeill, *Unitive Protestantism : The Ecumenical Spirit and Its Persistent Expression* (Richmond : John Knox Press, 1964), 246. 트로이 전쟁의 원인이 된 황금의 사과에 빗대어 분쟁의 씨를 가리킬 때 사용되는 관용구이다.

서도 후자는 교회일치를 위한 칼뱅의 활동이 이루어 낸 가장 중요한 성과들 중 하나인데, 이를 통해서 그는 제네바와 취리히 교회들의 일치를 이루고자 하였다.

칼뱅은 먼저 제네바와 취리히의 일치를 이루고 그 다음에 루터파와도 연합을 이루어 프로테스탄트 교회의 광범위한 일치를 구현하고자 하였다. 칼뱅은 『취리히합의』가 루터주의자들과의 일치를 위한 토대가 될 것이라고 기대하면서, 루터주의자들 사이에서 큰 영향력을 행사하고 있는 멜란히톤(Philipp Melanchthon)이 『취리히합의』를 지지해 줄 것이라고 생각하였다. 칼뱅과 멜란히톤이 비록 자유의지나 예정론과 같은 신학적 주제들에 대해 서로 다른 견해를 가지고 있기는 했지만, 두 사람은 영적으로, 정서적으로 깊이 교감하고 있었다.[3] 칼뱅은 신앙의 근본적인 조항들과 관련된 문제가 아니라면, 비본질적인 문제들의 차이들이 있다 하더라도 복음적 교회의 일치를 위해 하나님 말씀의 진리 위에서 다른 사람들과 친밀한 관계를 유지하고자 하였다.

그러나 칼뱅은 점차로 루터파 사이에서 요아킴 베스트팔(Joachim Westphal, 1510-1574)이나 틸레만 헤슈시오스(Tileman Heshusius, 1527-1588)와 같은 반(反)멜란히톤주의자들이 영향력을 행사하고 있음을 깨달았다. 그리고 자신과 그들 사이에는 넘어설 수 없는 벽이 있다는 것도 알게 되었다. 결국 칼뱅은 엄격한 루터주의자들의 공격에 대응하여 성만찬에 관한 일련의 논쟁적인 문서들을 썼다. 거기에는 『변호』(*Defense of the Sound and Orthodox*

2) 이를 위해서는 본서의 4장을 참고하라.

3) 칼뱅과 멜란히톤의 관계를 알기 위해서는 다음과 같은 글들이 유익하다. Philip Schaff, "Calvin and Melanchthon," *History of the Christian Church*, Vol. VIII (Grand Rapids : Wm. B. Eerdmans Publishing, 1910), 385-393; James T. Hickman, "The Friendship of Melanchthon and Calvin," *Westminster Theological Journal* 38 (Winter 1976) : 152-165; Timothy Wengert, "'We Will Feast Together in Heaven Forever' : The Epistolary Friendship of John Calvin and Philip Melanchthon," *Melanchthon in Europe : His Work and Influence beyond Wittenberg*, ed. Karin Maag (Grand Rapids : Baker Books, 1999), 19-44.

Doctrine on the Sacraments, their Nature, Power, Purpose, Use and Fruitfulness, 1555), 『두 번째 변호』(*Second Defense of the Pious and Orthodox Faith concerning the Sacraments in Answer to the Calumnies of Joachim Westphal*, 1556), 『마지막 권고』(*The Last Admonition of John Calvin to Joachim Westphal who if He Heeds it not must henceforth be Treated in the Way which Paul Prescribed for Obstinate Heretics*, 1557), 그리고 『명백한 설명』(*The Clear Explanation of Sound Doctrine concerning the True Partaking of the Flesh and Blood of Christ in the Holy Supper to Dissipate the Mists of Tileman Heshusius*, 1561) 등이 포함된다.

본고에서는 종교개혁 시기에 칼뱅과 베스트팔을 중심으로 한 엄격파 루터주의자들 사이에서 벌여졌던 성만찬 논쟁이 어떻게 진행되었으며, 그 핵심 쟁점은 무엇이었는지, 그리고 화해를 이루기가 왜 그렇게 어려웠는지를 밝히고자 한다. 이를 통해서 16세기의 가장 치열한 논쟁의 모습을 제대로 파악하게 될 뿐만 아니라, 오늘날 우리가 성만찬을 어떻게 받아들여야 할 것인가 하는 문제에 대한 통찰을 얻을 수 있을 것이다.

II. 논쟁의 과정

1551년 『취리히합의』가 공표되자마자, 칼뱅은 엄격한 루터주의자들로부터 비난을 받았다. 함부르크의 루터파 목사인 베스트팔[4]은 『취리히합의』는

4) 1510년 함부르크에서 태어나 비텐베르크에서 루터와 멜란히톤 문하에서 공부했다. 멜란히톤의 추천으로 1532년 고향에서 교사로 임명되기도 했다. 그 후 비텐베르크로 갔다가 1541년 다시 성 카타리나 교회의 목사로 초청을 받아 고향으로 돌아왔다. 1571년 함부르크의 감독자로 임명되어 1574년 1월 16일 죽을 때까지 그 직무를 수행하였다. 1546년 루터가 죽은 후에 베스트팔은 멜란히톤이 교리적 변형을 꾀하는 데 대항하여 루터의 진정한 가르침을 충실히 따라야 한다고 주장했던 "엄격파 루터주의자들"에 가입하였다. 멜란히톤의 추종자들은 "필립주의자"로 불렸다. Joseph N. Tylenda, "The Calvin–Westphal Exchange : The Genesis of Calvin's Treatises against Westphal," *Calvin Theological Journal* 9 (1974), 183.

스위스의 교회들이 츠빙글리의 "성례주의"를 재확인한 것에 불과하다고 간주하면서, 특히 성찬에서 그리스도가 육체적으로 임재한다는 루터의 해석을 거부하는 데 대해 반감을 표시하였다. 『취리히합의』의 24번째 조항은 이렇게 말한다.

> 이런 방식으로 화체설이라는 교황주의자들의 허구뿐만 아니라, 그리스도의 천상의 영광을 손상시키거나 그의 인성의 실체에 얼마간 모순되는 전적으로 지어낸 이론들과 무익한 강변들이 논박되는 것이다. 왜냐하면 우리는 빵 아래에 그리스도를 두거나 빵과 그리스도를 결합시키는 것은 빵이 그리스도의 몸으로 변화된다고 하는 것만큼이나 터무니없는 것이라고 생각하기 때문이다.[5)]

이 조항은 칼뱅과 베스트팔 사이에 길고도 복잡한 문서전쟁을 일으켰다. 칼뱅-베스트팔 논쟁은 1552년부터 1558년까지 6년 이상 계속되었다.[6)]

베스트팔이 먼저 1552년 『혼합사료』(*Farrago of Confused and Divergent Opinions on the Lord's Supper Taken from the Books of the Sacramentarians*)라는 책으로 논쟁을 점화시켰다. 이 책에서 베스트팔은 츠빙글리, 오이콜람파디우스(Oecolampadius), 부처(Martin Bucer), 불링거(Heinrich Bullinger), 아 라스코(Johannes à Lasco), 칼뱅과 같은 사람들에게 "성례주의자들"이라는 딱지를 붙였다. 그는 그 중에서도 칼뱅에 대해 가장 길게 논하면서 그의 『성만찬에 관한 소논문』[7)]과 『취리히합의』[8)] 등을 인용하고 있다. 베스트팔은 소위 "성례주

---

5) John Calvin, *Tracts and Treatises on the Doctrine and Worship of the Church*, Vol. II, trans. Henry Beveridge (Grand Rapids : Wm. B. Eerdmans Publishing Company, 1958), 219.

6) 자세한 설명을 위해서는 Joseph N. Tylenda, "The Calvin-Westphal Exchange," 182-209; 같은 저자, "Calvin and Westphal : Two Eucharistic Theologies in Conflict," *Calvin's Books*, ed. Wilhelm H. Neuser (1997), 9-21을 참고하라.

7) John Calvin, "Short Treatise on the Lord's Supper," *Calvin : Theological Treatises*, trans. J. K. S. Reid (London : SCM Press, 1954), 142-166. 『소논문』은 1540년 스트라스부르에서 씌어졌고, 1541년 제네바에서 출판되었다. 이 『소논문』에서 칼뱅은 성만찬

의자들" 사이에서도 "이것이 내 몸이다"라는 제정의 말씀에 대한 서로 다른 해석으로 혼돈이 일어나고 있음을 도표로 제시하였다.

> 어떤 자들은 빵이 몸을 의미한다고 하고, 어떤 자들은 빵이 몸의 표시나 모형이라고 하고, 어떤 자들은 표지라고 하고, 어떤 자들은 상징이라고 하고, 어떤 자들은 기념이라고 하고, 어떤 자들은 표현이라고 하고, 어떤 자들은 증거 혹은 우리가 그리스도와 나누는 교제의 보증이라고 하고, 어떤 자들은 우리에게 주어진 몸을 기억하는 것이라 하고, 어떤 자들은 그리스도의 영적인 은혜를 우리에게 증거해 주는 확증이라고 하고, 또 어떤 이들은 우리가 그리스도의 몸과 나누는 교제라고 한다.[9]

베스트팔의 도표는 28가지의 서로 다른 해석들을 인용하였다. 『혼합사료』가 출판된 직후에 베스트팔은 그 후속편으로 『참된 믿음』(*The True Belief in regard to the Lord's Supper Demonstrated and Taught in the Words of Paul the Apostle and the Evangelists*, 1553)을 출간하였다.

칼뱅은 처음에는 베스트팔에게 대응하지 않으려 했다. 하지만 그의 공격이 여러 곳에서 루터파와 개혁파의 관계에 해를 끼치는 것을 보고서 마침내 그에게 응대하기로 결정하였다. 1554년 8월 7일 불링거에게 보낸 편지에서 칼뱅은 "나는 결국 무엇인가를 하기로 결심했습니다. 나에게 조금이라도 여유가 생기면 이 일에 착수하여 금방 끝낼 것입니다."[10]라고 썼다. 불링거는

과 관련된 많은 주제들, 즉 제정의 말씀, 성만찬의 유익들, 올바른 사용, 오류들, 논쟁들에 대해 다루고 있다. 테오도르 베즈는 이것을 "프랑스 동족들을 위해 칼뱅이 쓴 성만찬에 관한 작지만 황금 같은 논문"이라고 평하고 있다. *Tracts and Treatises*, Vol. II, 163.

8) *Tracts and Treatises*, Vol. II, 194–244. 베즈는 "이 문서는 칼뱅과 불링거를 결합시켰고, 제네바와 취리히 교회들을 단단하게 묶어 주었다."고 평한다. *Tracts and Treatises*, Vol. II, 199.

9) *Tracts and Treatises*, Vol. II, 208.

10) Joseph N. Tylenda, "The Calvin–Westphal Exchange," 190; "Calvin and Westphal," 12.

1554년 9월 9일의 답장에서 한껏 고무되어서, "나에게는 지금껏 아무런 기쁨도 없었습니다. 그러나 지금은 당신의 경건함이 무엇인가를 시도하고 있다는 것을 알고서 기운이 넘칩니다. 나의 형제여 계속하십시오. 하나님께서 성령을 허락하시어, 당신의 일이 하나님께 영광이 되고 많은 사람들에게 구원을 가져다주기를 기원합니다."[11]라고 대답하였다.

1554년 10월 6일 칼뱅은 자신이 작성한 초안을 취리히로 보내어 의견을 구했다. 그는 그렇게 함으로써 자신의 글이 베스트팔의 글에 대한 스위스 교회들의 공통된 응답이 되게 하려 한 것이다. 『혼합사료』가 자신뿐만 아니라 취리히 교회에 대한 공격이었기 때문에, 칼뱅은 베스트팔에 대한 통일된 공동전선을 원하였다. 취리히의 목회자들은 칼뱅이 베스트팔에게는 너무 가혹하고 루터에게는 너무 관대하다는 의견을 개진하였다. 이에 따라 칼뱅은 내용을 약간 수정하여 다시 제시하였다. 이런 과정을 통해 마침내 『변호』가 1555년 1월에 제네바와 취리히에서 동시에 출간되었다. 이 책은 칼뱅의 "스위스 목회자들에게 보내는 편지", 『취리히합의』 본문, "합의 항목들에 대한 해설"의 세 부분으로 이루어졌다. 칼뱅의 주된 관심은 베스트팔의 『혼합사료』와 『참된 믿음』의 공격으로부터 『취리히합의』를 옹호하는 것이었다.

칼뱅이 『변호』로써 논쟁의 장에 뛰어들자, 베스트팔은 기다렸다는 듯이 『정당한 변호』(*A Just Defense against the False Accusations of a Certain Sacramentarian*, 1555)라는 또 다른 논쟁적인 글을 출판하였다. 제목이 암시하듯이 베스트팔은 칼뱅을 여전히 "성례주의자"로 간주했다. 그는 칼뱅이 루터의 입장을 오해하고 있으며, 『취리히합의』와 『아우크스부르크 신앙고백』은 서로 조화되지 않는다고 주장하였다. 베스트팔은 자신이 프로테스탄트 교회의 평화를 교란시키고 있다는 칼뱅의 비난에 대해 이를 부인하면서, 사실 루터파와 성례주의자들 사이에 평화가 존재했던 적이 없었다고 말하기까지 하였다.[12] 칼뱅은 10월 초에 베스트팔의 이 책자를 아 라스코에게서 전해 받고, 파렐(Guillaume Farel)에게 이렇게 편지하였다. "베스트팔이 나를 대적하여 야만스러운 책자

11) Joseph N. Tylenda, "The Calvin–Westphal Exchange," 190; "Calvin and Westphal," 12.
12) Joseph N. Tylenda, "The Calvin–Westphal Exchange," 198; "Calvin and Westphal," 14.

를 출간했습니다. 내가 그 책에 답하는 것이 좋을지 잘 모르겠습니다."[13)]

칼뱅의 『두 번째 변호』가 1556년 1월에 나왔다. 이 글은 그의 첫 번째 작품에 비해 분량 면에서는 4-5배 많았으며, 내용 면에서는 더 신학적이고 논쟁적이었다. 여기서 칼뱅은 베스트팔을 중상모략자로 규정지었다. 불링거의 조언에 따라 칼뱅은 자신의 이 두 번째 작품을 베스트팔이 논쟁을 개시했던 작센과 남부 독일의 목회자들에게 헌정하였다. 이 헌정은 다분히 정치적인 것으로, 칼뱅은 이를 통해 온건한 루터주의자들을 자기편으로 끌어들일 수 있기를 희망했다. 칼뱅은 전쟁이 베스트팔의 오만한 공격으로 촉발되었음을 분명히 했으며, 그리스도 안에서의 일치에 호소하면서 루터란 목회자들에게 분열의 경향들에 맞서 싸울 것을 당부하였다.

그러나 칼뱅의 두 번째 논문으로 인해 문서전쟁은 더욱 확대되었다. 불링거가 해명서를 출간했고, 루터파 목회자들(Matthäus Judex, Erhard Schnepff, Paul von Eitzen)은 스위스 교회들에 대한 공격을 개시했다. 1556년 9월에 베스트팔은 『편지』(*A Letter which briefly Answers the Accusations of John Calvin*)를 썼고, 이 글은 작센의 목회자들의 『신앙고백』(*Confession of Faith on the Sacrament of the Eucharist, in which the Ministers of the Church of Saxony defend the Presence of the Body and Blood of the Lord Jesus Christ in the Supper by Solid Arguments from Sacred Scripture in Answer to the Book Dedicated to Them by John Calvin*, 1557)과 함께 출판되었다. 칼뱅은 베스트팔 측의 힘을 지나치게 과소평가하면서, 독일 목회자들 내에서의 멜란히톤의 영향력은 과대평가하였다. 불링거는 작센 목회자들의 『신앙고백』을 읽고 나서 1557년 5월 16일에 칼뱅에게 편지하여 이렇게 썼다. "당신은 육체적 임재라는 아둔한 견해를 추종하는 사람들이 소수라고 생각했습니다. … 군대가 줄지어 공격하며, 모두가 무장을 하고서 우리에게 대적하여 일어납니다. 모두가 베스트팔의 주장을 옹호합니다."[14)] 칼뱅은 베스트팔 측이 소수라고 생각했었지만, 이제는 자신이 작센의 수많은 루터파

13) John Calvin, *Letters of John Calvin*, Vol. III, ed. Jules Bonnet (New York : Burt Franklin, 1972), 235.

14) Joseph N. Tylenda, "The Calvin-Westphal Exchange," 205; "Calvin and Westphal," 16.

목회자들과 대항하고 있다는 것을 깨닫지 않을 수 없었다.

칼뱅은 『마지막 권고』라는 제목으로 출간한 자신의 세 번째 글이 자신의 최종 답변이 되길 원했다. 이 세 번째 논문은 칼뱅의 두 번째 논문에 비해 거의 두 배나 긴 글이었다. 『마지막 권고』는 베스트팔과의 논쟁에서 칼뱅이 쓴 마지막 논문이었지만, 베스트팔에게는 이것이 끝이 아니었다. 1558년 베스트팔은 『대답』(*Answer to Some of the Outrageous Lies of John Calvin*)과 『해명』(*Apology concerning the Defense of the Lord's Supper against the Errors and Calumnies of John Calvin*)을 출판하여 또 다시 칼뱅을 반박하였다. 칼뱅은 별도의 책으로 이에 대응하지는 않았지만, 1559년 『기독교강요』 최종판의 4권 17장에서 다시 한 번 루터주의자들에 대한 적대감을 표출하였다. "확실히 어떤 자들(루터주의자들)은 자신들의 오류를 털끝만큼도 포기하지 않고 오히려 자신들의 수치에 대해 무지를 드러낸다. 나는 지금 교황주의자들을 말하는 것이 아니다. 교황주의자들의 가르침이 오히려 더 참을 만하거나 적어도 더 온건하다."[15)]

1561년에 칼뱅은 성만찬에 관한 또 하나의 논문을 저술하였는데, 그것은 1559년 이래 하이델베르크에서 그 문제를 둘러싸고 격렬한 논쟁이 계속되었기 때문이다. 하이델베르크대학에서 가르쳤던 엄격한 루터주의자 틸레만 헤슈시오스가 팔츠의 선제후 앞에서 성만찬에 대한 설명을 요청받았을 때, 그는 칼뱅이나 불링거와 함께 성만찬을 거행할 수는 없다고 주장하였다. 헤슈시오스는 1560년에 『육체의 임재』(*The Presence of the Body of Christ in the Lord's Supper against the Sacramentarians*)라는 논문을 출간하였다. 칼뱅은 1561년에 『명백한 설명』이라는 논문으로 대응하였다. 이 책에서 칼뱅은 우리가 성만찬을 거행할 때 그리스도의 몸과 피에 참여하는 방식을 자세하게 논하였고, 성만찬에 있어서 일치의 소망을 결코 포기하지 않았다. 이 책에서 칼뱅은 루터파 형제들에게 "트집 잡는 일일랑은 제쳐두고, 우리가 마땅히 해야 할 바 일치를 추구합시다."[16)]라고 호소하였다. 그러나 이 모든 노력들의 결과는 고무적이지 못

15) John Calvin, *Institutes of the Christian Religion* (1559), ed. John T. McNeill, trans. Ford L. Battles (Philadelphia : The Westminster Press, 1960), IV권, 17장, 30절.

했다. 루터주의자들은 『협화신조』(*The Formula of Concord*, 1577)에서 칼뱅주의자들을 "음흉한 성례주의자들, 가장 유해한 족속들"[17]이라고 불렀다. 결국 칼뱅주의자들과 루터주의자들은 마르부르크에서의 츠빙글리와 루터처럼 서로에게 등을 돌리고 말았다.

III. 논쟁의 주제들

그렇다면 칼뱅과 베스트팔을 위시한 엄격한 루터주의자들 사이의 논쟁의 주제들은 무엇이었는가? 첫 번째 논쟁점은 성만찬에서 그리스도가 임재하는 방식에 대한 것이었다. 베스트팔은 일련의 논문들을 통해 칼뱅과 취리히 사람들을 성례주의자들, 즉 "그저 공허한 표지들을 제외하고는 성만찬의 성례에 아무것도 남기지 않은"[18] 자들이라고 비난하였다. 그러나 칼뱅의 입장에서 자신은 결코 성례주의자가 아니었다. 왜냐하면 자신은 언제나 성만찬에서 그리스도가 참으로 믿는 자들과 교통하신다고 가르쳤기 때문이다. 만일 성만찬에서 그리스도의 몸과 피의 참된 교제가 있다면, 표지는 공허한 표지가 아니라 그리스도의 임재의 표지이다. 베스트팔과 마찬가지로 칼뱅도 성만찬에서 그리스도의 임재에 대해 강조하였다. 단지 달랐던 점은 임재의 방식에 대한 것이었다. 칼뱅은 베스트팔의 어리석은 비방이 자신의 성만찬 교리에 대한 무지와 오해에서 비롯되었다고 주장하였다. 칼뱅의 입장에서 볼 때 베스트팔의 어리석은 비난은 교회의 평화와 일치를 교란시키는 악마적인 행동이었다.

> 나로서는 같은 식으로 그에게 앙갚음하기 위해서가 아니라, 그가 즐겨 우리를 공격했던 바로 그 어리석은 중상비방을 격퇴하기 위해서 다음

16) *Tracts and Treatises*, Vol. II, 576.

17) Justo A. González, *A History of Christian Thought*, Vol. III (Nashville : Abingdon Press, 1975), 116.

> 의 세 문장으로 응수할 것이다. 첫째로, 악마의 특징은 중상비방자라는 것이며, 이것이 그의 이름이다. 둘째로, 악마의 특징은 분명한 것을 모호하게 하고, 평화를 교란시켜 소란과 불화를 일으키는 것이다. 셋째로, 악마의 특징은 믿음의 통일성을 깨고 부수는 것이다. 이 세 가지가 모두 이 자[베스트팔]와 일치하기 때문에 나는 그를 악마의 아들이라고 선언할 필요조차 없다. 왜냐하면 상황이 그가 어떤 자인지 보여주기 때문이다.[19]

그러나 베스트팔에게는 성만찬에서 "육체적" 임재가 없다면 표지들은 단지 공허한 표지들에 불과하였다. 칼뱅과 베스트팔의 차이는 그리스도의 임재에 대한 것이 아니라, 그리스도의 임재 방식에 대한 것이었다. "유일한 논쟁은 먹는 방식에 관한 것이다."[20] 베스트팔은 이것이 육체적인 것이 되기를 원했지만, 칼뱅은 영적인 것이 되기를 원했다.

두 번째 논쟁점은 기독론, 특히 속성의 교류(communicatio idiomatum)나 편재설(ubiquity)과 같은 교리와 직접적으로 연관되어 있었다.[21] 교회와 성례에 대한 교리는 기독론과 분리되어 이해될 수 없는데, 그것은 그리스도가 교회의 머리이자 성례의 "내용 혹은 실체"[22]이기 때문이다. 근본적으로 칼뱅과 베스트팔 논쟁의 근저에는 그리스도의 두 본성에 대한 그들의 상이한 이해가 있었다. 비록 두 사람 모두가 칼케돈 신조를 받아들이고 네스토리우스주의(Nestorianism)[23]나 유티키우스주의(Eutychianism)[24]를 강하게 부인했지만,

---

18) *Tracts and Treatises*, Vol. II, 207.

19) *Tracts and Treatises*, Vol. II, 211.

20) *Tracts and Treatises*, Vol. II, 574.

21) 이 주제와 관련해서는 Charles Partee, "Calvin's Polemic : Foundational Convictions in the Service of God's Truth," *Calvinus Sincerioris Religionis Vindex : Calvin as Protector of the Purer Religion*, eds. Wilhelm H. Neuser and Brian G. Armstrong (Kirksville, MO : Sixteenth Century Journal Publishers, 1997), 97-122를 보라.

22) *Institutes,* IV, 17, 11.

23) 성육신한 그리스도 안에 두 개의 분리된 위격, 즉 신적인 것과 인간적인 것이 있다는 교리이다. 네스토리우스는 마리아에게 "하나님의 어머니"(theotokos)라는 표현이 사용되는 것에 반대하였다. 그가 볼 때 마리아는 그리스도의 어머니이지, 영원한 로

두 사람 사이의 논쟁은 “칼뱅의 소위 네스토리우스주의적 경향과 베스트팔의 소위 유티키우스주의적 경향의 갈등으로”[25] 이해될 수 있다. 칼뱅은 베스트팔을 유티키우스주의자라고 비난하면서도,[26] 자기 자신이 네스토리우스적 경향을 지니고 있다고는 결코 생각하지 않았다. 칼뱅에게 있어서 그리스도의 두 본성을 혼합하거나 분리하는 것은 잘못된 것이었다.[27] 칼뱅의 관점에서 그리스도의 두 본성은 분리되는 것이 아니라 구별되는 것이었다.

칼뱅에 따르면 그리스도의 인성과 신성 간에는 환원될 수 없는 이중성이 있다. 따라서 칼뱅은 “우리는 그리스도가 철저히 그리고 완전히 두 본성을 유지하기를 원한다.”[28]고 말했다. 또한 “우리는 하나님이자 인간인 그리스도는 뒤섞이지 않고 하나로 결합된 두 본성으로 이루어져 있다고 주장한다.”[29]고 말했다. 물론 신성에 따르면 그리스도는 어디에나 계실 수 있겠지만, 칼뱅은 속성의 교류나 편재라는 루터주의자들의 견해로는 그리스도의 인성을 올바로 이해할 수 없다고 믿었다. 칼뱅의 관점에서 볼 때, 루터주의자들은 속성의 교류라는 교리를 통해 그리스도의 신성과 인성의 구별을 없애려고 하는 것처럼 보였다. 칼뱅에 따르면 루터주의자들은 그리스도의 인성을 고양시키

고스의 어머니는 아니었다. 네스토리우스주의는 네스토리우스가 의도했던 것보다 한 걸음 더 나아간 견해를 취하였다. 그리스도의 두 본성의 구별을 두 개의 다른 위격이라는 데까지 밀고 나간 것이다. 이는 그리스도의 위격에 있어서 명백한 이중성으로 이끌었다. *The Oxford Dictionary of the Christian Church*, eds. F. L. Cross and E. A. Livingstone (Oxford University Press, 1974), 961–963을 보라.

24) 성육신한 그리스도의 위격 안에 단 하나의 신적 본성만이 있다는 교리이다. 그리스도의 두 본성에 대한 반대는 “단성론”(monophysitism)으로 알려졌는데, 그리스어 monos(“하나의”)와 fusis(“본성”)에서 유래된 것이다. 유티키우스와 같은 사람에게서 나타난 극단적인 형태의 단성론은 칼케돈 공의회에서 정죄를 당했다. *The Oxford Dictionary of the Christian Church*, 931–932를 보라.

25) Charles Partee, “Calvin's Polemic : Foundational Convictions in the Service of God's Truth,” 114.

26) *Institutes,* IV, 17, 30.

27) *Institutes,* II, 14, 4; *Institutes,* IV, 17, 30.

28) *Tracts and Treatises*, Vol. II, 241.

29) *Institutes,* II, 14, 4.

는 대신에 소멸시켜 버렸다. 칼뱅은 초대교회 교부들이 그리스도를 설명하기 위해 만들어 낸 속성의 교류라는 교리를 루터주의자들이 자신들의 편의대로 성만찬에 끌어들임으로써 그 교리를 남용하고 있다고 비판하였다.[30)]

빌헬름 니젤(Wilhelm Niesel)에 따르면, "분리되지는 않지만 구별된다."는 칼케돈 신조의 정의가 칼뱅 신학의 "내용뿐만 아니라 형식까지도 지배한다."[31)] 프랑수아 방델(François Wendel)도 두 본성의 구별은 "칼뱅의 신학사상에서 대단히 중요한 견해이며, 아마도 가장 독창적인 부분일 것이라고"[32)] 암시하였다. 칼뱅은 "우리는 그리스도의 신성이 그의 인성과 깊이 연결되고 결합되어 있어서, 각각이 손상되지 않고 독특한 본성을 유지하면서도 이 두 본성이 한 분 그리스도를 구성한다고 주장한다."[33)]고 말하였다. 칼뱅은 또한 "하나님의 아들, 중보자, 우리의 머리이신 그리스도가 이미 하늘의 영광에 참여하셨기에, 그는 공간적 거리에 있어서 육체로는 우리와 떨어져 있지만, 그럼에도 그의 신적인 본질과 능력에 있어서는 영적인 은혜가 하늘과 땅을 가득 채운다."[34)]고 확신했다. 신성에 의하면 그리스도는 편재하시지만, 인성에 따르면 그리스도는 하늘의 하나님 보좌 우편에 앉아 계신다. 칼뱅은 두 본성의 구별이 우리 구원에서 근본적인 것이라고 보았기 때문에, 그는 편재와 속성의 교류라는 개념들을 받아들일 수 없었다. 성찬 논쟁은 이처럼 단지 교회의식 가운데 하나에 관한 문제가 아니라 기독론적인 문제였다. 문제의 핵심이 우리 구원과 직결되는 그리스도와 관계되어 있었기 때문에, 칼뱅과 베스트팔 간의 성만찬 논쟁은 힘들고 격렬할 수밖에 없었다.[35)]

30) Ronald S. Wallace, *Calvin's Doctrine of the Word and Sacrament* (Edinburgh : Oliver and Boyd, 1953), 230.

31) Wilhelm Niesel, *The Theology of Calvin*, trans. Harold Knight (Philadelphia : The Westminster Press, 1956), 247.

32) François Wendel, *Calvin : Origins and Development of His Religious Thought*, trans. Philip Mairet (Durham, North Carolina : The Labyrinth Press, 1987), 219.

33) *Institutes,* II, 14, 1.

34) *Tracts and Treatises*, Vol. II, 576.

35) Iain R. Torrance, "*Mysterium Christi and Mysterium Ecclesiae* : The Christological Ecclesiology of John Calvin," *The Greek Orthodox Theological Review* 43 (1998) : 459–467.

세 번째 논쟁점은 믿는 자들이 어떻게 그리스도의 몸과 피에 참여할 수 있는가 하는 문제였다. 초대교회부터 신학자들은 어떻게 빵과 포도주가 그리스도의 몸과 피가 되는가 하는 문제를 제기해 왔다. 로마 가톨릭의 스콜라주의자들은 이 문제에 대해 본질(substantia)과 외양(accidentia)을 구별한 아리스토텔레스를 인용하여, 성만찬에서 축성(祝聖)의 기도를 하는 순간에 빵과 포도주의 외양, 즉 색깔이나 맛이나 냄새는 그대로이지만 빵과 포도주의 본질은 그리스도의 몸과 피의 본질로 변화된다고 대답하였다. 루터는 그리스도의 몸과 피의 본질이 빵과 포도주의 본질에 더해져서 공존한다고 대답하였다. 츠빙글리주의자들은 제정의 말씀을 상징적으로 해석함으로써 이 문제에 대답하였다. 그러나 칼뱅은 16세기 논쟁뿐만 아니라 중세 스콜라주의적인 탐구에 대해서도 일격을 가했다. 1536년 『기독교강요』 초판에 있는 아래 문장은 전체를 인용할 가치가 있다.

> 인간들은 호기심에서 그리스도의 몸이 빵 속에 어떻게 임재하는가를 규정하려고 노력하였다. 어떤 사람들은 자신들의 명민함을 뽐내려고, 성서의 단순한 진리에다가 덧붙여서, 그리스도가 '실재적으로' 그리고 '본질적으로' 빵에 임재하신다고 말한다. 다른 사람들은 한 걸음 더 나아가 그리스도가 십자가에 달리셨던 그 모습 그대로 임재하신다고 말하기까지 하였다. 다른 사람들은 기괴한 화체설을 고안해 내었다. 어떤 사람은 빵 자체가 몸이라고 말하고, 어떤 사람들은 몸이 빵 아래에 있다고 하고, 어떤 사람들은 몸의 표지와 상징만이 보인다고 말한다. 이것은 실제로 중요한 문제이기에 많은 논란들이 생겨났다. 일반적으로 이런 식이었지만, 그렇게 생각하는 사람들은 무엇보다 우리에게 주어진 그리스도의 몸이 어떻게 우리의 것이 되며, 우리를 위해 쏟은 그리스도의 피가 어떻게 우리의 것이 되는지 물어야 할 필요성에 대해서는 관심을 기울이지 않는다. 하지만 그것이야말로 십자가에 못 박히신 그리스도 전부를 소유하는 것을 의미하며, 그리스도의 모든 은혜에 참여하는 자가 된다는 것을 의미한다. 그런데 우리 대적들은 이처럼 중요한 문제들을 간과하고, 아니 무시하거

나 거의 매장시켜 버리고서 오로지 한 가지 까다로운 질문, 즉 우리가 몸을 어떻게 먹는가 하는 문제에 대해서만 싸움을 벌이고 있다.[36)]

파커(T. H. L. Parker)의 분석에 따르면, "어떻게 그리스도의 몸이 빵에 임재하는가?"라는 질문에 대해 성서는 대답을 분명하게 하지 않기 때문에, 이 질문은 자칫하면 비성서적인 대답으로 이끌리거나 그리스도의 몸의 통일성을 해치는 분파적인 대답으로 귀결되기 쉽다. 그러나 "어떻게 우리가 성례에서 그리스도의 축복들에 참여하는가?"라는 질문은 신약성서의 중요한 주제이다.[37)] 칼뱅은 이런 식으로 질문의 초점을 바꾸었고, 그리하여 성례 논쟁에 새로운 차원을 열었다. 이제 핵심은 철학적 질문에서 실존적 질문으로 바뀌게 되었다. 후자의 질문에 대한 칼뱅의 대답은 물론 성령의 능력이었다.

칼뱅은 분명 조화되기 어려운 두 개의 주장을 신봉하였다. 한편으로 칼뱅은 우리에게 모든 축복을 나누어 주기 위해 그리스도의 몸이 성찬에 임재하신다고 주장하였다. 다른 한편으로 그는 그리스도의 몸은 성찬의 물질적 요소들과 아무런 관계가 없다고 선언하였다. 그리스도는 육체적으로 하늘에 계시며, 하늘에 계신 그리스도와 땅에 있는 우리 사이에는 측량할 수 없는 간격이 있다. 그렇다면 어떻게 하늘에 계신 그리스도가 땅에 있는 신자들과 교통하시는 것인가? 하늘과 땅의 거리는 칼뱅에게 문제가 되지 않았다. 왜냐하면 그리스도는 성령으로 그 거리를 극복하시기 때문이다. "우리의 양식이 되기 위해서 육체의 본질이 하늘에서 내려오실 필요는 없다. 성령의 능력이 모든 장애를 돌파하고 공간적 거리를 극복하기에 충분하기 때문이다."[38)] 성령의 능력을 통하여 그리스도는 우리에게로 내려오시고 동시에 우리를 들어올리셔서 자신과 연합시키신다. 성령은 칼뱅의 성만찬 교리의 핵심적인 열쇠이

36) *Institutes* (1536), trans. Ford Lewis Battles (Grand Rapids : Wm. B. Eerdmans Publishing, 1986), IV, C, 27. 최종판의 *Institutes,* IV, 17, 3도 참고하라.

37) T. H. L. Parker, *John Calvin : A Biography* (Philadelphia : Westminster Press, 1975), 43-44.

38) *Tracts and Treatises*, Vol. II, 577.

고, 따라서 많은 칼뱅학자들은 그를 성령의 신학자라고 부른다. 칼뱅이 성만찬 신학에서 가장 공헌한 부분이 바로 성령의 역할에 대한 강조이다.

칼뱅은 우리가 성만찬에서 "성령의 신비로운 힘으로 그리스도의 몸에 접목된다."[39]고 주장하였다. 하지만 이런 연합에 있어서조차 칼뱅은 그리스도의 신성과 인성을 혼합하거나 뒤섞으려는 어떤 징후도 신성모독이라고 간주하였다. 왜냐하면 그것은 곧 우리를 신격화하거나 그리스도를 비인간화하는 것이기 때문이었다. "우리가 그리스도의 육체에 참여한다고 말하는 것을 본질의 혼합이나 뒤섞임이 일어나는 것처럼 이해해서는 안 되며, 우리가 유일회적으로 희생을 드린 육체로부터 생명을 받는 것으로 이해해야만 한다."[40] 칼뱅은 "그리스도를 빵 아래에 가두려는"[41] 루터주의자들의 시도를 강력하게 거부하였다. 그는 베스트팔과 엄격한 루터주의자들에게 "그들이 그리스도를 보좌에서 끌어내 빵 부스러기 안에 가두어 놓으려고 한다."[42]고 비난하였다. 칼뱅에게 있어서 루터주의자들의 성만찬에 대한 육체적 이해는 화체설만큼이나 부조리한 것이었다. 칼뱅이 엄격한 루터주의자들에 대항하여 단호한 태도를 취한 것은 이 문제가 우리 구원과 밀접한 관계를 가지고 있는 기독론과 직결되어 있었기 때문이었다. 궁극적으로 칼뱅의 신학에서 성령론, 기독록, 성례론은 상호간에 긴밀히 연결되어 있다.

네 번째 논쟁점은 불신자들도 성만찬의 효과를 누릴 수 있는가 하는 것이었다. 이 주제와 관련하여 칼뱅은 불신자들이 그리스도의 몸을 누릴 수 있다는 가르침을 거부하였다. 칼뱅은 "그리스도의 살과 피는 하나님이 선택한 신자들에게 주어지는 것과 마찬가지로 합당치 않은 자들에게도 참으로 주어진다."[43]고 주장하였다. 그러나 그는 또한 "비가 바위 위에 떨어지면 돌 안으로 들어갈 틈이 없기 때문에 흘러내리는 것처럼, 악한 자들은 그들의 강퍅함

39) *Tracts and Treatises*, Vol. II, 238.

40) *Tracts and Treatises*, Vol. II, 238.

41) *Institutes*, IV, 17, 30.

42) *Tracts and Treatises*, Vol. II, 241.

43) *Institutes*, IV, 17, 33.

으로 하나님의 은혜를 거부하기 때문에 은혜가 그들에게 미칠 수 없다."[44]고 주장하였다. 칼뱅에 따르면 신자들만이 성령의 작용을 통해 그리스도와의 교제에 참여할 수 있다. 따라서 칼뱅은 "믿음이 없이 그리스도를 받을 수 있다고 말하는 것은 씨가 화염 속에서 싹틀 수 있다고 말하는 것처럼 부적절하다."[45]라고 주장하였다. 그리스도의 몸은 선한 자들이나 악한 자들 모두에게 차별 없이 주어지지만, 믿음이 없이는 효력도 없고 유효하지도 않다.

칼뱅은 『변호』에서 다음과 같은 은유를 사용한다.

> 우리에게 먼저 태양의 빛을 누릴 수 있는 눈이 없다면, 아무리 태양이 빛나고 하늘에서 그 빛이 내려온다고 하더라도 충분치 않은 것과 마찬가지로, 만약 주님께서 우리로 외적인 표지들을 구별할 수 있도록 허락하지 않는다면, 주께서 우리에게 외적인 표지들의 빛을 비추어 주신다고 해도 아무 소용이 없다는 사실은 논쟁할 필요조차 없이 명백하다. 아니, 태양의 빛이 살아있고 활기찬 생명체에게는 활기를 북돋우지만 시체에게서는 악취를 만드는 것처럼, 믿음의 성령이 없는 곳에서 성례는 생기가 넘치는 향기가 아니라 치명적인 냄새를 발산시킨다는 것은 분명하다.[46]

칼뱅은 여기에서 그리스도의 몸과 피를 받는 데 있어서 "믿음의 성령"(Spirit of faith)이 절대적으로 필요하다는 것을 강조하였다. 우리에게 눈이 없다면 태양 빛이 아무런 소용이 없듯이, 믿음의 성령이 없다면 성례는 아무 효력도 없다. 성만찬에서 "그리스도는 모든 사람들에게 자신의 몸과 피를 주지만, 비신자들은 마음의 문을 닫아두기 때문에 주어진 것을 받을 수 없다."[47] 결론적으로, "성례는 믿음으로 받지 않으면 아무런 소용이 없는데, 믿음은 성령의 특별한 선물이다."[48]

---

44) *Institutes,* IV, 17, 33.

45) *Institutes,* IV, 17, 33. 그리고 *Tracts and Treatises*, Vol. II, 234.

46) *Tracts and Treatises*, Vol. II, 232.

47) *Tracts and Treatises*, Vol. II, 579.

IV. 맺는 말

성만찬은 항상 우리와 그리스도의 일치의 상징일 뿐만 아니라 우리들 서로간의 일치의 상징이다. 칼뱅은 성만찬에서 그리스도인의 하나 됨이 가장 분명하게 나타나야 함에도 불구하고 오히려 그것이 분열의 원인이 된 것을 개탄하면서, 성만찬의 일치를 회복하기를 소망하였다. 또한 프로테스탄트 교회들이 복음 안에서 하나가 되기를 촉구하였다. 칼뱅은 관습, 의식, 조직과 같은 비본질적인 문제들 때문에 교회의 일치가 깨어져서는 안 된다고 믿었다.[49]

그러나 비록 칼뱅이 교회일치를 위한 불타는 열망을 가지고 있기는 했지만, 그는 하나님의 말씀 진리에 기초하지 않는 일치는 바람직하지도 않을 뿐만 아니라 유해하다고 믿었다. 그는 거짓 평화를 위해 하나님의 진리를 희생하고자 하지는 않았다. 진리 안에서의 일치는 그의 타협할 수 없는 원칙이었다. 칼뱅은 "신학자의 임무는 수다로 귀를 즐겁게 하는 것이 아니라 참되고, 확실하고, 유익한 것들을 가르침으로써 양심을 강하게 하는 것"[50]이라고 주장하였다. 따라서 그는 "나는 하나님의 진리를 순수하고 진지하게 전하기 위해 가장 경건하게 노력하였다."[51]고 선언하였다. 분명히 칼뱅의 소명은 거짓에 대항하여 하나님의 진리를 설명하고 옹호하는 것이었다.

이것이 바로 칼뱅과 베스트팔의 논쟁이 그토록 오랫동안 끈질기고도 치열하게 지속되었던 이유이다. 성만찬 교리가 기독론과 관계된 구원의 문제였기에 결코 타협하거나 양보할 수 없었던 것이다. 성찬의 문제는 비본질적 문제(adiaphora)가 아니라 구원에 관한 문제였고, 지극히 본질적인 문제였다. 그

48) *Tracts and Treatises*, Vol. II, 574.

49) *Institutes*, IV, 1, 12, 그리고 *Institutes*, IV, 10, 31. 칼뱅은 기독교 신앙에서 본질적 교리와 비본질적 교리를 구분하였다. 칼뱅은 『기독교강요』에서 다음과 같은 것들을 본질적인 교리들이라고 말했다. 하나님은 한 분이시다. 그리스도는 하나님이며 하나님의 아들이시다. 우리의 구원은 하나님의 자비에 달려 있다.

50) *Institutes*, I, 14, 4.

51) *Tracts and Treatises*, Vol. II, 278.

렇기 때문에 칼뱅은 베스트팔에 반대하여 이렇게 외쳤다. “오 하나님의 아들이시며 마귀들조차도 두려워하는 권세를 가진 세상의 재판관이신 그리스도여, 내 마음이 거짓과 타락으로 당신의 교리를 더럽히는 미친 사상을 품었는지 아닌지를 이제 그리고 그날에 명백하게 해 주시기를 당신께 호소합니다.”[52)]

성만찬이 교회가 교회임을 알게 해 주는 표지라고 할 때, 오늘날 교회에 보다 경건하고 합당한 성만찬이 회복되어야 한다. 베스트팔과의 논쟁을 통해 칼뱅은 성만찬의 올바른 이해와 시행을 위한 중요한 몇 가지 사항들을 제시하고 설명하였다. 그 가운데 성령의 중재와 역할에 대한 강조, 믿음의 중요성에 대한 강조, 합당한 성만찬에 대한 강조 등은 오늘날의 성만찬에서도 강조되어야 할 점들이다.[53)]

52) *Tracts and Treatises*, Vol. II, 475.

53) 박경수, “우리를 새롭게 하는 성만찬: 칼뱅의 성만찬에 대한 이해에 비추어”, 「교회와 신학」 62(2005년 가을): 44-52를 참조하라.

제6장 부처와 칼뱅 : 교회일치의 옹호자들

I. 시작하는 말

16세기 종교개혁 연구에 있어서 지금까지 학자들은 대체로 루터, 츠빙글리, 칼뱅과 같은 주류 종교개혁자들에게만 관심을 기울여왔다. 그러다가 최근에 와서는 부처, 멜란히톤, 불링거와 같은 종교개혁자들도 사람들의 관심을 끌기 시작하였다. 특히 마르틴 부처(1491 – 1551)는 장 칼뱅(1509 – 1564)에게 미친 영향 때문에 칼뱅 연구에서 관심을 받고 있다. 학자들은 칼뱅에게 끼친 부처의 영향을 다양한 각도에서 검토하였다. 헤스팅 엘스(Hastings Eells)는 칼뱅의 회심에 부처가 영향을 미쳤을 가능성을 검토하였는데, 직접적인 관계는 없는 것으로 결론지었다.[1] 구스타프 안리히(Gustav Anrich)는 부처를 "개혁교회 전통의 아버지들 중 한 사람"으로 파악했으며, 칼뱅에게도 예전, 교회정치와 치리, 주석방법, 예정론과 성찬론에 이르기까지 폭넓은 영향을 미쳤다고 주장하였다.[2] 그는 부처가 칼뱅주의 개혁의 주된 근원이라고 보았다. 프

1) Hastings Eells, "Martin Bucer and the Conversion of John Calvin," *Princeton Theological Review* Vol. 22, No. 3 (July 1924) : 402 – 419. 엘스는 이 흥미롭고 논쟁적인 논문에서 부처와 칼뱅 사이에 있었던 세 통의 편지를 분석하고서 그 둘은 1537년 베른 대회에서 처음으로 만났다고 주장한다. 따라서 그 이전에 일어났던 칼뱅의 회심에 부처가 적극적인 영향을 미치지는 못했다고 결론짓는다.

2) Bard Thompson, "Bucer Study since 1918," *Church History* Vol. 25, No.1 (March 1956) : 63 – 82.

랑수아 방델(François Wendel) 또한 칼뱅이 부처에게 많은 빚을 지고 있음을 인정하면서도 동시에 부처에 의해 형성된 것보다 칼뱅이 스스로 이룬 것들을 더 강조하였다.[3] 방델은 부처의 사상과 활동이 보다 광범위한 중요성을 획득하게 된 것은 칼뱅을 통해서였다고 믿었다.

이 논문에서 필자의 관심은 칼뱅의 교회일치 사상에 미친 부처의 영향이다. 칼뱅이 제네바에서 1차 사역(1536-1538)을 하다가 추방당했을 때, 그는 스트라스부르로 가서 거주하였다(1538-1541). 대부분의 학자들이 인정하듯이, 이 스트라스부르 체류 기간 동안에 칼뱅의 정신은 스트라스부르의 종교개혁자인 부처로부터 배운 것들에 의해 크게 영향을 받았다. 방델이 지적했듯이, 이 스트라스부르 체류 기간은 "칼뱅의 생애에 있어서 결정적인 시기"였다.[4] 이 기간은 부처의 교회일치를 위한 활동이 절정에 달한 시기였음을 기억해야만 한다. 부처는 이 기간 동안에 소집되었던 거의 모든 교회 회의들에 적극적으로 참여하였다. 부처는 프로테스탄트 교회들의 일치뿐만 아니라, 로마 가톨릭과 프로테스탄트의 화해도 꿈꾸었다. 이 논문에서 필자가 주장하는 바는 칼뱅이 부처로부터 교회 질서, 예정, 성찬에 관한 가르침의 영향을 받았을 뿐만 아니라 나아가서 부처의 교회일치 활동에 의해서도 깊이 영향을 받았다는 것이다.

논의를 전개하기 전에 먼저 이 논문에서 사용하는 "에큐메니즘"(ecumenism)이라는 용어에 대해 정의할 필요가 있다.[5] 이 용어가 집중적으로

---

3) François Wendel, *Calvin : The Origin and Development of His Religious Thought*, trans. Philip Mairet (New York : Harper & Row Publishers, 1950), 137-144. 여기서 방델은 칼뱅의 『기독교강요』에 미친 부처의 영향을 검토한다.

4) François Wendel, *Calvin : The Origin and Development of His Religious Thought*, 65.

5) "ecumenical"이라는 용어에 대해서는 Willem Adolf Visser't Hooft, "The Word 'Ecumenical'-It's History and Use," *A History of the Ecumenical Movement 1517-1948*, Vol. I, 735-740을 보라. 에큐메니칼 운동의 자세한 역사에 관해서는 Ruth Rouse and Stephen Charles Neill, *A History of the Ecumenical Movement 1517-1948*, Vol. I, 그리고 Harold E. Fey, *A History of the Ecumenical Movement 1948-1968*, Vol. II (Geneva : WCC, 1986)을 참조할 수 있다.

회자되기 시작한 것은 20세기에 들어와서이지만, 실제로 이 용어는 고대로부터 사용된 용어이다. 이것은 그리스어 오이쿠메네(oikoumene)에서 유래한 것으로 "온 세상"(the whole world)을 뜻한다. 이 용어는 역사의 각 단계에서 매우 다양한 의미를 지녔기 때문에 신학적 논쟁의 원인이 되어 왔다. 20세기에 이 용어는 다양한 신앙고백을 하는 교회들 사이의 일치를 위한 노력을 언급할 때 주로 사용되었다. 그러나 교회일치와 화해를 위한 노력은 기독교 역사 내내 있어 왔다. 비록 16세기에 에큐메니칼을 추구하는 것은 용이치 않은 일이었으며 때로는 매우 위험한 도전이긴 했지만, 그때에조차도 교회의 일치를 위한 진심어린 시도들이 있었다. 이 논문에서 필자는 에큐메니즘이라는 용어를 그리스도 안에서 믿는 자들의 일치와 협력을 이루어내려는 노력이라는 의미로 사용할 것이다.

필자의 논지를 확증하기 위해 먼저 칼뱅이 스트라스부르에 체류했던 1538년에서 1541년 사이의 부처의 에큐메니칼 활동들을 살펴보고, 그 후 부처와 칼뱅의 관계, 칼뱅에게 미친 부처의 다양한 영향들을 고찰할 것이다. 필자는 특별히 칼뱅의 에큐메니칼 사상들에 부처가 영향을 미쳤다는 사실에 주의를 기울일 것이다. 이 주제는 부처와 칼뱅 연구를 위해서도 중요할 뿐만 아니라 16세기의 에큐메니즘 연구에 있어서도 중요한 공헌을 할 수 있을 것이다. 로마 가톨릭에서는 칼뱅이나 다른 프로테스탄트 개혁자들을 교회의 일치를 깨고 분파를 만들었다고 비난하고 있기 때문에, 교회일치에 대한 종교개혁자들의 입장은 16세기 에큐메니즘 연구에서 중요한 주제라 할 것이다.[6] 나아가 오늘날의 에큐메니칼 운동의 원칙을 위한 통찰력도 제공해 줄 것이다.

---

6) 16세기 에큐메니즘에 대한 학문적 연구 성과를 일별하기 위해서는, Donald G. Nugent, *The Colloquy of Poissy : A Study in Sixteenth Century Ecumenism* (Iowa : University of Iowa, 1965); John T. McNeill, *Unitive Protestantism : The Ecumenical Spirit and Its Persistent Expression* (Richmond : John Knox Press, 1964); John T. McNeill and James Hastings Nichols, *Ecumenical Testimony* (Philadelphia : Westminster Press, 1974)와 같은 책들을 참고해야만 한다.

II. 교회일치를 위한 부처의 노력들

최근의 부처 연구는 교회일치를 위한 부처의 열정을 보여주며, 이 주제와 관련하여 부처가 다른 개혁자들에게 폭넓은 영향을 미쳤음을 밝혀주고 있다. 칼뱅의 『기독교강요』 영역판을 편집한 존 맥닐(John T. McNeill)은 부처를 "16세기에 교회일치의 이상을 가장 열정적으로 주창한 사람"[7]이라고 불렀다. 부처는 "평화주의 정신의 화신 그 자체"[8]이었다. 대부분의 학자들은 부처가 16세기에 가장 에큐메니칼한 개혁자였다는 점을 인정하고 있다. 부처의 폭넓은 영향에 관련하여서, 하인리히 보른캄(Heinrich Bornkamm)은 "독일 내 프로테스탄티즘의 일치, 개혁교회의 예배와 조직, 교회와 국가의 관계에 대한 영국 성공회의 관념, 청교도와 경건주의 운동 등은 많고 적고 간에 부처의 숨결을 포함하고 있다."[9]고 평가하였다. 부처는 교회일치를 증진시키기 위해서라면 교리적 차이에도 불구하고 누구라도 만날 용의가 있었으며, 또 실제로 그렇게 함으로써 그는 다른 많은 교파들에게 다양한 정도로 영향력을 행사하였다.

부처의 일치를 위한 관심은 그의 개인적 배경으로부터 나온 당연한 결과이기도 하다. 그는 1506년 도미니크 수도회의 일원이 되어 토마스 아퀴나스의 신학을 배웠다. 토미즘이 부처에게 얼마나 영향을 끼쳤는지에 관해서는 아직도 논쟁이 끝나지 않았다. 여하튼 그는 이후에 열광적인 에라스무스주의자가 되었고, 하이델베르크로 간 후에는 열렬한 루터 추종자가 되었다. 그는 1521년 도미니크 수도회를 떠나 1523년 스트라스부르에 정착한 후, 1548년 토머스 크랜머(Thomas Cranmer)의 초청을 받아 영국으로 가기 전까지 20년 이상을 스트라스부르의 종교개혁자로 일하였다. 영국에 가서도 부처는 1549년 『공동기도서』(*Book of Common Prayer*) 개성에 영향을 미쳤으며, 에드워드 6

7) John T. McNeill, *Unitive Protestantism*, 144.
8) John T. McNeill, *Unitive Protestantism*, 146.
9) Bard Thompson, "Bucer Study since 1918," 82.

세를 위해 경건한 공화국의 이상을 제시한 『그리스도의 왕국』(*De Regno Christi*)을 저술하였다. 이처럼 다양한 전통과 사람들과의 접촉을 통해 부처는 에큐메니칼적 정신을 함양할 수 있었으며 폭넓은 영향을 행사할 수 있었다.

부처의 교회일치를 위한 활동은 두 단계로 나누어 고찰할 수 있다. 프로테스탄트 그룹들 내의 일치를 추구한 전기 단계와 프로테스탄트와 가톨릭 사이의 화해를 추구한 후기 단계이다. 첫 단계는 독일 루터란들과 스위스 개혁자들의 분열의 핵이 되었던 성찬론과 관련된 차이점들을 화해시키려는 부처의 노력들과 연결되어 있다. 성찬론은 여러 개혁자들, 특히 루터와 츠빙글리의 불화의 핵심이었다. 부처는 츠빙글리와 함께 그리스도가 승천한 후에는 그 육체가 하나님 보좌 우편에 있다고 믿었다. 그는 그리스도의 육체가 편재한다는 루터란의 가르침을 거부하였고 츠빙글리의 상징설을 받아들였다. 하지만 동시에 부처는 루터와 함께 성찬은 단순한 상징이 아니라 하나님의 은혜의 신비한 수단이라고 믿었다. 그는 성찬은 엄밀한 의미에서 은혜의 수단이 아니라고 한 츠빙글리의 주장을 거부하였다.[10]

부처는 루터와 츠빙글리 사이의 간격을 메우고자 하였다. 그는 개인적으로 두 사람을 만났으며 성찬에 대한 상호 합의문을 준비하였지만 두 사람 모두 이것을 거절하였다. 엘스에 따르면, 부처는 세 가지 이유로 인해 실패할 수밖에 없었다. 첫째는 루터와 츠빙글리 사이의 차이가 근본적인 것이었으며, 둘째는 진리를 비교하여 평가할 수 있는 기준이 없었으며, 셋째는 평화를 위해 노력한 사람들은 양측 편에 흡수되거나 제 삼의 집단이 되어야만 할 궁지에 몰렸기 때문이었다.[11] 논쟁의 가열되면서 루터는 부처를 "뱀, 독사, 살모사"[12]라고 불렀다. 츠빙글리의 후계자였던 불링거도 부처가 성찬론을 모호하

10) John T. McNeill, *Unitive Protestantism*, 144–152; James M. Kittelson, "Martin Bucer and the Sacramentarian Controversy : the origins of his policy of concord," *Archiv für Reformationsgeschichte* 64 (1973) : 166–183.

11) Hastings Eells, "The Failure of Church Unification Efforts during the German Reformation," *Archiv für Reformationsgeschichte* 42 (1951) : 160–173.

12) Peter Newman Brooks, "Martin Bucer : Oecuméniste and Forgotten Reformer," *Expository Times* 103 (May 1992), 234.

게 만들어버렸다고 비난하면서 "우리 시대에 부처보다 더 교황파들에게 희망을 주고, 성찬론을 모호한 방식으로 논하는 사람은 없다."[13]고 주장했다. 루터는 부처에게서 츠빙글리주의를 보았고, 불링거는 부처에게서 루터주의를 보았던 것이다. 따라서 부처는 양측의 완고함으로 인해 중간점을 찾을 수 없었다.

두 번째 단계는 가톨릭 신자들과 프로테스탄트 신자들 사이의 차이점을 화해시키려는 그의 노력과 연관되어 있다. 이것은 특별히 칼뱅이 제네바를 떠나 스트라스부르에 체류했던 1538년부터 1541년 사이에 두드러진다. 필자는 특히 레겐스부르크 회의에서의 부처의 노력에 논의의 초점을 맞출 것이다. 레겐스부르크 회의(1541년 4월)가 가톨릭과 프로테스탄트 사이의 에큐메니칼 노력의 역사에서 중요한 분수령이 되기 때문이다. 이 회의에서 부처(Bucer), 멜란히톤(Philipp Melanchthon), 피스토리우스(Pistorius : 헤센의 영주가 속한 교회에서 온 신학자)가 프로테스탄트를 대표하는 신학자들이었으며, 그로페(Johann Gropper), 플러그(Julius Pflug), 에크(John Eck)가 가톨릭을 대표하는 사람들이었다. 이들은 회의의 결과물로서 『레겐스부르크 문서』(*Book of Regensburg*)를 내놓았다. 이 문서는 23개의 교리적 조항을 가지고 있었는데, 작성의 책임은 부처와 그로페에게 있었다. 레겐스부르크 회의는 라이프치히 회의(1539년 1월), 프랑크푸르트 회의(1539년 4월), 하게나우 회의(1540년 6-7월), 보름스 회의(1540년 10월) 등과 같은 일련의 모임 끝에 마련된 것이었다. 부처는 이 모든 회의들에서 중요한 역할을 담당하였다. 여기에서 칼뱅 또한 부처와 함께 이러한 회의들에 참여했음을 주목할 필요가 있다. 더욱이 칼뱅이 『레겐스부르크 문서』를 프랑스어로 번역하여 출판하였다는 사실도 기억해야만 한다.[14] 이런 일련의 회의들을 통하여 칼뱅은 교회일치의 중요성을 깨

13) Wilhelm Pauck, "Calvin and Butzer," *The Heritage of the Reformation* (Glencoe : The Free Press, 1950), 87-88.

14) Basil Holl, "The Colloquies between Catholics and Protestants, 1539-1541," *Councils and Assemblies*, eds. G. J. Cuming and Derek Baker (New York : Cambridge University Press, 1971), 257.

닫기 시작한 것이다.

『레겐스부르크 문서』는 부처뿐만 아니라 16세기의 에큐메니칼 운동에서도 중요한 위치를 차지한다. 레겐스부르크 회의를 올바르게 이해하기 위해서는 그 시기 독일의 정치 종교적 배경을 검토할 필요가 있다.[15] 그 당시의 종교적 분열상은 독일의 정치적 통일을 위협하였다. 프로테스탄트들은 수적으로 급속히 증가하였으며, 슈말칼덴 동맹을 독자적으로 조직하였는데, 이것은 제국을 분열시켰다. 하지만 황제 카를 5세는 프랑스와 투르크 족과 같은 적들에 대응하기 위해 통일된 제국을 필요로 했다. 따라서 황제는 가톨릭과 프로테스탄트의 일치를 요구하였다. 양측의 목회자들 중에서 다수의 온건파들은 상호간의 합의에 의한 평화를 끌어내고자 하였다. 그리하여 이들은 황제의 요구에 환영을 표하였다. 그들은 몇 차례의 공식 회의들을 통해 상호 이해에 도달하고자 노력했지만, 양측의 극단주의자들의 반대에 부딪혀서 원하던 결과에 이르지는 못하였다. 공식적인 만남 외에도 부처와 그로페 사이에서 비밀 모임들이 개최되었다. 이런 비밀 회합들에서 양측 사이에서 오랫동안 논쟁이 되어 왔던 중요한 주제들에 대한 합의 가능성이 보이기 시작했다. 부처와 그로페의 노력 덕택에 『레겐스부르크 문서』로 불리는 에큐메니칼적인 문서가 나올 수 있었다.

『레겐스부르크 문서』는 23개의 항목으로 구성되어졌다.[16] 처음 5항목들은 은총과 관계된 교리, 즉 타락 이전의 인간, 자유의지, 죄의 원인, 원죄, 칭의에 관한 것들이었다. 6번째부터 9번째 항목에서는 교회에 관한 교리, 즉 교회의 정의, 교회의 표지, 죄의 용서, 성서해석에 대한 교회의 권위가 다루어졌다. 10번째부터 18번째 항목들은 교회의 칠성사에 관한 것들이었다. 19번째부터 23번째 항목들은 교회의 위계질서, 성인들에게 드리는 기도와 죽은 자를 위한 기도, 미사, 독신, 치리와 같은 개혁이 필요한 주제들을 다루었다.

이것들 중에서 칭의를 다룬 5번째 항목과 성찬을 다룬 14번째 항목이

15) Hastings Eells, "The Origin of the Regenburg Book," *Princeton Theological Review* Vol. 26 (1928) : 355-372.

16) Basil Holl, "The Colloquies between Catholics and Protestants, 1539-1541," 235-266.

양측 사이에서 격렬하게 토의되었다. 가장 격렬한 논쟁이 칭의의 교리를 둘러싸고 일어났다는 것은 이해할 만하다. 왜냐하면 이 교리야말로 종교개혁자들의 가장 주된 교리였기 때문이다. 루터뿐만 아니라 칼뱅이나 다른 개혁자들에게도 칭의의 교리는 단지 하나의 교리가 아니라 모든 교리의 총합이며, 교회가 서느냐 넘어지느냐를 결정하는 구심점과 같은 중요한 것이었다. 『레겐스부르크 문서』에서 부처와 그로페는 "이중 칭의"라고 알려진 타협적인 교리를 제안하였다. 이 교리에 따르면, "인간은 루터주의자들이 주장하는 것처럼 외적이고 전가된 의에 의해서 하나님 앞에서 의롭게 되며, 또한 중세 교회가 전통적으로 주장해 온 것처럼 얼마간은 본래적인 의에 의해서 의롭게 된다."[17] 부처와 그로페는 믿음으로 말미암는 의와 행위로 말미암는 의를 합체시키고자 하였다. 비록 부처가 그 둘을 구별하였고 전자를 우선적으로 강조하긴 했지만, 그 둘을 분리시키지는 않았다. 그러므로 부처는 이중 칭의의 교리에 관해 설명하면서, "믿음으로 우리는 의롭게 된다. 그리고 우리의 행위와 말로 또한 의롭게 된다."[18]라고 하였다. 이중 칭의의 교리에 따르면, 그리스도인은 두 가지 방법으로 의롭게 되는 것이다. 그리스도인들은 믿음으로 인해 의롭다고 인정되며, 또 그들의 사랑의 행위를 통해 실제적으로 의로워진다는 것이다. 그러나 부처와 그로페를 위시한 온건파들의 이러한 노력에도 불구하고 이중 칭의의 교리는 양측 모두를 만족시킬 수 없었다.

또 다른 심각한 충돌은 성찬을 둘러싸고 일어났다. 프로테스탄트들은 화체설의 개념을 논박했으며 보존되어 있는 성체를 숭배하는 것에 도전하였다. 이 점에 있어서는 믿음에 의한 칭의까지 기꺼이 동의했던 콘타리니(Gasparo Contarini) 추기경조차도 1215년 제4차 라테란 공의회에서 선언된 화체설 교리를 포기하고자 하지 않았다.[19] 콘타리니는 자신과 프로테스탄트 개혁자들

---

17) Steven Ozment, *The Age of Reform 1250–1550: An Intellectual and Religious History of Late Medieval and Reformation Europe* (New Haven: Yale University Press, 1980), 406.

18) W. van't Spijker, "The Influence of Bucer on Calvin as becomes evident from the *Institutes*," *John Calvin's Institutes: His Opus Magnum* (Potchefstroom: Potchefstroom University for Christian Higher Education, 1986), 128.

을 갈라놓는 것은 이신칭의의 교리가 아니라 성례에 대한 교리라는 것을 발견하였다. 성찬에 대한 교리를 둘러싸고는 양측 사이의 오래된 반목이 다시 일어났다.

그 결과로 판단하자면, 레겐스부르크 회의는 실패였다. 양측의 대표들이 합의를 도출하기 위해 정열적으로 일하기는 했지만, 회의는 양측의 차이를 결국 극복하지 못하였다. 부처, 멜란히톤, 그로페, 콘타리니와 같은 온건파들의 노력은 극단주의자들에 의해 좌절되었으며, 결국 양 진영은 『레겐스부르크 문서』를 거부하였다. 루터는 레겐스부르크 회의를 "시작하기도 전에 희망이 없는 것으로" 판결을 내렸고, 『레겐스부르크 문서』를 "지금까지의 것들 중 가장 해로운 문서"라고 선언하였다.[20] 로마 가톨릭도 1546년의 트렌트 공의회에서 이중 칭의의 교리와 『레겐스부르크 문서』에 나타난 사상들을 정죄하였다.[21] 에크와 같은 이는 『레겐스부르크 문서』가 루터주의자들의 사상을 대변하는 것이기 때문에 가톨릭인은 결코 받아들일 수 없는 것이라고 비난하였다.[22]

역사에서 가정을 하는 것은 무익한 추측이기는 하지만, 레겐스부르크 회의에 대한 역사학자 랑케(Leopold von Ranke)의 언급은 주목할 만한 가치가 있다.

> 만일 내가 실수하는 것이 아니라면 이 회의는 독일과 심지어 모든 세

19) William P. Anderson, "Gasparo Contarini : Sixteenth Century Ecumenist," *Ecumenical Trends* 13/9 (October 1984), 142. 콘타리니 추기경은 회의 참여자들 중에서 가장 흥미롭고 에큐메니칼적인 인물 중 한 명이다. 레겐스부르크 회의에서 콘타리니의 역할에 대해 알고자 한다면 H. Mackensen, "Contarini's Theological Role at Ratisbon in 1541," *Archiv für Reformationsgeschichte* 51 (1960)을 참고할 수 있다.

20) Hastings Eells, "The Origin of the Regenburg Book," 370–371.

21) James F. McCue, "Double Justification at the Council of Trent : Piety and Theology in Sixteenth Century Roman Catholicism," *Piety, Politics, and Ethics : Reformation Studies in Honor of George Wolfgang Forell*, ed. Carter Lindberg (Kirksville, MO : The Sixteenth Century Journal Publishers, 1984), 39–56.

22) Basil Holl, "The Colloquies between Catholics and Protestants, 1539–1541," 263–264.

계를 위해 매우 중요한 단계였다. … 교회의 일치와 민족의 통일이 유지되었더라면 참으로 멋지고 영구적인 결과가 나타났을 것이다. 만일 온건파가 로마와 이탈리아에서 주도권을 행사했더라면, 가톨릭 세계도 매우 다른 양상을 띠었을 것이다.[23)]

비록 레겐스부르크 회의가 합의에 도달하는 데에는 실패했지만, 그것이 가톨릭과 프로테스탄트가 서로의 입장을 더 잘 이해할 수 있도록 해 주었으며 적어도 에큐메니칼 대화의 가능성을 열어주었다는 점에서 공헌한 바가 있다 할 것이다.

프로테스탄트 개혁자들, 특히 루터주의자들과 츠빙글리주의자들 사이에서 벌어졌던 성찬에 대한 논쟁을 누그러뜨리기 위해 노력했던 부처가, 레겐스부르크 회의에서는 가톨릭과 프로테스탄트를 화해시키기 위해 중요한 역할을 감당하였다. 어떤 경우에서는 부처의 열린 태도가 칭찬 받기보다는 의심을 불러일으키기도 하였다. 하지만 부처는 교회일치의 회복을 자신이 하나님께로부터 받은 사명이라고 여겼다. 부처는 그야말로 "중도를 위해 태어난 사람"[24)]이었다. 부처는 실로 16세기에 살았던 인물들 중 가장 에큐메니칼한 개혁자 중 한 사람이었다.

III. 칼뱅의 교회일치 사상에 미친 부처의 영향

칼뱅이 스트라스부르에 체류하는 동안 부처로부터 다방면에서 영향을 받았다.[25)] 빌헬름 파욱(Wilhelm Pauck)은 칼뱅이 스트라스부르를 떠날 때에

23) Basil Holl, "The Colloquies between Catholics and Protestants, 1539-1541," 235.

24) James M. Kittelson, "Martin Bucer and the Sacramentarian Controversy : the origins of his policy of concord," 166.

25) 칼뱅에게 미친 광범위한 부처의 영향에 관해서는 아래의 글들이 도움이 된다. Wilhelm Pauck, "Calvin and Butzer," 77-92; W. van't Spijker, "The Influence of Bucer on Calvin as becomes evident from the *Institutes,*" 106-132; W. van't Spijker,

는 "부처의 제자 혹은 추종자"[26]였다고 주장했다. 특히 파욱은 칼뱅의 에큐메니칼 사상에 미친 부처의 영향에 대해 강조하였다.

> 칼뱅이 스트라스부르에서 보편적 프로테스탄티즘이라는 사상을 접하게 되었으며, 이를 위하여 남은 생애 동안 쉬지 않고 열정적으로 노력했다는 것에는 의심의 여지가 없다. 바로 부처가 칼뱅을 프랑크푸르트로 초청했고, 중요한 종교 회의들, 대회들, 그리고 1541년 하게나우와 레겐스부르크의 논쟁들에 함께 참여하자고 요청하였다. 부처의 중재를 통해 칼뱅은 독일의 프로테스탄티즘과 접촉하게 되었고 특별히 멜란히톤을 만나게 되었다. 그 후부터 칼뱅은 프로테스탄트 교회들의 연합을 위한 관심에 있어서 또 한 사람의 부처가 되었다.[27]

스트라스부르 체류 기간 동안 칼뱅은 부처의 신학 사상뿐만 아니라 부처의 교회일치를 향한 열정도 받아들인 것이다. 일련의 에큐메니칼 회의들에 참석한 경험을 통해, 칼뱅은 교회일치의 필요성을 깊이 느꼈으며 그 후 계속해서 교회일치의 회복을 위해 헌신하였다.

종교개혁 시기의 에큐메니칼 활동들에 관해 연구로 잘 알려진 맥닐은 "어느 누구도 칼뱅보다 더 참된 교회로부터의 분열을 강력하게 비난하지는 못했다."[28]고 말한다. 칼뱅에 따르면 "교회로부터의 분리는 곧 하나님과 그리스도를 부인하는 것이다. 그러므로 우리는 더더욱 이 사악한 분리를 피하여야만 한다."[29] 칼뱅의 에큐메니즘은 바로 참된 교회에 대한 그의 이해와 연

"Bucer's influence on Calvin : church and community," *Martin Bucer : Reforming church and community*, ed. D. F. Wright (New York : Cambridge University Press, 1994), 32–44; Robert E. H. Uprichard, "The Eldership in Martin Bucer and John Calvin," *Evangelical Quarterly* 61 (January 1989) : 21–37; John T. McNeill, *Unitive Protestantism*, 133–220.

26) Wilhelm Pauck, "Calvin and Butzer," 82.

27) Wilhelm Pauck, "Calvin and Butzer," 82–83.

28) John T. McNeill, *Unitive Protestantism*, 180.

결되어 있다. 『사돌레토에게 보내는 답변』에서 칼뱅은 참된 교회를 이렇게 정의한다.

> 모든 시대 모든 장소에 흩어져 있는 모든 성도들의 모임으로서, 교리와 그리스도의 한 영에 의해 서로 결합되어 있으며, 신앙의 일치와 형제적 화합을 촉진하고 지키는 회이다. 우리는 이런 교회와 어떤 불화도 가지고 있지 아니하다. 오히려 우리가 이 교회를 우리의 어머니로 존중하는 것만큼이나 우리는 이 어머니의 품속에 있기를 열망한다.[30)]

칼뱅에게 있어서, 모든 신자들은 건전한 교리와 한 분이신 그리스도의 영 안에서 한 몸이다. 칼뱅은 교회의 참된 표지는 말씀과 성례인데, 교회 안에서 하나님의 말씀이 순전하게 선포되고 들려지며 성례들이 올바르게 시행되는 한, 어떠한 분열도 용인될 수 없다고 믿었다. 그는 『기독교강요』에서 "주님께서는 자신의 몸인 교회의 교제를 매우 높이 평가하기 때문에, 교회 안에 말씀과 성례의 참된 직무가 있는 한 교만하게 그곳을 떠나는 자들을 기독교의 배반자요 배교자로 간주하신다."[31)]고 주장하였다. 칼뱅의 참된 교회에 대한 정의와 교회의 표지에 관한 언급에서 우리는 교회일치를 향한 그의 열망을 볼 수 있다.

칼뱅은 부처의 제자답게 루터와 츠빙글리 사이에 벌여졌던 성찬 논쟁을 중도적 입장에서 조정하고자 노력하였다. 이런 칼뱅의 입장은 그의 글 『성만찬에 관한 소논문』(1541)과 『취리히합의』(*Consensus Tigurinus*, 1549)에 잘 드러나 있다. 『성만찬에 관한 소논문』은 칼뱅의 성찬에 대한 이해를 가장 잘 드러내주는데, 그는 여기에서 달래는 듯한 어조로써 프로테스탄티즘의 평화와

---

29) John Calvin, *Institutes of the Christian Religion*, ed. John T. McNeill, trans. Ford Lewis Battles (Philadelphia : The Westminster Press, 1960), IV권, 1장, 10절.

30) John Calvin, "Reply to Sadolet," *Calvin : Theological Treatises*, trans. J. K. S. Reid (London : SCM Press, 1954), 231.

31) *Institutes*, IV, 1, 10.

일치를 주장하였다. 이 소논문은 부처가 칼뱅에게 영향을 미쳤음을 잘 보여주는 글이다. 이것은 1540년 칼뱅이 스트라스부르에 있는 동안 썼고, 1541년 제네바에서 출판되었다. 여기에서 칼뱅은 프로테스탄트들 사이에서 합의와 일치를 이룰 수 있으리라는 희망을 표출하였다. "아직까지는 합의를 표현한 어떤 신앙고백도 공포되지 못하였다. 그러나 하나님께서 이것을 작성할 사람들을 한 곳에 모으시길 기뻐하실 때에는 이 일이 일어날 것이다."[32] 맥닐이 지적한 것처럼 칼뱅은 이 소논문에서 "루터의 정(thesis)과 츠빙글리의 반(antithesis)을 하나의 합(synthesis)으로 해결코자 했는데, 이 새로운 합 안에서 모든 진의들이 이해되고 논객들은 화해될 수 있기를 소망하였다."[33] 부처의 제자로서 칼뱅은 자신의 "참된 영적인 임재"(true and spiritual presence)라는 개념을 가지고 루터의 "실제적 임재"(real presence)와 츠빙글리의 "실제적 부재"(real absence)의 개념을 결합하려고 노력했다.[34]

성찬에 관한 칼뱅의 또 다른 중요한 글은 『취리히합의』로 26개의 항목으로 이루어져 있다. 이것은 칼뱅과 츠빙글리의 후계자였던 불링거를 대표로 하는 취리히 목회자들 사이에 체결된 합의 문서이다. 『취리히합의』를 통해서 제네바와 취리히의 개혁교회들은 성찬에 관한 합의를 도출하고자 하였다. 결과적으로 볼 때 이 시도는 부분적인 성공만을 거두었다. 왜냐하면 이 『취리히합의』를 통해 스위스 개혁교회는 칼뱅주의와 츠빙글리주의라는 두 분파로 갈라지지 않고 하나가 될 수 있었지만, 이로 인해 개혁교회와 루터란 교회 사이에 새로운 갈등이 증폭되었기 때문이다. 따라서 이후 칼뱅과 베스트팔(Joachim Westphal), 헤슈시오스(Tileman Heshusius)와 같은 엄격한 루터주의자들 사이에 새로운 성찬논쟁이 벌어졌다. 이러한 부작용에도 불구하고 『취리히합의』는 개혁교회의 에큐메니칼 역사에서 매우 중요한 위치를 점하고 있다. 이 문서의 내용도 칼뱅에게 미친 부처의 영향을 분명히 드러내 보

32) John Calvin, "Short Treatise on the Lord's Supper," *Calvin : Theological Treatises*, trans. J. K. S. Reid (London : SCM Press, 1954), 166.

33) John T. McNeill, *Unitive Protestantism*, 186.

34) Peter Newman Brooks, "Martin Bucer : Oecuméniste and Forgotten Reformer," 233.

여준다.

칼뱅이 『레겐스부르크 문서』를 프랑스어로 번역하여 출판했다는 사실은 에큐메니칼 대화에 대한 그의 관심을 분명하게 보여준다. 칼뱅은 기욤 파렐에게 보낸 1541년 5월 11일자 편지에서 『레겐스부르크 문서』에서 칭의를 다룬 다섯 번째 조항에 대한 만족감을 이렇게 표현하였다.

> 칭의를 둘러싼 논쟁이 매우 격렬하였습니다. … 당신이 이 편지에 포함되어 있는 발췌된 사본을 읽어보시면 우리의 대적들이 크게 양보했다는 사실을 알고 매우 놀랄 것입니다. 우리 친구들이 참된 교리의 본질을 유지하였고, 따라서 이 문서 안에 우리의 저작들에서 발견되지 않는 것은 어떤 것도 포함되지 않았습니다. … 우리가 상대한 사람들이 어떤 사람들이라는 것을 고려한다면, 우리가 많은 것을 성취했다는 것을 당신은 인정하실 것입니다.[35]

방델에 따르면, 루터와 그의 추종자들이 이신칭의를 일방적으로 강조한 반면에 칼뱅은 칭의와 성화를 "동등한 가치를 지닌 두 가지 은혜"[36]라고 간주하였다. 따라서 칼뱅은 이중 칭의의 교리를 수용할 수 있었다. 방델이 이해한 칼뱅의 이중 칭의란 "먼저는 죄인의 칭의이고 다음으로 의로워진 자의 칭의, 더 정확하게 말하자면 그들의 행위를 통한 칭의이다."[37] 칼뱅이 『기독교강요』에서 선행을 "부르심의 열매", "하나님의 선물", "선택을 받았음을 알게 해주는 표지"[38]라고 말하고 있다. 그러나 필자는 칼뱅이 방델이 제시하는 것처럼 믿음에 의한 칭의와 행위에 의한 칭의를 동등한 가치를 지닌 것으로 주장했다고는 생각하지 않는다. 칼뱅은 분명 믿음으로 말미암는 칭의의 우선성

35) John Calvin, *Letters of John Calvin*, ed. Jules Bonnet (New York : Burt Franklin, 1972), Vol. 1, 260.

36) François Wendel, *Calvin : The Origin and Development of His Religious Thought*, 257.

37) François Wendel, *Calvin : The Origin and Development of His Religious Thought*, 260.

38) *Institutes*, III, 14, 19-20.

을 강조하면서, 동시에 의로워진 자의 선행의 중요성을 주장한 것이다. 좋은 나무는 당연히 좋은 열매를 맺는 것처럼 칭의와 성화는 분리할 수 없는 것이다. 칼뱅은 『사돌레토에게 보내는 답변』에서 "만일 당신이 신앙과 행위가 어느 정도로 분리될 수 없는지를 제대로 알기 원한다면, 사도 바울이 고린도전서 1장 30절에서 가르치는 것처럼 칭의와 성화를 위해 우리에게 주신 바 되신 그리스도를 바라보라."[39]고 주장하였다. 하지만 좋은 나무가 좋은 열매를 맺는 것이지, 좋은 열매가 좋은 나무를 만드는 것이 아님을 기억해야 한다. 이것은 칭의와 성화가 나누어질 수는 없지만, 칭의가 구원에 있어서 우선적 위치를 차지함을 뜻하는 것이다.

스트라스부르 체류 이후에 칼뱅은 교회일치에 대한 관심에 있어서 "또 한 사람의 부처"가 되었다. 그러나 이것이 칼뱅에게는 부처와 다른 새로운 것이 없었다는 것을 말하는 것은 아니다. 칼뱅은 부처의 사상을 교정하거나 개선하지 않은 채로 수용하지는 않았다. 그렇다면 교회일치와 관련하여 부처와 칼뱅 사이의 차이점은 무엇인가?

부처가 사랑과 친교를 강조했다면 칼뱅은 신앙과 진리를 강조하였다. 강조점이 달랐던 것이다. 부처는 "비록 내가 항상 꼭 필요한 온정과 열린 마음으로 이것을 추구하지는 못하고 있지만, 내 목표는 그리스도인들이 사랑 안에서 서로를 인정하고 품는 것"[40]이라고 말한다. 부처에게는 형제적 사랑이야말로 주의 성찬에서 본질적 요소이며 참된 교회의 표지였다. 기독교의 본질은 신학에 있는 것이 아니라 사랑에 있다. 부처는 사랑과 교제에 대한 그의 강조를 이렇게 표현한다.

> 친교, 상호간의 돌봄, 공동체 안에서의 치리의 필요성을 느끼지 못하는 사람이라면 그 누구도 그리스도를 제대로 알지 못하는 것이다. … 우

39) John Calvin, "Reply to Sadolet," 236. "너희는 하나님께로부터 나서 그리스도 예수 안에 있고 예수는 하나님께로서 나와서 우리에게 지혜와 의로움과 거룩함과 구속함이 되셨으니."(고전 1 : 30)

40) Wilhelm Pauck, "Calvin and Butzer," 89.

> 리는 그리스도가 우리를 품었던 바로 그 사랑으로 서로를 품고 하나가 되어야만 하며, 그리스도가 우리를 위해 희구했던 바로 그 열망으로 서로의 구원을 구하여야 한다. 바로 이것이 그리스도가 고난 받은 이유이고, 우리에게 가르치신 것이다.[41]

부처에게 교회는 모든 장소와 모든 시간 안에 있는 성도들의 친교(communio sanctorum)였다. 그에게 기독교 공동체의 기본적 특징은 형제애였다. 따라서 부처에게 있어서 그리스도인이 일치를 추구하는 것은 너무나 당연한 것이었다.

부처와 비교할 때, 칼뱅은 사랑 안에서의 일치보다 진리 안에서의 일치를 강조하였다. 칼뱅은 근본적인 신학적 진리를 포기하면서까지 다른 사람들과 타협하기를 원하지 않았다. 따라서 칼뱅은 부처의 타협적 태도에 대해 항상 동의한 것은 아니었다. 칼뱅은 1538년 1월 12일 부처에게 보내는 편지에서 이렇게 말한다.

> 당신은 성인들에게 기도하는 것은 하나님의 말씀에 기초한 것이 아니라 사람들의 미신에 의해 고안된 것이라는 말을 들을 때, 즉시 그러한 것은 거룩한 교부들이 그들의 저작들에서 성인들에게 기도하는 것을 권고했기 때문에 전적으로 정죄될 것은 아니라고 덧붙이고 있습니다. 당신은 계속해서 교부들의 권위를 구실 삼아 허위를 진리로 간주하려고 억지를 쓰는 경향이 있습니다. 하나님의 진리만이 우리를 지배해야 함에도 불구하고 이러한 경의를 사람들에게 돌리는 것이 과연 하나님을 기쁘시게 할 것이라고 생각합니까?[42]

칼뱅은 이처럼 부처가 쉽게 본질적 교리들도 타협할 준비를 하고 있

---

41) Wilhelm Pauck, "Calvin and Butzer," 90.

42) John Calvin, *Letters of John Calvin*, Vol. 4, 389.

는 것을 비판했으며 부처가 "양심의 문제에 있어서 애매함보다 더 해로운 것은 없다는 사실"[43]을 충분히 두려워하지 않았다고 비난하였다. 칼뱅은 『사돌레토에게 보내는 답변』에서 교회일치에 대한 자신의 견해를 분명히 했다.

> 나는 언제나 말과 행동으로 내가 일치를 얼마나 열망하는지를 증언하였습니다. 그러나 내가 말하는 교회의 일치는 그리스도와 함께 시작되고 그리스도 안에서 끝나는 것입니다. 왜냐하면 그리스도께서 우리에게 평화와 일치를 명하셨을 때, 그는 동시에 자신이 그것을 보존하는 유일한 끈이 되심을 보여주셨기 때문입니다. 만일 내가 자신들이 교회의 머리들이고 신앙의 기둥들이라고 떠벌리는 사람들과의 평화를 원한다면, 나는 당신의 진리를 부인함으로써 그것을 달성할 수 있을 뿐입니다. 이런 저주스런 화해에 굴복하는 것보다 더 견디기 어려운 것은 아무것도 없다고 믿습니다.[44]

칼뱅의 교회일치를 위한 열정은 언제나 하나님 말씀의 진리와 연결되어 있었다. 그는 일치의 전제 조건으로서 건전하고 충실한 교리를 강조했다. 칼뱅은 『교회개혁의 필요성』(*Necessity of Reforming the Church*)이라는 책에서 교회일치에서 순수한 교리의 중요성을 분명하게 주장하였다.

> 그러므로 우리가 그리스도에게만 붙어 있어야 한다는 순수한 교리에 대해 서로 공감할 때에만 거룩한 일치로 하나가 될 수 있다는 것이 불변의 요점이 되도록 합시다. 만일 아무런 교리에만 찬동하면 충분하다고 한다면 도대체 하나님의 교회를 사악한 자들의 불경스러운 파당들로부터 어

43) John Calvin, *Letters of John Calvin*, Vol. 1, 263 (Calvin to Farel, May 12, 1541).

44) John Calvin, "Reply to Sadolet," 249. 칼뱅은 이 글에서 또한 "당신의 진리가 일치의 끈이 되는 한도 안에서, 내가 당신의 교회의 일치를 위해 얼마나 열정을 불태웠는지 내 양심이 증언"(250)한다고 말한다.

떻게 구별할 수 있단 말입니까?[45)]

칼뱅이 추구한 일치는 "진리로부터 떠난 이름뿐인 교회의 일치가 아니라 '참된 교회'의 가시적 일치"[46)]이었기 때문에, 그의 교회일치를 위한 노력은 프로테스탄트 교회들에 국한될 수밖에 없었다. 이것은 칼뱅이 로마 가톨릭을 참된 교회로 인정하지 않았기 때문이다. 때문에 부처의 대화 상대가 프로테스탄트와 가톨릭 사람들 모두를 포함한 반면에 칼뱅의 일치를 위한 관심은 프로테스탄트 신자들에게 한정되었다. 이러한 차이는 서로 다른 강조점에서 비롯된 것이다. 형제적 사랑과 성도들의 친교를 강조한 부처가 신앙과 진리를 강조한 칼뱅보다 대화의 폭이 넓은 것은 당연한 것이었다.

부처와 칼뱅의 서로 다른 강조점에도 불구하고, 칼뱅은 부처의 에큐메니칼 이상을 충심으로 지지했을 뿐만 아니라 자신도 프로테스탄트 교회들의 일치를 이루기 위해 적극적으로 활동하였다. 더욱이 칼뱅은 다른 사람들이 부처에게 의심의 눈초리를 보낼 때에는 부처를 변호하였다. 예를 들면, 칼뱅은 불링거에게 보내는 1540년 3월 12일 편지에서 부처에 대해 이렇게 변호하고 있다. "부처는 이례적으로 명쾌하고 예리한 판단력을 소유하고 있는 사람입니다. 그리고 부처만큼 하나님의 말씀의 단순성을 지키려고 애쓴 사람도 드물며, 부처만큼 사람의 마음을 하나님의 말씀으로부터 벗어나게 하여 다른 곳으로 돌리도록 만드는 재담에 현혹되지 않는 사람도 드뭅니다. 그는 그런 재담을 몹시 싫어합니다."[47)] 칼뱅은 언제나 부처의 탁월함과 신실함을 확신하였다.

칼뱅이 스트라스부르를 떠나 제네바로 귀환한 직후인 1541년 10월 15일

45) John Calvin, *The Necessity of Reforming the Church*, trans. Henry Beveridge (Philadelphia : Presbyterian Board of Publication, 1843), 143. 이 문서는 부처의 권유에 따라 종교개혁의 필요성을 옹호하려는 목적을 가지고 작성되어 1544년 열린 슈파이어 회의에 제출되었다.

46) John T. McNeill, *Unitive Protestantism*, 186.

47) W. van' t Spijker, "The Influence of Bucer on Calvin as becomes evident from the *Institutes*," 107–108.

부처에게 보낸 편지를 보면 두 사람의 친밀한 관계를 분명히 볼 수 있다. 이 편지에서 칼뱅은 부처를 아버지로 대하였다. "만일 내가 당신의 기대에 미치지 못하는 생활을 한다면 아버지가 아들에게 대하듯이 훈계하고 질책하여 주시기 원합니다. 당신도 알다시피 나는 당신의 권위 아래에 있습니다."[48] 부처가 죽었을 때, 칼뱅은 불링거에게 보낸 1551년 2월 28일 편지에서 자신은 마치 고아가 된 느낌이라고 말하였다.[49] 부처는 여러모로 칼뱅에게 현명하고 성실한 스승이었다. 특히 교회일치의 문제에 있어서 칼뱅에게 가장 심대한 영향을 미친 사람이 부처였다는 것은 명백하다. 칼뱅이 스트라스부르에 있을 때, 불링거에게 이런 편지를 보낸 적이 있었다(1540년 3월).

> 친애하는 불링거, 지금 이 순간 우리 사이에 모든 수단을 동원하여 형제적 친교를 유지하고 강화하는 것보다 더 큰 우리의 관심사가 무엇이겠습니까? … 우리는 모든 그리스도의 참된 일군들과 더불어 교제와 사귐을 의도적으로 그리고 조심스럽게 간직해야만 합니다. … 나로서는 내 힘이 미치는 한 언제나 이 목적을 위해 일할 것입니다.[50]

이 편지에서 칼뱅은 자신의 남은 생애 동안 교회들의 중재자가 될 것을 다짐하고 있다. 스트라스부르에 체류하는 동안 칼뱅은 자기 삶에서 중요한 한 가지 목표를 발견한 것이다. 맥닐이 지적했듯이, "부처의 영향이 칼뱅의 일치에 대한 관심을 깊게 하는 데 있어서 가장 유력한 요소였다는 것은 믿을 수 있는 가정이다."[51] 교회일치에 대한 관심에 있어서 칼뱅은 참으로 부처의 제자였다.

48) John Calvin, *Letters of John Calvin*, Vol. 1, 294.
49) Wilhelm Pauck, "Calvin and Butzer," 88.
50) John T. McNeill, *Unitive Protestantism*, 184–185.
51) John T. McNeill, *Unitive Protestantism*, 184.

IV. 맺는 말

이 논문에서 필자는 칼뱅의 교회일치 사상에 미친 부처의 영향을 논증하려고 시도하였다. 부처야말로 "일치의 사도"[52]였으며 "16세기 교회일치의 이상을 가장 열정적으로 옹호한 개혁자"[53]였다. 부처는 탁월한 추진력으로 "형제적 사랑"과 "성도의 교제"라는 원리에 근거한 일치의 복음을 전파하였다. 부처는 성찬론에 대한 타협적인 제안을 함으로써 프로테스탄트 교회들의 일치를 추구했을 뿐만 아니라, 일련의 에큐메니칼 회의들을 통해 가톨릭과 프로테스탄트의 화해도 추구하였다.

칼뱅은 스트라스부르 체류 기간(1538-1541)에 여러 측면에서 부처의 영향을 받았다. 그 중에서 칼뱅은 교회일치의 중요성을 부처로부터 배웠다. 칼뱅의 성찬에 대한 입장과 스트라스부르 체류 이후에 쓴 저작들이 부처의 에큐메니칼적 태도가 칼뱅에게 영향을 미쳤음을 보여주고 있다. 칼뱅을 스트라스부르로 초청한 것도 부처였고, 1540년부터 1541년까지 열린 일련의 에큐메니칼 회의들에 칼뱅을 데리고 간 사람도 부처였다. 물론 교회일치 문제와 관련하여 부처와 칼뱅은 서로 강조점이 달랐다. 부처가 "사랑"과 "친교"를 강조했다면, 칼뱅은 "진리"와 "신앙"을 강조했다. 부처가 가톨릭과 프로테스탄트 신자들 모두를 포함하는 믿는 자들의 일치를 추구했다면, 칼뱅은 프로테스탄트 교회들에 자신의 노력을 한정하였다. 왜냐하면 칼뱅은 로마 가톨릭교회는 하나님의 "진리"와 참된 "신앙"을 가지고 있지 못하며 따라서 참된 교회라 볼 수 없다고 믿었기 때문이다. 결론적으로 두 사람의 차이점에도 불구하고 부처가 칼뱅의 교회일치 사상에 막대한 영향을 끼친 것은 명백하며, 두 사람 모두 에큐메니즘의 강력한 옹호자들이었다.

---

52) Peter Newman Brooks, "Martin Bucer: Oecuméniste and Forgotten Reformer," 233.
53) John T. McNeill, *Unitive Protestantism*, 144.

제3부 교회 토대의 확립자 칼뱅

제7장 삼위일체론에 대한 칼뱅의 공헌

I. 문제제기

20세기가 시작된 이래로 신학에서 가장 주목을 받고 있는 주제가 있다면 단연 삼위일체 교리일 것이다. 의심할 바 없이 20세기의 가장 영향력 있는 신학자들 중 한 사람인 개신교 신학자 칼 바르트(Karl Barth)가 삼위일체 신학에 새 기운을 불어넣었다. 바르트는 필생의 역작인 『교회교의학』[1]의 제1권에서 하나님 말씀의 삼위일체적 성격을 숙고하는 데서 출발하여 전체 신학의 구조를 삼위일체적으로 풀어갔다. 가톨릭에서는 칼 라너(Karl Rahner)가 『삼위일체』라는 책에서 "경세적 삼위일체가 내재적 삼위일체이고 내재적 삼위일체가 경세적 삼위일체이다."[2]라는 논쟁적 표현을 함으로써 내재적 삼위일체(immanent Trinity)와 경세적 삼위일체(economic Trinity)의 관계에 대한 논의에 불을 지폈다. 독일의 개신교 신학자 위르겐 몰트만(Jürgen Moltmann)도 『십자가에 달리신 하나님』[3]과 『삼위일체와 하나님의 나라』[4]를 통해 바르

1) Karl Barth, *Die Kirchliche Dogmatik* I-1, trans. G. W. Bromiley, *Church Dogmatics*, I-1 (Edinburgh : T & T Clark, 1975).

2) Karl Rahner, *The Trinity* (New York; Crossroad, 1997), 22.

3) Jürgen Moltmann, *The Crucified God*, trans. R. A. Wilson & John Bowden (London : SCM, 1974).

4) Jürgen Moltmann, *The Trinity and the Kingdom : The Doctrine of God*, trans. Margaret Kohl (London : SCM, 1981).

트와 라너를 비판적으로 넘어서고자 하였다. 전자에서는 삼위일체 논의를 고통의 역사현실과 연계시켰고, 후자에서는 삼위일체를 하나님의 나라라는 종말론적 비전과 결합시켰다. 브라질의 가톨릭 해방신학자 레오나르도 보프(Leonardo Boff)는 『삼위일체와 사회』[5]라는 책에서 삼위일체를 사회적 변혁과 연관시켰다. 보프는 삼위의 평등성을 불평등한 위계질서를 변혁시킬 근거로 삼고자 하였다. 온건한 가톨릭 여성신학자 캐더린 라쿠나(Catherine LaCugna)는 『우리를 위하시는 하나님: 삼위일체와 기독교인의 삶』[6]에서 사변적인 내재적 하나님에 대한 논의를 거부하고, "구원의 신비의 빛에서 삼위일체 교리를 새롭게 인식"(그녀의 책 2부의 제목)하고자 함으로써, 삼위일체를 그리스도인의 구원과 삶에 연결시키고자 하였다. 또한 동방정교회 신학자 지지우라스(John D. Zizioulas)도 『공동체로서의 존재』[7]에서 서방의 개인주의적 접근을 지양하고, 고대 동방 신학자들의 유산을 회복하고자 하였다. 그는 하나님의 인격성을 강조하였으며, 하나님의 존재는 "공동체의 사건"이라고 주장함으로써 삼위일체 논의에 기여하였다. 이처럼 20세기에 가톨릭, 동방정교회, 개신교, 3세계 신학, 여성신학 등 모든 진영에서 삼위일체를 신학적 논의의 새로운 중심으로 삼으려는 시도가 일어난 것이다. 가히 '삼위일체 르네상스'라 불릴 만하다.[8]

---

5) Leonardo Boff, *The Trinity and Society*, trans. Paul Burns (Maryknoll, NY: Orbis, 1988). 그리고 보프의 최근 책으로 *Holy Trinity, Perfect Community* (Maryknoll, NY: Orbis, 2001)도 있다.

6) Catherine Mowry LaCugna, *God for Us: The Trinity and Christian Life* (New York: HarperSanFrancisco, 1991).

7) John D. Zizioulas, *Being as Communion: Studies in Personhood and the Church* (Crestwood, NY: St. Vladimir's Press, 1984).

8) 삼위일체에 대한 개략적인 논의를 위해서는 Roser E. Olson & Christopher A. Hall, *The Trinity* (Grand Rapids: Wm. B. Eerdmans Publishing, 2002)가 유익하다. 특히 20세기의 삼위일체 르네상스를 위해서 131-158을 참고하라. 스탠리 그렌즈(Stanley J. Grenz)의 최근의 두 책인 *The Social God and the Relational Self: A Trinitarian Theology of the Imago Dei* (Louisville: Westminster/John Knox Press, 2001)과 *Rediscovering the Triune God: The Trinity in Contemporary Theology* (Minneapolis: Fortress Press, 2004)도 현재

20세기를 '삼위일체 르네상스'라고 말하는 것은, 한때 삼위일체가 중요한 신학적 주제였으나 그 후 오랫동안 삼위일체에 대한 관심이 없었거나 부족했다는 것을 전제하고 있다. 삼위일체 교리에 관해서는, 대체로 고대교회에서 가장 중요한 신학적 주제로 자리를 잡았으나 그 후로는 거의 관심을 받지 못하다가 20세기에 와서야 새롭게 조명되기 시작했다는 인식이 널리 퍼져 있다. 다시 말하면 20세기 이전에는 그저 고대의 삼위일체 유산을 그대로 답습하는 데 그쳤다는 가정이다. 여기에서는 종교개혁자들도 예외가 아니라고 생각되었다. 종교개혁자들도 "삼위일체를 이미 정리된 교리로 생각하여, 니케아 신조에서 표현되고 아우구스티누스의 저술들 속에서 체계화 된 삼위일체의 본질적인 내용을 재고하려 하지 않았다."[9]는 것이다. 과연 이러한 가정은 타당한 것인가?

종교개혁자들 중 삼위일체 교리에 가장 많은 관심을 기울인 사람은 단연 칼뱅(Jean Calvin)이다. 그러나 많은 신학자들은 삼위일체에 대한 칼뱅의 교리는 주로 세르베투스와 같은 이단들에 대한 반박을 위한 것이었고, 새롭다고 할 만한 특별한 것을 담고 있지 않다고 생각하고 있다.[10] 프랑스의 대표적 칼뱅학자인 프랑수아 방델(François Wendel)은 『칼뱅 : 그의 신학사상의 근원과 발전』에서 칼뱅의 삼위일체론이 독창성을 결여하고 있다고 판정하였다.[11] 방델에 따르면, 칼뱅은 1536년의 『기독교강요』(*Institutes*) 초판에서 삼위일체를 다룰 때 전통적인 교리에 대해 극히 제한된 설명을 하는 데 만족하였다. 삼위일체라는 단어 자체는 단지 두 번밖에 언급되지 않았다.[12] 그러다가 카롤리(Pierre Caroli), 세르베투스(Michael Servetus), 그리발디(Matteo Gribaldi), 블란드라타(Giorgio Blandrata), 젠틸리(Giovanni Valentino Gentilis)와 같은 인

삼위일체에 대한 논의가 어디쯤 와 있는지를 알 수 있게 해준다.

9) Roser E. Olson & Christopher A. Hall, *The Trinity*, 67.

10) Gerald Bray, *The Doctrine of God* (Downers Grove, IL : InterVarsity Press, 1993), 198.

11) François Wendel, *Calvin : Origins and Development of His Religious Thought*, trans. Phillip Mairet (Durham : Labyrinth, 1963), 169.

12) Timothy George, *Theology of the Reformers* (Nashville : Broadman Press, 1988), 199. 이것은 피에르 카롤리가 칼뱅을 아리오스주의자라고 비난하는 빌미가 된다.

물들과의 논쟁을 거치면서 1559년 『기독교강요』 최종판에 이르러 삼위일체를 옹호하는 내용이 늘어난 것에 불과하다고 보고 있다. 과연 방델의 이러한 주장은 정당한 것인가?

이미 오래 전에 벤자민 워필드(Benjamin B. Warfield)가 방델과는 다른 견해를 제시한 바 있다. 워필드는 "칼뱅의 삼위일체론"(Calvin's Doctrine of the Trinity)[13]이란 논문에서 그의 삼위일체론이 아들의 자존성(self-existence)과 절대적 신성(absolute deity)을 강조하고 있다는 점에서 "삼위일체 교리의 역사에서 신기원을 이루었다."[14]고 평가하였다. 필립 홀트롭(Philip C. Holtrop)도 『기독교강요연구핸드북』에서 칼뱅이 삼위일체 교리와 관련하여 신기원을 이룬 인물이었다는 워필드의 견해에 동의하고 있다.[15] 최근에는 필립 부틴(Philip W. Butin)도 칼뱅을 포함한 종교개혁자들이 삼위일체 교리에 있어서 아무런 중요한 공헌도 하지 못했다는 주장에 반대하여, 칼뱅의 삼위일체론이 중요한 공헌을 했으며 연구할 만한 가치가 있다고 주장하였다. 부틴은 칼뱅의 삼위일체론이 형식면에서나 내용면에서나 그의 사상을 이해하는 중요한 열쇠가 될 뿐만 아니라, 경세적 삼위일체는 "인간을 구원하는 하나님의 구속의 기본 원리(basis)요, 모형(pattern)이요, 원동력(dynamic)"이 되고 있다고 말한다.[16]

이런 논의들을 염두에 두면서, 필자는 본고에서 칼뱅의 삼위일체론이 단순히 고대 교회의 삼위일체론을 답습하여 반복하는 데 그친 것이 아니라, 몇몇 중요한 점들에서 삼위일체론에 결정적 공헌을 했다는 점을 밝히려고 한

13) 100쪽 분량에 달하는 이 방대한 논문은 본래 1907년 *The Princeton Theological Review*의 7권, 553-652에 발표되었으나, 1956년에 그의 책 *Calvin and Augustine* (Philadelphia: Presbyterian & Reformed, 1956), 189-284에 재수록되었다.

14) Benjamin B. Warfield, *Calvin and Augustine*, 283.

15) Philip C. Holtrop, *Theologia Pietatis: notes on selected passages in Calvin's Institutes*, 박희석 · 이길상 역, 『기독교강요연구핸드북』(고양: 크리스찬다이제스트, 1995), 62.

16) Philip Walker Butin, *Revelation, Redemption, and Response: Calvin's Trinitarian Understanding of the Divine-Human Relationship* (New York: Oxford University Press, 1995), 21.

다. 따라서 본고는 단순히 칼뱅의 삼위일체론이 어떤 내용인지를 나열하기보다는 그가 고대의 삼위일체론을 어떻게 수용하고 창조적으로 계승하였는지에 관심을 기울일 것이다.

II. 어떤 점에서 칼뱅은 삼위일체론 논의에 공헌했는가?

A. 삼위일체론적 신학구조

칼뱅신학의 중심교리가 무엇인가 하는 문제를 두고 오랫동안 논쟁이 있어 왔다. 트뢸치(Ernst Troeltsch)를 위시한 일부 학자들은 칼뱅을 하나님의 예정, 하나님의 의지, 하나님의 영광 등을 강조한 하나님 중심적 신학자로 보고자 하였다. 니젤(Wilhelm Niesel)과 같은 사람들은 칼뱅신학의 중심이 그리스도론, 특히 칼케돈의 양성 그리스도론에 놓여 있다고 주장했다. 워필드를 비롯한 학자들은 칼뱅의 독특한 공헌은 그의 성령론에 있다고 보고 그를 무엇보다 성령의 신학자로 규정하였다. 그 후로 밀너(Benjamin C. Milner Jr.)는 칼뱅신학의 중심교리는 어떤 하나의 주제가 아니라 오히려 "말씀과 성령의 상호관계"에서 찾을 수 있다고 보았다. 또한 파티(Charles Partee)는 "그리스도와 연합"을 중심교리로 제안하기도 하였다.[17] 그러나 오늘날 대부분의 칼뱅학자들은 칼뱅에게 있어 하나의 중심교리는 없다는 데 대체로 합의하고 있다.

그럼에도 불구하고 칼뱅의 신학이 삼위일체 하나님의 창조와 구속의 사건을 다루고 있다는 큰 원칙에 대해서는 이의가 없다. 칼뱅신학의 집대성인 『기독교강요』 최종판은 네 권의 책으로 이루어져 있다. 1권은 창조자이신 하나님을, 2권은 구속자이신 그리스도를, 3권은 성령을, 그리고 4권은 교회를 다루고 있다. 그러나 아버지, 아들, 성령, 교회가 각기 분리된 주제들이 아니

17) 칼뱅의 중심주제에 관한 논의를 위해서는 이양호, 『칼빈 : 생애와 사상』(천안 : 한국신학연구소, 1997)의 제3장과 Charles Partee, "Calvin's Central Dogma Again," *The Sixteenth Century Journal* Vol. 18, No. 2 (Summer 1987) : 191-199를 보라.

라 삼위일체 하나님과 모두 연관된 것들이다. 다시 말해 삼위일체 하나님의 관점에서 창조를, 구속을, 성화를, 교회를 볼 때에라야 제대로 보는 것이다. 성서의 아버지와 아들과 성령은 삼위일체적으로만 이해할 수 있다. 칼뱅은 "하나님께서는 스스로를 한 분이라고 말씀하시는 동시에 명백하게 자신이 삼위로 고려되어야 한다고 주장하신다. 이러한 사실을 알지 못한다면 우리의 머리에는 하나님이라는 공허한 이름만 떠돌 뿐 참된 하나님에 대해서는 아무것도 모르는 것이다."[18]고 말하였다. 한 분이신 참 하나님은 실제로 그리고 본질적으로 삼위일체적이며, 다른 방식으로는 하나님을 올바로 인식할 수가 없다. 이런 이유 때문에 홀트롭은 칼뱅의 『기독교강요』에서 삼위일체를 다루는 1권 13장이 특별히 중요한 역할을 하고 있다고 주장한다.[19] 그에 따르면, 1권의 1-12장은 이교도의 거짓 신들과 대조되는 성서의 하나님을 밝히는 서론 부분이고, 13장에서 삼위일체 하나님을 다루고 있으며, 그런 후에 아버지 하나님의 창조와 섭리를 14-18장에서 다루고 있다는 것이다. 그리고 2권에서는 아들 하나님의 구속을, 3권에서는 성령 하나님의 거룩하게 하는 역사를, 4권에서는 하나님의 교회를 다룬다. 이렇게 본다면 칼뱅의 『기독교강요』는 그 구조에 있어서 삼위일체론적이라 할 수 있을 것이다. 칼뱅의 삼위일체론의 독창성을 부정했던 방델조차도, "삼위일체 교리가 그의 신학의 기본적인 핵심"[20]을 이루고 있다는 점을 인정했다는 것은 놀랄 만한 일이다. 삼위일체 하나님에 대한 지식이야말로 칼뱅의 모든 신학적 주제들에 대한 이해의 기초요 열쇠가 되는 것이다. 이런 점에서 칼뱅은 20세기 '삼위일체 르네상스'를 앞서 예견하고 있다고 할 것이다.

---

18) John Calvin, *Institutes of the Christian Religion* (1559), ed. John T. McNeill, trans. Ford L. Battles (Philadelphia : The Westminster Press, 1960), I권, 13장, 2절.

19) Philip C. Holtrop, 『기독교강요연구핸드북』, 62-65.

20) François Wendel, *Calvin : Origins and Development of His Religious Thought*, 169.

B. 성서에 기초한 삼위일체론

삼위일체를 반대하는 사람들이 한결같이 큰 목소리로 이야기하는 것이 성서에 삼위일체라는 말도 없거니와 그에 대해 명확하게 진술하고 있는 곳도 없다는 것이다. 모든 중요한 진리를 오로지 성서적 근거 위에만 세우고자 했던 칼뱅에게 이것은 심각한 도전이 아닐 수 없었다. 아마도 칼뱅은 삼위일체론은 구약과 신약의 증언에 대한 교회의 주석으로서 교회에 속하는 교의라고 말한 바르트의 견해나,[21] 삼위일체 교리는 복음을 왜곡에서 지키려고 했던 노력에서 나온 "방어적 교리"[22]라고 말한 브루너(Emil Brunner)의 주장에 결코 만족할 수 없을 것이다. 칼뱅은 삼위일체가 교회에 속하는 방어적 교리이기보다는 성서 자체의 가르침이라고 확신했다. 때문에 칼뱅은 삼위일체론을 전개함에 있어서 성서적 근거를 확보하려고 하였다. 그 결과로 칼뱅의 『기독교강요』를 보면 성자와 성령의 신성을 주장할 때나 삼위일체에 관해 논의할 때 단 한쪽도 성서를 인용하지 않은 채 지나가지 않는다. 칼뱅이 고대 서방과 동방 교부들의 삼위일체론을 존중한다 해도 그것은 어디까지나 상대적인 권위였을 뿐이다.[23] 모든 신학의 절대적 권위는 성서이기에, 그는 성서에 근거한 삼위일체를 주장하려 하였다.

칼뱅이 모든 진리를 성서의 근거 위에 세우고자 열망했다면, 그는 성서

21) "[The doctrine of Trinity] is exegesis of these texts in the speech, and this also means in the light of the questions, of a later situation. It belongs to the Church. It is a theologoumenon. It is dogma." Karl Barth, *Church Dogmatics*, I-1, 375.

22) Emil Brunner, *The Christian Doctrine of God : Dogmatics*, Vol. I, trans. Olive Wyon (London : Lutterworth Press, 1949), 206.

23) 칼뱅과 고대 교부들의 연관성에 대해서는, Anthony N. S. Lane, *John Calvin : Student of the Church Fathers* (Edinburgh : T & T Clark, 1999); Johannes van Oort, "John Calvin and the Church Fathers," *The Reception of the Church Fathers in the West : From the Carolingians to the Maurists*, ed. Irena Backus (Leiden : Brill, 1997), 2, 661-700; Stephen Reynolds, "Calvin's view of the Athanasian and Nicene Creeds," *Westminster Theological Journal* Vol. 23 (1960/61) : 33-37; 유해무, "삼위일체론 : 동방신학과 관련하여", 한국칼빈학회 편, 『칼빈 신학과 목회』(서울 : 대한기독교서회, 1999)를 참고하라.

에 나오지 않는 동일본질(homoousios), 위격(person), 삼위일체(trinity)와 같은 용어에 대해 어떤 태도를 취했는가? 한편으로 칼뱅은 생각과 말의 규범이 성서에 나오는 하나님의 말씀에 의해 정해진 한계 안에 있어야 한다는 것을 주장한다. 다른 한편으로 칼뱅은 성서가 주장하는 바를 성서에 나오지 않는 단어들로 설명하는 것조차도 정죄해 버리는 편협한 성서주의를 벗어나고 있다. "다음과 같은 어떤 표준이 유지되지 않으면 안 된다. 즉 생각하는 것과 말하는 것의 확실한 규범을 성서에서 찾고, 마음의 생각과 입으로부터 나오는 일체의 말을 여기에 순응시켜야 한다는 것이다. 그러나 우리가 이해하기 어렵고 난해한 성서의 내용들을 보다 명백한 말로 설명하는 것을 누가 못하게 하겠는가?"[24] 이처럼 그는 비록 성서에 나오지 않는 용어라 할지라도 그것이 성서의 진리를 성실하고 정직하게 전달한다면, 겸손하고 조심스럽게 그리고 적당한 때에 그 용어를 사용할 수 있다고 주장하였다. 칼뱅은 고대교회에서 아리오스(Arius, 그리스 식 발음으로는 Areios)가 그리스도의 신성을 무너뜨리려고 했을 때 동일본질이라는 용어는 성서의 진리를 잘 변호해 주었으며, 사벨리우스(Sabellius)가 성부와 성자와 성령의 구별을 없애려고 했을 때 위격이라는 용어는 성서의 가르침을 보호하기 위해 꼭 필요한 것이었다고 말한다.[25] 따라서 칼뱅은 "성서가 증거하며 성서가 보증하는 바를 설명하는 데 지나지 않는 용어들을 부인한다는 것은 얼마나 사악한 일인가?"[26]라고 반문한다. 그에게 동일본질, 위격, 삼위일체와 같은 용어들은 비록 성서에 언급되고 있지는 않다 하더라도, 성서의 진리를 보호하기 위해 필요하며 유익한 것들이었다.

그럼에도 불구하고 칼뱅은 성서에 명확히 언급되지 않은 용어에 과도하게 집착하고자 하지는 않았다. 어쩌면 삼위일체와 관련된 용어들은 인간의 표현의 빈곤 때문에 불가피하게 사용할 수밖에 없는 필요악과 같은 것이었다.

24) *Institutes,* I, 13, 3.

25) *Institutes,* I, 13, 4. 또한 Irena Backus, "'Aristotelianism' in some of Calvin's and Beza's Expository and Exegetical Writings on the Doctrine of the Trinity," *Histoire de l'exégèse au XVIe siècle* (Genève : Librairie Droz, 1978), 351-360도 보라.

26) *Institutes,* I, 13, 3.

따라서 그 용어들이 절대적인 것은 결코 아니다. 칼뱅은 스스로를 "나는 단순한 용어 때문에 완강하게 싸울 정도로 까다로운 사람은 아니다."[27]라고 말한다. 칼뱅은 "만일 성부, 성자, 성령이 한 분 하나님이면서도 성자는 성부가 아니고, 성령은 성자가 아니며, 서로 어떤 특성에 의해 구별된다는 믿음에 일치한다면" 삼위일체를 옹호하는 전문용어들을 "아예 쓰지 않아도" 무방하다고 생각했다.[28] 그런 용어들은 대단히 유용하지만 꼭 고집할 필요는 없는 비본질적인 것(adiaphora)이었다.

칼뱅에게 중요한 것은 삼위일체와 관련된 용어들이 아니라 그 내용이었다. 어떤 용어든 간에 그것이 성서의 진리를 보다 분명하게 설명해 준다면 그것으로 족한 것이었다. 그러나 교회의 역사를 통해 삼위일체, 동일본질, 위격과 같은 용어들만큼 성부, 성자, 성령 하나님을 잘 설명해 주는 용어가 없기에 칼뱅은 그런 용어들을 차용하여 사용한 것이다. 칼뱅에게 삼위일체는 성서의 진리였으며, 성서의 하나님을 잘 드러내 주는 표현이었다.

여기에서 우리는 칼뱅의 성서에 대한 강조가 아우구스티누스가 말한 삼위의 흔적에 대한 반대로까지 이어지고 있음을 언급할 수 있다. 아우구스티누스는 삼위일체를 보다 잘 이해시키고자 하는 의도에서 많은 삼위의 흔적들을 제시하였다. 하나님은 사랑이신데, 사랑에는 사랑하는 자, 사랑받는 자, 사랑 그 자체가 있다.[29] 이 구조에 따르면 아버지는 사랑하는 자(lover)이고, 아들은 사랑받는 자(beloved)이며, 성령은 사랑(love)이다. 아우구스티누스에 따르면 하나님의 형상인 사람에게도 일종의 삼위의 흔적이 있다. 마음과, 마음을 아는 지식과, 마음의 사랑이 그것이다.[30] 사람의 마음에도 기억, 이해력, 의지가 있다.[31] 그러나 칼뱅은 "[삼위의] 구별을 설득력 있게 설명하기 위해 인간사에서 비유를 든다는 것이 과연 타당한가 하는 데 대하여 나는 확실히

27) *Institutes,* I, 13, 5.

28) *Institutes,* I, 13, 5.

29) Augustinus, *The Trinity*, trans. John Burnaby, *Augustine : Later Works* (London : SCM Press, 1955), VIII.

30) Augustinus, *The Trinity*, IX.

31) Augustinus, *The Trinity*, X.

알 수 없다."[32]고 말한다. 그는 인간이나 피조세계에 있는 하나님의 모습과 형상이 삼위일체의 형상이나 그리스도의 형상으로 생각되어서는 안 된다고 믿었다. 그는 삼위일체를 설명하기 위해서는 인간이나 자연의 유비에서 흔적을 발견하려고 할 것이 아니라 성서의 증언을 따라야 한다고 주장하였다. 성서의 진리로서의 삼위일체, 이것이야말로 삼위일체론에 있어서 칼뱅의 중요한 공헌 가운데 하나라고 할 것이다.

C. 관계의 삼위일체론

칼뱅의 삼위일체론의 특징은 일체성보다 삼위성에 있다. 다시 말하면 각 위격의 독자성과 구별을 더 강조한다. 『기독교강요』에서 칼뱅은 위격들의 구별을 먼저 다룬 후에 일체성을 다룬다. 왜냐하면 하나님을 안다는 것은 세 위격으로 안다는 것이기 때문이다. 하나님께서는 각기 독특한 세 위격으로 우리의 마음속에 스스로를 계시하시는 것이다. 정확히 말하자면, 우리는 성자이신 그리스도를 통해서 하나님과 성령을 알게 되는 것이다.[33] 삼위일체론에서 삼위의 절대적 구별을 강조한다는 점에서 칼뱅이 동방교회의 교부들, 특히 나지안주스(Nazianzus)의 그레고리오스(Gregorios)의 영향을 받은 것이 드러난다.[34]

---

32) *Institutes,* I, 13, 18.

33) T. F. Torrance, "Calvin's Doctrine of the Trinity," *Calvin Theological Journal* Vol. 25, No. 2 (November 1990), 171. 토랜스의 보다 최근 입장을 알기 위해서는 그의 책 *The Christian Doctrine of God, One Being Three Persons* (Edinburgh : T & T Clark, 1996)가 도움이 된다.

34) T. F. Torrance, "The Doctrine of the Trinity in Gregory of Nazianzus and John Calvin," *Trinitarian Perspectives* (Edinburgh : T & T Clark, 1994), 21-40. 토랜스에 따르면, 칼뱅의 삼위일체론은 실제로 동방의 교부들, 즉 아타나시오스, 나지안주스의 그레고리오스, 알렉산드리아의 키릴루스 등과 더 밀접한 관계를 가지고 있다. 그러나 폴 오웬(Paul Owen)에 따르면, 칼뱅은 삼위일체에 관한 라틴 서방과 헬라 동방의 차이를 잘 알고 있었고, 두 견해가 다를 때에는 언제나 서방의 편에 섰다. 필리오케에 대한 수용이 그 대표적인 사례일 것이다. T. F. Torrance, "Calvin's Doctrine of the Trinity," 179와 Paul Owen, "Calvin and Catholic Trinitarianism : An Examination of

세 위격의 독자성에 중심을 두었던 칼뱅은 세 위격 모두 완전한 하나님임을 강조하였다. 따라서 서방뿐 아니라 동방에서도 널리 사용되고 있던 위격(persona, person)이라는 말 대신에 실재(subsistentia, subsistence)라는 용어를 제안하였다.[35] 이를 통해 각 위격이 스스로 존재하는 신적 존재라는 것을 강조하고자 한 것이다. 칼뱅은 세 실재가 각자의 고유한 특성에 의하여 서로 구별된다고 주장한다. "성부는 일의 시초가 되시고 만물의 기초와 원천이 되시며, 성자는 지혜요 모사요 만물을 질서 있게 배열하시는 분이시며, 성령은 그와 같은 모든 행동의 능력과 효력을 주장하시는 분이다."[36] 따라서 칼뱅은 성자와 성령의 위격을 단지 성부 하나님의 또 다른 존재방식(mode of being)이라는 개념으로 표현했던 카이사레아의 바실리오스(Basileios)나 니사의 그레고리오스(Gregorios)에 대해 반대하였다. 이 점에서 칼뱅은 분명 바르트에게도 반대할 것이다. 왜냐하면 바르트가 사용하는 존재방식이라는 개념도 인격성을 침해하고, 사랑의 상호관계성도 표현하지 못하며, 각 위격의 독자성을 위협하는 양태론적 경향을 가지고 있기 때문이다. 칼뱅은 아들이, 나아가서 성령이 완전한 의미에서 하나님이라고 주장함으로써, 서방의 사벨리우스주의를 공격하였다.

이처럼 삼위가 서로에 대해 구별되는 독립적인 존재라면, 삼위는 어떻게 하나가 되는 것인가라는 의문이 당연히 제기된다. 칼뱅에게 삼위는 각각이 구별된 하나님이지만, 서로가 상호내주의 관계를 통해 하나로 연합되어 있다. 칼뱅은 동방의 교부들이 강조하던 상호내주(perichoresis)라는 개념을 통해 삼위의 내적 통일성을 확보하고자 하였다. 이처럼 서로가 서로에 대해 상호침투하는 관계를 통해 셋은 하나이다. 따라서 칼뱅은 성부는 창조자요, 성자는 구속자요, 성령은 성화를 가져다주는 분이라는 식의 전통적인 신성분업 이론을 거부하였다. 오히려 칼뱅은 삼위를 개별적으로 나눈 것이 아니라 통전

Robert Reymond's Understanding of the Trinity and His Appeal to John Calvin," *Calvin Theological Journal* Vol. 35, No. 2 (November 2000), 272-273을 비교해서 보라.

35) *Institutes,* I, 13, 2.

36) *Institutes,* I, 13, 18.

적으로 생각했다. 삼위일체 하나님은 창조자요, 구속자요, 동시에 성화를 가져다주는 자였다.[37] 세 실재는 서로 구별되지만, 또한 상호관계에 의해 서로 나뉠 수 없는 존재였다.

"질서를 가진 상호관계 안에 있는 세 구별되는 위격들"(three distinct Persons in their ordered interrelations in God),[38] 이것이 칼뱅의 삼위일체론의 요체이다. 삼위에게는 "영원에 있어서는 '먼저'니 '나중'이니 하는 것"[39]이 있을 수 없다. 분명 신성이라는 본질에 있어서는 성부도, 성자도, 성령도 영원한 분이시다. 그럼에도 불구하고 "성부를 먼저 생각하고, 다음으로는 성부로부터 성자를, 그리고 마지막으로 성부와 성자로부터 성령을 생각하게 될 때에, 삼위의 순서를 고찰하는 것이 무의미하거나 불필요한 것은 아니다."[40]라고 말한다. 여기에서 칼뱅은 "필리오케"(filioque)라는 서방의 전통을 따른다. 성부가 신성의 원천이고, 성부가 성자를 낳았고, 성부와 성자에게서 성령이 발출되었다는 서방의 전통적 입장을 지지하고 있는 것이다.[41] 성부가 "신성

37) Gerald Bray, *The Doctrine of God*, 202－203.

38) T. F. Torrance, "Calvin's Doctrine of the Trinity," 172.

39) *Institutes,* I, 13, 18.

40) *Institutes,* I, 13, 18.

41) 동방과 서방의 삼위일체론을 그림으로 표시하자면 다음과 같이 할 수 있을 것이다.

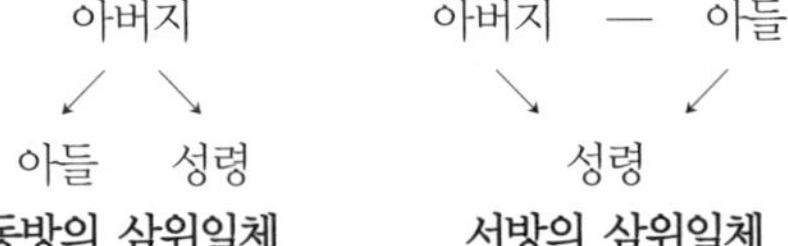

아버지와 아들과 성령의 순서에 대해서는, 성령을 아버지와 아들을 중간에서 묶어주는 끈(bond)으로 보았던 아우구스티누스와 달리 칼뱅은 신성의 원천이신 아버지, 아버지에게 나신 아들, 그리고 아버지와 아들에게서 나오는 성령의 순서로 보았다.

아우구스티누스	칼뱅
아버지	아버지
|	|
성령	아들
|	|
아들	성령

의 원천"(the beginning of divinity)[42]이라고 할 때, 이것은 본질이나 존재에 있어서가 아니라 질서와 지위에 있어서 그렇다는 것이다. 칼뱅에 따르면, "하나님은 본질에서는 단일하시나, 이 단일성은 경륜의 신비를 통하여 삼위로 나타나셨다. 신분이 아니라 지위에 있어서 삼위이고, 본질이 아니라 형식에 있어서 삼위이며, 능력이 아니라 현현에 있어서 삼위이다."[43] 성부와 성자와 성령은 본질과 신분과 능력에 있어서는 한 분이지만, 형식과 지위와 현현에 있어서는 세 실재인 것이다. 이것이 성서가 가르치는 신비로운 삼위일체이다.[44]

이처럼 칼뱅은 본질과 위격을 명확히 구분한다. 본질의 면에서 볼 때 삼위일체는 수적으로 한 분이며 온전히 동등하다. 반면에 위격의 면에서 볼 때 삼위일체는 수적으로 세 분이며 서열이 있다. 삼위 모두가 자존하시는 하나님이시다. 그러나 관계의 관점에서 볼 때, 아버지가 있고, 아들이 있고, 아버지와 아들의 영이 있다. 칼뱅은 아우구스티누스를 인용하여 이렇게 말한다. "그리스도는 자신에 대하여는 하나님이라고 불리며, 성부와의 관계에서 생각될 때는 성자라고 불린다."[45] 하나의 나누어질 수 없는 신성 안에서 상호내주하는 인격적 관계들 혹은 실재들이라는 칼뱅의 사상은 삼위일체론에 있어서 그의 가장 중요한 공헌일 것이다.[46] 칼뱅은 자신의 『기독교강요』에서 "나

---

42) *Institutes,* I, 13, 24.

43) *Institutes,* I, 13, 28.

44) 토랜스는 "Calvin's Doctrine of the Trinity," 190-192에서, 칼뱅이 하나님께서 본질에 있어서는 서로 동등하지만 질서상 구별되는 것에 대한 실례로 감독직의 동등성을 말하고 있다고 주장한다. 모든 감독은 그 직에 있어서 동등하지만 질서상 서로 구별되며 대표가 있을 수 있음을 말하는 것이다. 그 근거로 칼뱅이 "감독직은 하나요, 이 '전체'의 한 부분을 각 감독이 차지한다."(*Institutes,* IV, 6, 17)는 키프리아누스의 말을 인용하고 있는 데서 찾고 있다. 그러나 이 주장은 무리가 있어 보인다. 무엇보다 칼뱅이 키프리아누스의 말을 인용한 부분이 삼위일체를 다루는 I권 13장이 아니라, 교회의 일치를 다루는 IV권 6장이기 때문이다. 또한 칼뱅은 삼위일체의 흔적이나 유비를 성서가 아닌 것에서 찾는 것에 대해 부정적임을 생각할 때 감독직의 동등성을 삼위의 동등성의 유비라고 말하는 토랜스의 주장에는 무리가 있다.

45) *Institutes,* I, 13, 19.

46) T. F. Torrance, "Calvin's Doctrine of the Trinity," 176.

는 삼위의 광채에 둘러싸이지 않은 채 한 분을 생각할 수 없다. 또한 즉시 한 분께 돌아오지 않은 채 세 분을 구분할 수 없다."[47]라는 나지안주스의 그레고리오스가 남긴 말을 인용하고 있다. 그에게 있어서 삼위와 일체는 결코 분리될 수 없는 상호관계로 엮여 있는 것이다. 따라서 우리는 그의 이론을 관계의 삼위일체론이라 부를 수 있을 것이다.

D. 구원을 위한 삼위일체론

칼뱅에게 있어서 삼위일체 교리는 사색을 위한 이론이 아니라 구원과 직접적으로 관계된 것이었기 때문에 중요했다. 그는 무익하고 덧없는 사색에 빠지는 것을 무엇보다 혐오하였다. 칼뱅에게 하나님은 탐구될 대상이 아니라 경배 받으실 분이다. 하나님의 존재는 본질적으로 이해 불가능하다는 사실이 우리로 하여금 헛된 사색에서 벗어나도록 만든다. 실제로 하나님은 오직 삼위일체 가운데 특별한 한 실재이신 그리스도 안에서만 이해될 수 있다. 그리스도의 성육신 사건은 우리를 위한 삼위일체 하나님의 적응(accommodation)이다. 만일 삼위일체론이 단지 하나님에 대한 사색일 뿐이라면 칼뱅은 삼위일체론에 대해 아무런 말도 하지 않았을지도 모른다. 그러나 그에게 있어서 삼위일체 교리는 구원과 그리스도인의 삶과 연관된 실천적 교리였다. 그가 세르베투스와 같은 반(反)삼위일체론자들과 그토록 치열하게 논쟁한 이유도 삼위일체론에 대한 잘못된 이해가 구원을 위협할 수 있기 때문이었다. 칼뱅은 "순서와 지위에 있어서 신성의 근원이 성부에게 있다는 것은 인정하지만, 그렇다고 해서 마치 성부가 성자를 신으로 만들어주는 분인 양, 본질이 성부에게만 속한다고 생각하는 것은 혐오를 받아 마땅한 날조"[48]라고 말하고 있다. 왜 그런가? 신성의 본질이 성부에게만 속해 있고, 성자는 성부에 의해 신성하게 된다는 아리오스적인 견해는 그리스도의 신성을 부인할 뿐만 아니라 결

47) *Institutes,* I, 13, 17에서 나지안주스의 그레고리오스의 "거룩한 세례에 관하여"(On Holy Baptism)라는 설교에서 한 문장을 인용하고 있다.

48) *Institutes,* I, 13, 24.

국 우리의 구원의 근거를 허물어 버리는 것이기 때문에 용서할 수 없는 행위인 것이다.

필립 샤프(Philip Schaff)가 자신의 『교회사』(*History of the Christian Church*) 8권에서 전해주는 세르베투스의 최후 이야기는 삼위일체에 대한 그의 신념을 잘 보여주는 일화이다. 1553년 10월 27일 화형을 당하던 마지막 순간에 세르베투스는 "예수 그리스도여, 영원한 하나님의 아들이시여, 저에게 자비를 베푸소서!"라고 기도하였다. 이것은 세르베투스의 신앙고백인 동시에 오류의 고백이기도 했다. 그는 그리스도를 "영원한 하나님의 아들"(Son of the eternal God)이라고 고백했지만, 끝내 "하나님의 영원한 아들"(the eternal Son of God)이라고 말하지는 않았다.[49] 세르베투스는 아들의 영원성, 다시 말하면 아들의 신성을 거부한 것이다. 이것은 칼뱅에게는 도저히 묵과할 수 없는 이단적 사상이었다. 결국 형용사의 위치로 인해 종교개혁의 역사에서 오랫동안 오점으로 남을 화형이 일어난 것이다.

칼뱅이 세르베투스와의 논쟁에서 그토록 삼위일체 교리를 옹호한 것은 그것이 그리스도에 대한 신앙과 우리의 구원에 있어서 필연적인 것이었기 때문이었다. 칼뱅에 따르면, 세르베투스는 사벨리우스주의자였다. 왜냐하면 세르베투스는 하나님의 유일하신 본질이 삼위로 분할되었다고 생각하는 것은 하나님의 통일성에 모순되는 것이므로 상상에 불과한 것이며, 삼위란 하나님의 본질 속에 참으로 실재하는 것이 아니고 하나님을 우리에게 이런 저런 모양으로 표현해 주는 어떤 외적인 관념에 불과하다고 주장했다. 따라서 세르베투스에게 삼위일체론이란 곧 삼신론이거나 무신론이었다.[50] 성자와 성령의

---

49) Philip Schaff, *History of the Christian Church*, Vol. VIII, 박경수 역, 『스위스종교개혁』(고양: 크리스챤다이제스트, 2004), 671. 이 책의 제16장(582-682)은 세르베투스의 사상 전체를 이해하는 데 도움을 준다.

50) *Institutes,* I, 13, 22. 세르베투스는 삼위일체를 말하는 사람들은 머리가 셋 달린 개(Cerberus)를 만드는 것과 같다고 비난한다. 세르베투스가 지적하는 삼위일체의 오류를 알기 위해서는 *On the Errors of the Trinity*와 *Dialogues on the Trinity*를 읽어야 한다. 이것들은 Earl Morse Wilbur에 의해 영어로 번역되어 *The Two Treatises of Servetus on the Trinity* (Cambridge, MA: Harvard University Press, 1932)에 수록되어 있다. 칼뱅

위격을 외적 관념으로 환원시켜 버리는 세르베투스의 주장은 칼뱅에게 있어 그리스도의 신성과 인성 모두를 말살하는 참으로 저주받을 사상이었다. 칼뱅은 또한 세르베투스를 아리오스주의자로 보았다. 왜냐하면 그리스도에게는 하나님의 영원한 작정에 의해 아들로 명해졌다는 것 외에 달리 신성을 돌릴 만한 요소가 없다고 세르베투스가 생각했기 때문이다.[51] 이것은 소위 양자 기독론(adoptianist Christology)이라 할 수 있었다. 칼뱅에게는 이것 또한 그리스도에게서 신성을 박탈하는 혐오스러운 사상이었다. 만일 그리스도가 존재와 능력에서 하나님과 동일한 분이 아니라면 그의 구원 사역들은 신적인 것이 아니라는 것이며 그 효력도 없어지게 될 것이다.[52] 따라서 칼뱅은 성자가 위격의 관점에서는 성부와 다르지만 존재와 신성에 있어서는 동일하다고 믿었다. 즉 그리스도는 한 분이신 영원한 하나님이다. 이것이 칼뱅이 서방의 전통인 필리오케를 수용하는 근본적 이유일 것이다. 이런 점에서 칼뱅을 삼신론자라고 비난한 세르베투스도, 아리오스주의자라고 비난한 카롤리도 칼뱅을 잘못 이해하고 있었다. 이처럼 칼뱅의 삼위일체론은 그리스도 중심적이라고 할 수 있다. 그리고 이 모든 것은 우리의 구원을 위해 필수적인 것이었기에 칼뱅은 세르베투스에게 결코 양보할 수 없었다.

세르베투스의 반(反)삼위일체론은 고대의 두 이단, 사벨리우스주의와 아리오스주의의 기묘한 혼합이었다. 어쩌면 이것은 세르베투스의 독창성이 만들어 낸 혼합이었을지도 모른다. 서방과 동방의 삼위일체설을 새로운 형식으로 조합하려 했다는 점에서 세르베투스와 칼뱅 두 사람은 서로 닮아 있다. 하지만 세르베투스가 이단들의 총합을 만들었다면, 칼뱅은 더욱 깊이 있는 정통 삼위일체론을 위한 초석을 세웠다는 데 두 사람의 차이가 있다.[53]

의 입장은 세르베투스가 1553년 화형당한 후인 1554년에 출판한 『세르베투스의 오류에 대한 정통 신앙의 수호』(*Defensio orthodoxae fidei contra Michaelis Serveti*)라는 책에 드러나 있는데, 박건택 교수가 번역하여 『종교개혁사상선집』(서울: 개혁주의신행협회, 2000)에 실었다.

51) *Institutes*, I, 13, 22–23.

52) *Institutes*, I, 13, 12–13.

53) Gerald Bray, *The Doctrine of God*, 201.

칼뱅은 자신이 세르베투스와 같은 이단들에 대항하여 싸우는 것은 단지 논쟁 자체를 위한 것이 아니라 구원을 갈망하는 사람들을 바른 길로 인도하기 위한 것임을 밝히고 있다. "지금까지의 나의 특별한 목적은 배우고자 하는 사람들을 인도하는 데 있었지, 완고하고 전투적인 사람들과 맞부딪쳐 싸우는 데 있지 않았다."[54] 그의 목적은 논쟁이나 투쟁이 아니라 성도들이 하나님의 말씀을 바로 알고 바로 믿어서 구원에 이를 수 있도록 하려는 것이었다. 칼뱅은 삼위일체론을 다루는 자신의 목적은 어디까지나 교회의 덕을 세우는 것이지, 독자들에게 별 유익이 없고 쓸데없는 괴로움만 안겨 줄 뿐인 복잡한 사색을 즐기는 것이 아님을 분명하게 밝히고 있다.[55] 따라서 삼위일체론을 전개하면서도 무익한 사색을 피하고 철저하게 하나님의 말씀인 성서에 천착하게 된 것이다. 여기서 우리는 삼위일체 교리까지도 성서에 근거를 두고자 했던 칼뱅의 성서중심주의를 다시 한번 확인하게 된다. 칼뱅은 세르베투스와 같은 이단들에 대한 반론을 시작하면서, "우리의 사상과 우리의 언어 그 어느 하나도 하나님의 말씀 그 자체가 허락하는 한계를 넘어서지 않도록 매우 조심하자."[56]고 제안하고 있다. 또한 "하나님의 거룩하신 말씀 외에는 어떠한 곳에서도 하나님을 찾지 않도록, 하나님의 말씀에 부합되는 것 외에는 하나님에 대해서 어떠한 것도 생각하지 않도록, 혹은 하나님의 말씀으로부터 나오지 않은 것은 어떠한 것도 말하지 않도록 우리 모두 힘써야"[57] 한다는 원칙을 먼저 제시한다. 이것은 삼위일체 교리가 잘못된 사색의 길로 빠져서는 안 되며, 성서에 기초하여 우리의 구원을 위한 올바른 지식으로 인도되어야 한다는 점을 명확하게 한 것이다.

홀트롭은 칼뱅의 삼위일체론에서, 나아가 그의 신학 전반에서 "우리를 위한 하나님"(Deus pro nobis)이라는 개념의 중요성을 지적한 바 있다.[58] 삼위

54) *Institutes,* I, 13, 21.
55) *Institutes,* I, 13, 29.
56) *Institutes,* I, 13, 21.
57) *Institutes,* I, 13, 21.
58) Philip C. Holtrop, 『기독교강요연구핸드북』, 65-70.

일체론은 바로 "우리를 위한" 하나님의 구원의 기초가 되는 교리인 것이다. 최근에는 부틴도 "칼뱅의 관심은 믿는 자들과의 관계에서 하나님의 구원하시는 성서적 경륜의 역사 속에서 성부와 성자와 성령의 역할들을 설명하고, 구별하고, 통합하려는 것이었다."[59]고 평하면서 칼뱅의 삼위일체론이 "우리를 위한" 구원의 실천적 교리였음을 밝혀주고 있다. 티모디 조지(Timothy George)가 『개혁자들의 신학』에서 말한 바는 칼뱅의 삼위일체론의 핵심을 찌르고 있다.

> 삼위일체가 칼뱅에게 왜 그토록 중요했는가? 우리가 살펴본 대로, 그는 추상적 신학의 형이상학적인 까다로움에 관심이 없었으며, 전통적인 용어에 노예적으로 집착하지도 않았다. 삼위일체는 예수 그리스도의 신성에 대한 증언이었고 따라서 그리스도에 의해 주어진 구원의 확실성에 대한 증거였기 때문에 결정적으로 중요한 것이었다. 칼뱅의 삼위일체론의 목적은 아타나시오스의 그것과 마찬가지로 구원론적이었다.[60]

III. 남는 문제

우리는 위에서 칼뱅이 삼위일체론의 역사에 특별히 기여한 바가 없다는 일반적 견해와는 달리, 그가 삼위일체론 논의에 중요한 공헌들을 하였음을 살펴보았다. 이 과정에서 우리는 칼뱅이 자신의 신학 전체를 삼위일체론적으로 구성했다는 점, 삼위일체 교리를 성서적 토대 위에 세우고자 했던 점, 삼위의 독자성을 강조하면서도 상호관계를 통한 통일성을 강조한 점, 삼위일체를 사변적 이론이 아니라 구원의 교리로 정립하고자 했던 점을 그의 공헌으로 제시하였다.

---

59) Philip Walker Butin, *Revelation, Redemption, and Response : Calvin's Trinitarian Understanding of the Divine-Human Relationship*, 40.

60) Timothy George, *Theology of the Reformers*, 200-201.

그러나 여기서 한 가지 분명히 해야 할 것은, 비록 칼뱅이 삼위일체론의 역사에서 중요한 공헌을 하였다 하더라도, 그것은 그가 고대교회의 삼위일체 교리의 전통을 부인하고 전혀 새로운 것을 수립했다는 의미가 아니라 고대의 삼위일체론에서 미약했던 것을 새롭게 재조명하여 강조했거나 중세기를 지나면서 곁길로 벗어난 논의를 원래의 목적으로 돌려놓았음을 의미하는 것이다. 그럼에도 불구하고 어떤 학자들은 칼뱅의 삼위일체론을 지나치게 과장하는 오류를 범하기도 한다.

최근 플로리다에 위치한 녹스신학교(Knox Theological Seminary)의 교수인 레이몬트(Robert Reymond)는 니케아-콘스탄티노플에서 표명된 삼위일체 교리가 1300년 동안 기독교계를 지배하다가 칼뱅에 의해서 비로소 도전을 받았다고 평가하였다.[61] 레이몬트는 니케아 교부들이 아버지가 아들을 낳았다는 표현을 함으로써 아버지에게 아들을 종속시켰다고 비판하면서, 칼뱅이 니케아의 이러한 경향을 반대했다고 주장한다.[62] 레이몬트에 따르면, 칼뱅은 아버지가 아들을 낳았다는 표현을 관계적 질서에서 아버지가 우선한다는 의미로 받아들였지, 문자적인 의미로 받아들인 것이 아니라는 것이다. 레이몬트는 칼뱅이 아버지에 의한 아들의 "영원한 출생"(eternal generation)이라는 고대교리를 거부했다고 보고 있다. 성령의 "영원한 발출"(eternal procession) 교리도 마찬가지이다. 영원한 발출의 개념은 고대교부들의 비성서적 상상의 또 다른 예라고 레이몬트는 비판한다. 영원한 출생과 마찬가지로 영원한 발출도 성부에 대한 성자와 성령의 비성서적인 종속설로 이끌었을 뿐이며 칼뱅은 이러한 종속설을 거부했다고 레이몬트는 주장한다.[63]

그러나 칼뱅의 『기독교강요』를 자세히 살펴보면, 칼뱅이 니케아-콘스탄티노플 신조에 표현된 것처럼("begotten of the Father before all ages") 아들의 영원한 출생 교리를 받아들이는 것이 분명하다. 칼뱅은 아리오스를 반대하는

61) Robert L. Reymond, *A New Systematic Theology of the Christian Faith* (Nashville : Thomas Nelson, 1998), xxi. Paul Owen, "Calvin and Catholic Trinitarianism," 262에서 인용.

62) Paul Owen, "Calvin and Catholic Trinitarianism," 267.

63) Paul Owen, "Calvin and Catholic Trinitarianism," 267-268.

구절에서 그리스도를 "아버지와 동일한 본질을 가진 아버지의 영원한 아들"(the eternal Son of the Father, consubstantial with the Father)[64]이라고 불렀으며, "창세 이전에 아버지에게서 나신 말씀"(the Word as begotten of the Father before time)[65]으로 이해하였다. 뿐만 아니라 칼뱅은 그리스도는 "창세 이전에 아버지에 의해 나신 말씀이기 때문에 하나님의 아들"(He is the Son of God because the Word was begotten by the Father before all ages)[66]이요, "창세 이전에 아버지에게서 나신 영원한 말씀"(the eternal Word begotten before all ages from the Father)[67]이라고 고백하고 있다. 이처럼 칼뱅은 아들의 영원한 출생을 분명히 믿고 있었으며, 마찬가지로 필리오케 이론을 받아들이는 곳에서 성령이 성부와 성자에게서 발출한다고 주장하고 있다.[68] 따라서 니케아 교부들과 칼뱅의 불연속성을 드러내고자 한 레이몬트의 주장은 설득력이 없다고 할 수 있다.

레이몬트는 더 나아가 칼뱅의 삼위일체론 자체를 잘못 이해하는 측면이 있다. 칼뱅이 실제로 위격들의 구별을 강조한 것과 다르게, 레이몬트는 각 위격은 하나의 동일한 신적 실체(substance), 본질(essence), 존재(being), 본성(nature)을 가지고 있음을 지나치게 강조하면서 위격들의 통일성을 주장한다. 레이몬트는 심지어 세 위격의 상호내주(perichoresis)라는 카파도키아 교부들의 교리를 거부하기까지 한다. 그러나 칼뱅은 우리가 이미 살펴 본 것처럼 하나님은 본질로는 한 분이지만, 위격으로는 서로가 서로에게서 구별됨을 분명히 하였다. 나아가 위격의 구별과 독립성을 명확히 하기 위해 위격이라는 용어보다 실재라는 용어를 사용하기까지 하였다. 또한 세 위격의 상호내주와 상호관계가 매우 강조되고 있기 때문에 우리는 칼뱅의 삼위일체론을 관계의 삼위일체론이라 정의할 수 있을 것이라고 제안하기까지 하였다.

64) *Institutes,* I, 13, 4.

65) *Institutes,* I, 13, 7.

66) *Institutes,* I, 13, 23.

67) *Institutes,* I, 13, 24.

68) *Institutes,* I, 13, 18; 23.

칼뱅은 분명 니케아 교부들과 연속선상에 있다. 종교개혁 자체가 고대의 순수한 복음 진리를 회복하고자 하는 운동이었듯이, 칼뱅의 삼위일체론도 고대교회의 가르침의 진리를 바로 알도록 하려는 것이었다. 그는 고대교부들의 삼위일체론을 반대하거나 거부한 것이 아니라, 이단들의 왜곡과 오해와 무지로부터 그 순수성을 지키고자 하였다. 그러나 그가 고대의 이론을 그대로 반복한 것은 아니다. 칼뱅은 삼위일체 교리를 신학의 기초로 정립하였고, 삼위일체의 성서적 근거를 찾고자 하였고, 세 위격이 독자성을 가지면서 동시에 상호내주의 관계를 가지고 있음을 강조하였으며, 또한 삼위일체가 구원을 위해 매우 필수적인 교리임을 사람들로 하여금 깨닫도록 하였다. 이런 의미에서 칼뱅은 삼위일체 교리의 역사에서 특별한 공헌을 하였다.

제8장 미카엘 세르베투스 사건에 대한 재평가: 칼뱅은 프로테스탄트 불관용의 대표자였는가?

I. 시작하는 말

미카엘 세르베투스(Michael Servetus)는 1553년 10월 27일 제네바 인근의 샹펠에서 화형 당하였다. 그의 죄목은 삼위일체와 유아세례를 부인했다는 것이었다. 이 두 가지 이단적인 사상은 그 당시 "가톨릭교회의 법에 어긋날 뿐만 아니라 로마 황제 유스티니아누스(재위 527-565) 법전에 근거한 시민법에도 반하는 것으로"[1] 사형에 해당하는 죄였기 때문에 세르베투스는 형장의 이슬로 사라질 수밖에 없었다. 그렇지만 이 사건은 "칼뱅의 명성에 어두운 그림자를 던졌고, 칼뱅은 불관용과 박해라는 그 시대의 오류에 빠져 있었다는 비난을 받게 되었다."[2] 16세기 이후로 지금까지도, 칼뱅의 반대자들은 그를 폄하하기 위해 세르베투스 사건에서의 그의 역할을 지적하곤 한다. 이 처형 사건에 근거하여 칼뱅은 종종 "제네바의 독재자", "최고의 종교재판관", "박해자"로 묘사되었다.[3] 롤란드 베인튼(Roland Bainton)은 "만일 칼뱅이 종교적

1) Roland Bainton, "Sebastian Castellio, Champion of Religious Liberty," *Studies on the Reformation* (Boston : Beacon Press, 1963), 141.

2) Philip Schaff, *History of the Christian Church*, Vol. VIII (Grand Rapids : Wm. B. Eerdmans Publishing Company, 1910), 687.

3) James K. Cameron, "Scottish Calvinism and the Principle of Intolerance," *Reformatio Perennis*, ed. B. A. Gerrish (Pittsburgh : The Pickwick Press, 1981), 113.

자유를 옹호하는 무언가를 기록했다면, 그것은 활자상의 오류일 것"[4]이라고 말하기까지 하였다. 이 사건으로 인해 칼뱅은 모든 종교개혁자들 중 불관용의 대표자라는 오명을 얻게 되었다.

분명 세르베투스는 16세기에 종교적인 이단의 죄목으로 죽임을 당한 유일한 사람은 아니었다. 수많은 사람들이 이단이라는 명목으로 화형이나 수장, 혹은 참수를 당했다. 그런데 왜 유독 세르베투스 사건이 그렇게 유명하고 중대한 사건이 되었는가? 그것은 이 사건이 프로테스탄트 진영에서 종교적 자유와 관용이라는 주제를 놓고 논쟁을 하게 만든 출발점이 되었기 때문이다. 세르베투스 사건에 뒤이은 관용 논쟁에서 세르베투스는 순교자라는 화관을, 칼뱅은 박해자라는 굴레를 뒤집어쓰게 되었다. 필자는 본 논문에서 과연 칼뱅을 불관용의 대표자로 취급하는 것이 역사적으로 정당한 평가인지를 재검토할 것이다.

II. 미카엘 세르베투스의 생애와 저작들

아마도 16세기의 가장 유명한 이단인 세르베투스는 1509년 혹은 1511년에 스페인에서 출생하였다. 그는 역사상 가장 독창적인 사상가들 중 하나일 것이다.[5] 그는 "과학적인 것이든 종교적인 것이든 모든 종류의 새로움에 관심을 가진 박학한 인물"[6]이었다. 세르베투스가 자신의 첫 번째 신학저작인 『삼위일체의 오류에 관하여』(*On the Errors of the Trinity*)를 출간한 것은 1531년

---

4) Roland Bainton, *Concerning Heretics* (New York : Octagon Books, Inc., 1965), 74.

5) 세르베투스에 관한 전기로는 Marian Hillar, *The Case of Michael Servetus (1511–1553) : The Turning Point in the Struggle for Freedom of Conscience* (Lewiston, NY : The Edwin Mellen Press, 1997); Roland Bainton, *Hunted Heretic : The Life and Death of Michael Servetus 1511–1553* (Boston : The Beacon Press, 1953); 그리고 John F. Fulton, *Michael Servetus : Humanist and Martyr* (New York : Herbert Reichner, 1953)을 보라.

6) Joseph Lecler, *Toleration and the Reformation*, Vol. 1 (New York : Association Press, 1960), 325.

스트라스부르에서였다. 이 책에서 그는 삼위일체 교리가 성서적인 근거를 지니지 못한 것임을 보여주고자 하였다. 이것은 약관의 젊은이에게는 너무나 대담한 일이었다. 왜냐하면 삼위일체 교리는 가톨릭과 프로테스탄트를 막론하고 기독교 신앙의 모퉁잇돌과도 같은 것이었기 때문이다. 세르베투스의 책이 출간되자 예상했던 대로 비난이 빗발쳤다. 결국 세르베투스는 스트라스부르시 당국의 위협으로 자신의 주장을 철회하는 문서를 출간할 것을 약속해야만 했다. 그리고 그는 1532년 출간한 자신의 두 번째 신학저작 『삼위일체에 관한 대화』(*Dialogues on the Trinity*)에서 다시금 기독교의 가장 중요한 교리를 다루었다. 분명 다소 온건한 논조였지만, 자신의 주장을 철회하겠다는 약속은 지켜지지 않았다.[7] 삼위일체에 대해 반대하는 책들이 출간되어, 세르베투스는 베인튼의 말대로 "쫓기는 이단자"[8]의 신세가 되었다.

세르베투스는 미셸 드 빌뇌브(Michel de Villeneuve)라는 가명으로 신학적 주제가 아닌 다른 학문적 관심사들도 추구해 나갔다. 그는 출판업자, 지질학자, 천문학자, 의사 등의 다양한 직업에 종사하였다. 1535년 세르베투스는 2세기경 알렉산드리아의 지리학자였던 프톨레마이오스(Claudios Ptolemaeos)의 『지리학』(*Geography*)의 개정판을 출판하였다. 그 다음해에는 파리에서 의학을 공부하기 시작하여, 1537년에 시럽의 의학적 가치를 논한 자신의 첫 번째 의학서 『시럽에 관한 논문』(*Discourse on Syrups*)을 출간하였다. 세르베투스는 확실히 이 분야에 재능이 있었다. 그는 윌리엄 하비(William Harvey)보다 거의 한 세기나 일찍 폐에 의한 피의 순환을 발견하였다.[9]

1545년에 세르베투스는 제네바에 있는 칼뱅과 서신왕래를 시작했다. 처음에는 예의바른 편지들이 오갔지만, 머지않아 적대감이 표출되었다. 칼뱅이 세르베투스에게 『기독교강요』(*Institutes*) 사본을 보내자, 세르베투스는 그 책에

---

7) 삼위일체에 관한 세르베투스 저작의 영어번역본으로 Earl Morse Wilbur, trans., *The Two Treatises of Servetus on the Trinity* (Cambridge : Harvard University Press, 1932)가 있다.

8) Roland Bainton이 쓴 세르베투스의 전기 제목이다.

9) Andrew Pettegree, "Michael Servetus and the Limits of Tolerance," *History Today* 40 (February 1990), 41.

온갖 비판적이고 모욕적인 주를 달아 돌려보냈다. 마침내 칼뱅은 세르베투스에게서 아무런 희망도 찾을 수 없다고 판단했고, 그의 편지에 답하는 것을 그만두었다. 기욤 파렐(Guillaume Farel)에게 보낸 1536년 2월 13일자 편지에서 칼뱅은 세르베투스의 운명에 관한 자신의 의지를 분명히 표하였다.

> 세르베투스가 최근에 나에게 한 통의 편지를 보냈는데, 거기에는 내가 지금까지 들어 본 적도 없는 놀랄 만한 정신착란적인 망상들과 허풍들로 가득하였습니다. 그는 내가 허락한다면 이곳으로 오고 싶어 합니다. 그러나 나는 그의 안전을 보장하는 약속을 하고 싶지 않습니다. 왜냐하면 그가 여기로 온다면 그리고 나에게 그럴 만한 힘이 있다면, 나는 결코 그가 살아서 돌아가도록 내버려두지 않을 것이기 때문입니다.[10)]

1553년 세르베투스는 자신의 주된 신학저작인 『기독교재건』(*Restitutes*)을 출간하였다. 이 책은 세르베투스의 신학적 견해들의 완성이라고 할 만한 것으로, 이전에 발표한 여러 논문들과 칼뱅과 주고받았던 편지들로 이루어져 있다. 여기에서 그는 자신의 사상을 펼쳤고, 칼뱅의 교리에 반대하여 싸우고자 하는 의도를 숨기지 않았다. 책 제목을 봐도, 세르베투스는 이 책을 칼뱅의 책에 대한 대항수단으로 삼을 작정이었던 것 같다. 기독교의 가르침을 세우고자 했던 칼뱅의 강요(institution)를 허물고, 참된 가르침으로 기독교를 재건(restitution)하려는 의도가 제목에서 나타난다. 그러나 단지 칼뱅에 대한 반감만이 이 책을 규정하는 전부는 아니다. 세르베투스는 원시 기독교의 회복이라는 인문주의와 재세례파의 이상에 의해 크게 영향을 받았기 때문이다. 재건이라는 개념은 사도시대와 원시교회의 순수성에 대한 갈망을 함축하고 있을 뿐만 아니라 또한 종말론적 의미도 포함하고 있다.[11)]

---

10) John Calvin, *Letters of John Calvin*, ed. Jules Bonnet (New York: Burt Franklin, 1972), Vol. II, 33.

11) Willem Balke, *Calvin and the Anabaptist Radicals* (Grand Rapids: Wm. B. Eerdmans Publishing Company, 1981), 200.

『기독교재건』에서 세르베투스는 그리스도의 선재(先在)를 부정하였으며, 삼위일체 교리를 "머리가 셋 달린 케르베루스"(a sort of three-headed Cerberus)[12] 라고 불렀다. 그는 자신의 책에서 논쟁적인 삼위일체 교리를 고쳐서 진술하였고, 천년왕국설을 탐구하였으며, 유아세례 교리를 악마적인 것으로 간주하여 거부하였다. 그는 자기 스스로에게 천사장 미카엘의 역할을 부여하고서 자신의 이름을 미카엘 세르베투스라고 했다. 마지막 날에 적그리스도의 졸개들에 맞서 천사들을 지휘하는 천사장 미카엘을 자임하고 나선 것이다. 칼뱅은 곧 세르베투스의 『기독교재건』 사본을 손에 넣고서, "모든 시대의 불경건한 헛소리를 짜깁기해서 묶은 광상문"[13]이라고 혹평하였다.

1553년 3월 세르베투스는 로마 가톨릭 당국에 의해 비엔에서 체포되어, 6월 17일 서서히 타오르는 불로 사형에 처하라는 판결을 받았지만, 재판과정에서 탈출하였다. 몇 주 후인 8월 13일 주일에 세르베투스가 제네바에 모습을 드러내었고, 칼뱅이 설교하던 교회의 예배에도 참석하였다. 그는 즉시 발각되어 체포되었다. 1553년 8월 16일 제네바에서 재판이 열렸다. 하지만 재판에서 칼뱅의 역할을 과대평가하는 오류를 범하지 않기 위해, 우리는 당시 제네바에서 칼뱅의 위치가 그 자신과 그의 교회치리 제도에 대해 극렬하게 반대하던 자유당(Libertine party)[14]에 의해 심각하게 도전받고 있었다는 것을 기억해야만 한다. 아직은 칼뱅이 제네바에서 주도권을 갖지 못했던 때였고, 실제로 1555년에 가서야 칼뱅의 지지자들이 선거에서 다수를 차지하게 된다. 1552년 11월 13일의 선거에서는 자유당에게 제네바의 권력이 주어졌다. 아미 페랭(Ami Perrin)을 위시한 파브르(Favre), 방델(Vandel)과 같은 이들이 소의회

12) 그리스 신화에 등장하는 지옥문을 지키는 머리가 셋 달린 개를 말한다. Williston Walker, *John Calvin : The Organiser of Reformed Protestantism 1509-1564* (New York : Schocken Books, 1969), 328.

13) John T. McNeill, *The History and Character of Calvinism* (New York : Oxford University Press, 1954), 174.

14) 여기서 말하는 자유당(Libertines)은 재세례파의 한 분파인 영성주의적 리버틴(Spiritual Libertines)과 동일시해서는 안 된다. 자유당은 제네바에서 칼뱅주의 개혁에 반대하는 민족주의적이며 정치적인 당이었다.

의 의원들로 선출되었다. 이들을 위시한 칼뱅의 반대자들은 세르베투스 재판이 오히려 칼뱅의 명예에 흠집을 낼 수 있는 기회가 될 것이라 생각하였다. 그래서 그들은 비록 세르베투스의 견해에 아무런 열정도 없었지만, 그의 주장을 지지하였다.[15] 종종 세르베투스가 왜 제네바에 모습을 드러내었는지에 대해 의문이 제기되어 왔다. 칼뱅은 세르베투스가 제네바에 오면 살려서 보내지 않을 것이라고 공언하지 않았던가? 이 질문에 대해 다수의 사람들은 세르베투스와 제네바의 자유당원들 사이에 사전 결탁이 있었을지도 모른다는 가설을 제기하고 있다. 재판과정에서 자유당이 보여준 태도가 어느 정도 이 가설에 신빙성을 더해주고 있다. 칼뱅의 반대자들로 인해 재판이 연기되자 크게 고무된 세르베투스는 칼뱅을 시몬 마구스(Simon Magus)의 제자라고 선언하였다. 제네바 목사회의 심문이 진행되는 동안 세르베투스는 칼뱅을 적어도 22차례 이상 시몬 마구스로 불렀다.[16]

결국 세르베투스는 제네바에서 삼위일체와 유아세례를 반대했다는 이유로 1553년 10월 27일 화형에 처해졌다. 불꽃 속에서 세르베투스는 이렇게 기도하였다. "예수여, 영원한 하나님의 아들이시여, 저에게 자비를 베푸소서." 이것은 세르베투스의 신앙고백인 동시에 오류의 고백이었다. 그는 예수를 "영원한 하나님의 아들"이라고 불렀지만, "하나님의 영원한 아들"이라고 부르지는 않았다.[17] 아들의 영원성을 부인함으로써 성자의 신성을 거부한 것이다. 화형장까지 함께 갔던 파렐은 그가 예수를 "하나님의 영원한 아들"이라고만

15) 세르베투스와 자유당의 관계에 대해서는 Roland Bainton, "Servetus and the Genevan Libertines," *Church History* 2 (June 1936) : 141-149를 참고하라.

16) 사도행전 8 : 9-24에 등장하는 마술사 시몬을 말한다. Jerome Friedman, "The Reformation Merry-Go-Round : The Servetian Glossary of Heresy," *Sixteenth Century Journal* 7, 1 (April 1976), 80. 22번이라는 숫자는 제네바 목사회의 기록에 근거한 것이다. 이 기록의 권위 있는 프랑스어 편집본으로 Robert Kingdon and Jean-Franois Bergier, eds., *Registres de la Compagnie des Pasteurs de Genve au temps de Calvin*, Vol. 2 (Geneva : Droz, 1962)가 있으며, 영어번역본으로는 Philip Hughes, *The Register of the Company of Pastors of Geneva in the time of Calvin* (Grand Rapids : Wm. B. Eerdmanns Publishing Company, 1966), 223-285를 참고하라.

17) Philip Schaff, *History of the Christian Church*, Vol. VIII, 785.

고백했더라도 생명을 구할 수 있었을 것이라고 말하였다. 형용사의 위치가 문제가 되었던 것이다.

III. 미카엘 세르베투스의 신학

세르베투스는 전통적으로 반(反)삼위일체론의 관점에서 조명되고 있다. 그러나 세르베투스를 이렇게 하나의 주제로만 이해하는 것은 마치 재세례파를 세례의 관점에서만 다루려는 시도만큼이나 잘못된 것이다.[18] 만일 누군가가 왜 세르베투스가 삼위일체를 반대했는지를 알기 원한다면, 그는 삼위일체에 대한 논쟁에서 출발하기보다는 먼저 세르베투스의 전체적인 신학체계를 이해해야 한다. 전반적인 신학구조에 대한 이해 없이 세르베투스의 반삼위일체론을 온전히 파악할 수는 없기 때문이다.[19] 여기에서는 세르베투스의 역사관, 천년왕국설, 인간론, 유아세례에 대한 이해를 배경으로 그의 반삼위일체론을 간략히 언급하고자 한다.

세르베투스는 역사를 우주적 투쟁으로 이해하였다. 그는 역사라는 장에서 하나님과 사탄이 인류와 세상에 대한 통치권을 두고 서로 싸우고 있다고 생각했다. 제롬 프리드먼(Jerome Friedman)에 따르면, 세르베투스는 "무엇보다 신적인 역사에 대한 주석가였다."[20] 세르베투스는 하나님께서는 역사의 다른 시기마다 다른 모습으로 나타나셨다고 주장했다. 그에게 성부, 성자, 성령은 본질적으로 동일한 하나님의 다른 현현들일 뿐이었다. 이런 현현들의 차이는 그들이 나타난 역사적 맥락의 차이일 뿐이었다. 세르베투스는 소위 위격들을 독자적인 존재로 보기보다는 동일한 하나님의 다양한 표현들로 보기

18) Jerome Friedman, "Michael Servetus : Advocate of Total Heresy," *Profiles of Radical Reformers*, ed. Hans-Jürgen Goertz (Scottdale, Pennsylvania : Herald Press, 1982), 247.

19) 세르베투스의 전반적인 신학을 위해서는 Jerome Friedman, *Michael Servetus : A Case study in Total Heresy* (Geneva : Librairie Droz, 1978)가 매우 유익하다.

20) Jerome Friedman, "Michael Servetus : Exegete of Divine History," *Church History* 43 (1974), 469.

를 원했다. 다시 말하면 위격들은 한 분 하나님의 다른 양태일 뿐이다. 이런 점에서 그는 고대의 사벨리우스주의자에 속하였다. 하지만 또 다른 면에서 세르베투스는 고대의 아리오스주의자이기도 했다. 왜냐하면 예수 그리스도는 하나님에 의해 아들로 받아들여짐으로써 비로소 신적인 존재가 되었다고 주장한 점에서 그는 양자론을 따르고 있기 때문이다. 세르베투스의 기발한 독창성이 그를 한편으로는 사벨리우스주의자로, 다른 한편으로는 아리오스주의자로 만들었던 것이다. 세르베투스에게 삼위일체론자들의 세 신은 마귀의 속임수이고, 그리스 신화에 등장하는 세 개의 머리를 가진 케르베루스와 같은 괴물일 뿐이었다. 그는 삼위일체론자들을 삼신론자나 무신론자라고 불렀다. 세르베투스는 신성의 단일성을 열렬히 주장하였다. 이것이 그가 종종 유니테리언주의의 선구자 중 한 사람으로 오해되는 이유이다. 비록 세르베투스가 삼위일체의 개념을 매우 빈번하게 공격하기는 했지만, 그는 분명히 유니테리언은 아니었다.[21] 프리드먼은 세르베투스의 마지막 저작인 『기독교재건』에 대한 연구를 통해 세르베투스의 사상은 루터, 칼뱅, 로마 가톨릭에 반대되는 만큼이나 유니테리언주의에 반대된다고 결론지었다.

천년왕국설도 세르베투스의 중요한 사상들 중 하나이다. 세르베투스의 계산에 의하면, 천년왕국은 천사장 미카엘이 사탄과의 전투를 수행하기 위해 나타날 1585년에 시작될 것이었다. 세르베투스는 325년 니케아 공의회에서 삼위일체라는 엉터리 교리가 아타나시오스에 의해 공식화됨으로써 기독교 역사에서 혼란의 시기가 시작되었다고 믿었다. 그는 325년에다가 요한계시록 12장 6절에 근거하여 피오레의 요아킴(Joachim of Fiore)이 예언한 1260년을 더한 해인 1585년에 세상이 멸망할 것이라고 주장했다.[22] 시한부 종말론자였

21) Jerome Friedman, "Michael Servetus : Exegete of Divine History," 460.

22) Jerome Friedman, "Michael Servetus : Exegete of Divine History," 468. 피오레의 요아킴(c. 1135-1202)은 중세의 신비주의 역사철학자였다. 역설적으로 그는 역사를 삼위일체론적 개념으로 파악하였다. 성부의 시기에는 인류가 구약에 기록된 법 아래에서 살고, 성자의 시기에는 신약의 세대로 은혜 아래 산다. 성령의 시기에는 영적 지식의 자유가 널리 퍼져나갈 것인데, 1260년부터 이 새로운 시대가 시작되었다고 보았다.

던 세르베투스는 이 마지막 때에 중요한 역할을 맡기로 되어 있는 천사장 미카엘과 자신을 동일시하였다. 이렇게 볼 때 삼위일체론이 아니라 천년왕국설이 세르베투스의 구원론에 대한 하나의 열쇠를 제공해 주고 있다.

세르베투스와 칼뱅 사이에서 인간에 대한 이해의 충돌은 더 심각한 것이었다. 세르베투스는 원죄가 선을 행할 수 없을 정도로 인간을 타락시켰다는 것을 믿지 않았다. 반대로 세르베투스는 인간이 하나님의 형상을 따라 지음 받았기에 신적 특성을 지니고 있음을 강조하였다. 더욱이 그는 하나님께서 인간이 호흡하는 공기를 통해 은혜와 생명의 본질을 전해주시기 때문에 공기를 많이 마시면 마실수록 하나님과의 유사성은 더 증가된다고 믿었다.[23) 이처럼 인간이 이미 반쯤은 신적인 존재이고, 또 호흡을 통해 점점 신성을 가지게 된다는 세르베투스의 생각은 인간이 속죄를 필요로 하지 않는다는 이단적인 사상으로 이어졌다. 그는 하나님이 모세에게 주신 율법으로 인간이 의로움으로 인도되는 것처럼, 그리스도가 베푸신 세례와 성찬의 예식이 인간을 신화(deification)로 이끈다고 주장했다. 인간에 대한 과장된 낙관론이 결국은 속죄의 필요성도 제거해 버렸고 삼위일체 교리도 불필요한 것으로 만들어 버린 것이다.

세르베투스는 칼뱅의 원죄설, 전적 타락설, 예정설이 인간을 단지 하나의 "통나무나 돌덩이"로 만들어 버렸다고 공격했다. 그러나 칼뱅은 세르베투스의 신화이론이 하나님을 인간의 차원으로 끌어내렸다고 주장했다. "인간성과 신성의 합일이 세르베투스에게는 인간성의 고양이었지만, 칼뱅에게는 신성의 타락이었다."[24) 비록 칼뱅이 신학자가 되기 이전에 인문주의자였긴 하지만, 그의 인간론은 아마도 노예의지론으로 유명한 루터보다 더 비관적일 것이다.[25) 세르베투스의 인간에 대한 낙관적 견해는 칼뱅의 비관적 견해와 대

23) Jerome Friedman, "Michael Servetus : Advocate of Total Heresy," 249-250.

24) Roland Bainton, "The Victim of Protestant Persecution : Michael Servetus," *The Travail of Religious Liberty* (New York : Harper, 1958), 79.

25) Elisabeth Feist Hirsch, "Luther, Calvin, and the Doctrine of Tolerance of Sebastian Castellio," *The Spanish Inquisition and the Inquisitorial Mind*, ed. Angel Alcal (Highland Lakes, NJ : Atlantic Research and Publications, 1987), 631.

조적이었다. 칼뱅은 아담의 타락이 모든 인류를 타락시켰고 누구도 죄의 굴레에서 자유로울 수 없다고 믿었다. 따라서 칼뱅에게 구속자요 하나님의 아들로서의 그리스도는 도무지 포기할 수 없는 기독교의 핵심이었다. 그러나 인간의 죄성에 대한 깊은 성찰이 없었던 세르베투스에게는 별 중요성이 없는 문제였다. 이것이 세르베투스와 칼뱅의 대립에 있어서 가장 중요한 논점 중 하나였다.

유아세례 문제도 세르베투스 처형에 있어서 근본적인 죄목 중 하나로 작용하였다. 세르베투스는 세례가 유아들에게 주어짐으로써 더렵혀졌다는 재세례파의 사상에 공감하였다. 그는 "[유아세례]는 마귀의 발명품이며, 전체 기독교를 파괴하려는 지독한 기만"[26]이라고 열렬히 주장하였다. 그는 유아들은 그리스도를 전혀 알 수가 없으며, 청소년들도 기독교의 진리를 헤아리기에는 부족하다고 생각했다. 그에 따르면, 30세 정도의 성인들이라야 악의 우주적 본성을 알고 사탄의 세력과 싸우기 위해 그리스도가 필요하다는 것을 알 수 있기 때문에 그때가 세례를 받기에 가장 적합한 시기이다.[27] 세르베투스는 세례를 받는 연령에 대한 자신의 주장이 성서적 근거가 있다고 주장했다. 모세의 법(민 4 : 3)에 의하면 제사장들은 30세 이전에 세우지 않았다. 요셉이 감옥에서 풀려나 총리의 직에 오른 나이도 30세였다(창 41 : 46). 랍비들의 전통에 따르면, 아담은 30세의 성인으로 창조되었다고 한다. 그리스도가 요단강에서 세례를 받은 것도 30세였다(눅 3 : 21－23).[28] 이런 근거들에 의지하여 세르베투스는 성인세례만이 성서적으로 합당한 것이라 주장하였다.

세르베투스는 재세례파의 일원이 아니었음에도 불구하고, 유아세례에 대한 반대에 있어서 대부분의 광신적인 재세례파들보다도 더 앞으로 나아갔다. 세르베투스와 재세례파가 동일하게 유아세례를 반대한다는 이유 때문에, 칼뱅은 재세례파 사람들을 "세르베투스의 동생들"[29]이라고 불렀다. 발케

26) Roland Bainton, "The Victim of Protestant Persecution : Michael Servetus," 92.

27) Jerome Friedman, "Michael Servetus : Advocate of Total Heresy," 250.

28) Philip Schaff, *History of the Christian Church*, Vol. VIII, 750.

(Willem Balke)가 지적한 것처럼, 재세례파와 반(反)삼위일체론자들 사이에 유사성이 있는 것은 사실이다. "그들은 모두 교회와 국가에 대해 비판적인 입장에서 출발한다. 두 집단 모두 신비주의와 매우 밀접한 관계를 가지고 있다. 그들 모두 중생을 거룩하게 되는 과정으로 간주한다."[30] 그럼에도 불구하고 그들 사이에는 분명한 차이가 있다. 반삼위일체론자들과 달리 "재세례파 사람들은 삼위일체의 신비를 끊임없이 주장하며, 그 교리에 대해 사색하지는 않는다."[31] 이런 점에서 보면 세르베투스를 재세례파의 일원으로 규정하려는 것은 무리가 있다.

Ⅳ. 세르베투스 사건에 대한 세바스찬 카스텔리오의 항변

세르베투스는 죽었지만, 그것은 소위 "관용논쟁"이라는 또 다른 결과를 불러왔다. 세르베투스의 처형 이후에 칼뱅은 제네바 사람들의 결정을 변호하는 책을 써야 할 필요성을 느꼈다. 그리하여 1554년 칼뱅은 『미카엘 세르베투스의 오류에 대항하는 정통신앙의 변호』(*Defense of the Orthodox Faith Against the Errors of Michael Servetus*)를 출간하여, 자신이 왜 세르베투스의 처형에 반대하지 않았는지 그리고 자신은 왜 이단자들에게 사형을 행하는 것이 정당하다고 생각하는지를 설명하였다.

『정통신앙의 변호』에서 칼뱅은 이단을 억누르고 이단자들을 처벌하는 것이, 그리고 극단적인 경우에는 사형을 집행하는 것이 그리스도인 공직자들의 의무라고 주장하였다. 칼뱅은 세르베투스가 바로 극단적인 경우에 속한다고 말했다. 그는 이단들에 대해 관용을 베푸는 것은 그 자체로 선행이 아니라 범죄라고 주장했다.

29) Willem Balke, *Calvin and the Anabaptist Radicals*, 201.
30) Willem Balke, *Calvin and the Anabaptist Radicals*, 201.
31) Willem Balke, *Calvin and the Anabaptist Radicals*, 201.

> 이단들을 용서해야 한다고 말하는 사람들이 내세우는 인간성이란, 늑대들을 살리기 위해 불쌍한 양떼들을 위험에 노출시키는 것이기 때문에 더 심각한 잔인함입니다. 나는 당신에게 묻고 싶습니다. 이단들이 영혼을 죽이고 그들의 잘못된 교리들로 영혼들을 독살하는 것을 허락하는 것이 합당한 것입니까? 우리가 하나님의 명령을 거부하고 이단들의 육신에 칼을 대는 것을 회피하는 것이 합당한 것입니까? 썩은 지체의 악취를 방임하여 예수 그리스도의 온몸을 상하게 내버려 두는 것이 합당한 것입니까?[32)]

칼뱅은 이단들을 양떼를 죽이는 늑대들에 비유하고 있으며, 그리스도의 교회를 파괴하는 독으로 간주한다. 아주 작은 누룩이 빵 전체에 영향을 끼치는 것처럼, 작은 수의 이단들이 그리스도의 몸 전체를 무너뜨릴 수 있는 것이다. 양떼와 그리스도의 교회를 지키기 위해서는 늑대들을 죽여야 하고 독을 제거해야 한다. 이런 의미에서 칼뱅은 세르베투스는 교회를 보존하기 위해서라도 죽어야만 했다고 생각했다. 칼뱅은 『정통신앙의 변호』에서 참된 교리와 올바른 예배를 유지하고 이단을 공권력으로 억압하는 것이 공직자의 마땅한 임무라고 강변하였다.

칼뱅에 대한 가장 심각한 반격이 세바스찬 카스텔리오(Sebastian Castellio)에게서 비롯되었다. 세르베투스 사건이 프로테스탄트 불관용의 상징처럼 널리 알려지게 된 것도 대체로 카스텔리오의 항의에서 비롯된 것이었다. 카스텔리오는 1554년 3월 말에 출간한 자신의 책 『이단론』(*Concerning Heretics*)으로 말미암아 16세기 종교적 관용의 가장 탁월한 옹호자가 되었다.[33)] 이 책은 “이단들로 추정되는 사람들을 죽여야 하는가, 죽여서는 안 되는가 하는 문제에 대한 유명한 논쟁”[34)]을 야기하였다. 카스텔리오는 마르틴 벨리우스(Martin

32) Joseph Lecler, *Toleration and the Reformation*, Vol. 1, 334.

33) 카스텔리오의 책은 롤란드 베인튼에 의해 영어로 번역되었다. 베인튼의 책에는 탁월한 서문과 부록이 첨부되어 있다. Roland Bainton, *Concerning Heretics* (New York : Octagon Books, Inc., 1965).

Bellius)라는 가명으로 책을 내놓았지만, 칼뱅과 베즈는 즉시 이 책이 카스텔리오의 것임을 알아차렸다.[35]

카스텔리오는 기독교의 생명력은 교리의 정확성에 기초하고 있는 것이 아니라 도덕적 삶의 순수성에 달려 있다고 주장하였다. 그의 책을 보면 흰 옷의 비유가 나타난다.[36] 모든 사람은 주님이 오실 날을 대비하여 흰 옷을 준비해야만 한다. 카스텔리오에게 흰 옷은 우리가 논쟁과 다툼이 아니라 그리스도인의 방식대로 서로 사랑하면서 살아야 함을 의미하는 것이다. 기독교의 본질은 서로 사랑 안에서 더불어 사는 것이다. 그에 따르면 기독교에서는 도덕적 삶이 종교적 교리들에 선행한다.

『이단론』에서 카스텔리오는 이단들에 대한 관용을 호소하기 위해서 이단의 개념을 먼저 검토하고 있다. 누가 이단인가? 카스텔리오는 "이단"(heretic)이라는 단어 대신에 "분파"(sect) 혹은 "견해"(opinion)라는 용어를 자주 사용하였다.[37] 그에 따르면, 이단이란 단지 우리와 다른 견해를 가진 사람이다. 엄격한 의미에서 보자면, 교황주의자들이든 루터주의자들이든 혹은 칼뱅주의자들이든 모두가 분파라고 불릴 수 있다. 문제는 "모든 분파들이 서로 자신의 종교가 하나님의 말씀 위에 서 있으며 확실하다고 주장"[38]하는 데서 발생한다. 칼뱅은 자신의 입장이 확실하며 다른 사람들은 틀렸다고 주장했지만, 카스텔리오는 어떻게 칼뱅이 성서에 대한 자신의 해석이 올바르다고 확신할 수 있느냐고 질문한다. 종교적인 문제에 있어서 관용을 베풀어야 한다는 카스텔리오의 생각을 이해하기 위해서는 무엇보다 먼저 신성모독과 이단을 구별하려는 그의 태도에 주목해야 한다. 신성모독은 하나님의 주권에 대한 침해이

34) Hans R. Guggisberg, "Tolerance and intolerance in sixteenth-century Basle," *Tolerance and Intolerance in the European Reformation,* eds. Ole Peter Grell and Bob Scribner (Cambridge University Press, 1996), 150.

35) 1554년 3월 28일 불링거에게 보낸 편지에서 칼뱅은 이 책이 카스텔리오의 것이라고 말하고 있다. John Calvin, *Letters of John Calvin*, Vol. III, 34-35.

36) Roland Bainton, *Concerning Heretics*, 121-122.

37) Roland Bainton, *Concerning Heretics*, 131.

38) Roland Bainton, *Concerning Heretics*, 281.

지만, 이단은 단지 견해의 차이일 뿐이다.

> 내 생각에는 우리는 하나님을 부정하는 자들(the godless)과 오류를 범한 자들(those that err)을 구별해야만 한다. 왜 칼뱅은 모든 것들을 혼동하여, 신성을 모독하는 자들, 다른 신들과 거짓 선지자들을 숭배하는 자들에게 이단이라는 이름을 씌우는 것인가? … 나는 성서를 경멸하고 하나님을 모독하는 자들을 이단들이라 부르는 것에 반대한다. 내 생각에 그런 자들은 하나님을 부정하는 자들로 간주되어야 한다. 만일 그들이 하나님을 부인하고 신성을 모독하며 공개적으로 기독교의 가르침을 거스른다면, 만일 그들이 신자들의 경건한 삶을 혐오한다면, 나는 그들을 공직자들에게 넘겨주어야 한다는 데 동의한다.[39)]

카스텔리오에 따르면, 신성 모독자들은 하나님의 존재를 부인하기 때문에 그 처벌이 정당화 될 수 있으나, 이단들은 비록 잘못된 견해를 가지고 있다 할지라도 하나님과 성서를 믿기 때문에 관용이 베풀어져야 한다.

카스텔리오는 이단들에게는 관용을, 신성모독자들의 경우에는 추방이나 투옥을 간청하였다. 만일 이단들이 공적인 평화를 교란시킨다면, 공직자들은 그들에게 벌금을 부과하거나 심각한 경우에는 추방이나 투옥을 명할 수도 있다. 하지만 사형은 안 된다. 왜냐하면 그럴 경우 무고한 사람이 죽게 될 위험이 언제나 도사리고 있기 때문이다. 카스텔리오에 의하면 "무고한 한 사람을 이단이라는 명목으로 죽이기보다는 백 명, 천 명의 이단들을 살려주는 것이 오히려 더 낫다."[40)] 그는 아무도 이단이라는 구실로 다른 사람을 죽일 수 있는 권리는 없으며, 오히려 우리는 형제적 사랑으로 이단들이 진리의 길로 돌아오도록 이끌어야 할 것이라고 주장하였다.

---

39) Joseph Lecler, *Toleration and the Reformation*, Vol. 1, 354.

40) Roland Bainton, *Concerning Heretics*, 139.

V. 칼뱅을 위한 변명

세르베투스의 처형 사건으로 칼뱅은 즉시 박해자라는 비난을 받았다. 그러나 이 사건을 공정하게 판단하려고 한다면 적어도 다음 세 가지를 고려해야 할 것으로 보인다. 첫째로, 칼뱅이 프로테스탄트 개혁자들과 스위스 교회로부터 전적인 지지를 받았다는 사실을 염두에 두어야 한다. 16세기의 개혁자들은 모두 세르베투스라는 이단을 제거해야 할 필요성에 대해 공감하고 있었다. 1530년대 초에 바젤의 개혁자 오이콜람파디우스(Johannes Oecolampadius)는 세르베투스의 호전적인 기질과 아리오스적인 입장에 대해 정죄한 바 있었다. 취리히의 츠빙글리도 세르베투스의 "끔찍한 신성모독"이 하나님의 교회를 찢지 못하도록 어떤 방책을 마련할 것을 촉구하였다.[41] 스트라스부르의 부처(Martin Bucer)도 1531년 세르베투스의 『삼위일체의 오류에 관하여』가 출간된 직후 그의 처형을 이미 요구한 바 있었다. 심지어 부처는 강의실이나 강단에서 세르베투스는 능지처참을 당해야 마땅하다고 주장하기까지 하였다. 피에트로 베르밀리(Pietro Vermigli)도 세르베투스를 "마귀의 적자"라고 부르면서, 그의 가르침은 "유해하고 혐오스러운 교리들"이며 "참을 수 없는 신성모독"으로 공직자들에 의해 엄벌에 처해져야 마땅하다고 주장했다.[42] 취리히에서 츠빙글리를 계승한 하인리히 불링거(Heinrich Bullinger)도 세르베투스는 사형에 처해져야 한다는 의견을 피력하였다. 분명 그 당시 가장 관용적인 태도를 지녔던 필립 멜란히톤(Philipp Melanchthon)조차도 친구인 카메라리우스(Camerarius)에게 보낸 편지(1533년 2월)에서 세르베투스에 대해 이렇게 평하고 있다. "자네는 내가 세르베투스에 대해 어떻게 생각하느냐고 물었던가? 나는 그가 논쟁에서 상당히 날카롭고 명민하다는 것을 알고 있네. 하지만 그가 깊이가 있다고 할 수는 없네. 내가 볼 때에는 그는 혼돈된 상상력에 사로잡

41) Wm. Childs Robinson, "The Tolerance of Our Prophet," *John Calvin Contemporary Prophet*, ed. Jacob T. Hoogstra (Grand Rapids : Baker Book House, 1959), 47.

42) Philip Schaff, *History of the Christian Church*, Vol. VIII, 708-710.

혀 있고, 논의하고 있는 주제들에 대해 농익은 성숙함을 갖추지 못하고 있네."[43] 이후에 세르베투스의 처형에 대해서 멜란히톤은 칼뱅에게 보낸 1544년 10월 14일자 편지에서 그것이 "정당하게 행해졌다."[44]고 말하였다.

게다가 칼뱅은 세르베투스 사건에 대해 다른 스위스 교회들과 깊이 상의하였다. 모든 스위스 교회들은 이 사건에서 칼뱅의 편을 들었다. 칼뱅은 이 사건이 모든 교회에게 중요한 문제라고 생각했기 때문에 개인적인 방식으로 처리하기보다는 공동의 방식으로 결정하기를 원했다.[45] 여기에서 우리는 복음주의 교회들의 합의를 중시하는 칼뱅의 특징을 보게 된다. 1553년 10월 26일 제네바 의회는 세르베투스를 정죄하고 다음날 화형에 처하라고 명령했다. 칼뱅은 의회가 만장일치로 세르베투스에게 판결을 내린 바로 그날 파렐에게 편지하였다.

> 스위스의 여러 교회들에 파송한 사절들이 막 돌아왔습니다. 모든 교회들은 만장일치로 세르베투스가 과거 사탄이 교회를 어지럽게 만들던 바로 그 불경건한 오류들을 다시금 되풀이하고 있으며, 그는 태어나지 말았어야 할 괴물이라고 판단을 내렸습니다. 바젤의 교회들도 적절하게 판결하였습니다. 취리히 사람들이 가장 격렬하였는데, 그들은 세르베투스의 지독한 불신앙에 대해 강한 어조로 비난하였을 뿐만 아니라 우리 의회에게 그를 엄중하게 다루어 줄 것을 권고하였습니다.[46]

칼뱅은 제네바 의회에 화형보다는 좀 덜 고통스러운 참수형으로 처형해 줄 것을 간청했지만 그것조차도 허용되지 않았다. 그는 파렐에게 "우리는 사형의 방법을 바꾸어 보려고 노력했지만 아무런 소용이 없었습니다."[47]라고 말

43) Philip Schaff, *History of the Christian Church*, Vol. VIII, 719.

44) François Wendel, *Calvin : Origins and Development of His Religious Thought*, trans. Philip Mairet (Durham, North Carolina : The Labyrinth Press, 1987), 97.

45) Willem Nijenhuis, *Calvinus Oecumenicus : Calvijn en de eenheid der kerk in het licht van zijn briefwisseling* ('S-Gravenhage : Martinus Nijhoff, 1959), 313.

46) John Calvin, *Letters of John Calvin*, Vol. II, 436.

하였다. 16세기의 개혁자들과 스위스의 모든 교회들이 한 목소리로 세르베투스의 사상들을 강하게 비난하였고 엄격한 조처를 요구하였다. 이단에 대한 처형은 당시로서는 하나의 문화적 규범이었다. 따라서 칼뱅을 관용이라고는 찾아볼 수 없는 박해자라고 특별하게 비난하는 것은 공정하지 못하다.

둘째로, 오늘날의 기준을 과거에 적용하려는 것은 건전한 역사적 방법이라고 할 수 없다. 칼뱅은 육체를 죽이는 살인자들을 벌해야 하는 것과 마찬가지로 영혼을 망하게 하는 신성모독 행위자를 벌하는 것은 그리스도인 공직자의 마땅한 의무라고 확신하였다. 만일 누군가가 칼뱅의 조처를 16세기의 관점에서 본다면, 그는 분명 "칼뱅은 엄격한 의무감으로 자신의 역할을 했으며, 이것은 이단과 신성 모독자는 사형에 처하는 것이 마땅하다는 그 시대의 공적인 규범과 지배적인 정서에 합치되는 것이었다."[48]는 결론에 도달하게 될 것이다. 오늘날의 기준으로 본다면, 세르베투스의 화형은 결코 정당화될 수 없다. 현대문명은 이단을 범죄로 기소하는 것을 허용하지 않을 뿐만 아니라, 공직자들도 십계명의 첫 번째 돌판에서 명하는 종교적 계명들을 위반했다는 이유로 벌을 가할 권리를 가지고 있지 않다.[49] 그러나 16세기에는 완전히 달랐다. 그때에는 영혼을 구하기 위해 육신을 죽이는 것이, 혹은 교회와 사회의 평화와 질서를 유지하기 위해 이단을 처형하는 것이 허용되었을 뿐만 아니라 정당화되었다. 칼뱅은 자신의 시대에 프로테스탄트 신자들과 가톨릭 신자들 모두가 공유하고 있던 원칙에 따라 행동했을 따름이었다.

베인튼이 지적한 것처럼, "만일 세르베투스의 사상이 알려졌다면, 그는 유럽의 어디에서든지 추방이나 화형을 당했을 것이다."[50] 로마 가톨릭의 종교재판소는 스페인과 툴루즈에서 세르베투스를 내쫓았고, 모든 프로테스탄트 도시들도 그를 정죄하거나 추방하였다. 심지어 가장 유명한 칼뱅의 반대자였던 제롬 볼섹(Jerome Bolsec)조차도 세르베투스의 처형에 동의하였다. "나는

47) John Calvin, *Letters of John Calvin*, Vol. II, 436.

48) Philip Schaff, *History of the Christian Church*, Vol. VIII, 690.

49) Jean Cadier, *The Man God Mastered* (London : Inter-Varsity Fellowship, 1964), 150.

50) Roland Bainton, *Hunted Heretic*, 104.

그런 괴물 같은 이단자의 죽음을 기쁘게 생각하며 이 글을 기록한다. 왜냐하면 그는 사악하며 사람 가운데 살 만한 가치가 없기 때문이다. 나는 그와 유사한 다른 자들도 전멸시켜서 교회에서 그런 기생충들을 일소하기를 바란다."[51] 역설적이게도 세르베투스 자신도 예전에 칼뱅에게 보낸 한 편지에서 완고하며 심각한 이단은 사형에 처해 마땅하다고 인정한 바가 있다. 물론 세르베투스는 자신은 전혀 이단이라고 생각하지 않았지만 말이다.

> 베드로가 돌이킬 희망이 없는 아나니아와 삽비라에게 죽음을 내린 것이 사실이다. 베드로는 이를 통해 그들의 범죄에 대한 자신의 혐오를 분명히 보여주고, 다른 모든 사람들에게 본보기로 삼고자 하였다. 혹은 그들이 멸시한 성령께서 이런 수단을 통해 그들이 돌이킬 수 없는 완고한 죄악 가운데 있음을 명백하게 보여주었다. 이런 범죄는 하나님과 사람들 앞에서 죽음을 당해 마땅한 것이다.[52]

세르베투스의 이런 말은 당시 시대의 정서를 그대로 반영하는 것이다. 오늘날을 살아가는 사람들은 어떻게 인간이 종교적 견해의 차이를 이유로 다른 사람을 죽일 권리를 가질 수 있는지 이해할 수가 없을 것이다. 그러나 16세기의 대부분의 사람들은 완고한 이단자들은 사형에 처해져야 한다고 믿었다. 따라서 세르베투스의 재판에 대한 모든 비난을 칼뱅에게만 덮어씌우는 것은 공정하지 못하다. 비록 세르베투스의 처형이 정당화될 수 없다 하더라도 칼뱅의 시대정신 하에서는 변명의 여지가 있는 것이다. 우리는 또한 세르베투스에 대한 판결이 칼뱅에 의해서가 아니라 의회에 의해 내려졌다는 사실과, 칼뱅은 검찰관이 아니라 단지 고발인이었다는 사실도 기억해야 할 것이다.

셋째로, 세르베투스의 처형은 하나님의 진리와 교회를 위한 칼뱅의 열심이라는 맥락에서 비롯된 불가피한 선택이었다는 점이 고려되어야 한다. 하

51) Jean Cadier, *The Man God Mastered*, 153.

52) Joseph Lecler, *Toleration and the Reformation*, Vol. 1, 329.

나님의 진리는 칼뱅사상의 핵심이다. 칼뱅에게 하나님의 진리를 옹호하는 것은 다른 모든 가치 위에 있는 것이었다. 신명기 13장에서는 만일 누군가가 사람들을 꾀어 알지 못하는 신들을 좇아가도록 만든다면, 그를 반드시 죽여야 한다고 명하고 있다. 형제나 자녀나 아내가 누군가를 꾀어 하나님을 떠나도록 만든다면, 그는 반드시 자기를 꾄 자가 누구든지 간에 죽여야 한다고 말한다. 또 어떤 도시가 참된 하나님에 대한 예배를 버리고 거짓된 신들을 섬긴다면, 불로 심판을 받게 될 것임을 경고하고 있다. 칼뱅은 신명기 13장을 주석하면서 이 하나님의 명령을 16세기의 제네바에 적용시키고자 하였다. "하나님께서는 자신의 명예가 걸려 있을 때에는 모든 본성적인 감정을 무시해야 한다는 것을 보다 분명하게 말씀하셨다. 아버지라 할지라도 아들에게 인정을 베풀어서는 안 되며, 형제가 형제에게, 남편이 자신의 아내에게 용서를 베풀어서는 안 된다."[53] 칼뱅은 계속해서 "만일 우리가 하나님의 영광이 무엇인지를 생각한다면 우리는 그것이 온 세상보다 더 귀한 것임을 깨닫게 될 것이다. … 하나님의 영광이 가려지는 것보다는 세상이 백만 번이라도 망하는 것이 훨씬 나을 것"[54]이라고 말한다. 칼뱅에게는 하나님의 진리를 옹호하고 하나님의 영광을 보호하기 위해서 이단들을 벌하는 것이 불가피해 보였다. 그는 목회자의 의무는 하나님의 진리를 설명하고 거짓에 대항해서 진리를 옹호하는 것이라고 믿었다. 그는 평화와 일치를 위해 자신이 할 수 있는 모든 것을 다했지만, 하나님의 진리에 대해서만은 타협할 수 없다고 생각했다.[55] 세르베투스는 삼위일체라는 기독교의 근본진리를 부인하였고, 그리스도를 하나님의 영원한 아들로 받아들이지 않았기 때문에, 칼뱅은 그를 죽여서라도 하나님의 진리와 영예를 수호해야 할 필요성을 느꼈다. 이것이 칼뱅의 입장에서 왜 세르베투스를 죽일 수밖에 없었는가를 설명해 준다. 이처럼

53) Roland Bainton, "Sebastian Castellio, Champion of Religious Liberty," 143.

54) Roland Bainton, "Sebastian Castellio, Champion of Religious Liberty," 143.

55) Francis Higman, "I came not to send Peace, but a Sword," *Calvinus Sincerioris Religionis Vindex*, Vol. XXXVI, eds. W. H. Neuser and B. G. Armstrong (Kirksville, MO : Sixteenth Century Journal Publishers, 1997), 125.

세르베투스 사건은 하나님의 진리를 위한 칼뱅의 열정이라는 관점에서 볼 때 제대로 이해될 수 있다.

뿐만 아니라 칼뱅은 교회를 지켜야 할 책임을 지고 있었다. 세르베투스가 아웃사이더로서 자기 마음 내키는 대로 말하고 행동할 수 있었던 반면에, 칼뱅에게는 하나님의 교회를 보호해야 하는 책임이 우선이었다. 교회가 성서와 건전한 가르침 안에서 올바른 구원의 길을 보여주어야 한다는 것이 칼뱅에게는 최고의 관심사였다. 따라서 세르베투스의 독설과 치기어린 주장들이 하나님의 교회를 교란시키고 구원의 길을 무너뜨릴 수 있다는 점에서 칼뱅은 그를 용납할 수가 없었다. 교회 밖에 있던 세르베투스와 교회를 책임지고 있던 칼뱅은 삶의 자리가 달랐고, 따라서 서로의 입장이 다를 수밖에 없었다. 복음에 기초하여 이제 막 성립된 제네바의 프로테스탄트 교회에게 세르베투스는 너무나 위험한 인물이었다. 하나님의 교회를 지켜야 하는 칼뱅의 막중한 책임감이 세르베투스 사건에 대한 작은 변명이 될 수 있을 것이다.

VI. 맺는 말

오늘날의 관용이라는 관점에서 볼 때 칼뱅은 박해자요, 세르베투스는 순교자요, 카스텔리오는 관용의 옹호자로 인식될 수 있을지 모른다. 그러나 우리는 '관용'이라는 개념에 대한 이해가 16세기와 21세기에 서로 다르다는 것을 기억해야 한다. 16세기에 관용이란 단어는 결코 긍정적인 단어가 아니었다. 계몽주의 시대 이전에는 관용이란 단어는 막을 수 없는 것을 수동적으로 용인하는 것을 의미했다. 올바른 것은 아니지만 어쩔 수 없을 경우 관용한다는 식이었다. 관용이란 단어가 보다 긍정적이고 적극적인 의미를 가지게 된 것은 근대 계몽주의 이후의 일이다. 이런 점에서 볼 때, 16세기에 이미 근대적 의미의 관용을 주창한 카스텔리오는 시대를 앞선 선구적인 인물이었다 할 것이다. 오늘날과 같은 다원주의 사회에서 '양심의 자유'는 너무나 당연하며 마땅한 가치이다. 누구든지 자신의 양심에 반하는 것을 강요당해서는 안 된다. 그러나 16세기의 사람들에게 양심의 자유는 기독교 사회의 근간을 무너뜨리는 "악마적인 교의"(diabolical dogma)이기도 하였다.[56] 이처럼 어떤 개념이나 사건은 역사적 맥락에 따라 그 의미가 사뭇 달라질 수 있다. 그럼에도 불구하고 시대적 정황을 무시하고 오늘날의 시각을 16세기에 밀어붙이는 것은 역사연구에 있어서 비판적 거리(critical distance)를 무시하는 비역사적 태도라 할 것이다. 세르베투스 사건을 바라볼 때에도 이 비판적 거리를 유지해야 한다. 때문에 필자는 세르베투스 사건을 바라볼 때, 적어도 16세기의 시대정신과 칼뱅의 진리를 향한 열정을 고려해야 한다는 것을 주장하였다.

뿐만 아니라 세르베투스 사건 하나만을 가지고서 칼뱅을 프로테스탄트 불관용의 대표자로 단정하는 것도 올바른 역사가의 태도는 아니다. 칼뱅이 쓴 최초의 책이 『세네카의 관용론 주석』(*Commentary on Seneca's De Clementia*)이었다는 사실, 당시 프로테스탄트 진영에서 자신의 『기독교강요』와 유일한 경쟁 관계에 있던 멜란히톤의 『신학총론』(*Loci Communes*)에 그가 직접 추천의 서문을 첨부하여 제네바에서 출판한 사실, 신앙에 있어서 비본질적인 교리나 의식에 있어서 각 지역 교회의 자율성을 인정하고 심지어 영국과 폴란드의 경우 감독제도까지 용인하는 유연성을 보여준 사실 등에 대해서도 깊이 성찰한 이후에야 칼뱅의 관용정신에 대해 올바른 평가를 내릴 수 있을 것이다. 칼뱅과 카스텔리오에 대한 린더붐(J. Lindeboom)의 경고는 주의해서 들을 만하다.

> 만약 우리가 그들에 대해 어떤 판단을 내리기를 원한다면 우리는 16세기의 왜곡된 종교적 열심과 현대의 판단들과 견해들에서 우리 자신들을 떼어놓는 것에서부터 출발해야만 할 것입니다. 이것은 무엇보다도 칼뱅에 대해 관대하고 이해하려는 태도를 요구합니다. 전체적으로 세르베투스 사건에 있어서 칼뱅의 태도와 행동은 조금도 호감을 가질 수 없습니다. 그러나 동시에 우리는 칼뱅이 많은 자유주의자들의 눈에 비친 것처럼 집요한 추적자나 무서운 귀신도 아니었다는 사실을 명심해야 합니다.[57]

56) Ole Peter Grell and Bob Scribner, eds., *Tolerance and Intolerance in the European Reformation*, 67–68.

세르베투스가 제네바의 샹펠 언덕에서 죽은 지 350주년이 되던 1903년, 칼뱅의 후예들인 개혁주의 역사가들과 신학자들은 세르베투스가 죽었던 바로 그 자리에 속죄비를 세웠다. 그들은 속죄비에서 세르베투스의 죽음에 대해 속죄하는 마음을 표현했지만, 그것은 어디까지나 그 시대의 오류였다고 말하였다. 샤프가 말한 것처럼 "그것은 판단의 잘못이었지 심정의 잘못은 아니었다. 따라서 비록 그 행위가 정당화될 수는 없다고 하더라도 그 당시의 시대정신에 따라 용서되어야 할"[58] 오류였다.

57) Willem Nijenhuis, "Calvin's Life and Work in the light of the Idea of Tolerance," *Ecclesia Reformata : Studies on the Reformation* (Leiden : E. J. Brill, 1972), 126.

58) Philip Schaff, *History of the Christian Church*, Vol. VIII, 690.

제9장 칼뱅의 국가론

I. 시작하는 말

일찍이 아리스토텔레스는 그의 『정치학』(*Politika*)에서 인간을 "정치적 동물"(homo politicus)이라고 규정한 바 있다. 사람이 모인 곳에는 어디서나 좁게는 가정에서, 넓게는 국가에서 힘의 긴장관계가 형성된다. 이것이 바로 정치적 관계인 것이다. 또 사람이 모인 곳에는 필연적으로 조직이 생기는데, 조직이 있는 곳에는 정치가 있다. 작게는 초등학교 반장 선거에서부터 크게는 대통령 선거에 이르기까지 정치행위가 있기 마련이다. 따라서 정치는 인간사회와 불가분의 관계를 지닌다. 교회도, 그리스도인들도 아리스토텔레스의 명제에서 예외일 수는 없다.

그럼에도 불구하고 그리스도인들 중에는 세상의 정치문제들에 무관심한 것이 경건의 표시라도 되는 양 오해하는 경우가 있다. 하지만 개혁교회의 전통에서 볼 때 이것은 올바른 태도가 아니다. 개혁교회 전통의 토대를 놓은 칼뱅에게 있어서 경건이란 가정, 이웃, 교육, 문화, 사업, 정치에서 매일 매일 일어나는 삶의 모든 것을 포괄하는 것이다. 따라서 정치적인 문제들에 대해 무관심하고 초연한 것은 칼뱅에게 상상할 수 없는 것이었다. 칼뱅이 당시의 유력자들과 주고받은 수많은 편지들은 그가 정치에 결코 무관심하지 않았다는 사실을 분명하게 보여주는 증거이다. 뿐만 아니라 제네바의 컨시스토리(Consistory)에서 다룬 주제들을 얼핏 살펴보아도 칼뱅의 종교개혁이 단지 교회의 울타리 안에만 머무는 것이 아니라 제네바의 사회적, 정치적 문제들에 깊이 연관되어 있음을 쉽게 알 수 있을 것이다.[1)] 사실상 종교개혁자들 중에서 칼뱅만큼 그 당시의 중요한 정치적 문제들을 포괄적이면서도 깊이 다룬 사람은 찾아볼 수 없다. 칼뱅의 유산을 이어받은 개혁교회 또한 전통적으로 모든 것이 하나님의 주권 아래 있다는 입장을 분명히 견지하고 있다. 따라서 하나님의 영역에 속하는 정치적 문제들에 무관심하거나 초연한 태도를 취하는 것은 경건한 태도가 아니라 윤리적인 결함일 뿐이다.[2)] 그렇다면 칼뱅은 국가와 정치행위를 어떻게 바라보았고 그의 국가론이 오늘날 우리에게 시사하는 것은 무엇인지 고찰해 보는 것은 의미 있는 일이 될 것이다.

본 논문은 칼뱅이 국가를 어떻게 이해했는지에 대해 그 전체적인 윤곽을 제시하는 것을 목적으로 한다. 이를 위해서 먼저 교회와 국가의 관계에 대한 그의 이해를 가톨릭, 루터, 재세례파의 입장과 비교하여 밝히고, 그런 다

---

1) 제네바 컨시스토리 문서는 현대 프랑스어로 번역되어 출간 중이다. 제1권은 영어로도 번역되어 있다. *Registers of the Consistory of Geneva in the Time of Calvin*, eds. Thomas A. Lambert & Isabella M. Watt, trans. M. Wallace McDonald (Grand Rapids : Wm. B. Eerdmans Publishing Company, 2000). 그리고 제네바 목사회의 문서를 편집한 *The Register of the Company of Pastors of Geneva in the Time of Calvin*, ed. and trans. Philip Edgcumbe Hughes (Grand Rapids : Wm. B. Eerdmans Publishing Company, 1966)도 참고하라. 제네바 컨시스토리에 대한 기본적인 정보를 위해서는 컨시스토리 문서 번역의 총 책임을 맡았던 Robert M. Kingdon이 쓴 두 논문을 참조하라. "A New View of Calvin in the light of the Registers of the Geneva Consistory," *Calvinus Sincerioris Religionis Vindex*, Vol. XXXVI, eds. W. H. Neuser and B. G. Armstrong (Kirksville, MO : Sixteenth Century Journal Publishers, 1997), 21–33; "The Geneva Consistory in the time of Calvin," *Calvinism in Europe, 1540–1620*, eds. Andrew Pettegree et al. (Cambridge : Cambridge University Press, 1994), 21–34.

2) John T. McNeill, "John Calvin on Civil Government," *Calvinism and the Political Order*, ed. George L. Hunt (Philadelphia : The Westminster Press, 1965), 23–24. 그리고 McNeill의 또 다른 논문 "Calvin and Civil Government," *Readings in Calvin's Theology*, ed. Donald K. McKim (Eugene, OR : Wipf and Stock Publishers, 1998), 260–274도 참고하라.

음 국가의 필요성, 기원, 임무, 권한에 대한 그의 견해를 고찰할 것이다. 그 후 논란이 되고 있는 두 가지 문제, 즉 국가의 통치형태에 관한 문제와 국가의 통치에 대해 저항할 수 있는가 하는 문제에 대해 좀더 세밀하게 살펴볼 것이다. 그리고 마지막으로 오늘날 우리에게 던져주는 칼뱅의 통찰력과 유산은 무엇인지 질문해 보고자 한다.

II. 교회와 국가의 관계

칼뱅은 자신의 『기독교강요』(*Institutes*) 최종판(1559)의 마지막 권 마지막 장인 4권 20장에서 국가론을 자세히 전개하고 있다. 그는 먼저 국가와 교회, 즉 시민 통치와 영적 통치가 적어도 이론적으로는 분명하게 구별된다는 사실을 지적하는 것으로 자신의 국가론을 시작한다. 독일에서는 통치자에 따라 종교가 결정된다는 원칙의 도입으로 인해 교회가 종종 개별 통치자들의 시녀와 다름없었지만, 칼뱅은 국가에 대한 교회의 독립성을 위해 단호하게 싸웠다. 제네바의 목사회는 자유롭게 말씀을 선포할 수 있는 권리와 또한 세속 권력자들의 간섭 없이 교회가 자유롭게 치리를 행할 수 있는 권리를 주장하며 국가를 상대로 투쟁하였다. 제네바에서는 실제로 결혼식의 관습들, 특정한 세례명의 사용여부, 출교의 시행과 같은 문제들을 둘러싸고 교회와 국가가 긴장관계를 보였다.[3)]

이러한 긴장과 갈등에도 불구하고 제네바에서 교회와 국가는 결코 대립적인 관계가 아니라 상호보완적인 협조관계에 있었다. 제네바에서 태어나는 사람은 누구나 국가의 시민이 되는 동시에 교회의 일원이 되었다. 따라서 칼뱅은 교회와 국가가 백성들의 종교적이며 세속적인 필요에 봉사하는 일에 있어서 서로 긴밀히 상호 작용해야 한다고 믿었다. 그렇기 때문에 교회와 국가

3) 이 문제들과 관련된 갈등의 자세한 내용은 2001년 5월 미국칼뱅학회에서 발표된 William Naphy의 논문 "Church and State in Calvin's Geneva," *Calvin and the Church*, ed. David Foxgrover (Grand Rapids : Calvin Studies Society, 2002), 22-27을 보라.

는 치리의 실행에 공동 책임을 지니고 있었다. 의회의 의원과 목회자들이 동수로 참여했던 제네바 컨시스토리는 교회와 국가의 책임과 협력관계를 잘 보여준다.[4] 칼뱅의 제네바만큼 교회와 국가가 상호간에 영향을 미친 곳은 어디에도 없었다. 교회와 국가는 구별되지만 대립되는 것이 아니며, 서로 다르지만 같은 목적을 가진 하나님의 도구라는 것이 칼뱅의 기본적인 인식이었다.

이런 인식 하에서 칼뱅은 로마 가톨릭과 급진주의적 재세례파의 국가관을 비판하고 자신의 이론을 정립하였다. 칼뱅은 중세 로마 가톨릭이 교회와 국가를 혼합하여 국가를 단지 교회에 종속되는 기구로만 취급하는 데 반대하였다. 그는 무엇보다도 교황정치를 혐오하였는데, 왜냐하면 가톨릭의 교황정치는 하나님이 명하신 것에다가 인간적인 것을, 즉 천상의 것에다가 지상의 것을 혼합시켜 놓은 것이라고 믿었기 때문이다. 그는 물과 불이 섞이면 둘 다 망하고 만다고 생각했다. 그에게 혼합이란 용어는 자신이 아는 용어 중에서 가장 경멸적인 단어 중 하나였다.[5] 칼뱅에게 중세 가톨릭은 교회와 국가를 혼합시킴으로써 교회도 국가도 모두 망치는 장본인에 불과하였다. 칼뱅에 따르면 교회와 국가는 서로 구별되어야만 한다. 교회는 "영적이며 내적인 인간에게 속하며 영원한 삶과 관계되는 것"이고, 국가는 "시민적 정의와 외적 도덕의 확립"과 관련된 것이다.[6] 그리스도의 나라는 영적이고 내적이며 영원한 것인 반면, 국가의 통치는 육적이고 지상적이고 일시적이다. 따라서 이 둘을 혼동해서는 안 된다.

그가 로마 가톨릭보다 더 경계하고 반대한 것은 국가 자체를 아예 거부

---

4) R. N. Carew Hunt, "Calvin's Theory of Church and State," *Church Quarterly Review* 108 (1929), 68. Hunt는 컨시스토리의 구성이 목회자가 3분의 1이고 평신도가 3분의 2였다고 말하지만, 최근의 연구에 따르면 컨시스토리는 의회에서 선출된 12명의 평신도와 12명의 목회자로 구성되어 있었다. 또 Hunt는 컨시스토리가 매주 금요일 모였다고 말하지만, 사실상 매주 목요일 모였다.

5) William J. Bouwsma, *Calvin : A Sixteenth Century Portrait* (Oxford : Oxford University Press, 1988), 35.

6) John Calvin, *Institutes of the Christian Religion* (1559), ed. John T. McNeill, trans. Ford Lewis Battles (The Westminster Press, 1960), IV권, 20장, 1절.

하려는 무정부적인 성향을 지닌 급진주의자들이었다. 칼뱅이 볼 때 급진주의적 재세례파들은 그리스도만을 바라본다는 핑계로 왕이나 통치자를 인정하지 않으며, 세상의 통치자들이란 복음이 약속하는 자유를 억압하는 존재에 불과하다고 주장하면서 아무런 구속도 받지 않는 방종 상태를 즐기려는 광신자들이었다.[7] 이들은 "모든 권세는 다 하나님께서 정하신 것"(롬 13 : 1)이라는 하나님의 말씀조차 무시해버리는 자들이었다. 칼뱅은 "국가통치의 본질은 완전 부패한 것이며 그리스도인들과는 아무런 상관도 없다."[8]고 떠드는 급진주의자들에게 강력하게 반대하면서, 교회와 국가가 상호연관성을 지닌 하나님의 도구라는 점을 분명히 한다.

이러한 칼뱅의 입장은 그가 로마 가톨릭과 재세례파라는 양 극단을 피하고 균형을 유지하면서 중도의 길을 가고자 했다는 것을 보여준다. 중용은 그의 신학 전체의 중요한 특징이었다. 그는 "탈선한 로마주의라는 괴물과 그 시대의 급진적 경향이라는 소용돌이 사이에서 중도의 길"[9]을 헤쳐 나갔다. 부스마(William Bouwsma)의 표현을 빌리자면, 칼뱅은 "상반된 압력들 중 하나를 선택하기보다는 통합하는 것을 더 선호하였다."[10] 칼뱅은 『기독교강요』에서 다음과 같이 말하고 있다.

> 한편에서는 정신 나간 야만스러운 자들이 하나님께서 세우신 질서를 전복시키려고 맹렬하게 날뛰고 있고 또 다른 한편에서는 군주들에게 아

---

7) *Institutes,* IV, 20, 1-2.

8) *Institutes,* IV, 20, 2.

9) Ford Lewis Battles, "*Calculus Fidei* : Some Ruminations on the Structure of the Theology of John Calvin," *Interpreting John Calvin* (Grand Rapids : Baker Book, 1996), 140. Battles는 100쪽이 넘는 이 논문에서 칼뱅의 『기독교강요』가 대립적인 극단 사이에서 중도의 길을 보여준다는 것을 도표로 설득력 있게 설명하고 있다. Battles와 같은 입장에서 칼뱅을 조명하고 있는 Donald K. McKim, "John Calvin : A Theologian for an Age of Limits," *Readings in Calvin's Theology*, ed. Donald K. McKim (Eugene, OR : Wipf and Stock Publishers, 1998), 291-310도 참고하라.

10) William J. Bouwsma, *Calvin*, 231.

> 첨하는 자들이 그들의 권력을 과도하게 찬양하느라 군주의 통치를 하나님 자신의 통치에 맞세우고 있기에, 이 문제에 대한 논의가 절실하다. 이 두 가지 악을 단속하지 않으면, 믿음의 순수성이 무너지고 말 것이다.[11)]

칼뱅은 하나님이 세우신 국가에 대해 반역하는 극단적 태도나 국가를 맹종하여 하나님의 통치에 맞서려는 극단적 태도가 모두 당대의 악이라고 규정하면서 양 극단의 중간에서 해결책을 모색하고자 하였다. 칼뱅에게 있어서는 지나친 것도 모자란 것도 모두 바람직하지 못한 것이었다. 그의 신학적 입장은 "지나친 것"과 "모자란 것" 사이에서 형성되었다. 따라서 미카엘 발처(Michael Walzer)는 칼뱅의 신학사상이 "대립되는 충동들에 균형을 주려는 관심"이라고 말했고, 부스마도 "대립적인 충동들 사이의 일종의 대화" 혹은 "충동들 사이에 균형을 주려는 노력"이라고 평가하였다.[12)] 칼뱅은 중용을 "신자들의 으뜸가는 덕목"[13)]으로 꼽는다. 따라서 그는 교회와 국가를 혼합시킨 로마 가톨릭과 분리시킨 급진적 재세례파의 양 극단을 피하면서 교회와 국가를 구별되지만 대립되지 않는 관계로 파악하였다.

웨인 하우스(H. Wayne House)는 교회와 국가의 관계에 대한 로마 가톨릭, 루터, 칼뱅, 재세례파의 견해를 다음과 같은 그림으로 나타내기도 하였다.[14)]

---

11) *Institutes,* IV, 20, 1.

12) William J. Bouwsma, *Calvin,* 3-4.

13) Comm. Rom. 12 : 16. John Calvin, *Calvin's New Testament Commentaries*, eds. David W. Torrance and Thomas F. Torrance (Grand Rapids : Wm. B. Eerdmans Publishing Company, 1959-1972), Vol. 8, 275.

14) H. Wayne House, *Christian Ministries and the Law* (Grand Rapids : Baker Book House, 1992), 34-37. 필자의 견해로는 재세례파를 나타내는 도표는 다소 과장된 것 같다. 재세례파가 교회와 국가의 철저한 분리를 주장하면서 그리스도인이 국가의 공직자로 일하는 것을 금하기도 했지만, 국가 자체를 사탄에게 속한 것으로 보지는 않았다. 재세례파의 『슐라이트하임 신앙고백』(*Schleitheim Confession*) 6조에서도 세속 권세인 검(劍)은 그리스도인들의 영적인 문제에 대해서는 아무 권한이 없지만, 여전히 하나님이 세우신 것이며 세상의 정의를 위해 "그리스도의 완전" 밖에 세워진 권위라고 말하고 있다.

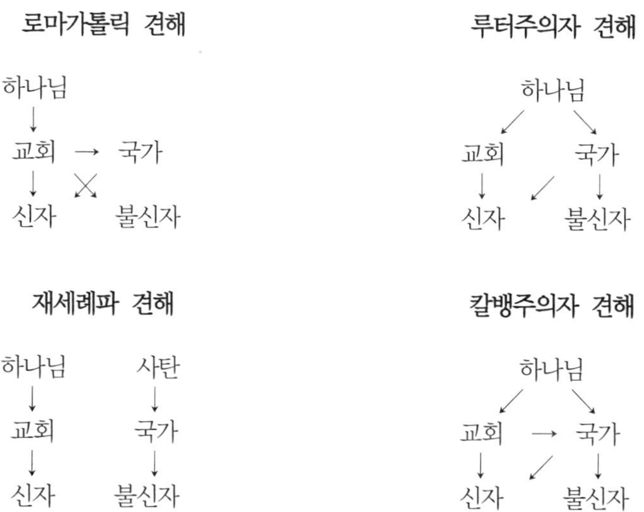

로마 가톨릭교회는 교회와 국가의 차이를 인식하지만 교회가 국가보다 우월하다고 주장한다. 교회는 영원하고 국가는 일시적이기 때문에 국가는 교회에 종속된다고 본 것이다. 또한 국가는 하나님과 직접적인 관계가 없다고 보았다. 재세례파는 교회는 하나님에게 속하는 영적인 영역이고, 국가는 세상의 의를 세우기 위한 영역이라고 하여 두 왕국을 분명하게 분리시켰다. 국가는 그리스도인들에 대해 실제적인 권한이 없으며, 교회 또한 믿지 않는 자들에 대해 어떤 권위도 지니지 못한다는 것이다.

가톨릭이나 재세례파와 달리 루터와 칼뱅은 국가의 기원이 하나님께 있다고 보았다. 루터는 그리스도인은 교회와 국가라는 두 왕국 모두에 속하며 또 책임을 지니고 있다고 말한다. 그리스도인은 믿음으로 교회와 관련되고, 이성으로 국가와 연결된다. 그러나 칼뱅과는 달리 루터는 그리스도인이 그리스도교를 장려하기 위해 국가를 이용할 권리가 있다고 믿지 않았다. 공직에 있는 그리스도인이 그리스도교적 원칙들을 정부에서 이용할 수 있는 것은 오로지 그 원칙들이 이성으로 정당화될 때에만 가능하다. 그러나 칼뱅에 따르면 교회는 그리스도교적 원칙들로 세상에 영향을 미쳐야 하며, 이 목적을 이루기 위해 국가라는 수단을 사용할 수도 있다. 루터와 비교할 때 칼뱅은 국가에 대한 교회의 영향력을 보다 더 강조하고 있다.

또한 칼뱅은 루터에 비해 국가에 더 많은 긍정적 가치와 적극적 역할을 부여했다. 칼뱅에게 있어서 국가는 인간이성의 결과라기보다는 하나님의 뜻의 결과였다. 칼뱅은 공평과 정의를 행하여 사회의 안전과 평화를 확보하는 정치적 임무 외에도 건전한 종교의 발전을 도모하는 종교적 임무도 국가의 임무라고 주장한다.[15] 국가는 십계명의 둘째 돌판에 대해서만 아니라 첫째 돌판에 대해서도 책임이 있다. 통치자들은 하나님의 대리자로서 시민들의 세속 생활뿐만 아니라 영적 생활도 돌볼 신성한 의무를 부여받았다. 따라서 통치자의 직무를 하나님 앞에서 "가장 신성하고 영예로운 소명"[16]으로 간주되었다.

III. 국가에 대한 이해

A. 국가와 통치자의 신적 기원

칼뱅은 인간의 죄로 인해 사회가 혼란으로 치닫는 것을 막기 위해서 국가가 꼭 필요하다고 주장한다. 칼뱅은 국가의 필요성에 대해 이렇게 말하고 있다.

> 만일 우리가 하나님이 태초에 창조하신 자연스러운 순결함의 상태를 유지했었다면, 정의의 질서는 필요가 없었을 것이다. 왜냐하면 각 사람은 진심으로 율법을 준수했을 것이고, 따라서 우리를 억제하기 위한 강제력

15) 『기독교강요』 초판(1536)과 최종판(1559)을 비교해 보면 칼뱅이 1536년에는 국가의 정치적 임무에 무게를 두었다가, 1559년에 와서는 국가의 종교적 임무에 보다 강조점이 주어지는 것을 볼 수 있다. 즉 국가의 임무 가운데 "하나님께 드리는 외적인 예배를 존중하고 보호하며, 경건에 관한 건전한 가르침과 교회의 지위를 변호해야" 한다는 종교적 임무가 1559년판에 새롭게 삽입된 것이다. *Institutes*(1536), VI, C, 36과 *Institutes*(1559), IV, 20, 4를 비교해 보라.

16) *Institutes*, IV, 20, 4.

> 도 필요치 않았을 것이기 때문이다. … 그러므로 정의는 인간 타락에 대한 하나의 치료책이다. 인간의 정의가 언급되는 그 어디에나 거기에는 우리 불법을 비추어주는 거울이 있음을 상기하자. 왜냐하면 힘에 의해서만 우리는 공평과 사리를 따를 수 있기 때문이다.[17]

이처럼 국가는 인간의 불법과 타락의 결과로 인해 초래될 무질서와 혼동을 막기 위한 정의의 질서인 것이다. 그는 "악한 자들은 지극히 오만하고 완고하여 매우 엄한 법으로도 제재하기가 극히 힘들다. 그런데 만일 그들이 자신들의 악행을 멈추게 할 만한 국가 권력이 없어서 자신들이 아무런 처벌도 받지 않고 무사히 지나갈 수 있다는 것을 안다면 도대체 그들이 무슨 일을 저지르겠는가?"[18]라고 반문하면서 칼뱅은 국가의 필요성과 당위성을 주장한다.

그러나 칼뱅이 국가를 단지 죄의 결과물로만 치부한 것은 아니었다. 칼뱅에게 국가는 인류 사회의 평화와 복지, 나아가 경건을 진작시키기 위해서도 필수적인 기구였다. 국가는 하나님께서 인간의 유익을 위해 주신 '자비의 규정'(benevolent provision)이며, 따라서 인간은 국가를 허락하신 하나님께 감사를 드려야 마땅했다.[19] 국가는 단지 인간의 죄악 때문만이 아니라 하나님의 섭리와 거룩한 경륜에서 비롯된 것이다. 따라서 칼뱅에게 국가는 그 기원과 권위에 있어서 교회와 마찬가지로 신적인 성격을 지니고 있었다. 국가를 타락한 것으로, 그리스도인들과 아무런 관계가 없는 것으로 간주하는 재세례파와 달리 칼뱅은 국가에 대하여 긍정적이고 적극적인 태도를 취하였다.

국가가 하나님이 인간을 위해 주신 은혜의 선물이라면, 국가의 통치자들은 곧 하나님의 대리인들이다. 칼뱅은 통치자들을 일컬을 때 하나님의 대

---

17) John Calvin, *Opera quae supersunt omnia* (*Corpus Reformatorum* 29–87, *Calvini Opera* 1–59), eds. G. Baum, E. Cunitz, and E. Reuss (Braunschweig : Schwetschke, 1863–1900), 27, 409.

18) *Institutes,* IV, 20, 2.

19) John T. McNeill, "Calvin and Civil Government," 265.

리인들, 하나님의 장교들, 하나님의 손들과 같은 최상의 존경을 바치는 호칭을 사용한다. 이것은 통치자들의 권위가 신적인 신분임을 뜻하는 호칭들이다. 심지어 칼뱅은 통치자들의 권세가 "하나님의 섭리와 거룩한 규례로 말미암은" 것이기 때문에 통치자들을 "신들"(gods)이라고 부르기까지 했다.[20] 때문에 국가를 섬기는 통치자의 소명은 "가장 신성하고 영예로운 소명"[21]이다.

이와 같이 통치자는 지상의 질서를 위해 임명된 하나님의 대리인이기 때문에 우리는 당연히 통치자들에게 복종해야만 한다. 그들을 경멸하거나 그들에게 도전하는 것은 곧 그들을 세우신 하나님에게 도전하는 것이 되기 때문이다. 칼뱅은 로마서 13장 1절 주석에서 이렇게 말하고 있다. "우리가 권세를 가진 자들에게 복종해야 하는 이유는 그들이 하나님의 뜻에 따라 임명되었기 때문이다. 하나님께서 그런 방식으로 세상을 통치하기를 원하셨기 때문에, 하나님의 명령에 역행하려는 자는 바로 하나님께 반역하는 것이다."[22] 비록 악한 통치자들이라 할지라도 그들은 하나님이 세우신 사람들이다. 따라서 그들에게도 복종해야 할 의무가 있다. 칼뱅은 디모데전서 2장 2절 주석에서 "하나님께서 인류를 보전하기 위해 행정장관들과 군주들을 임명하셨기에 그들이 거룩한 지위에 많이 모자란다 할지라도 우리는 여전히 그런 이유 때문에 하나님에게 속한 것을 사랑하는 일을 중단해서는 안 되고, 그 지배 안에 머물기를 원해야"[23] 한다고 말하며, 예레미야 주석에서도 "모든 권력은 하나님께로부터 온다. … 칼의 권리와 공권력을 소유한 모든 사람들은 하나님의 종들이다. 비록 그들이 폭정을 행하고 도적들이라 할지라도 그렇다."[24]고 주장한다. 하나님은 인간의 죄를 벌하시기 위해 악한 자를 통치자로 세워 채찍으로 사용하시기도 하시기 때문에 우리는 선한 통치자들에게만 아니라 폭군이나 독재자들에게도 복종해야만 한다는 것이다.

---

20) *Institutes,* IV, 20, 4.

21) *Institutes,* IV, 20, 4.

22) Comm. Rom. 13 : 1.

23) Comm. 1 Tim. 2 : 2.

24) Comm. Jer. 27 : 6.

B. 국가의 임무와 권한

국가는 소극적으로는 죄를 억제하는 기능을 수행해야 하고, 적극적으로는 안정과 평화를 보장하고 경건의 진보를 촉진하는 임무를 감당해야 한다. 그것이 바로 국가의 존재 이유이기 때문이다. 칼뱅은 『기독교강요』 최종판에서 국가가 해야 할 일에 대해 이렇게 말한다.

> 국가의 통치는 우리가 사람들 사이에 사는 동안 하나님께 드리는 외적인 예배를 존중하고 보호하며, 경건에 관한 건전한 가르침과 교회의 지위를 변호하고 우리의 생활을 사회에 적응시키고 시민의 의에 부합하도록 우리의 사회적 행실을 형성하고 우리를 서로 화목케 하고 또한 전체의 평화와 안정을 도모하기 위한 목적을 가진다.[25)]

칼뱅은 또 다른 곳에서 국가의 주요 임무를 이렇게 설명한다.

> 우상숭배, 하나님의 이름을 망령되게 하는 행위, 하나님의 진리에 대적하는 불경, 그리고 경건에 대적하는 여타 공공연한 범죄들이 사람들 가운데 일어나거나 퍼지지 못하도록 막아야 하며, 또한 공공의 평화가 방해받지 않도록 방지하며, 각 사람이 자기의 재산을 안전하고도 확실하게 지키도록 해주며, 사람들이 서로서로 흠 없이 교류할 수 있도록 해 주며, 사람들 사이에 정직과 절제가 유지되도록 해야 한다.[26)]

위의 인용문을 통해서 알 수 있듯이 국가는 크게 보아 두 가지 임무를 수행해야 한다. "사람들 사이에서 인간성이 유지되도록 해야 할" 정치적 임무와 "그리스도인들 사이에서 경건의 공적인 표현이 가능하도록 해야 할" 종교적 임무가 있는 것이다.[27)]

25) *Institutes,* IV, 20, 2.
26) *Institutes,* IV, 20, 3.

칼뱅은 인간 사회에서 국가는 "빵, 물, 태양, 공기"와 같이 인간이 살아가는 데 필수불가결할 뿐만 아니라 그런 것들보다 더 높은 위치에 있다고 말한다.[28] 국가가 없다면 인간 사회는 무정부적 상태와 혼란에 빠지고 말 것이 분명했다. 만일 국가의 통치가 없다면, "우리는 숲 속에서 어슬렁거리는 짐승들이 되는 것이 훨씬 더 나을 것이다. 왜냐하면 인간성이 얼마나 광포한지를 우리가 알고 있기 때문이다. 그렇기 때문에 인간들 사이에 얼마간의 구속이 없다면, 짐승들의 상태가 우리들의 상태보다 나을 것"[29]이라고 칼뱅은 말한다. 심지어 폭압적 독재정부라 할지라도 무정부 상태보다는 더 낫다고 보았다. 국가는 사회에 평화와 안정과 질서가 유지되도록 억제력을 행사함으로써 인간성이 보전될 수 있도록 하는 정치적 임무를 수행하는 것이다.

이와 동시에 국가는 하나님에 대한 예배와 가르침을 보호하고 경건을 진작시킬 종교적 임무를 지니고 있다. 때문에 칼뱅은 국가의 통치자들은 인간 사회의 규범을 담고 있는 십계명의 두 번째 돌판에 대해서 뿐만 아니라 하나님과 경건에 대한 규범을 담고 있는 십계명의 첫 번째 돌판에 대해서도 책임과 의무가 있다고 주장한다. 때문에 그는 유럽의 여러 나라 왕이나 군주들에게 편지할 때마다 주님의 교회를 보호하고 참된 경건을 옹호하기 위해 그들의 모든 역량을 사용하라고 권면하였다. 칼뱅에 의하면 통치자들이 자신들의 영토 안에서 모든 우상숭배를 말소하고 하나님만 높임을 받도록 하는 것은 그들의 의무이자 마땅한 직무였다. 따라서 칼뱅은 황제 카를 5세에게 헌정한 글 『교회개혁의 필요성』에서 황제에게 교회의 개혁을 이루기 위해 적절하고 신속한 조치를 취하라고 충고한다.[30] 국가는 분명 하나님이 세우신 것이고, 통치자들 또한 하나님과 종교에 대한 책임이 있기 때문에 신앙고백서

---

27) *Institutes,* IV, 20, 3.

28) *Institutes,* IV, 20, 3.

29) Comm. Jer. 30 : 9.

30) John Calvin, "The Necessity of Reforming the Church," *Tracts and Treatises on the Reformation of the Church*, trans. Henry Beveridge (Grand Rapids : Wm. B. Eerdmans Publishing Company, 1958), Vol. I, 232-233.

에서도 통치자들의 종교적 임무에 대해서 명시하는 것이다.[31)]

칼뱅이 국가의 정치적 임무와 종교적 임무 중에서 어떤 것을 더 중요하게 여겼는가 하는 문제가 칼뱅연구자들 사이에서 논란이 되어 왔다. 빌헬름 니젤(Wilhelm Niesel)은 칼뱅에게는 종교적 임무가 보다 중요하다고 주장하였다. 니젤은 칼뱅에게 있어 "세속 권세의 우선적인 의무는 하나님에 대한 올바른 예배를 확보하는 것이고 다른 의무는 평화와 관련되어 있는데, 후자가 전자에 종속된다는 사실은 의심의 여지가 없다."[32)]고 주장한다. 니젤은 칼뱅이 국가 그 자체에 대해서는 관심이 없고 오로지 국가가 그리스도와의 교제와 관련되는 한에서만 국가 권력에 관심을 가질 뿐이라고 보았다. 고든 케디(Gordon Keddie)도 니젤을 옹호하면서 칼뱅에게는 "종교를 올바로 세우는 것"이 주된 의무이며, "시민적 정의를 세우는 것"은 부차적이라고 주장한다.[33)] 반면에 찰스 홀(Charles Hall)에 따르면 칼뱅에게 "국가는 인류 사회의 질서를 유지하려는 기본적인 목표를 위해 존재하며, 나아가 택한 자들의 구원을 위해 존재한다."[34)]고 주장함으로써 반대의견을 개진하였다. 국가의 임무는 정치적 임무가 먼저이고, 그 후에 종교적 임무가 있다는 것이다. 존 맥닐(John McNeill)도 니젤의 견해와 다르게 칼뱅이 공적인 선, 안전, 평화에 필수적인 국가 권력 그 자체에도 관심을 가졌다고 주장한다.[35)]

---

31) 예를 들면 1559년 프랑스 신앙고백의 35번째 조항에서는 "하나님께서 지상의 나라를 세우시고 공직자들의 손에 칼을 맡기신 것은 십계명의 두 번째 돌판에 반하는 죄를 억누르기 위해서만이 아니라 첫 번째 돌판에 반하는 범죄를 억제하기 위함이기도 하다."라고 천명하고 있으며, 1561년 벨기에 신앙고백의 36번째 조항에서는 "하나님께서 공직자들에게 칼을 주신 것은 악한 행위를 하는 자들을 벌하고 선한 자들을 높이기 위함이다. 그들의 직무는 시민 국가의 복리에 관심을 갖고 지키는 것과, 또한 거룩한 목회를 보호하므로 모든 우상숭배와 거짓 예배를 제거하고 예방함으로써 적그리스도의 나라를 부수고 그리스도의 나라를 진작시키는 것"임을 밝히고 있다.

32) Wilhelm Niesel, *The Theology of Calvin* (Philadelphia, Westminster Press, 1956), 233.

33) Gordon J. Keddie, "Calvin on Civil Government," *Scottish Bulletin of Evangelical Theology* 3 (1985), 46.

34) Charles A. M. Hall, *With the Spirit's Sword* (Richmond : John Knox Press, 1968), 159.

분명 이것은 양자택일의 문제가 아니다. 칼뱅은 국가의 정치적 임무와 종교적 임무 모두를 말하였다. 그럼에도 불구하고 칼뱅의 초점은 국가 그 자체보다는 교회와의 관계 안에서 국가를 보았고, 정치적 임무보다는 종교적 임무에 관심이 있었다. 그는 어디까지나 정치가가 아니라 종교 개혁자였기 때문이다. 비록 그가 국가의 본성과 기능을 종종 고찰하긴 하였지만, 그것만을 독자적으로 다룬 논문은 단 한 편도 쓰지 않았다는 것이 이를 뒷받침한다.[36) 칼뱅은 경건이야말로 통치자들의 첫째 관심사가 되어야 한다고 역설한다. "경건이 최고의 관심사가 되지 않으면 국가의 통치가 복되게 확립될 수 없기" 때문에 "통치자들은 하나님의 대리인으로서 하나님의 영광을 보호하고 옹호하는 일에 진력하는 것이 마땅하다."[37) 통치자는 공적인 도덕의 수호자일 뿐만 아니라 하나님의 영광의 보호자였다. 따라서 통치자들은 이단의 위협으로부터 교회의 순수한 가르침과 하나님의 영광을 옹호하는 데 자신에게 주어진 칼의 권세를 사용해야 한다. 그는 미카엘 세르베투스(Michael Servetus)의 죽음을 둘러싸고 벌어진 세바스찬 카스텔리오(Sebastian Castellio)와의 논쟁에서 이 점을 분명히 밝혔다.[38) 칼뱅의 입장에서는 순수한 교리를 변조하는 것은 하나님의 영광을 침해하는 행위이기에 가장 엄중한 죄이며, 영혼을 영원한 진리로부터 떠나도록 꾀어 구원받지 못하도록 하는 범죄행위였다. 오늘날의 사람들은 국가의 임무를 말할 때 국내적이고 국제적인 정책들과 그것에 수반되는 모든 것을 생각하겠지만, 16세기 사람이었던 칼뱅은 교회와 하나님의 나라를 위해 제공할 수 있는 봉사의 관점에서 국가를 바라보았다.

칼뱅은 국가 통치자들이 자신들에게 맡겨진 정치적 임무와 종교적 임무를 수행하기 위해 가지게 되는 정당한 권리들이 있다고 말한다. 먼저 통치자들은 무력을 사용할 수 있다. 왜냐하면 인간 사회의 안정과 평화를 유지하고

---

35) John T. McNeill, "John Calvin on Civil Government," 33.

36) William A. Mueller, *Church and state in Luther and Calvin : A Comparative Study* (Nashville : Broadman Press, 1954), 127.

37) *Institutes*, IV, 20, 9.

38) 본서의 8장을 참고하라.

하나님의 영광을 보호하기 위해서 통치자들은 사회를 어지럽히고 교회를 혼란에 빠트리는 행악자들을 강력하게 억제할 수 있는 칼의 권세를 가져야 하기 때문이다.[39] 칼뱅은 불가피할 경우 통치자들이 사형을 집행할 수 있는 권한을 가진다고 주장하였다. 세르베투스의 경우가 바로 이런 불가피한 경우에 속하였다. 하나님의 영광을 훼손시키고 교회를 무너뜨리는 이단을 용서하는 것은 결코 인간적인 것도 선한 것도 아니었다. 그것은 오히려 범죄에 대한 방조죄였다. 칼뱅은 이렇게 되묻는다. "이단들이 영혼을 죽이고 그들의 잘못된 교리들로 영혼들을 독살하는 것을 허락하는 것이 합당한 것입니까? 우리가 하나님의 명령을 거부하고 이단들의 육신에 칼을 대는 것을 회피하는 것이 합당한 것입니까? 썩은 지체의 악취를 방임하여 예수 그리스도의 온몸을 상하게 내버려 두는 것이 합당한 것입니까?"[40] 칼뱅이 볼 때에 한 사람을 살리기 위해 수천의 다른 영혼들을 파멸케 하는 것은 결코 자비가 아니었다. 칼의 권세를 지닌 통치자는 "한편으로 너무 지나치게 가혹하게 처리하여 치유하기보다는 오히려 해를 주어서도 안 되고, 다른 한편으로 자비연한 태도를 맹목적으로 선호하여 끔찍스러운 부드러움 일변도의 태도에 빠져서 수많은 사람들이 파멸하도록 악을 그냥 비호하여서도 안 된다."[41] 칼의 권세를 사용하는 데 있어서도 절제와 중용의 태도를 지녀야 함을 말하고 있는 것이다.

심지어 국가의 통치자들은 자기 영토의 평화를 보존하기 위해 전쟁을 수행할 수 있는 권한도 가지고 있다. 하지만 이때에도 "조금이라도 감정적으로 치우치지 않도록" 각별히 주의해야 하며, "먼저 다른 모든 방도를 다 시도해 본 후에 마지막 방법으로 무기를 들어야" 한다.[42] 그만큼 신중하게 결정해야 할 사안이라는 것이다. 칼뱅은 다시 한번 전쟁이 결코 개인적 이익에 치우쳐서는 안 되며 반드시 백성들의 유익을 구하는 자세로 자신들에게 주

39) *Institutes,* IV, 20, 9-10.

40) John Calvin, "Defense of the Orthodox Faith Against the Errors of Michael Servetus," *Toleration and the Reformation*, trans. Joseph Lecler (New York : Association Press, 1960), Vol. 1, 334.

41) *Institutes,* IV, 20, 10.

42) *Institutes,* IV, 20, 12.

어진 칼의 권한을 사용해야 함을 강조한다.

또한 통치자들은 공익을 위해 세금을 징수할 수 있는 권한이 있다. 나아가 칼뱅은 세금이 공익을 위해서만 아니라 통치자들의 생활을 화려하게 꾸리는 데도 사용될 수 있는데, 그것이 그들이 행사하는 권력의 위엄과 연관되어 있기 때문이다.[43] 그렇지만 칼뱅은 통치자들에게 세금으로 거두어들이는 수입은 사사로운 것이 아니라 온 백성의 재산이므로 결코 낭비하거나 탕진해서는 안 된다는 사실을 기억하라고 충고한다. 비록 세금 징수의 권한이 있다고 하더라도 도를 넘어서서는 안 된다는 사실을 다시 한번 강조한 것이다.

Ⅳ. 어떤 통치형태가 바람직한가?

종교개혁 운동이 정치적 해방과 혁명과 무관하지는 않았지만, 그 본질적 문제는 어디까지나 종교적 논쟁과 대립이었다. 따라서 정부의 형태와 같은 문제들은 개혁자들의 주된 관심이 아니었다. 국가의 통치는 종말에 이를 영원한 하나님의 통치와 비교할 때 어디까지나 "과도적 질서"이며 "임시적 질서"이다.[44] 따라서 그 통치의 형태는 크게 중요한 문제가 아니다. 칼뱅에게 국가의 통치형태 문제는 구원에 있어서 본질적인 문제가 아닌 외적이고 세속적인 것으로서 아무래도 별 차이가 없는 '아디아포라'(adiaphora)에 속하는 것이었다. 따라서 칼뱅은 개개인이 "자기들이 살고 있는 곳에서 가장 바람직한 통치 형태가 어떤 것일까 하며 논란을 벌이는 일은 그저 쓸데없는 시간 낭비"[45]라고 말한다. 왜냐하면 국가의 통치형태가 왕정이든, 귀족정이든, 민주정이든 모두가 장단점이 있으며, "상황에 따라"[46] 통치형태가 결정될 수 있

---

43) *Institutes,* IV, 20, 13.

44) André Biéler, *L'humanisme social de Calvin*, 박성원 옮김, 『칼빈의 사회적 휴머니즘』(대한기독교서회, 2003), 42.

45) *Institutes,* IV, 20, 8.

46) *Institutes,* IV, 20, 8.

기 때문이다. 또한 국가의 통치형태가 어떠하든지, 그리스도의 나라가 여기에 매이지 않기 때문에 본질적으로 중요한 문제가 아니라는 것이다.[47] 그렇다고 해서 칼뱅이 국가의 통치형태에 대해 아무런 판단도 하지 않은 채 무시해버렸다는 뜻은 아니다. 그는 자신의 상황에서 가장 유용한 정치형태가 무엇인가에 대한 나름대로의 가치 판단을 제시하고 있다.

칼뱅은 정부의 통치형태를 크게 세 가지로 보는데 왕정, 귀족정, 민주정이 그것이다. 그는 이런 통치형태들의 단점을 이렇게 비교한다. "왕정은 독재와 폭정으로 전락하기 매우 쉽다. 그러나 이에 못지않게 뛰어난 몇 사람에 의한 통치는 당파정치로 전락하기 쉽다. 하지만 무엇보다도 대중의 통치는 난동으로 전락하기가 가장 쉽다."[48] 어떠한 통치 형태든 간에 각각 장단점이 있기 때문에 어느 하나를 더 낫다고 말하는 것은 쉽지 않다. 그렇지만 칼뱅은 조심스럽게 "귀족정치 혹은 귀족정치와 민주정치를 혼합한 형태가 다른 것보다는 우월하다."[49]고 말한다.

무엇보다도 칼뱅은 왕이나 군주 혼자서 다스리는 통치형태에 대해 비판적 견해를 지니고 있었다. 왜냐하면 역사적 사실과 칼뱅의 경험은 왕들이 예외 없이 폭군들이었음을 증언하고 있기 때문이다. 왕이 다스리는 정치형태에 대한 칼뱅의 반감은 『기독교강요』 초판(1536)에서만 아니라 『이사야 주석』(1551), 『다니엘 설교』(1553), 『시편 주석』(1557), 그리고 『기독교강요』 최종판(1559)에 이르기까지 분명히 드러난다. 프랑스의 앙리 2세나 잉글랜드의 메리 여왕과 같은 통치자들이 칼뱅의 이런 확신을 더 강하게 만들었을 것이다.[50] 칼뱅은 잉글랜드나 독일의 경우에서 보이는 에라스투스주의(Erastianism : 국가가 교회를 지배해야 한다는 견해를 밝힌 정치이론가 Thomas Erastus를 추종하는 사상)를 암묵적으로 비판한다. 아모스 7장 강의에서 영국과 독일의 통치자들에 대한 칼뱅의 비판이 나타난다. 칼뱅은 헨리 8세가 스스로를 교회의

47) *Institutes,* IV, 20, 1.

48) *Institutes,* IV, 20, 8.

49) *Institutes,* IV, 20, 8.

50) R. N. Carew Hunt, "Calvin's Theory of Church and State," 63–64.

머리라고 주장하는 것을 신성모독적인 행위로 보았고, 독일의 영주들이 나서서 교회의 후원자나 지지자로 자처하는 것도 못마땅하게 보았다.[51] 다니엘서 강의에서도 왕의 통치에 대한 그의 비관적 입장이 잘 드러난다. "만일 누군가가 왕들의 마음을 들여다볼 수 있다면 그는 거룩한 것을 경멸하지 않는 자를 백 명 중 한 명도 발견하기 어렵다는 것을 알게 될 것이다. 그들이 자신들은 하나님의 은혜로 권세를 누리고 있다고 고백하고 있긴 하지만, 사실상은 하나님 대신 자기들이 경배를 받기 원하고 있다."[52] 칼뱅은 "폭군들이 하나님의 권세에 복종하도록 설득하는 것보다 더 어려운 일은 아무것도 없다."[53]고 단언하였다. 칼뱅에게 왕들은 경쟁적이고, 탐욕스럽고, 무도하며, 전횡을 일삼는 자들로 비치었다.

칼뱅이 왕정에 부정적인 이유는 정치의 원리가 나빠서가 아니라 그 제도가 쉽게 독재적인 남용으로 기울어진다는 것을 경험으로 배웠기 때문이다. 따라서 그는 이념적인 이유에서보다는 실제적인 이유에서 왕정보다는 귀족정이나 민주정으로 마음이 기울었다. 그것은 "사람은 누구나 과실이나 실수가 있기 때문에 한 사람보다는 여러 명이 다스리는 통치형태가 보다 안전하고 견딜 만하다. 여러 사람이 서로 돕고, 가르치고, 권면할 수 있기 때문이다. 또한 한 사람이 부당하게 행동할 때, 여러 사람이 한 사람의 고집을 제어할 수 있기 때문이다."[54] 로버트 킹던(Robert Kingdon)은 여러 사람에 의해 의사가 결정되는 대의정치의 전통이 칼뱅이 남긴 사회-정치적 유산 가운데 하나라고 꼽았다.[55] 교회정치를 봐도 칼뱅은 목사회가 제네바 교회의 여러 가

51) John Calvin, *Commentaries on the Twelve Minor Prophets* II (Grand Rapids : Wm. B. Eerdmans Publishing Company, 1950), 349 이하.

52) 다니엘서 강의 28번. John Calvin, *On God and Political Duty* (Indianapolis : Bobbs-Merrill, 1956), 91.

53) Comm. Dan. 3 : 13.

54) *Institutes,* IV, 20, 8.

55) Robert M. Kingdon, "Calvin's Socio-Political Legacy : Collective Government, Resistance to Tyranny, Discipline," *The Legacy of John Calvin*, ed. David Foxgrover (Grand Rapids, Calvin Studies Society, 2000), 112-116.

지 규율이나 교리적 결정을 하도록 하였다. 제롬 볼섹(Jerome Bolsec)과의 예정론 논쟁이나 세르베투스와 벌인 삼위일체 논쟁도 혼자가 아닌 목사회가 함께 다루었다. 목사회뿐만 아니라 목사와 평신도로 이루어진 제네바 컨시스토리 조직도 집합적 통치 구조를 보여준다. 이것은 제네바의 정치적인 통치구조에서도 마찬가지로 나타나는데, 25명으로 이루어진 소의회, 60명으로 이루어진 60인 의회, 200명으로 이루어진 200인 의회, 모든 시민들로 구성된 총회가 제네바의 정치를 이끌어갔다. 이와 같이 칼뱅의 제네바에서는 교회에서든 국가에서든 권력의 행사가 집단적으로 이루어졌다. 칼뱅은 여러 사람에 의해 다스려지는 것이 왕정처럼 혼자서 모든 것을 결정하는 것보다 더 안전하고 좋은 제도라고 보았다.

그러나 구체적으로 칼뱅이 귀족정치를 선호했는지, 아니면 귀족정치와 민주정치가 혼합된 체제를 선호했는지를 둘러싸고는 논란이 있다.[56] 필자의 판단으로는 칼뱅을 민주주의의 기초자 중 한 사람으로 보고자 하는 것은 오늘날의 소망을 16세기의 칼뱅에게 투사하는 것처럼 여겨진다. 물론 칼뱅이 미가서 5장 5절을 설명하면서 통치자들을 백성들의 자유로운 투표를 통해 선출하는 것이 가장 바람직하다고 말한 점을 들어 근대 민주주의의 형성과 발전에 기여했다고 주장할 수도 있을 것이다.[57] 이런 이유로 두메르그(Doumergue)를 비롯한 몇몇 사람들은 칼뱅이 민주주의를 염두에 두었다고 성급하게 결론내리지만, 세네비에르(Marc Chenevière)를 비롯한 다른 사람들은 칼뱅이 오늘날과 같은 의미의 민주주의자가 결코 아니라고 강조한다.

칼뱅은 『기독교강요』에서 “민주정치에 근접하는 귀족정치”(aristocracy bordering on democracy)를 이상적인 통치형태로 암시하고 있고, “자유가 적절한 절제로 통제되는”(freedom is regulated with becoming moderation) 통치형태가 가장 행복하다고 역설한다.[58] 이에 비추어볼 때 칼뱅은 민주정치보다

56) 이 주제와 관련하여 이은선, “칼빈의 정치사상”, 『최근의 칼빈연구』(서울: 대한기독교서회, 2001), 331-341을 참고하라.

57) John Calvin, *Opera quae supersunt omnia* (*Calvini Opera*), 43, 374.

58) *Institutes,* IV, 20, 8.

오히려 귀족정치나, 혹은 양보한다고 하더라도 맥닐이 말하는 것처럼 보수적인 성격을 띠는 민주정치를 선호한 것으로 보인다. 그것은 무엇보다 칼뱅의 질서에 대한 열망과 무질서에 대한 혐오 때문이다. 칼뱅은 무엇보다도 질서의 회복을 중시하였다. 과장된 자유 혹은 고삐 풀린 자유는 무질서와 혼란으로 연결된다. 때문에 칼뱅은 질서 잡힌 사회가 되기 위해서는 절제의 덕이 필수적이라고 보았다. 절제란 지나치게 많거나 지나치게 적은 양 극단을 피하고 중용의 길을 택하는 것이다. 이런 자기통제로서의 절제는 인간의 삶을 정해진 경계 안에 머물도록 해 준다. 이것은 질서의 회복을 위한 필수 덕목이다. 칼뱅은 "질서를 위하여 각 사람은 자신의 소명 안에 머물러야 한다는 것을 강조"함으로써, "사회적 질서를 고정화"시키고, "사회적 삶의 불확실성을 감소"시켰다.[59] 이것은 의도하지는 않았지만 현실을 유지하고 현실에 안주하는 보수적인 태도를 낳았다.

칼뱅은 절대주의자도 아니었고 민주주의자도 아니었다. 그는 한 사람에 의한 통치도 바라지 않았고 모든 사람에 의한 통치도 원하지 않았다. 칼뱅은 정부의 통치형태에 대해 어떤 형태를 취하면 모든 것이 좋아질 것이라는 유토피아적 환상을 갖지 않았다. 중요한 것은 정부의 형태가 아니라 하나님께서 인류의 복지와 하나님의 영광을 위해 다양한 형태의 정부를 명하셨다는 사실이다. 칼뱅은 모든 권세는 궁극적으로 하나님께로부터 온다는 하나님 주권사상을 확고하게 견지하면서, 모든 인류의 제도는 상대적이며 일시적이라는 생각을 갖고 있었다. 그리고 칼뱅은 어떤 형태의 정부든 간에 다스리는 자와 다스림을 받는 자들이 법적 질서 안에서 서로 묶여지기를 바랐다. 법은 "국가의 가장 든든한 힘줄"이며 "국가의 영혼"이기에,[60] 각 나라들은 자신들에게 맞는 공정한 법을 제정하여 다스려야 한다고 말한다.

---

59) William J. Bouwsma, *Calvin*, 74.

60) *Institutes,* IV, 20, 14.

V. 국가에 저항할 수 있는가?

우리는 앞에서 국가는 하나님이 세우신 은혜의 기구이며 따라서 국가의 통치자들은 하나님의 대리인이기 때문에, 모든 백성들은 자발적으로 기꺼이 통치자들에게 복종해야 한다는 사실을 지적하였다. 비록 악한 통치자라 할지라도 그것은 백성들의 죄를 치시는 하나님의 손길이기 때문에 복종해야 한다. 칼뱅은 "우리는 자신에게 맡겨진 직무를 정당하고 성실하게 수행하는 통치자들의 권위에 복종해야 할 뿐만 아니라 수단방법을 가리지 않고 권력을 잡은 통치자들이 그들의 직무를 전혀 수행하지 않는다 할지라도 그들에게도 복종해야만 한다."[61]고 말한다. 그것은 모든 통치자들에게 권세를 주신 분이 바로 하나님이시기 때문이다. 그렇다면 통치자가 폭정을 일삼을 때에는 어떻게 해야 하는 것인가?

칼뱅이 제시하는 대답은 그런 때일수록 자기 자신을 돌아보고, 하나님께 기도하면서 하나님의 도우심을 기다리며 인내하라는 것이다.

> 잔인한 군주에게 혹독하게 고통을 당하거나, 탐욕스럽거나 방자한 군주에게 착취를 당하거나, 태만한 군주에게 방치를 당하거나, 불경하고 모독을 일삼는 군주에게 경건의 일로 큰 어려움을 당하거나, 우리는 먼저 우리 자신의 잘못을 생각하여야 할 것이다. … 그런 악을 치유하는 것이 우리의 할 일이 아니라 주님의 도우심을 간구하는 것이 우리의 할 일이라는 것을 명심해야 할 것이다.[62]

하나님께서는 우리에게 악한 통치자를 향하여 저항하라고 말하지 않고 오로지 복종하면서 묵묵히 견디라고 명령하셨다고 칼뱅은 주장한다. 왕들을 세우고 폐하거나 나라를 바꾸는 것은 어디까지나 하나님의 손에 달려 있다

61) *Institutes,* IV, 20, 25.

62) *Institutes,* IV, 20, 29.

는 것이다. 그러면 통치자에게 저항할 수 있는 가능성은 전혀 없는 것인가?

칼뱅은 두 가지 가능성을 조심스럽게 제시한다. 먼저 칼뱅은 "만일 왕들의 횡포를 억제하라고 임명된 백성들의 관리들(magistratus populares)이 있다면, 그들이 자기들의 의무에 따라서 왕들의 맹렬한 방종에 저항하는 것을 결코 반대하지 않는다."[63]고 밝힌다. 백성들의 관리들에게는 백성들의 자유를 보호해야 할 책임이 있다. 따라서 그들이 왕의 폭정과 방종을 방기한다면 그것은 하나님이 맡기신 책임에 대한 유기이며 백성에 대한 배신행위가 될 것이다. 한스 바론(Hans Baron)은 이 점에서 칼뱅과 부처가 깊은 연관성을 보여준다고 지적한다.[64] 부처는 독일 도시의 하급 관리들(magistratus inferiores)이 영주나 선제후들의 독재적 경향을 견제하는 역할을 해야 한다며 저항의 가능성을 언급하였다. 칼뱅은 이런 "백성들의 관리들"의 예로서 고대 스파르타의 감독관들, 로마의 호민관들, 아테네의 장관들을 언급하고 있다. 아마도 칼뱅은 자기 조국 프랑스의 삼부회도 염두에 두었을지 모른다. 이들이 왕들의 전제적 통치를 견제하고 막을 수 있다는 장점 때문에 칼뱅은 왕정보다는 다수가 다스리는 대의적 통치제도에 호감을 가졌을 것이다.

또 다른 저항의 가능성은 통치자가 하나님의 뜻에 반하는 일을 명할 경우이다. 칼뱅은 "통치자들에게 복종하여야 하지만, 그렇다고 해서 하나님을 향한 순종에서 벗어나는 일이 있어서는 절대로 안 된다."고 단언한다.[65] 우리의 순종은 어디까지나 첫째는 하나님에게 바쳐야 하고 통치자에 대한 복종은 그 다음의 문제이다. 국가 통치자에게 바쳐야 할 복종은 절대적인 권위를 갖고 계신 하나님께 바쳐야 할 복종에서 파생되는 조건적 복종일 뿐이다. 통치

63) *Institutes,* IV, 20, 31. 맥닐의 평가에 따르면, 칼뱅의 이 선언은 "여러 세대를 거쳐 개혁교회 정치적 저술의 문구가 되었다. 88개의 라틴어 단어로 이루어진 칼뱅의 이 한 문장이 그가 불복종해서는 안 된다고 수없이 경고한 진술보다 더 인상적이고, 아마도 더 영향력을 발휘하였다." John T. McNeill, "John Calvin on Civil Government," 40.

64) Hans Baron, "Calvinist Republicanism and its Historical Roots," *Church History* 8 (1939), 35.

65) *Institutes,* IV, 20, 32.

자의 권세는 전적으로 하나님에게서 유래되기 때문이다. 만일 통치자가 하나님의 뜻에 거스르는 것을 명령한다면 "사람보다 하나님께 순종하는 것이 마땅하다"(행 5 : 29)는 말씀을 따라야 할 것이다. 칼뱅이 '니고데모파'[66]의 미사 참석에 대해 반대한 사실은, 참된 그리스도인은 교회든 국가든 하나님의 뜻과 어긋나는 명령을 할 때에는 그 권위에 복종하지 말아야 한다는 것을 보여주고 있다. 그는 불복종으로 인해 박해받거나, 추방당하거나, 죽는 것을 두려워하지 말고 각오하라고 요구한다. 그렇지만 칼뱅은 어디까지나 수동적인 불복종을 말한 것이지 무력으로 대항하라고 말하지는 않았다. 하지만 이런 칼뱅의 사상은 이후 프랑스에서의 상황 악화로 인해 칼뱅주의자들에 의해 보다 적극적인 저항이론으로 발전되어 갔다. 프랑스에서의 위그노 전쟁(1562-1598), 특히 성 바르톨로뮤 축일 학살사건(1572년 8월 23-24일)은 저항이론을 당연한 것으로 만들었다.[67] 칼뱅이 죽고 난 후, 보다 호전적인 친구였던 프랑수아 오트망(François Hotman)이나 한 세기 후 위그노였던 피에르 쥬리어(Pierre Jurieu)와 같은 사람들은 왕의 권력에 대항하는 삼부회의 권한을 열렬히 옹호하였다. 이런 사상은 결국 1789년 프랑스혁명의 사상적 근거가 되었다.[68]

최근에 막스 앙가마르(Max Engammare)가 정부권력에 대한 저항을 촉구하는 칼뱅의 설교를 많이 발굴하였다. 그 중 두 가지만 소개하기로 하자. 첫째, 1550년 사도행전 설교에서 칼뱅은 군주들이 "우리를 하나님의 영광에서부터 돌아서서 우상숭배와 미신에 빠지도록 하기 위해 무력을 행사하고자 한

66) 니고데모파란 로마 가톨릭 국가인 프랑스에 살면서 박해를 피하기 위해 자신들의 프로테스탄트 신앙을 숨기고 가톨릭의 미사에 참석했던 16세기 프로테스탄트 신자들을 일컫는다. 칼뱅이 니고데모파를 반대하여 쓴 "신도의 처신"(1543)과 "니고데모파에게 주는 변명"(1544)이 우리말로 번역되어 박건택, 『칼뱅작품선집』 V(서울: 총신대출판부, 1998)에 수록되어 있다. 황정욱, 『칼빈의 초기사상 연구: 칼빈의 '두 서신' 과 니코데미즘』 II(오산: 한신대학교 출판부, 2002)와 강경림, 『칼빈과 니고데모주의』(서울: 기독교문서선교회, 1997)도 참고하라.

67) Robert M. Kingdon, "Calvin's Socio-Political Legacy," 119-120.

68) John T. McNeill, "John Calvin on Civil Government," 40.

다면, 그들은 이제 우리에게 개구리나 이보다도 권위를 지니지 못한다."고 선언하였다. 둘째, 1560년 창세기 설교에서 "만일 왕들이 신하들에게 미신과 우상을 따르도록 힘을 행사하려 한다면, 그들은 더 이상 왕이 아니며" 신하들은 "하나님에 대한 참된 예배를 포기하느니 백 번이라도 죽기를 각오해야 한다. 신하들은 하나님께 속한 것을 마땅히 하나님께 돌려야 하며, 하나님 앞에서 지렁이가 만들어 내는 오물과 쓰레기나 진배없는 모든 칙령과 위협과 명령과 전통을 거부해야만 한다."고 선포하였다.[69] 그는 하나님의 뜻을 저버린 왕을 개구리, 이, 지렁이라고 부르며 더 이상 복종할 필요가 없다고 말한다.

그러나 칼뱅이 항상 질서 잡힌 정부를 열망했고 무책임한 혁명을 혐오했다는 사실을 기억해야만 한다. 그는 사회질서를 송두리째 뒤엎는 과격한 혁명은 있어서는 안 된다고 보았다. 예를 들면 프랑스에서 폭정을 일삼던 기즈(Duke of Guise) 가문을 무너뜨리기 위해 라 르노디(Jean de Barry de La Renaudie)가 앙부아즈 음모(Conspiracy of Amboise)를 꾸미고 칼뱅에게 승인을 요청했을 때, 칼뱅은 단호하게 거절하였다.[70] 니고데모파에게도 통치자가 하나님의 뜻에 어긋나는 일을 강요한다면 망명을 하거나 순교를 각오하라고 권했지, 무장투쟁을 하라고 말한 것이 결코 아니다. 국가에 대한 적극적이며 능동적인 저항권은 칼뱅의 유산이라기보다는 칼뱅 이후 칼뱅주의의 소산이다.

칼뱅은 백성들을 향해서는 하나님이 세우신 질서를 뒤엎으려고 하지 말고 복종하라고 경계하였고, 통치자들을 향해서는 하나님께서 맡기신 직위의 범위를 넘어서지 말고 하나님에 대한 책임을 기억하라고 충고하였다. 백성들의 의무는 복수나 혁명이 아니라 하나님이 세우신 권세에 대한 복종이다. 신앙에 의거한 시민 불복종은 가능하지만 이로 인한 결과에는 책임을 져야 한다. 통치자들은 "스스로 하나님의 대리자임을 기억한다면, 백성들에게 하나님의 섭리와 보호와 선하심과 자비와 정의의 모습을 드러내기 위해 진지함과 열심과 부지런함으로 살펴야 한다."[71] 그리고 자기들에게 맡겨진 정치적

69) Max Engammare, "Calvin monarchomaque? Du soupçon à l' argument," *Archive for Reformation History* 89 (1998), 213, 210.

70) John T. McNeill, "John Calvin on Civil Government," 27.

임무와 종교적 임무에 충실해야만 한다.

VI. 맺는 말

종교개혁에 있어서 칼뱅의 위치와 중요성은 그의 생존시에 이미 널리 미친 영향에서 확인된다. 루터가 대체로 독일과 스칸디나비아의 개혁자였다면, 칼뱅은 "위대한 종교개혁자들 중에서 국제적이라고 불릴 만한 유일한 인물이었다."[72] 영향력으로 본다면 제네바는 로마로, 칼뱅은 제네바의 교황으로 불릴 만하였다. 1559년 제네바아카데미가 설립된 이후로 칼뱅의 영향력은 유럽 대륙에서 더 넓게 퍼져 나갔다. 따라서 칼뱅의 정치사상은 개혁교회 더 나아가 "개신교 전체의 정치사상을 이해하는 일에 필수적으로 거쳐야 하는 관문"[73]과 같이 되었다. 지금까지 우리가 논의한 것들을 요약하면서 과연 국가와 정치에 관련하여 칼뱅이 우리에게 남겨준 유산들이 무엇인지를 정리해 보기로 하자.

첫째로, 칼뱅은 국가와 교회의 관계를 혼동하여 동일시하지도 않았고, 분리하여 아무런 관련도 없는 것으로 여기지도 않았다. 그는 교회와 국가는 구별되지만 대립되지는 않는다고 주장한다. 칼뱅은 좁게는 프로테스탄트의 여러 분파들 사이에서, 넓게는 로마 교회와 재세례파 사이에서 균형을 잡고 중도의 길을 걷고자 했다. 건강한 교회와 국가의 관계는 둘 사이에 긴장과 동시에 협력을 이룰 때에라야 가능하다는 사실은 우리에게 시사하는 바가 크다. 오늘날 정치적인 문제에 대해 철저히 무관심한 태도로 일관하거나 혹은 지나치게 정치적인 태도를 보이고 있는 한국 교회가 이러한 양극단을 피하고 칼뱅의 균형 잡힌 신학을 회복할 필요가 있다.

---

71) *Institutes*, IV, 20, 6.

72) Charles Beard, *The Reformation of the Sixteenth Century and its Relation to Modern Thought* (London : Williams & Norgate, 1885), 244.

73) 이오갑, "칼빈의 국가론", 「칼빈연구」 창간호(서울 : 한국장로교출판사, 2004), 220.

둘째로, 칼뱅은 국가는 하나님의 은총에서 비롯된 기관임을 분명히 하였다. 따라서 통치자들도 하나님의 대리인으로 불렀다. 또한 칼뱅은 국가와 통치자에게 정치적 임무뿐만 아니라 종교적 임무까지 부과하였다. 국가에 대한 긍정적인 태도와 통치자의 직무에 대한 존중은 칼뱅이 우리에게 주는 통찰력 중 하나이다. 당시 국가를 교회에 종속된 것으로 본 로마 가톨릭의 견해나 국가를 적대시한 재세례파 견해와 비교해 볼 때 국가까지도 하나님의 질서로 파악하면서 국가의 적극적인 역할을 부여한 것은 그의 신학의 넓이를 보여준다.

셋째로, 칼뱅은 국가의 통치형태와 관련하여 한 사람에 의해 지배되는 왕정보다는 여러 사람이 함께 통치하는 형태를 선호하였다. 그는 한 사람에 의해 통치되는 군주제가 실패한 수많은 예를 역사와 경험에서 배우고 상호견제를 통한 집단적 통치의 유용성을 깨달았던 것이다. 이는 정치를 바라보는 칼뱅의 시각이 이상주의가 아니라 대단히 현실적이고 실제적이었음을 말해준다. 그러면서도 그는 정말 중요한 것은 어떤 통치형태를 취하는가가 아니라 하나님의 주권을 드러내는가, 그렇지 못하는가 하는 문제라는 점을 분명히 한다.

넷째로, 칼뱅은 국가와 통치자가 하나님에게서 유래했기 때문에 기본적으로 우리가 복종해야 한다고 주장하였다. 악한 통치자가 나타났을 때에는 자기를 점검하고 기도하며 인내해야 한다고 가르친다. 그러면서도 통치자의 명령이 하나님의 뜻에 반할 경우에는 불복종해야 한다는 점 또한 강조하였다. 하지만 이것도 고난을 각오한 불복종이지 능동적이고 적극적인 저항을 의미한 것은 아니었다. 근대 민주주의의 입장에서 보면 이러한 칼뱅이 입장이 보수적이고 현실 안주적인 태도로 보일 수 있다. 그러나 21세기의 관점을 16세기로 가져가 판단의 기준으로 삼는 것은 비역사적인 태도이다. 칼뱅은 자신이 살던 시대와 삶의 방식에 적합한 정치사상을 일관되게 전개하였다.

우리가 칼뱅의 정치사상의 유산을 검토할 때 오늘날의 국가 개념을 가지고 칼뱅의 국가론을 판단하는 오류를 범해서는 안 된다. 칼뱅은 그리스도교 세계(corpus christianum) 안에서 생각하고 살았던 사람이다. 그에게는 교회와 국가가 모두 하나님의 주권적 통치에 복종해야 하는 영역이었다. 칼뱅에게는 국가가 종교에 중립적이면서 세속적 성격을 지닌 자율적 실체라는 현대적 개념은 생소한 것이다. 또한 칼뱅은 기본적으로 정치 사상가가 아니라 하나님에 대한 깊고 흔들림 없는 신앙을 소유한 종교 개혁자였음을 잊어서는 안 된다. 그는 종합적이고 본격적인 이론 체계로서의 국가론을 전개하려고 한 것이 아니라, 하나님의 영광과 주권을 드러내고 경건과 공평을 세우려는 의도에서 국가를 논한 것이다. 그러므로 칼뱅의 사상을 우리 자신의 관점에서 해석하고 비판하기 이전에 칼뱅 자신의 시대상황 안에서 이해해야만 한다.

다음과 같은 앙드레 비엘레(André Biéler)의 언급은 개혁전통을 오늘 여기에 되살리고자 하는 우리에게 중요한 점을 일깨워 준다.

> 우리가 칼뱅에게 충실한다고 할 때 결코 그가 한 말을 전혀 새로운 역사적 상황에 단순히 기계적으로 되풀이해서는 안 된다. 반대로 그리스도인들은 칼뱅의 그 위대한 예를 본받아 그들이 처한 새로운 상황 속에서, 또한 삶의 모든 면에서 하나님의 말씀에 복종하려는 노력을 기울여야 한다. … 칼뱅을 제대로 진실하게 따른다면 따라야 할 길은 하나다. 칼뱅 그 자신에게 순종하지 말고 칼뱅이 주인으로 섬긴 그 분을 따르는 길이다.[74]

74) André Biéler, 『칼빈의 사회적 휴머니즘』, 104-105.

제10장 칼뱅의 종교개혁과 선교

I. 시작하는 말

본 논문의 목적은 16세기 “종교개혁자들에게 선교가 있었는가?”라는 오래된 질문에 대해 비판적으로 점검하고 대답하는 데 있다. 특별히 개혁교회의 토대를 놓은 제네바의 종교개혁자 장 칼뱅(Jean Calvin)과 그의 선교 사상과 활동에 논의의 초점을 맞출 것이다.

흔히 프로테스탄트 선교라고 하면 19세기를 떠올린다. 일찍이 교회사가 라투렛(Kenneth Scott Latourette)은 7권으로 된 자신의 책 『그리스도교 확장사』(*History of the Expansion of Christianity*)에서 19세기에 세 권(4－6권)을 할애하면서 그 시기를 선교에 있어서 “위대한 세기”(the great century)라고 말한 적이 있다. 그렇다면 프로테스탄트 종교개혁이 일어났던 16세기 당시에는 선교에 대한 이론이나 실천이 없었다는 말인가? 일반적으로 16세기와 17세기에 프로테스탄트 선교는 없었거나 부족했고, 18세기에 들어와서야 선구적인 선교활동이 시작되었고 19세기에 와서야 마침내 선교의 위대한 세기가 열렸다고 받아들여졌다. 오랫동안 종교개혁자들은 선교에 대한 관심이 없었고 선교를 위해 거의 아무것도 하지 않았다는 것이 중론처럼 여겨져 왔다. 그러나 최근 들어서 여러 학자들은 기존의 입장에 문제제기를 하면서 종교개혁자들, 특히 칼뱅은 선교에 대한 이론을 가지고 있었으며 선교활동에도 관여했다고 강력하게 주장하면서, 칼뱅을 “선교 지도자”(director of missions)[1]로, 제네바를

"선교 중심기지"(a missionary centre)[2]로 부각시키려고 한다.

필자는 칼뱅을 위시한 종교개혁자들에게는 선교 사상도 선교 활동도 없었다는 과격한 주장은 역사적 사실을 왜곡하는 것이라고 본다. 칼뱅은 분명히 선교의 필요성과 중요성을 인식하고 기회가 주어지는 한 선교 활동을 지원하였다. 그러나 그것이 충분하거나 만족스러운 정도는 아니었다는 것도 사실이다. 본 논문은 편견이나 선입견을 지양하고 역사적 사실에 입각하여 칼뱅의 선교에 대한 사상과 활동을 재검토하고자 한다.

II. 종교개혁자들의 선교관을 둘러싼 논쟁

A. 종교개혁자들에게는 선교가 없었다는 견해

역사적으로 볼 때, 프로테스탄트 종교개혁자들에게서 선교 사상이나 활동을 찾아볼 수 없다고 본격적으로 공격한 최초의 인물은 로마가톨릭의 추기경이었던 로베르토 벨라르미노(Roberto Bellarmino, 1542–1621)[3]였다. 그는 선교활동을 참된 교회의 표지 중 하나라고 주장하면서 프로테스탄트들에게는 선교에 관한 사상이나 활동이 전혀 보이지 않기 때문에 이단이라고 규

1) Philip E. Hughes, "John Calvin : Director of Missions," *The Heritage of John Calvin*, ed. John H. Bratt (Grand Rapids : Wm. B. Eerdmans Publishing Company, 1993), 40–54.

2) W. Stanford Reid, "Calvin's Geneva : A Missionary Certre," *Reformed Theological Review* 43, 3 (September–December 1983) : 65–74.

3) 프로테스탄트 종교개혁 교리를 비판한 대표적인 로마가톨릭 신학자로서, 1560년 예수회에 입회하였으며 1570년 사제 서품을 받았고 1599년 추기경으로 임명되었다. 로마 가톨릭교회의 가장 영향력 있는 변증가로 인정을 받은 그는 1931년 교황 피우스 11세에 의해 교회박사로 명해졌다. 그가 쓴 가장 중요한 저작은 3권으로 이루어진 『이 시대의 이단들에 대한 그리스도교 신앙논쟁 강의』(*Disputationes de controversiis Christianae fidei adversus hujus temporis haereticos*)라는 제목의 강의록으로, 여기에는 프로테스탄트 교리에 대한 신랄한 비판과 로마교회 교리에 관한 비타협적인 진술이 포함되어 있다.

정하였다.

> 이단들이 이교도나 유대인들을 그리스도교 신앙으로 회심시켰다는 말을 들어보지 못했다. 그들은 단지 그리스도인들을 잘못된 길로 빠뜨렸을 뿐이다. 그러나 로마 가톨릭교회는 금세기에만 신대륙에서 수만 명의 이교도들을 회심시켰다. 해마다 상당수의 유대인들이 로마의 감독에게 충성스러운 가톨릭교도들에 의해 로마에서 회심하고 세례를 받고 있다. 또한 로마와 다른 지역에서 회심하는 사람들 중에는 이슬람교도인 투르크인들도 있다. 루터교도들은 자신들을 사도들과 전도자들과 비교한다. 저들이 수많은 유대인들과 같이 살고 있고, 폴란드와 헝가리에서는 투르크인들을 그 이웃으로 두고 있지만 그들은 소수의 이교도들조차도 개종시키지 못하고 있다.[4)]

벨라르미노는 프로테스탄트들이 자신의 주위에 있는 이교도들을 개종시키지도 못했고, 신대륙으로 가서 그곳 사람들을 회심시키지도 않았고, 오히려 기존의 그리스도인들을 잘못된 길로 이끌어 바른 신앙에서 멀어지게 한 이단들이라고 주장하였다. 참된 교회의 표지 중 하나인 선교의 열매가 없는 프로테스탄트 공동체는 진정한 교회일 수 없다는 것이 그의 요지이다. 이러한 로마 가톨릭교회 입장에서 바라본 프로테스탄트에 대한 비방과 편견이 고스란히 전해져 후대의 학자들에게까지 이어졌다.

로마가톨릭교회사가인 슈미들린(Joseph Schmidlin)도 루터, 츠빙글리, 멜란히톤, 칼뱅과 같은 종교개혁자들은 선교 사상을 가지지도 못했고 선교 활동도 보여주지 못했다고 주장하였다. 슈미들린에 따르면 종교개혁 시기에 프로테스탄트가 보여준 선교 시도라고는 고작 두 가지 정도인데, 그마저도 모두 실패했다. 첫째는 유럽 최고 북부지역인 라플란드 지역의 사람들에 대한 구스타프 바사(Gustav Wasa)의 선교인데 이것은 실제로 이교도에 대한 선교

4) Roberto Bellarmino, *Disputationes de controversiis*, Book IV. Stephen Neill, *A History of Christian Missions* (New York : Penguin Books, 1979), 221에서 재인용.

가 아니었다. 둘째는 브라질의 프랑스 이민자들에 대한 제네바의 선교인데 이도 제국주의적인 시도였을 뿐이며 학살로 끝을 맺고 말았다.[5] 이런 단편적 시도 외에 종교개혁자들이 멀리 떨어져 있는 이방인들의 선교를 위해 노력했다는 어떤 증거도 없기 때문에 종교개혁자들은 선교에 무관심했다는 것이다.

심지어 프로테스탄트 선교학의 아버지라 불리는 구스타프 바르넥(Gustav Warneck)조차도 『프로테스탄트 선교역사 개요』에서 종교개혁자들에게 선교적 사상이나 활동이 없었다는 벨라르미노의 평가를 무비판적으로 받아들임으로써 벨라르미노의 부정적 견해를 일반화시키는 데 앞장서고 말았다.[6] 바르넥은 종교개혁자들이 선교에 대해 “이상한 침묵”(strange silence)[7]을 지키고 있다고 말한다. 마태복음 28장의 선교 위임명령이나 사도행전 1장 8절을 논할 때에도 루터나 칼뱅과 같은 종교개혁자들이 그리스도인의 선교적 사명을 분명하게 주장하고 있지 않는다는 점이 이상한 수수께끼라는 것이다. 바르넥은 이 “이상한 침묵”은 종교개혁자들이 선교 사명에 대한 인식을 가지고 있지 못한 데서 비롯되었다고 결론을 내린다. 이후 라투렛, 스티븐 닐(Stephen Neill), 윌리엄 호그(William Hogg), 허버트 케인(Herbert Kane), 에리히 쉬크(Erich Schick) 같은 학자들이 이런 견해를 수용하면서 종교개혁자들이 선교에 무관심했던 이유들을 나름대로 설명하고자 노력하였다.

---

5) Joseph Schmidlin, *Catholic Mission History*, ed. Matthias Braun (Techny : Mission Press, 1933). Samuel M. Zwemer, “Calvinism and the Missionary Enterprise,” *Theology Today* 7 (1950), 206에서 인용.

6) “We miss in the Reformers not only missionary action, but even the idea of missions, in the sense in which wee understand them today.” Gustav Warneck, *Outline of A History of Protestant Mission from the Reformation to the Preset Time : A Contribution to Modern Church History*, trans. from the 7th German and ed. George Robson (New York : Fleming H. Revell Co., 1903), 9에서 인용. 이 책은 독일어로 1881년 초판이 나왔고, 1884년 영역된 후로 여러 차례 증보되었다.

7) Gustav Warneck, *Outline of A History of Protestant Mission*, 9.

B. 종교개혁자들에게 선교가 약했던 이유들

그들은 공통적으로 칼뱅과 종교개혁자들이 몇 가지 신학적인 이유와 상황적인 이유 때문에 선교에 무관심했다고 주장한다. 먼저 상황적인 이유를 살펴보자면 첫째는 당시 프로테스탄트 교회는 로마 가톨릭교회에 대항하여 생존을 위한 힘겨운 싸움을 벌이고 있었다. 가톨릭의 위협 속에서 살아남는 것이 우선이었기 때문에 해외 선교에 눈을 돌릴 여유가 전혀 없었다. 바른 교리를 정립하고 참된 교회를 세우려는 내적 개혁을 위한 노력만으로도 힘에 부쳤기 때문에 외부로 관심을 돌린다는 것은 불가능했다. 둘째로 당시 해상권을 가톨릭 국가였던 스페인과 포르투갈이 장악하고 있었기 때문에, 사실상 해외 선교의 길이 막혀 있었다. 또한 프로테스탄트들은 신세계에 대한 정보를 거의 가지고 있지 못했다. 셋째로 프로테스탄트들에게는 로마 가톨릭교회의 수도원처럼 해외 선교를 추진할 만한 선교단체나 조직이 없었다. 로마교회의 경우에는 예수회의 활동에서 볼 수 있듯이 수도원이 선교 기구의 역할을 담당하였지만, 프로테스탄트에게는 조직도 없었고 인적 자원이나 경제적 후원도 없었다. 넷째로 '통치자의 종교에 따라 그 지역의 종교가 결정된다.' (cuius regio, eius religio)는 1555년 아우크스부르크 평화조약(Peace of Augsburg)은 당시 가톨릭이 대세였던 상황에서 프로테스탄트 선교를 제약하는 요인이 되었다. 이처럼 16세기의 역사적 상황은 프로테스탄트가 해외 선교에 적극적으로 나설 수가 없는 형편이었다.

앞에서 언급한 여러 학자들은 16세기의 상황적인 이유 외에도 몇 가지 신학적인 이유가 종교개혁자들의 선교 활동을 방해했다고 주장한다. 첫째로, 칼뱅주의의 예정론이 선교하려는 의욕과 노력을 꺾고, 선교의 필요성을 제거해 버렸다는 주장이다. 일부 학자들은 "선택과 제한 속죄 교리에 있어서 하나님의 주권에 대한 일방적이고 치우친 강조 때문에, 도르트 신조에 입각한 칼뱅주의는 선교에 대한 긴급성과 확신을 빼앗아버리고, 인간의 책임을 약화시키고, 모든 민족과 백성을 향한 선교를 위한 동기를 심각하게 위협한다."[8] 고 말한다. 구원받기로 예정된 자들은 무슨 경로를 통해서든 결국 하나님을 믿게 될 것이고, 유기되기로 예정된 자들은 아무리 복음을 전해도 결국 믿지 않을 것이니 구태여 선교하려고 애쓸 필요가 없다는 것이다. 그러나 이것은 결코 칼뱅의 견해가 아니다. 예정 교리는 오로지 하나님의 비밀스러운 목적에 관련된 것이지 교회의 선교 활동에 관계된 것이 아니다. 따라서 우리는 누가 하나님이 선택한 사람인지 알 수 없으며 또한 어떤 방법으로 혹은 누구를 통해서 다른 사람들을 구원하실지 알 수 없기 때문에 우리는 그저 하나님의 복음을 전하는 사명을 감당해야만 한다. 예정론은 선교를 방해하기보다는 복음 선교를 요구할 수 있는 것이다.

둘째로 온 세상에 복음을 전하라는 지상명령은 사도들에만 주어졌으며, 사도들은 그 사명을 이미 감당하였다고 보는 신학적 견해가 종교개혁자들로 하여금 선교에 무관심하도록 만들었다는 주장이다. 몇몇 학자들에 따르면 칼뱅은 사도들과 복음전도자들의 선교 사명을 예외적이고 특별한 것으로 취급하였으며 그들에 의해 선교 사명이 완수된 것으로 믿었기 때문에, 후대의 목회자들은 선교를 위해 애쓸 필요가 없고 자신이 맡은 교회만 잘 목회하면 된다고 주장했다는 것이다. 그러나 이것은 칼뱅의 사상을 오해한 것이다. 오히려 칼뱅의 신학 안에는 선교의 중요한 원리들이 내재되어 있다. 칼뱅은 하나님께서 유대인들뿐만 아니라 모든 이방인들도 구원으로 부르신다고 확신하였다.[9] 따라서 이제는 온 세상 모든 사람에게 복음을 전하는 선교가 가능할 뿐만 아니라 의무이다. 또 칼뱅은 그리스도의 나라는 점진적으로 확장된다고 믿었다.[10] 교회는 이 땅 위에서 그리스도의 나라를 확장하는 과업에 관여해야만 한다. 칼뱅은 사도의 직무가 특별하고 예외적인 직무로서 교회 안에서

8) George W. Peters, "Current Theological Issues in World missions," *Biblitheca Sacra* 135 (1978), 161.

9) "구원으로부터 제외된 사람은 이 세상 어디에도 없다. 왜냐하면 하나님께서는 복음이 모든 사람에게 예외 없이 전해지기를 원하시기 때문이다. 하나님께서는 모든 사람이 동일하게 구원에 참여하도록 초대하신다." Comm. 1 Tim. 2 : 4. John Calvin, *Calvin's Commentaries* (Grand Rapids : Baker Book House, 1979).

10) "그리스도의 나라는 그가 다시 오셔서 우리의 구원이 완성될 때까지 중단 없이 전진할 것이다." Comm. Isa. 2 : 2.

영속적인 것이 아니긴 하지만, 하나님께서는 시대와 상황이 그것을 필요로 할 때에는 지금도 사람들을 그 직무로 부르신다고 확신하였다.[11] 더 나아가 칼뱅은 복음 선교는 하나님에 대한 그리고 이 세상의 모든 사람들에 대한 모든 그리스도인의 의무라고 주장했다.[12] 그리스도인이라면 누구든지 다른 사람들을 하나님과 우리 주 예수 그리스도의 복음으로 인도하는 일에 최선을 다해야 한다.

셋째로 세상의 마지막이 가까웠다고 보는 종교개혁자들의 종말론이 선교에 대한 무관심을 불렀다는 주장이다. 특히 임박한 종말론에 대한 강조가 장기간에 걸친 해외 선교의 필요성을 약화시켰다는 주장이다. 그러나 이것도 확증될 수 있는 주장이 아니다. 종말론은 어느 시대에나 있어 왔는데, 종교개혁자들에게 특별히 종말론이 강조되었다고 주장할 수 있는 근거가 없다. 뿐만 아니라 종말이 가까웠다는 의식을 가지고 있다면 오히려 선교에 열성을 내게 될 확률이 더 높다. 실제로 어떤 학자는 칼뱅주의 종말론이 선교의 저해 요소가 아니라 오히려 세계선교를 위한 동기를 제공한다고 주장하기도 한다.[13]

종교개혁자들의 선교관에 대해 부정적인 견해를 제시한 사람들은 위와 같은 상황적이거나 신학적인 이유들을 자신들의 주장의 근거로 제시하였다. 칼뱅과 다른 종교개혁자들이 16세기의 역사적 상황에서 오는 제약 때문에 해외 선교에 충분히 헌신하지 못했다는 것은 이해할 수 있다. 그러나 종교개혁

11) "사람들은 자신이 부름을 받았고 자기가 하나님에 대한 지식을 가진 것에 만족할 것이 아니라, 다른 사람들을 하나님에게로 이끌고 오려고 열망해야 한다. 하나님께서는 각 사람을 신비로운 능력을 통해 자신에게로 이끌고 오시기도 하지만, 그분은 동시에 사람들을 통해서 그 일을 하시기도 하시기 때문이다." Comm. Isa. 2 : 3.

12) "하나님께서는 우리에게 구원의 가르침을 위탁하셨다. 그것은 우리들만 구원을 사적으로 간직하라고 그러신 것이 아니라 모든 인류에게 구원의 길을 제시하라고 하신 것이다. 따라서 이것은 모든 하나님의 자녀들에게 공통된 의무이다." Comm. Dan. 12 : 3.

13) Richard Ngun, "Calvinism and Missions," *Stulos Theological Journal* 11, 1 (2003) : 104-105.

자들의 신학 자체에 선교를 도외시하도록 만드는 결함이 있다는 주장은 쉽게 납득할 수가 없다.

C. 종교개혁자들에게 선교가 있었다는 견해

칼뱅을 위시한 종교개혁자들의 선교관에 대해 모두가 부정적인 평가를 하고 있는 것은 결코 아니다. 최근 종교개혁자들의 선교관에 대한 새로운 평가가 등장하고 있다. 데이비드 보쉬(David Bosch)의 다음과 같은 견해는 시사하는 바가 크다.

> 벨라르미노와 그의 의견에 동조하는 추종자들은 자연스럽게 로마 가톨릭의 선교 개념을 가지고 프로테스탄티즘을 평가하였다. 하지만 우리가 신약성서의 선교 개념을 염두에 둔다면 상황이 다소 달라질 것이다. 선교는 분명히 멀리 떨어져 있는 나라에 특별한 사절을 파송하는 것 이상이다. 개혁자들의 입장에서 볼 때 유럽 또한 선교의 장이었다.[14)]

보쉬에 따르면 루터와 칼뱅 같은 종교개혁자들은 자신들의 선교 사명이 주로 그리스도교 세계 안에 있다고 생각했던 것이다.

베르너 엘러트(Werner Elert)는 루터는 선교에 관심이 없었다는 바르넥의 주장을 반박하였다.[15)] 엘러트는 비록 루터가 선교 신학을 제시하거나 선교 운동을 조직하지는 않았다고 하더라도 선교를 위한 기본적인 주제들에 분명한 관심을 표하였다고 주장했다. 뿐만 아니라 루터는 그리스도의 교회는 특별한 지역에만 국한되어서는 안 된다고 주장하면서 유럽 바깥, 즉 아프리카,

---

14) David J. Bosch, *Witness to the World : The Christian Mission in Theological Perspective* (Atlanta : John Knox Press, 1980), 122.

15) Werner Elert, *The Structure of Lutheranism, vol. 1: The Theology and Philosophy of Life of Lutheranism Especially in the Sixteenth and Seventeenth Centuries*, trans. Walter A. Hansen (St. Louis : Concordia Publishing House, 1962), 385-390.

중동, 아시아에 있는 교회들과 그리스도인들에 대해 언급하였다. 동시에 그는 아직도 복음이 전해지지 못한 새로 발견된 섬들에 대해서도 언급하였다. 엘러트에 따르면, "후대의 신학자들은 사도들이 이미 만방에 복음을 전했기 때문에 현재의 교회는 이방인들에게 복음을 전할 책임을 더 이상 지지 않는다고 주장했지만, 이런 생각은 루터나 멜란히톤에게는 전혀 낯선 사상이었다."[16] 선교의 책임은 모든 그리스도인이 져야 하며 그리스도인들은 믿지 않는 사람들에게 말과 행실로 복음을 제시해야 한다. 루터는 온 민족에게 복음을 전하는 일이 현재 진행형임을 알고 있었다.

스탠포드 리드(W. Stanford Reid)도 칼뱅이 인도, 중국, 아프리카 등의 해외에 선교사들을 파송한 적이 없다는 이유를 들어 그가 선교가 별 다른 관심이 없었다고 주장하는 것은 부당하다고 주장한다.[17] 왜냐하면 이 때 선교는 결국 멀리 떨어져 있는 이국땅에 복음을 전하는 것으로 간주되고 있기 때문이다. 하지만 선교란 먼 이방인들에게 복음을 전하는 것만이 아니라, 자기 삶의 자리에서 복음에 기초한 참된 교회를 세우는 것도 선교이다. 이처럼 선교의 개념을 폭넓게 해석한다면 결코 칼뱅이 선교에 무관심했다고 말할 수는 없을 것이다. 비록 칼뱅이 그리스도인이나 교회는 선교 위임명령을 수행할 책임을 지닌다고 분명하게 말하지 않고 "이상한 침묵"을 지켰다 할지라도, 복음을 선포하는 일과 개인과 사회에 복음의 영향력을 확장하는 일에 대한 칼뱅의 관심과 열정은 그의 수많은 저술들과 그의 삶에서 분명히 드러난다. 그는 "우리가 우리 자신들의 구원에만 관심을 가지는 것으로는 충분하지 않다. 오히려 하나님에 대한 지식이 온 세상에 편만하게 비쳐서 모든 사람이 참여할 수 있도록 해야만 한다."고 설교하였다.[18] 칼뱅의 삶은 실제로 모든 사람들이 우상숭배의 길에서 떠나 구원의 길로 돌아오도록 하기 위한 최선의 노력이었다.

---

16) Werner Elert, *The Structure of Lutheranism*, 387.

17) W. Stanford Reid, "Calvin's Geneva : A Missionary Centre," 65.

18) Iain Murray, *The Puritan Hope* (London : Banner of Truth Trust, 1971), 84에서 인용한 칼뱅의 설교.

에른스트 피스트러(Ernst Pfisterer) 또한 칼뱅에게는 교회의 선교적 책임에 관한 이론과 실천 모두가 분명히 있었다고 주장함으로써,[19] 칼뱅을 위시한 종교개혁자들에게는 선교 사상이나 선교 활동을 발견할 수 없다고 한 벨라르미노와 슈미들린의 견해에 정면으로 반대하였다. 사무엘 즈웨머(Samuel M. Zwemer)는 근대 선교운동의 중요한 신학적 원리들이 칼뱅 신학에서 이미 발견된다고 주장하였다.[20] 폴 아비스(Paul D. L. Avis)는 "개혁자들과 그 추종자들은 선교에 대한 비전이 없었고 선교활동에 전혀 관여하지 않았다고 주장하는 것은 잘못이다. 개혁자들의 주된 관심은 그리스도교 세계 안에서 개혁된 신앙을 전파하는 것이었다. 그들은 이것을 하나님의 말씀의 선교라고 믿었다. 많은 신학적이며 실제적인 문제들에도 불구하고, 개혁자들은 가까운 영역을 넘어서서 온 세상에 복음을 전파하고자 하였다."[21]라고 주장하였다. 이처럼 최근의 학자들은 칼뱅과 개혁자들에게 있어서 교회 개혁운동이 곧 선교였다는 점을 강조하고 있다.

III. 칼뱅의 선교

칼뱅에게는 선교가 없었다고 주장하는 사람들의 공통된 근거는 칼뱅이 유럽에서 멀리 떨어진 해외의 나라들에 선교사를 파송하거나 복음을 전하려

19) Ernst Pfisterer, "Der Missionsgedanke bei Kalvin," *Die Allgemeine Missionszeitschrift* (March 1934). Samuel M. Zwemer, "Calvinism and the Missionary Enterprise," 206에서 재인용.

20) Samuel M. Zwemer, "Calvinism and the Missionary Enterprise," 209–211. 즈웨머에 따르면 칼뱅의 선교 이론의 근거가 되는 두 가지 교리는 인간이 하나님의 형상대로 창조되었다는 교리와 일반 은총의 교리이다. 즈웨머는 이것이 선교의 토대가 된다고 말한다. 따라서 즈웨머는 하나님과 인간, 그리스도교 신앙과 비그리스도교 신앙의 관계에서 어떤 접촉점도 인정하지 않으려고 하는 극단적 바르트주의자들과 칼뱅은 분명히 다르다고 주장한다.

21) Paul D. L. Avis, *The Church in the Theology of the Reformers* (Atlanta : John Knox Press, 1981), 212.

는 노력을 거의 하지 않았다는 사실에 있다. 분명 선교를 해외에 나가 복음을 전하는 행위라고만 정의한다면 칼뱅에게는 선교 활동이 부족했다고 볼 수 있을 것이다. 그러나 이것은 선교를 너무 좁은 의미에서만 해석한 탓이다. '하나님의 선교' (Missio Dei)라는 관점에서 볼 때 자신이 속한 사회를 하나님의 복음에 합당한 공동체로 만들고자 하는 노력 자체도 선교라고 할 수 있을 것이다. 이런 점에서 제네바에 하나님의 통치, 즉 신정정치(theocracy)를 이루고자 했던 칼뱅은 곧 선교사이기도 했다. 본 장에서는 칼뱅이 제네바에서, 그리고 자신의 조국인 프랑스와 유럽 내에서 하나님의 교회와 사회를 복음에 합당하게 개혁하기 위해서 어떤 노력을 기울였는지를 살펴 볼 것이다.

A. 제네바 선교

칼뱅이 제네바를 프로테스탄트의 중심 도시로 만드는 과정은 결코 쉽지 않았다. 흔히 제네바를 '프로테스탄트의 로마' 라고 부르고, 칼뱅을 '제네바의 교황' 이라고 부르는 것은 당시 칼뱅과 제네바의 역할이 얼마나 중요했는지를 보여주는 표현이기는 하지만, 동시에 오해의 소지가 있는 말이기도 하다. 마치 칼뱅이 제네바를 손쉽게 장악하고 프로테스탄트 신앙을 수월하게 확립한 것처럼 받아들여질 수 있기 때문이다. 그러나 실제로는 칼뱅이 제네바를 프로테스탄트의 모범 도시로 만들기까지는 험난하고도 폭풍이 휘몰아치는 투쟁의 과정을 거쳐야만 했다.[22] 1536년 처음으로 제네바에 발을 디딘 칼뱅은 2년 후인 1538년 소위 제네바의 자손들(enfants de Genève)이라 불리는 오래된 토착 세력들과의 갈등에서 밀려 제네바에서 쫓겨나야만 했다. 그러다가

22) 제네바에서의 적대자들에 대한 칼뱅의 투쟁에 대해서는 William G. Naphy, *Calvin and Consolidation of the Genevan Reformation* (Manchester University Press, 1994)과 Robert M. Kingdon, "Was the Protestant Reformation a Revolution? The Case of Geneva," *Transition and Revolution* (Minneapolis : Burgess Publishing Company, 1974), 53-77을 참고하라.

1541년 다시 제네바로 돌아왔지만 칼뱅의 입지는 여전히 불안하였다. 치리권을 교회와 의회 중 누가 가져야 하는지를 둘러싸고 갈등이 발생했으며, 도덕적이고 엄격한 생활을 요구하는 칼뱅에 대해서 소위 리버틴(Libertine)이라 불리는 방종주의자들의 반발이 심각하였다. 적어도 칼뱅을 지지하는 사람들이 의회의 다수를 차지한 1555년 선거 이전 칼뱅의 위치는 매우 불안하였다. 칼뱅이 제네바에 자신의 이상을 실현시킬 수 있는 기회를 가진 것은 1555년 이후였다. 16세기 당시 제네바 종교개혁의 시대적 상황을 바르게 이해한다면, 칼뱅과 그의 지지자들이 유럽을 넘어 멀리 해외에까지 선교를 한다는 것이 대단히 어려운 일이었다는 것은 충분히 짐작할 수 있는 일이다. 따라서 칼뱅이 제네바와 유럽 지역에 자신의 노력을 집중시킨 것은 어쩌면 당연한 일이었을 뿐만 아니라 필요한 선교 전략이었다.

칼뱅이 제네바를 하나님의 도시로 만들기 위해 만든 제도 중 하나가 제네바 컨시스토리(Consistory)였다.[23] 컨시스토리는 칼뱅이 스트라스부르에서 제네바로 귀환한 1541년에 설립되었다. 컨시스토리는 제네바의 치리법원으로 12명의 평신도와 12명의 목회자로 구성되었는데, 12명의 평신도는 25명으로 구성된 소의회에서 2명, 60인 의회에서 4명, 200인 의회에서 6명이 선출되었으며, 12명의 목회자는 제네바 시의 목사들이었다. 24명의 구성원 외에 행정장관 중 한 사람이 컨시스토리의 의장을 맡았으며, 서기와 소환 책임자를 두고 있었다. 컨시스토리는 제네바 시민들이 복음에 합당하게 살고 도덕적 질서를 지키도록 감독하고 교육하고 다스리는 역할을 수행하였다. 컨시스토리는 매주 목요일 정기적으로 모였으며, 재판소의 역할만을 한 것이 아니라 동시에 교육과 목회상담의 기능을 담당하기도 한 기구였다.

23) 제네바 컨시스토리에 대한 기본적인 정보를 위해서는 컨시스토리 문서 번역의 총 책임을 맡았던 Robert M. Kingdon이 쓴 두 논문을 참고하라. "A New View of Calvin in the light of the Registers of the Geneva Consistory," *Calvinus Sincerioris Religionis Vindex*, Vol. XXXVI, eds. W. H. Neuser and B. G. Armstrong (Kirksville, MO : Sixteenth Century Journal Publishers, 1997), 21-33; "The Geneva Consistory in the time of Calvin," *Calvinism in Europe, 1540-1620*, eds. Andrew Pettegree et al. (Cambridge : Cambridge University Press, 1994), 21-34.

다행스럽게도 컨시스토리의 문서는 제네바 국립 고문서도서관(Geneva State Archives)에 원형대로 잘 보관되어 있다. 로버트 킹던(Robert M. Kingdon)과 그의 동료들은 1987년부터 제네바 컨시스토리의 기록을 면밀히 검토하였다. 그 결과 칼뱅 당시(1542-1564) 컨시스토리의 기록들은 현재 21권으로 정리되어 미시간의 칼뱅신학교 내에 있는 칼뱅 연구소인 헨리 미터 센터, 프린스턴신학교 도서관, 위스콘신-메디슨대학, 그리고 스코틀랜드의 성 앤드류대학에 컴퓨터 자료화되어 보관되어 있다.[24] 칼뱅은 컨시스토리를 통해 제네바 교회를 바로 세우고 사회 전체를 복음에 합당한 도시로 만들고자 했다. 칼뱅에게는 이것이 곧 선교였다.

칼뱅의 제네바 선교에서 또 다른 중요한 기관이 제네바 종합구빈원(General Hospital)이었다.[25] 종합구빈원은 종교개혁의 산물이지만, 칼뱅이 만든 것은 아니다. 왜냐하면 종합구빈원은 칼뱅이 제네바에 도착하기 이전인 1535년에 설립되었기 때문이다. 그러나 비록 칼뱅이 구빈원의 설립자는 아니라고 하더라도, 구제사역과 그 사역을 담당하는 사람들의 역할에 대한 성서적 전거를 마련해 줌으로써 구빈원을 더 굳게 세운 것은 분명하다. 제네바는 이전에 난립해 있던 여러 구빈원을 모두 철폐하여 1535년 11월 14일에 하나로 통합하였다. 종합구빈원의 영어 표현이 'Hospital'이긴 하지만 단지 병원

24) 제네바 컨시스토리 문서는 현대 프랑스어로 번역 출간 중이다. 제1권은 영어로도 번역되어 있다. *Registers of the Consistory of Geneva in the Time of Calvin*, eds. Thomas A. Lambert & Isabella M. Watt, trans. M. Wallace McDonald (Grand Rapids : Wm. B. Eerdmans Publishing Company, 2000). 그리고 제네바 목사회의 문서를 편집한 *The Register of the Company of Pastors of Geneva in the Time of Calvin*, ed. and trans. Philip E. Hughes (Grand Rapids : Wm. B. Eerdmans Publishing Company, 1966)도 참고하라.

25) 제네바 종합구빈원에 대해서는 Robert M. Kingdon이 쓴 다음과 같은 논문들을 참고하라. "Calvinism and Social Welfare," *Calvin Theological Journal* Vol. 17, No. 2 (Nov. 1982) : 212-230; "Social Welfare in Calvin's Geneva," *American Historical Review* Vol. 76, No. 1 (Feb. 1971) : 50-69; "The Deacons of the Reformed Church in Calvin's Geneva," *Church and Society in Reformation Europe*, ed. Robert Kingdon (London : Variorum Reprints, 1985). 그리고 본서의 11장을 참고하라.

의 역할만을 한 것이 아니라 가난한 자, 고아, 노인들을 거두고 돕는 종합 사회복지 기관이었다. 실제로 병원(hospital)과 호의(hospitality)라는 단어가 동일한 어원을 가지고 있다는 것은 흥미로운 사실이다.

종합구빈원은 실제로 봉사하는 일을 맡았던 구빈원장과 구빈원의 재정을 책임지고 관리 감독하는 행정관으로 이루어졌다. 구빈원장의 직책은 주로 상업에 종사하거나 경영 정신을 가진 사업가 출신의 평신도 한 명이 맡았다. 관리 감독자인 행정관은 네 명이었고 그 중 한 명이 장(長)을 맡았다. 종합구빈원을 맡은 행정관들과 구빈원장은 매 주일 예배가 시작되기 전 아침 6시에 정기적으로 모였다. 이때 구빈원장은 행정관들에게 한 주간 동안 이루어진 일들을 보고하고, 빵의 분배와 돈의 지출에 대한 제반 사항들을 결정하였다. 제네바의 컨시스토리와 종합구빈원은 모두 상설기관으로서, 전자는 제네바의 도덕성을 유지시키는 기능을 하였고 후자는 가난한 자들을 돕는 역할을 하였다. 이 두 기관은 그 자체가 제네바를 하나님의 도시로 만들기 위한 강력한 선교의 도구였다.

변화된 제네바를 본 스코틀랜드의 종교개혁자 존 녹스(John Knox)는 제네바를 "사도시대 이후 이 땅에 존재했던 가장 완벽한 그리스도의 학교"(the most perfect school of Christ that ever was in the earth since the days of the Apostles)[26]라 극찬하였다. 영국의 역사학자인 디킨스(A. G. Dickens)도 제네바가 칼뱅의 목회와 선교로 인해 "정결하고 질서 있는 도시가 되었고, 그 곳에서 가난한 자들, 연로한 자들, 병든 자들은 돌봄을 받았고 좋은 교육의 기회가 제공되었다."[27]고 평가하였다. 로마 교황청의 대사였다가 개혁교회로 회심한 베르게리오(Pietro Paolo Vergerio)는 16세기 제네바를 이렇게 묘사한 바 있다. "나는 여기 거리에서 단 한 명의 거지도 만나지를 못했다. 나는 여기에서는 가난한 사람들이 온갖 종류의 기관에 기독교적 사랑을 호소할 필요가 없

26) John T. McNeill, *The History and Character of Calvinism* (New York : Oxford University Press, 1954), 178.

27) Arthur G. Dickens, *Reformation and Society in Sixteenth-Century Europe* (London : Thames and Hudson, 1966), 164.

음을 알았다. 이 도시에서는 진정한 형제애 가운데 풍성한 도움이 제공되고 있다."[28] 제네바를 하나님의 도시로 만들고자 했던 칼뱅의 힘겨운 노력 덕택에 1555년 이후의 제네바는 프로테스탄트 신앙의 중심지가 되었으며, 프로테스탄트 선교의 핵심기지가 되었다.

B. 프랑스 선교

칼뱅은 제네바에 있으면서도 제네바 바깥의 교회에 대해서 꾸준한 선교적 관심을 가졌다. 그 중에서도 칼뱅의 조국이었던 프랑스는 언제나 그의 첫 번째 관심대상이었다. 예를 들면 칼뱅은 1534년 초에 푸아투(Poitou) 지역에 잠시 머물렀는데, 그 후에도 그는 계속해서 그 지역의 사람들과 접촉을 하였고 1554년 그 지역 교회를 설립하는 문제에 대해서 조언을 하기도 하였다.[29] 또한 그의 『기독교강요』가 프랑스 왕이었던 프랑수아 1세(François I, 1515-1547년 재위)에게 바치는 헌사로 시작된다는 점이나, 『기독교강요』를 라틴어로 뿐만 아니라 직접 프랑스어로 집필한 것, 프랑스어 성서를 출판한 일 등은 조국의 복음화를 위한 그의 열정을 잘 보여준다.

하지만 칼뱅이 본격적으로 프랑스 선교에 나서게 된 것은 1555년 이후였다. 왜냐하면 앞에서 언급한 대로 1555년에야 제네바 의회에서 칼뱅을 지지하는 의원들이 다수를 차지하였고, 그만큼 칼뱅의 입지가 견고해졌기 때문이다. 그때에 이르러서야 제네바 목사회(Company of Pastors)는 많은 선교 계획들을 구체적으로 실천할 수 있게 되었다. 우리는 1555년에서야 최초로 선교사들의 이름 목록과 그들이 파송되어 일했던 지역의 목록을 발견할 수 있다. 이 목록은 제네바 교회의 선교가 체계적으로 이루어지고 있음을 보여주는 것이다. 당시의 선교지의 목록에는 엑상프로방스(Aix-en-Provence), 님

28) Hans Scholl, "The Church and the Poor in the Reformed Tradition," *Ecumenical Review* Vol. 32 (1980), 236.

29) E. G. Leonard, *Le Protestantisme Français* (Paris, 1955), 14. W. Stanford Reid, "Calvin's Geneva: A Missionary Centre," 68에서 재인용.

(Nîmes), 몽펠리에(Montpellier), 툴루즈(Toulouse), 네락(Nèrac), 보르도(Bordeaux), 라 로셸(La Rochelle), 낭트(Nantes), 캉(Caen), 디에프(Dieppe), 투르(Tours), 오를레앙(Orleans) 등의 지역 이름이 기재되어 있다.[30)]

제네바아카데미가 세워진 1559년 이후에는 더 많은 사람들이 제네바에서 신학적 교육을 받고 프랑스로 돌아가 복음 선교에 투신하였다. 1555년에서 1563년까지의 제네바 목사회 기록(Register of the Company of Pastors)은 88명의 선교사가 파송되었다고 밝히고 있는데, 이것은 일부에 해당할 뿐이다. 왜냐하면 1561년 목사회 기록은 12명을 파송했다고 말하고 있지만, 다른 기록에는 프랑스의 요청에 따라 파송된 사람이 151명이었다고 밝히고 있기 때문이다. 제네바 목사회의 기록에 프랑스 선교를 위해 파송된 사람들의 이름이나 지역이 누락되어 있는 것은 당시 프랑스에서 프로테스탄트가 심한 박해를 받고 있었기 때문이었다. 프랑스 국왕 앙리 2세(Henry II, 1547–1559 재위)는 1550년대 후반에 교황과의 갈등 관계를 풀기 위해서 프로테스탄트에 대한 폭압적인 박해를 자행했으며, 1562년 샤를 9세(Charles IX, 1560–1574 재위) 치하에서는 위그노전쟁이 발발함으로써 프로테스탄트의 선교는 쉽지도 않았고 안전하지도 못했다. 따라서 프로테스탄트 선교사들의 이름이나 그들이 활동하는 지역을 함부로 밝힐 수 있는 상황이 아니었다. 선교사들은 가명을 사용하였으며, 예배도 집에서 비밀리에 이루어지는 곳이 많았다.[31)]

박해 속에서도 프랑스의 프로테스탄트, 즉 위그노의 수가 증가하면서 프랑스 프로테스탄트 교회들은 교회들의 연합체인 대회(synod)를 결성하였다. 제네바에서는 테오도르 베즈(Théodore de Bèze)나 피에르 비레(Pierre Viret)와 같은 사람을 보내 프랑스의 교회를 방문하고 격려하였다. 1558년 푸아티에(Poitiers) 대회가, 1559년 파리(Paris) 대회가 생겨났고 결국 1559년 프랑스개

30) Olivier Fatio and Olivier Labarthe, eds., *Registres de la Compagnie des Pasteurs de Genève, 1553–1564*, Vol. 2 (Geneva : Droz, 1962). W. Stanford Reid, "Calvin's Geneva : A Missionary Certre," 69에서 재인용.

31) Robert M. Kingdon, *Geneva and the Coming of the Wars of Religion in France, 1555–63* (Geneva : Droz, 1956), 56 이하.

혁교회(Reformed Church of France) 총회가 결성되었다.

칼뱅의 노력으로 인해 프랑스의 복음화는 큰 진전을 보였다. 1555년 프랑스에는 5개의 개혁교회가 개척되었지만, 총회가 결성된 1559년에는 거의 100개 정도의 교회가, 1562년에는 2,150개의 교회가 설립되었고 프랑스 인구 2천만 명 가운데 3백만 명이 프로테스탄트 신앙을 갖게 되었다.[32] 1564년 인쇄물을 통해 복음주의 신앙의 영향을 펴기 위해 제네바에서만 34개의 출판사가 운영되었다. 칼뱅은 책을 통해서, 제네바아카데미에서의 훈련을 통해서, 편지왕래를 통해서 프랑스 프로테스탄트 신앙의 확립에 있어서 중요한 역할을 하였다. 그러나 1562년 프랑스에서 위그노전쟁이 발발하고 1564년 칼뱅이 죽음으로써 제네바 교회의 프랑스 선교 활동은 현저하게 약화되었다. 칼뱅이 죽은 1564년부터 바르톨로메오 축일 대학살이 있었던 1572년 사이에 제네바에서 프랑스로 파송한 선교사는 불과 28명에 머물렀다.[33]

칼뱅과 제네바 교회가 프랑스의 복음화를 위해 운영한 특별한 제도가 '프랑스 기금'(Bourse Française; Fund for Poor French Foreigners)이었다.[34] 프랑스 기금은 기본적으로 프랑스에서 제네바로 피신해 온 가난한 피난민들을 돕기 위한 사회복지 기금으로, 하룻밤 머무르는 여행자를 위한 여비에서부터 질병, 장애, 노환으로 인해 스스로 자활할 수 없는 사람들을 평생 도우는 데 이르기까지 그 사용범위가 다양하였다. 프랑스 기금은 종합구빈원과 달리 사적인 기관으로, 기부자들이 선출한 평신도 집사에 의해 운영되었다.

그런데 흥미로운 것은 집사들이 프랑스 기금을 단순히 자선을 행하는 데만 국한하여 사용한 것은 아니었다는 사실이다. 집사들은 복음 선교를 위해서도 이 기금을 사용하였다. 집사들은 칼뱅의 성서 강의나 설교를 받아 적는 속기사를 고용하기도 하고, 칼뱅의 작품이나 시편찬양집을 출판하기도 하

32) Robert M. Kingdon, *Geneva and the Coming of the Wars of Religion to France, 1555–63*, 79 이하.

33) Robert M. Kingdon, *Geneva and the Consolidation of the French Protestant Movement, 1564–1572* (Madison : University of Wisconsin Press, 1967), I장과 II장.

34) 프랑스 기금에 대해서는 본서 11장에 나오는 "칼뱅의 사회복지 사상" 부분을 참고하라.

였다.[35] 프랑스 기금은 특별히 프랑스의 복음화에도 연관되었다. 집사들은 목사회를 대신하여 프랑스로 선교사를 파송하거나, 선교사로 파송된 사람들의 아내들을 돌보는 일에 기금을 사용하였다. 집사들은 1550년대 말과 1560년대 초에 선교의 일환으로 성서, 시편찬송가, 요리문답 등을 프랑스로 운송하기도 했다. 이처럼 프랑스 기금은 개혁교회들의 광범위한 연결망의 중심이었다.

칼뱅은 프랑스 기금의 형성에 직접적으로 관여하였고, 정기적으로 기부하였다. 심지어 1554년 7월 1일에는 프랑스 기금을 관리하는 집사들을 선출하기 위한 모임을 칼뱅의 집에서 가지기도 하였다.[36] 프랑스 기금은 가난한 프랑스 피난민들을 돕기 위한 그리고 조국 프랑스의 복음화를 위한 종자돈(seed money)과 같은 것이었다.

C. 그 외 유럽 지역 선교

칼뱅의 선교활동이 스위스의 제네바와 프랑스에만 제한된 것은 아니었다. 칼뱅의 편지는 그가 유럽 전역에 걸쳐서 개혁적 신앙의 진보를 위해 폭넓게 관여했음을 보여준다. 편지 왕래를 통해 칼뱅은 박해 하에 있는 프로테스탄트 신자들을 격려하고 지도하였다. 특별히 제네바는 유럽에서 박해 받는 피난민들이 모이는 중심지였다. 1559년에 제네바의 선교 활동에 결정적인 계기가 마련되었는데, 그것은 다름 아닌 제네바아카데미가 문을 연 것이었다. 칼뱅은 유럽의 각국에서 온 많은 사람들이 이곳에서 훈련을 받고 다시 본국으로 돌아가서 복음을 전하는 선교사들이 되리라는 꿈을 가지고 있었다. 실제로 칼뱅은 제네바아카데미에서 훈련받고 본국으로 돌아간 사람들과 계속해서 연락을 취하였고, 그들도 정기적으로 지역 교회에서의 자신들의 활동을

35) 오늘날과 마찬가지로 교회에서 사용될 시편찬양집의 출판은 16세기의 가장 큰 출판사업 중 하나였다. 제네바 시편찬양은 주로 클레망 마로(Clement Marot)와 테오도르 베즈가 시편을 프랑스어로 번역하고, 루이 부르주아(Louis Bourgeois)와 클로데 구디멜(Claude Goudimel)이 거기에 곡을 단 것이다.

36) Robert M. Kingdon, "Social Welfare in Calvin's Geneva," 64.

보고하면서 도움이나 조언을 구하였다. 우리는 칼뱅의 편지에서 이들을 격려하고 위로하는 혹은 책망하는 글들을 발견할 수 있다. 이와 같은 방식으로 제네바는 프로테스탄트 종교개혁의 정신을 유럽에 알리는 선교중심지가 될 수 있었다.

제네바아카데미는 1559년 6월 5일 생피에르 교회에서 칼뱅의 사회로 개원식을 가졌다. 칼뱅과 목회자들은 교과과정을 작성하여 의회에 승인을 요청하였다. 등록한 학생은 신앙고백서에 서명을 하고 다섯 교수에게서 27강좌를 들었다. 히브리어 교수는 학생들에게 히브리어와 함께, 구약성서 중 한 권을 히브리어 주석서들을 사용해서 주석하는 법을 가르쳤다. 그리스어 교수는 그리스 철학자들과 시인들의 책을 학생들과 함께 강독했다. 교양과목을 맡은 교수들은 학생들에게 자연과학과 수학, 그리고 웅변술을 가르쳤다. 토요일 오후에는 몇몇 목회자들의 지도 아래 실천신학을 훈련시키는 데 관심을 기울였다. 학생들은 설교를 하고 평가를 받았다. 이런 것들 외에도 성서해석을 가르치는 두 명의 교수가 있었는데, 칼뱅과 베즈는 아카데미의 초창기에 이런 역할을 감당하였다. 피에르 비레를 포함하여 히브리어의 앙투안-라울 셔발리에(Antoine-Raoul Chevallier), 그리스어의 프랑수아 베롯(François Béraud), 철학의 장 타곳(Jean Tagaut) 등 로잔에서 온 사람들이 교수직을 맡았다. 제네바아카데미에는 대략 1500명의 학생이 있었고, 대다수는 외국에서 온 사람들이었다. 이들은 이곳에서 신학 훈련을 받은 후 고국으로 돌아가 프로테스탄트 신앙, 특별히 개혁교회 신앙을 전하는 선교사의 역할을 감당했다.[37)]

제네바의 선교 노력의 결과로 네덜란드 개혁교회가 생겨났다. 벨기에 신앙고백(Belgic Confession)의 저자인 구이도 드 브레스(Guido de Brés)를 비롯하여 필립스 단테누스(Philips Danthenus), 필립스 마르닉스(Philips Marnix), 피

37) 제네바아카데미에 대해서는 W. de Greef, *The Writings of John Calvin : An Introductory Guide*, trans. Lyle D. Bierma (Grand Rapids : Baker Books, 1993), 53-56을 참고하라. 그리고 칼뱅주의의 유럽 확산에 대해서는 John T. McNeill, *The History and Character of Calvinism*, 237-350과 John H. Leith, *An Introduction to the Reformed Tradition* (Atlanta : John Knox Press, 1978), 32-44을 참고하라.

에르 브룰리(Pierre Brully)와 같은 사람들이 제네바에서 훈련을 받았다. 이들 모두는 후에 네덜란드로 돌아가 본국인들에게 복음을 전하였다. 또한 네덜란드에서 이후에 소위 칼뱅주의 5대 교리(TULIP)[38]로 알려진 도르트 신조가 만들어지기도 했다. 스코틀랜드의 경우에는 존 녹스가 한때 제네바에서 영어권 피난민들의 교회를 맡아 목회하면서 제네바 개혁교회의 교리와 실제에 대해 배우고 고국으로 돌아갔다. 그리고 칼뱅주의 신앙에 근거한 스코틀랜드 신앙고백서를 만들었으며, 제네바 시편찬양집을 본받아 1564년 스코틀랜드 시편찬양집을 출판하였다. 잉글랜드의 경우에도 제네바에서 훈련을 받았던 카트라이트(Thomas Cartwright)가 잉글랜드 장로교회의 아버지가 되었으며, 제네바 성서는 잉글랜드의 청교도들에게 표준적인 성서가 되었다. 제네바의 예언모임(prophesying)이 잉글랜드에서도 그대로 계속되었으며, 칼뱅주의의 열매인 웨스트민스터 신앙고백과 웨스트민스터 요리문답이 작성되었다. 잉글랜드의 청교도 신앙은 신대륙인 뉴잉글랜드로 건너가 보다 광범위한 영향력을 행사하게 되었다. 뿐만 아니라 루터파의 본부라 할 수 있는 독일에까지 제네바 개혁신앙의 영향이 미쳐 1563년 하이델베르크 신앙고백이 완성되었고, 멀리는 폴란드와 헝가리에 이르기까지 전 유럽에 걸쳐 제네바 개혁신앙의 영향이 미쳤다.

이처럼 칼뱅은 단순히 제네바라는 한 도시 혹은 프랑스어권에 속한 지역만을 회심시키고 변화시킨 것이 아니라, 전 "유럽의 복음전도자"(an evangelist of Europe)[39]였다. 제네바의 증언은 지역에 국한된 것이 아니라 대륙을 넘나들었다. 칼뱅 자신이 파리에서 학창시절을 보냈고, 바젤에서 저술가로, 스트라스부르에서 망명가로, 제네바에서 목회자로 살았다. 제임스 하우얼(James

38) 전적 부패(total depravity), 무조건적 선택(unconditional election), 제한 속죄(limited atonement), 불가항력적 은혜(irresistible grace), 성도의 견인(perseverance of the saints)을 의미한다. 이 교리는 1618-1619년 도르트 대회에서 결정된 것으로, 엄격한 예정설에 반대한 야콥 아르미니우스(Jacob Arminius)와 그 추종자들에 대항하여 칼뱅주의의 가르침을 재확인한 것이다.

39) C. George Fry, "John Calvin : Theologian and Evangelist," *Christianity Today* Vol. 15 (1970-71), 59.

Howell)은 칼뱅을 "제네바의 새"(Geneva bird)라고 표현하면서 이 새가 "프랑스로 날아가 위그노를 낳았고, … 보헤미아, 네덜란드, 독일 등 여기저기로 날아다녔다."고 기술하였다.[40] 칼뱅은 제네바에 귀환했던 1541년부터 죽은 1564년까지 제네바 교회의 선교 노력을 격려하고 지도한 사람이었다. 그러나 1564년 이후에는 제네바의 선교적인 활동이 급격히 약화되었다. 칼뱅 사후에 제네바 목회자들의 갈등과 프랑스에서의 위그노전쟁으로 인해 상황적으로 어려웠기 때문이다.

Ⅳ. 맺는 말

칼뱅에게서 선교에 대한 사상과 활동을 발견할 수 없다고 주장하는 사람들은 칼뱅의 글과 삶에 대해 너무나 피상적으로 알고 있거나, 아니면 선교를 아주 먼 곳에 가서 복음을 전하는 것으로만 이해하고 있거나 둘 중 하나일 것이다.

칼뱅이 선교에 대해서 독자적인 논문을 쓴 적은 없다. 그러나 그의 주석과 설교와 편지와 저술들 곳곳에 선교 사명에 대한 강조가 녹아 있다. 칼뱅은 "믿지 않는 이웃들을 구원의 길로 인도하려고 노력하지 않는 자들은 하나님의 영광을 중시하지 않는다는 사실을 명백하게 보여주고 있을 뿐만 아니라, 하나님의 나라의 위대한 힘을 감소시키고, 하나님께서 모든 세상을 다스리고 통치하시지 못하도록 제한시키고 있는 것이 분명하다."[41]고 선포하였다. 칼뱅은 분명 뚜렷한 선교 사상을 가지고 있었다.

칼뱅에게 선교란 먼 곳에 가서 복음을 전하는 것만이 아니라, 자신이 처해 있는 곳에서 복음의 가르침을 올바르게 전파하고 개혁된 교회를 세우는 것도 곧 선교였다. 그리하여 그는 제네바에 신정정치를 확립하고자 하였고,

---

40) C. George Fry, "John Calvin: Theologian and Evangelist," 61.

41) John Calvin, *The Mystery of Godliness and Other Selected Sermons* (Grand Rapids: Wm. B. Eerdmans Publishing Company, 1950), 199.

조국인 프랑스와 유럽 곳곳에 프로테스탄트 신앙을 전파하고 개혁된 교회를 세우려고 노력하였다.

그렇다고 해서 칼뱅이야말로 위대한 선교사요 선교신학자라고 말하려고 하는 것은 결코 아니다. 분명 오늘날의 선교학자들이 볼 때에 칼뱅은 선교에 대해서 충분히 말하지 못했다. 하지만 우리가 16세기의 프로테스탄트들이 처해 있었던 상황을 생각하고 당시의 여러 가지 장애들을 고려할 때, 칼뱅과 다른 종교개혁자들이 선교 이론을 세우고 왕성한 해외 선교에 나설 수 없었던 까닭을 충분히 이해할 수 있을 것이다. 개혁자들에게 복음 전파에 대한 열정이나 관심이 부족했던 것이 아니다. 그들은 그리스도교 교회 안에서 복음을 회복시켰으며 선교가 가능하도록 토대를 마련하였다.

적어도 칼뱅은 16세기 종교개혁자들 가운데 돋보이는 선교관을 가지고 있었다. 그는 제네바의 복음화를 위해서 평생을 바쳤고, 수백 명의 복음 전파자들을 프랑스와 유럽 전역으로 파견했으며, 브라질에까지 선교사를 파송하였다는 점에서 다른 종교개혁자들과 뚜렷하게 구별된다.

第11장 16세기 종교개혁자들의 사회복지 사상 : 루터와 칼뱅을 중심으로*

I. 시작하는 말

이 땅에 개신교 선교가 시작된 이래 지금까지 한국 교회는 교회사에서 괄목할 성장을 해왔다. 그러나 얼마 전부터 한국 개신교회의 성장이 정체 혹은 둔화되고 있는 실정이다. 이러한 일이 벌어진 데는 여러 복합적인 요인들이 작용했겠지만 필자는 교회의 성장 위주 전략이 사회봉사라는 교회의 본질적 사명을 방기한 점이 중요한 요인 중 하나라고 본다. 1998년 한국기독교목회자협의회가 한국 갤럽에 의뢰하여 조사한 "한국 개신교인의 교회활동과 신앙의식 조사보고서"에 따르면 한국 사람들의 62.9%가 한국 교회가 "봉사 등 사회적 역할을 못하고 있다."고 답하였다.[1] 이는 한국 교회가 사회로부터 공신력을 얻는 데 실패했음을 보여주는 것이다.

이러한 자각을 바탕으로 최근 한국 교회 안에서 사회봉사에 대한 관심이 급속히 고조되고 있다. 지역 사회에 대한 봉사를 교회의 핵심적인 목표로 내걸고 목회의 중심에 두려는 교회가 생겨나고 있으며, 사회복지학을 전공한 전문적인 일꾼을 찾는 교회들도 점차 증가하고 있다. 비록 늦은 감은 있지만, 한국 교회가 사회를 섬기려는 노력과 관심을 회복하고 있는 점은 다행스러운 일이다. 그리스도인의 공동체인 교회는 본래 '세상'의 빛과 '세상'의 소

* 본 논문은 소망교회의 연구비 지원으로 연구되었음.

1) 이원규, 『기독교의 위기와 희망』(대한기독교서회, 2003), 158.

금으로서 '세상'을 이롭게 하고 살리는 공동체이다. 지금이야말로 한국 교회의 목회 패러다임이 성장에서 섬김으로 전환되어야 할 때이다. 섬김의 목회, 즉 디아코니아 목회는 한국 교회에 대한 한국 사회의 공신력을 회복시켜 줄 것이고 현재의 위기를 새로운 기회로 만들어 줄 것이다.

디아코니아란 섬긴다는 뜻의 그리스어 동사 '디아코네인'(diakonein)에서 나온 용어로, 이는 세상을 향한 교회의 교역 또는 섬김을 의미한다. 개혁교회 전통의 수립자 중 한 사람인 칼뱅에 따르면 디아코니아는 예배의 핵심적 요소이다. 그는 사도행전 2장 42절의 말씀, "사도의 가르침을 받아 서로 교제하고 떡을 떼며 오로지 기도하기를 힘쓰니라"는 구절을 설명하면서, 교회의 예배에는 사도의 가르침인 말씀, 떡을 떼는 성만찬, 기도, 그리고 구제가 있어야 한다고 주장하였다.[2] 초대교회 이래 가난한 자들을 섬기는 디아코니아 사역은 말씀, 성만찬, 기도와 더불어 예배의 핵심적 요소였다. 하나님을 섬기는 예배(leitourgia)는 곧 이웃을 섬기는 봉사(diakonia)와 직결되어 있다.

한 율법사가 예수에게 율법 중 가장 큰 계명이 무엇이냐고 물었을 때, 예수는 "네 마음을 다하고 목숨을 다하고 뜻을 다하여 주 너의 하나님을 사랑하라 하셨으니 이것이 크고 첫째 되는 계명이요 둘째도 그와 같으니 네 이웃을 네 자신 같이 사랑하라 하셨으니 이 두 계명이 온 율법과 선지자의 강령"(마 22 : 37 – 40)이라고 대답하였다. 가장 큰 계명 한 가지를 묻는 질문에 대해 첫째, 둘째로 대답하는 것은 어색한 일이다. 그러나 "둘째도 그와 같으니"라는 말은 첫째와 둘째가 결코 분리되거나 다른 것이 아님을 보여준다. 즉 하나님에 대한 사랑과 이웃에 대한 사랑은 동전의 양면처럼 분리될 수 없다는 것이다. 십계명의 두 돌판이 결코 별개의 돌판이 아닌 것과 마찬가지이다. 하나님에 대한 피에타스(pietas : 경건)와 이웃에 대한 카리타스(caritas : 사랑)는 씨실과 날실처럼 엮여 있다. 이런 점에서 볼 때 교회의 사회봉사는 성장을 위한 방편이나 수단이 될 수 없고, 더군다나 교회의 여러 프로그램 중 하나일 수도

2) John Calvin, *Institutes of the Christian Religion*(1559), ed. John T. McNeill, trans. Ford Lewis Battles (The Westminster Press, 1960), IV권, 20장, 1절.

없다. 사회봉사는 예배의 핵심적인 요소이자 교회의 본질적인 사명인 것이다.

필자는 현 시점에서 한국 교회의 최대 과제 중 하나가 사회봉사 정신의 회복이라고 보고, 개신교의 토대를 쌓은 16세기 종교개혁자들 특별히 루터와 칼뱅에게서 통찰력을 얻고자 한다. 따라서 본 논문에서는 루터와 칼뱅의 사회복지 사상의 자세한 면들을 밝히고자 한다. 종교개혁자들은 무엇보다 교회가 복음의 진리에 근거하여 바로 서도록 하는 일에 우선적인 관심을 두면서, 동시에 자신이 속한 공동체에서 하나님의 뜻이 올바로 드러나도록 하기 위해 최선을 다하였다. 따라서 개혁자들은 가난한 사람, 병든 사람, 노인과 아이들, 피난민들의 문제를 결코 외면할 수 없었고 소홀하게 취급하지도 않았다. 종교개혁자들은 사회 약자들에 대해 어떤 생각을 가지고 있었으며, 그들을 돕기 위해 어떻게 노력했는지를 살펴봄으로써 개혁자들이 단지 교회만이 아니라 사회 전체에서 하나님의 주(主)되심을 드러내고자 애썼음을 알 수 있을 것이다. 물론 개혁자들이 살았던 16세기 도시들과 오늘 우리가 사는 21세기는 그 삶의 자리가 다르기 때문에 그들의 사회복지 사상을 우리가 그대로 답습하는 데는 무리가 있을 것이다. 그럼에도 불구하고 그들의 사회복지 사상과 실천은 사회봉사라는 교회의 본질적인 사명을 가지고 고민하며 씨름하는 우리에게 큰 자원이 될 것이고 결정적인 통찰력을 제공해 줄 것이다. 금번 소망포럼에서 "21세기 교회와 사회봉사"라는 큰 주제 아래 사회봉사에 대한 성서적, 신학적, 사회적, 그리고 교회사적 근거들을 찾아내어 교회의 본질적 사명에 대한 인식을 새롭게 하려고 노력한 것은 한국 교회의 미래를 위해 그 의의가 크다고 할 수 있을 것이다.

II. 중세의 자선 사상

중세시대의 가난한 자들이 자신들의 궁핍함을 해결하는 가장 일반적인 방식은 구걸이었다. 중세시대에 구걸은 부끄러운 일이 아니라 생활을 위한 당당한 기술이었다. 모든 도시와 거리마다 구걸하는 자들이 넘쳐났고, 교회 앞에는 거지들이 문전성시를 이루었다. 중세시대의 세금 기록 통계를 보면 당시 재산을 소유하지 못한 도시 빈민 계층이 적게는 30%에서 많게는 75%에 이르고 있음을 알 수 있다.[3] 실로 중세시대 구걸은 성가신 두통거리였고 일종의 전염병이었다.

이처럼 중세시대에 구걸이 창궐하게 된 데에는 교회의 책임도 있었다. 로마 가톨릭교회는 오랫동안 구걸을 경건의 이상인 양 가르쳤다. 도미니크 수도회나 프란체스코 수도회에 속한 탁발수도사들이 다른 사람들보다 더 경건한 사람들로 간주되었다. 또한 구걸하는 자에게 베푸는 자선은 특별한 공덕을 쌓는 행위이고 이것은 곧 구원과 직결되는 것으로 여겨졌다. 중세의 고해제도는 일곱 가지의 구체적인 덕목을 가르쳤는데, 그것들은 마태복음 25장에 근거한 것으로 곧 배고픈 자를 먹이는 것, 목마른 자를 마시게 하는 것, 벌거벗은 자를 입히는 것, 병든 자를 찾아가는 것, 갇힌 자를 풀어주는 것, 집 없는 자를 재우는 것, 죽은 자를 장사지내는 것이었다. 이런 덕목들을 실천하는 것이 곧 구원을 확실하게 하는 방편으로 간주되었다.[4] 중세시대 구걸하는 자에게 베푸는 자선은 일종의 신앙행위였던 것이다. 이와 같이 중세교회의 신학은 구걸의 유지에 한몫을 했을 뿐만 아니라 한 걸음 더 나아가 구걸을 미화하고 정당화시켜 주었다.

중세 후기 로마 가톨릭교회에서 가장 널리 사용되었던 요리문답은 디트리히 콜드(Dietrich Kolde)의 『그리스도인을 위한 안내서』(*Mirror of Christians*)이다. 이 요리문답은 중세 후기 사람들의 사고에 만연해 있던 구원의 불확실성을 이렇게 표현하고 있다. “내가 정말 알고 싶은 것이 세 가지가 있는데, 이것이 자주 내 마음을 힘들게 만든다. 첫째로 나를 고통스럽게 하는 것은 내가 죽을 수밖에 없다는 사실이다. 둘째로 나를 더 힘들게 하는 것은 내가 언제 죽을지 모른다는 것이다. 마지막으로 나를 가장 괴롭히는 것은 내가 죽은

---

3) Wolfram Fischer, *Armut in der Geschichte* (Göttingen : Vandenhoeck & Ruprecht, 1982), 17-18의 표를 참고하라.

4) Rebecca B. Prichard, “Health, Education and Welfare in the Protestant Reformation : Who Cared?” *Encounter* Vol. 54, No. 4 (Autumn 1994), 362.

후 어디로 갈지를 모른다는 사실이다."[5] 이런 상황에서 수도원이나 교회기관에 재산을 기부하거나 구걸하는 자에게 자선을 베푸는 것은 구원을 예약하는 보험과 같은 구실을 했으며, 미사도 더 이상 신령한 사귐(communion)이 아니라 이 세상에서 저 세상으로 가기 위해 돈으로 사야 하는 통행증으로 전락하게 되었다.[6]

로마 가톨릭교회는 구약 외경 중 하나인 『집회서』(*Sirach* 또는 *Ecclesiasticus*) 3장 30절에 기록된 "물은 뜨거운 불을 끄고, 자선은 죄를 없앤다."는 말씀에 근거하여, 자선행위가 죄의 얼룩을 제거해 주고, 자선을 행하는 자를 구원한다고 가르쳤다. 그리고 "하나님께서는 모든 사람들을 부유하게 만드실 수 있음에도 불구하고 세상에 가난한 사람들을 두신 것은, 부유한 자들에게 자신들의 죄를 용서받을 수 있는 기회를 주시기 위함이다."라는 오래 전부터 내려오는 경구가 중세시대 수많은 사제들과 학자들에 의해 반복되었다.[7] 로마교회는 또한 아우구스티누스의 표현을 들먹이면서 자선이 구원의 통로가 될 수 있다고 주장하였다.[8] 이로 인해 중세 사람들은 가난한 자들에게 자선을

5) Denis Jantz, ed., *Three Reformation Catechisms : Catholic, Anabaptist, Lutheran* (New York : Edwin Mellon Press, 1982), 127.

6) Carter Lindberg, "The Liturgy after the Liturgy : Welfare in the Early Reformation," *Through the Eye of A Needle : Judeo-Christian Roots of Social Welfare*, eds. Emily Albu Hanawalt & Carter Lindberg (Kirksville : Thomas Jefferson University Press, 1994), 179. 리틀(Lester K. Little)은 자신의 책 *Liberty, Charity, Fraternity* (Northampton : Smith College, 1988), 97에서 "만일 자선이 죄를 씻어내는 데 도움이 된다면, 가난한 사람들을 돕는 것은 부자들이 구원을 얻는 방법이 될 것이다. … 가난한 자들은 부자들이 영생을 획득하기 위한 보험수단"이 되고 만다고 말한다.

7) Carter Lindberg, "The Liturgy after the Liturgy," 179. 이 경구는 4세기 북아프리카의 감독이었던 Optatus, 7세기 프랑스 감독이었던 Eligius, 그리고 13세기 교황 인노켄티우스 III세에 의해 반복적으로 표현되었다.

8) "만일 우리 소유를 옮겨야 한다면, 그것들을 절대 잃어버리지 않을 장소로 옮기자. 즉 가난한 자들에게 자선을 베푸는 것이다! 우리 입장에서는 가난한 자들이 우리의 소유를 이 땅에서 하늘나라로 옮겨주는 짐꾼들이 아닌가? 당신의 재물을 줘버리라. 그것을 짐꾼에게 주라. 그들이 당신이 이 땅에서 준 것들을 하늘까지 날라 줄 것이다." St. Augustine, *The Fathers of the Christian Church* (Washington : Catholic University

행하면 결국 그 보상이 베푼 자에게 되돌아온다고 믿었다. 결국 가난한 자들은 선행의 대상이며 구원을 이루기 위한 수단이 되었다. 이처럼 구걸을 정당화시켜 주는 신학으로 인해 극빈층의 구걸행위가 만연되었다.

여러 도시의 통치자들에게 이처럼 무리 지어 방랑하는 거지들은 골칫거리였다. 기독교 인문주의자들은 당시 구걸과 자선행위의 혼란과 난잡함을 비판하면서, 구걸행위가 이런 식으로 방치된다면 무질서한 거지들이 온 사회를 뒤덮을 것이라고 우려하였다. 그들은 자선이 비효율적이고 무절제한 방식으로 행해져서는 안 되고, 단순하면서도 질서정연하게 이루어져야 한다고 주장하였다.[9] 중세시대 구걸하는 자들이 넘쳐나자, 14세기에 뉘른베르크(Nürnberg) 시 의회는 의회가 나누어 준 흰색 배지를 달고 있는 자들에 한해서만 구걸을 허용하는 정책을 최초로 시행하였다. 정말 가난한 사람들을 구별하여 그 이름을 의회에 등록하고 구걸하도록 제한한 것이다. 구걸도 날짜를 정해 며칠간만 허용하였으며, 구걸하는 사람의 자격도 6개월마다 새롭게 심사하였다.[10] 그러나 비텐베르크의 설교자였던 부겐하겐(Johann Bugenhagen)은 이것은 가난한 자들에게 낙인을 찍는 행위이자 관료주의의 상징일 뿐이기 때문에 폐지되어야 하며, 모든 도움과 자선은 비밀리에 사랑으로 베풀어져야 한다고 주장하였다.[11] 1501년 스트라스부르의 개혁 설교자였던 가일러(Geiler von Kaysersberg)는 21개 조항의 청원서를 시 의회에 제출하기도 하였다. 그는 진정서에서 가난한 사람을 구제하는 일을 정부가 철저히 통제해야 하고, 가난 그 자체는 결코 미덕이 아니라고 주장하면서, 스트라스부르를 몇 구역으로 나누어 각 구역에 가난한 자들을 감독할 사람을 두고 체계적으로

Press, 1963), Vol. 11, 268.

9) Elsie Anne McKee, *Diakonia in the Classical Reformed Tradition and Today* (Grand Rapids : Wm. B. Eerdmans Publishing Company, 1989), 8–9.

10) Harold J. Grimm, "Luther's Contributions to Sixteenth-Century Organization of Poor Relief," *Archiv für Reformationsgeschichte* 61 (1970), 223.

11) James Atkinson, "Diakonia at the time of the Reformation," *Service in Christ : Essays Presented to Karl Barth on his 80th Birthday*, eds. James I. McCord and T. H. L. Parker (Grand Rapids : Wm. B. Eerdmans Publishing Company, 1966), 87–88.

구제를 실시할 것을 제안하기도 하였다.[12)]

16세기에 이르러 여러 도시들은 자선활동을 보다 효율적으로 실천하기 위한 개혁 조처들을 단행하였다. 그 중에서도 독일의 뉘른베르크(1522)와 스트라스부르(1523-1524), 벨기에의 이프르(Ypres, 1525), 프랑스의 리옹(1531-1534)에서 반포된 법령들은 유럽 여러 도시들의 사회복지 정책에 중대한 영향을 미쳤다. 가장 두드러진 변화는 집중화(centralization), 평신도화(laicization), 합리화(rationalization)로 요약될 수 있다. 집중화란 여럿으로 흩어진 자선 단체들이 통합되는 것을 의미하고, 평신도화란 구제를 위한 자금의 관리 행정이 일반적으로 세속정부에 의해 감독을 받는다는 것을 의미하며, 합리화란 효율성을 높이기 위해 도움이 필요한 사람들의 명단이나 물품의 종류와 정도를 파악하는 등 구제활동의 세부사항을 보다 조직적이고 합리적으로 운영함을 뜻한다.[13)] 구제정책의 합리화를 위해 중구난방으로 갈라져 있던 기관들을 하나의 기관으로 통합하는 중앙 집중화가 이루어졌고, 이전에 사제들에 의해 운영되던 구제기관들이 이제는 숙련된 평신도 통치자들에게 위임되었다. 이러한 변화는 구제와 복지활동이 새로운 제도와 새로운 사람과 새로운 방법으로 시행되기 시작했음을 말해주는 것이다.

III. 루터의 사회복지 사상

중세 사람들은 가난을 구원에 이르는 길로 미화하면서, 자발적으로 가난해지거나 혹은 가난한 사람에게 자선을 행함으로써 공로를 쌓아 구원에 이를 수 있다고 생각하는 선행 의인화(works-righteousness) 이데올로기에 사로잡혀 있었다. 또한 자발적 가난을 영적인 완전에 이르는 지름길로 여기는 믿음이 탁발수도회와 탁발수도사들 사이에서 유행처럼 번져나갔다. 그러나 루터는 신앙으로 의롭게 된다(faith-righteousness)는 구원론을 개진함으로써 "중

12) Harold J. Grimm, "Luther's Contributions," 224.

13) Elsie Anne McKee, *Diakonia in the Classical Reformed Tradition and Today*, 50-51.

세의 신학과 교회제도의 핵심"을 공격하였다.[14] 루터는 탁발수도사들을 "부랑자들"(vagabonds) 혹은 "악한 불량배들"(evil rogues)이라고 비난했으며,[15] 일을 할 수 있음에도 불구하고 구걸을 하는 것은 부당한 세금을 뜯어내는 것과 같은 매우 악한 일이라고 주장하였다.

루터의 신학 혁명의 중심에는 행위에 의한 구원이라는 개념을 배척하고, 은총에 의한 믿음을 통한 구원을 주창하는 이신칭의(以信稱義)론이 자리하고 있었다. 행위로 구원을 얻으려는 소위 '영광의 신학' 에 대한 반대와, 오직 은총에 의한 믿음으로만 의로움과 구원을 얻으려는 소위 '십자가의 신학' 이 있었던 것이다. 이것은 신학적 패러다임의 코페르니쿠스적 전환이었다. 이런 관점에서 볼 때 중세의 고해체제나 자선신학은 당연히 비판을 받을 수밖에 없었다. 가톨릭의 경우 자선행위는 영혼의 구원에 이르는 길이었다. 그러나 루터의 경우 자선은 구원을 보장해 주는 것이 아니라 칭의의 자연적 결과로 흘러나오는 것이었다. 가톨릭에서 미덕으로 칭송되던 가난도 루터에게 있어서는 그 자체가 선한 것도 악한 것도 아니며 단지 개인이 처한 실존적 상황일 뿐이었다. 가톨릭은 가난한 이웃들을 자신의 구원을 이루기 위한 수단으로 여겼지만 루터에게 이웃은 그 자체로 가장 실제적이고 중요한 목적 그 자체였다. 하나님의 선물인 구원을 인간 자선행위의 산물로 대체시키려는 중세교회의 이데올로기는 루터에게 있어서 신성모독과 다를 바 없었다.[16] 구제와 사회복지에 대한 루터의 가르침이 단순히 교회의 직제나 치리 또는 사회적 실천의 개혁만이 아니라, 보다 근본적으로 신학 혁명의 결과였다는 사실은 의미심장한 대목이다.[17]

루터는 일찍이 1519년 『고리대금에 관한 설교』(*Long Sermon on Usury*)에

---

14) Carter Lindberg, *Beyond Charity : Reformation Initiatives for the Poor* (Fortress Press, 1993), 106.

15) Martin Luther, *Luther's Works* Vol. 44, eds. Jaroslav Pelikan and Helmut T. Lehmann (Philadelphia : Fortress Press, 1966), 190. (이후 LW 44, 190과 같이 표기한다.)

16) Carter Lindberg, "The Liturgy after the Liturgy," 177.

17) James Atkinson, "Diakonia at the time of the Reformation," 81.

서 그리스도인들 가운데 구걸이 있어서는 안 된다고 주장했다. 또한 1520년 『독일 그리스도인 귀족에게 보내는 글』에서는 "모든 종류의 구걸을 금지하는 것이야말로 전체 그리스도교 세계에서 가장 절실하게 필요한 일"이라고 주장하였다.[18] 그의 시대에 구걸은 마치 사람들에게 선행을 쌓을 수 있는 기회를 주기 위한 거룩한 의무처럼 여겨졌기 때문에, 구걸하는 자들이 "여름철 파리 떼처럼"[19] 시장에 모여들었다. 하지만 루터는 구걸 행위에서처럼 그렇게 많은 비행과 기만이 행해지는 일도 없을 것이라고 말하면서, 어떤 사람이 다른 사람의 노동의 덕택으로 나태하게 지내거나, 혹은 다른 사람의 고통의 대가로 부유하고 편안하게 지내는 것은 잘못된 일이라고 강조하였다. 단 설교자들의 경우는 예외로 생각했다. 왜냐하면 설교자들은 영적인 노동을 하기 때문에 사례를 받을 자격이 있다고 믿었기 때문이다.[20] 게다가 구걸하는 자에게 베푸는 자선행위도 더 이상 가난한 자들의 유익을 위한 것이 아니라 공덕을 쌓기 위한 수단일 뿐이었다. 이런 풍조에 반대하여, 루터는 구제의 동기가 사랑이어야 한다고 주장하였다. 루터는 중세의 자선신학을 비판하고 신앙에서 나오는 감사와 사랑으로 가난과 대적하라고 요구했다. 루터가 『그리스도인의 자유』에서 말한 것처럼, 하나님의 사랑을 입은 그리스도인은 전적으로 자유로운 사람이지만, 그럼에도 불구하고 사랑 안에서 자신의 이웃, 특별히 가난한 사람들을 섬겨야 할 의무에 매여 있는 것이다.[21]

루터의 95개 조항 중에서 43항과 45항은 이웃사랑을 행해야 할 기본적인 근거가 하나님에게 있음을 분명하게 보여준다. 그는 43번째 항목에서 "가난한 사람들을 도와주고 필요한 사람들에게 빌려주는 사람은 면죄부를 사는 사람보다 더 훌륭한 행위를 하고 있다는 사실을 그리스도인들이 알아야 한다."고 주장하였다. 또한 45번째 항목에서는 "누군가가 면죄부는 사면서 도움이 필요한 사람은 그냥 지나친다면 그는 교황의 면죄를 사는 것이 아니라

18) LW 44, 189.

19) LW 45, 284.

20) LW 44, 189-191.

21) LW 31, 327-77.

하나님의 진노를 사는 것"이라고 선언하였다.[22] 또한 루터는 1523년 라이스니히 『공익 헌금함 법령』(*Ordinance of a Common Chest*)의 서문에서 "도움을 필요로 하는 사람들을 돕고 섬기는 그리스도인의 사랑보다 더한 하나님에 대한 봉사는 없다."[23]고 말하였다. 루터의 사회복지는 하나님에 대한 예배에서 흘러나오는 자연스러운 흐름이었다. 가난한 자들의 곤궁을 덜어주기 위한 구제행위는 우리 예배행위의 연장선에 있는 것이다. 영어 단어 'service'가 예배라는 의미와 섬김이라는 뜻을 동시에 지니고 있는 것도 바로 이런 까닭이다. 때문에 린드버그(Carter Lindberg)는 구제를 "예배 이후의 예배"(liturgy after liturgy)라고 부른 것이다.[24] 모든 것을 유무상통하던 초대교회에서 예배(worship)와 복지(welfare)는 불가분리의 관계에 있었지만, 중세를 거치면서 그 둘은 분리되었다. 루터는 다시금 예배와 복지, 하나님 사랑과 이웃사랑을 연결시킨 개혁자였다.

자선활동에 대한 중세적 토대를 허물어 버림으로써 루터는 이제 사회복지를 위한 새로운 법적이고 제도적인 구조를 만들어야 하는 과제를 안게 되었다. 루터는 예전에 교회나 수도원에서 맡았던 가난한 자들의 구제를 이제는 의회나 정부가 맡아야 한다고 보았다. 그는 중세시대 교회 중심의 자선행위에서 벗어나 정부 차원의 구제책을 마련해야 한다고 촉구하였다. 루터가 정부에 이런 역할을 부여하게 된 배후에는 그의 두 왕국 사상이 놓여 있다. 정부의 통치자는 하나님의 '왼손'으로서 사회적 정의를 수립하는 일에 부름을 받은 하나님의 대리인이기 때문에 사회적 약자들을 돌보아야 할 책임이 있는 것이다. 루터는 사회복지에 대한 신학적 근거를 새롭게 마련했을 뿐만 아니라 공직자들을 사회복지의 새로운 주체로서 세우고 복지를 법률로 제정하도록 만듦으로써, 근대 사회복지의 이론과 실제에 중요한 공헌을 하였다.

사회복지를 제도화하려는 루터의 본격적 노력은 구제의 법률화를 주장

---

22) LW 31, 29-31.

23) LW 45, 172

24) Carter Lindberg, "The Liturgy after the Liturgy," 177.

하는 것으로 나타났다. 그는 『독일 그리스도인 귀족에게 보내는 글』에서 "만일 우리에게 용기가 있고 가난한 사람들을 도우려는 의지만 있다면, 모든 도시가 자기 지역의 가난한 사람들을 돌보고자 하는 취지의 법률을 제정하는 것은 매우 간단한 문제"[25]라고 주장하였다. 가난한 사람들을 구제하려는 루터와 그 동료들의 노력의 결실은 비텐베르크(Wittenberg), 라이스니히(Leisnig), 뉘른베르크(Nürnberg)와 같은 도시들의 법령에서 발견된다.

루터의 사회복지 사상은 1522년 1월 24일 반포된 비텐베르크 법령(Wittenberg Order)에서 구체적으로 나타났다. 이 법령의 핵심은 예배와 복지의 개혁이었다. 이 법령의 17개 항목 중에서 3개 항목을 제외한 모든 항목이 가난한 사람들의 곤궁을 경감시키는 데 관심을 표하고 있다는 사실은 놀라운 일이다. 가난한 사람들을 구제하기 위한 공익 헌금함(Common Chest)이 설립되었고, 노동자들과 장인들을 위해 낮은 이자율로 대부가 이루어졌으며, 가난한 사람들의 자녀들을 교육하기 위해 보조금이 주어졌으며, 구걸은 전면 금지되었다. 루터는 예배에서 기도(Collect)가 가난한 사람들에게 베풀기 위해 모은 헌금(collection)에서 유래되었다고 해석하였다. 그는 초대교회로부터 예배와 복지가 불가분의 관계에 있었음을 알고 있었고, 공익 헌금함 제정의 기본적인 원형을 초대교회에서 발견하였다.[26]

비텐베르크 시는 루터와 카를슈타트(Andreas Karlstadt)의 동의 하에 보다 구체적인 사항들을 담은 "공익 기금 조례"(Ordinance for a Common Purse)를 제정하였다.[27] 공익 헌금함은 정부에서 임명한 사람들에 의해 운영되었는데, 2명은 의회에서, 2명은 시민들 중에서 선출하였으며, 1명의 서기를 두었다. 서기는 돈을 모으고, 분배를 감독하고, 회계장부를 기록하는 임무를 맡았다.[28]

---

25) LW 44, 189.

26) Carter Lindberg, "The Liturgy after the Liturgy," 184-187.

27) 공익 헌금 제정과 관련하여, Hermann Barge는 당시 루터가 비텐베르크에 있지 않고 바르트부르크 성에 피신해 있는 상태였기 때문에 루터의 영향을 과장해서는 안 된다는 입장이며, 반면 Karl Müller는 루터가 공익 헌금함 제정에 깊이 관여했다고 주장한다.

28) Harold J. Grimm, "Luther's Contributions," 226.

교회에 설립된 헌금함은 3개의 열쇠로 채워졌고,[29] 시를 4개 구역으로 나누어 각각 그 책임자를 임명하였다. 각 구역의 책임자들은 가난한 사람들을 파악하여 돕고, 곡식이나 나무와 같은 필요한 물건을 사서 보급하고, 매 주일 활동내역을 시에 보고하였다. 11년이 지난 후 나온 1533년의 비텐베르크 법령은 공익 헌금함에서 가난한 자들을 도울 뿐만 아니라, 교사, 성직자, 오르간 반주자, 서기에게 사례를 지급하도록 하였다. 공익 헌금함의 운영자 수도 시민 중 2명을 선출하던 것을 4명으로 늘려 모두 6명이 되었고 임기는 2년으로 규정하였다.[30]

라이스니히 법령(Leisnig Order, 1523)은 비텐베르크 법령보다 1년 늦게 발표되기는 했지만 사실상 루터의 의중에 더 가까웠다. 라이스니히 법령은 루터의 조언에 따라 작성되었고, 루터의 승인을 얻어 그의 서문과 함께 출판되었다. 서문에서 루터는 "도움을 필요로 하는 사람들을 돕고 섬기는 그리스도인의 사랑보다 더한 하나님에 대한 봉사는 없다."[31]고 선언함으로써 예배와 복지를 함께 묶었다. 법령은 "그리스도인의 내적이며 외적인 모든 소유들은 하나님의 영광을 높이고 동료와 이웃에 대한 사랑을 실천하는 데 사용되어야" 한다고 말하고 있다.[32] 루터는 이 법령이 많은 사람들에게 기독교 신앙과 사랑의 좋은 모범을 제시할 것으로 확신하였다.

라이스니히 공익 헌금함은 10명으로 이루어진 위원회에 의해 운영되었다. 매년 1월 13일 이후 첫 번째 주일에 10명의 위원들을 선출하였는데, "두 명은 귀족 중에서, 두 명은 의원들 중에서, 세 명은 시민들 중에서, 세 명은 시골 농민들 중에서 선출되었다."[33] 위원들은 매 주일 정기적으로 모였고, 헌

29) 공익 헌금함의 관리인들은 처음에는 사도행전 6장과 디모데전서 3장의 예를 따라 집사라 불렸으나 후에는 공금관리인(Kastenherren)이라 불렸다. 3개의 열쇠를 가진 사람이 모두 모여야 헌금함을 열 수 있었다. 도시마다 열쇠의 숫자는 달랐는데, 마그데부르크(Magdeburg) 공익 헌금함의 경우 10개의 열쇠로 채워져 있었다. James Atkinson, "Diakonia at the time of the Reformation," 87.

30) Harold J. Grimm, "Luther's Contributions," 229.

31) LW 45, 172.

32) LW 45, 177.

금함은 각 신분의 대표자들이 지닌 네 개의 열쇠로 채워졌다.[34] 공익헌금은 가난한 사람들의 생활을 보조하고, 고아들을 돌보고 먹이고, 아이들에게 기술과 교육을 제공하고, 신부에게 지참금을 주고, 자격이 있는 장인들과 상인들에게 돈을 빌려주는 데 사용되었다. 뿐만 아니라 학교를 운영하고, 교회건물을 유지하고, 목회자와 관리인들의 사례를 지급하는 등 폭넓게 사용되었다. 루터는 라이스니히 시민들에게 공익헌금으로 수도원 안에 소년소녀를 위한 학교를 세우라고 제안하기도 했다. 루터 교회의 법령들에서는 공익 헌금함의 사용이 양분되어 있었는데, 한쪽은 교사와 목사들에게 사례를 지급하는 것이고, 다른 하나는 가난한 자들을 돕고 교회건물을 유지하는 데 사용되었다. 하지만 공익헌금의 방만한 사용은 곧 재정적 압박으로 이어졌기 때문에, 비텐베르크의 설교자이자 비텐베르크 공익 헌금함의 설립자 중 한 사람이었던 부겐하겐은 교회 유지보수나 교육을 위한 자금은 공익 헌금함에서 지출해서는 안 된다고 주장하기도 하였다.[35] 비텐베르크나 라이스니히 법령과 달리, 제네바에서는 복지기금에서 목회자들의 사례나 교회건물 유지비를 지출하지 않았다. 제네바에서는 시가 이런 지출을 책임지도록 하였다.[36] 라이스니히 공익헌금함의 특징 중 하나는 강제적 기부금 제도였다. 라이스니히에 거주하는 모든 귀족들, 시민들, 농민들은 자신의 능력과 재산의 정도에 따라 매년 일정 금액을 공익 헌금함에 기부해야만 했다.[37] 하지만 이런 강제적 세금 형식은 후에는 폐지되었다.

1522년 7월 24일 제시된 뉘른베르크 법령(Nürnberg Order)은 16세기 사회복지 제도의 형성에 가장 폭넓은 영향을 미쳤다. 이 도시의 복지법령은 다른 도시들의 모델 역할을 하였다. 법령은 바젤, 베를린, 라이프치히, 스트라스부르 등에서 출판되었고, 심지어 가톨릭 도시인 이프르(Ypres)에까지 영향

33) LW 45, 182.

34) LW 45, 183.

35) Carter Lindberg, "The Liturgy after the Liturgy," 188.

36) Jeannine E. Olson, *Calvin and Social Welfare : Deacons and the Bourse française* (Cranbury, NJ : Associated University Presses, 1989), 163.

37) LW 45, 192

을 미쳤다. 가톨릭 인문주의자인 비베스(Juan Luis Vives)나 황제 카를 5세(Karl V)도 뉘른베르크 법령을 참조하였다. 루터와 뉘른베르크의 인연은 1518년 루터가 추기경 카예타누스(Cajetanus)와 면담하기 위해 아우크스부르크로 오가던 길에 뉘른베르크를 방문한 때부터 시작되었다. 그때 루터는 슈펭글러(Lazarus Spengler)를 비롯한 시 의회의 유력한 사람들과 여러 인문주의자들을 만났다. 그 후 뉘른베르크 교회의 목회자들 중에는 루터의 사상에 매료되어 루터 신학에 근거한 설교를 하는 사람들이 많이 생겨났다. 뉘른베르크 법령도 비텐베르크나 라이스니히의 경우처럼 루터의 승인을 받았다. 시민들 중에서 총 10명의 위원들이 선정되었고 그 중 두 사람, 쾨첼(Georg Kötzel)과 부쉬(Kaspar Busch)가 중심적인 역할을 하였다. 4명의 유급 근무자는 도시를 4구역으로 나누어 책임졌다. 유급 근무자들은 각자가 맡은 구역의 가난한 자들을 찾아내어 운영위원회에 보고하였다. 교회에 헌금함이 세워졌다가 후에는 헌금 접시나 바구니를 돌렸다. 1525년 3월 뉘른베르크가 가톨릭과 결별한 후에는, 10명의 운영위원이 5명으로 줄었고, 공익 헌금함이 제정되었다.[38)]

다른 지역에서와 마찬가지로 뉘른베르크에서도 구걸은 금지되었다. 하지만 예외는 있었다. 법령은 자선을 구하기 위해 노래하는 것, 만성절(All Saints' Day, 11월 1일)과 만령절(All Souls' Day, 11월 2일)에 구걸하는 관습, 네 군데의 페스트 병원을 위해 모금하는 행위, 도미니크회나 카르멜회 수사들의 주 1회 모금은 허용하였다.[39)] 하지만 루터는 건강한 사람이 구걸하는 것을 철저히 반대하고 배격하였다. 건강한 거지들은 게으른 것으로 간주되었다. 일할 수 있는 건강한 거지에게 자선을 베푸는 것은 무분별한 행동이었으며, 그것은 자선이 아니라 무책임한 청지기의 행동이었다.[40)] 그러나 어쩔 수 없는 상황 때문에, 혹은 늙고 병들어 일할 수 없기 때문에 가난해졌다면 공익 헌금으로 돕고 보살펴야 한다고 루터는 생각했다.

38) Harold J. Grimm, "Luther's Contributions," 230–231.

39) Harold J. Grimm, "Luther's Contributions," 231.

40) Elsie Anne McKee, *Diakonia in the Classical Reformed Tradition and Today*, 54.

루터 종교개혁의 핵심은 분명 사회적인 것이라기보다는 신학적인 문제였다. 그러나 그것은 또한 여러 방면에서 사회적 문제들과 밀접하게 연관되어 있었다. 종교개혁 운동은 결코 신학적인 것에만 한정된 것이 아니라 사회적, 정치적, 경제적, 문화적인 혁신이기도 하였던 것이다. 루터 신학의 변화가 곧 사회복지의 개혁으로 나타난 것이다. 루터는 적어도 다음과 같은 몇 가지 측면에서 16세기 유럽의 구제제도에 영향을 미쳤다. 그는 가난을 그의 시대의 중대한 문제로 인식하였고, 구걸을 반대하는 신학적 이유를 분명히 하였고, 자선을 공덕으로 간주하는 것을 반대하였고, 구제가 사회복지에 대한 관심에서뿐만 아니라 하나님의 영광과 이웃에 대한 사랑에서 연유된 것임을 강조하였고, 노동의 가치를 고양시켰고, 국가가 가난한 사람들을 위해 구제기관을 집중화시키고 합리적으로 법률화시킬 것을 제안하였으며, 도시의 법령들을 만드는 데 실제적으로 참여하였다.[41] 루터의 사회복지 사상은 개인적이고 교회 중심적인 자선 행위의 차원에서, 공적이고 사회적이며 공동체적인 사회복지 제도로의 전환을 가져왔다.

Ⅳ. 칼뱅의 사회복지 사상

A. 종합구빈원

이전에 로마 교황청의 대사였다가 개혁교회로 회심한 베르게리오(Pietro Paolo Vergerio)는 16세기 제네바를 이렇게 묘사한 바 있다.

> 나는 교회에서 가난한 자들을 위해 공개적으로 모금을 하는 것을 결코 보지 못했다. 또한 모금 주머니를 시끄러울 정도로 흔드는 것도 이곳에서는 본 적이 없다. 그러나 나는 여기 거리에서 단 한 명의 거지도 만

41) Harold J. Grimm, "Luther's Contributions," 233.

> 나지를 못했다. 나는 여기에서는 가난한 사람들이 온갖 종류의 기관에 기독교적 사랑을 호소할 필요가 없음을 알았다. 이 도시에서는 진정한 형제애 가운데 풍성한 도움이 제공되고 있다.[42]

비록 루터가 주창한 공익 헌금함 제도가 사회복지의 제도화에 큰 기여를 하긴 했지만 그것은 어디까지나 여러 가지 가난 구제책들 중의 하나일 따름이었다.[43] 이에 비해 제네바에서는 보다 철저하고 근본적인 구제개혁이 이루어졌다.

종교개혁 이전에 이미 제네바에는 가난한 자들을 돕기 위한 일곱 개의 구빈원이 설립되어 있었다. 두 곳은 교회 단체에서, 두 곳은 시 의회에서, 두 곳은 평신도 단체에서, 나머지 한 곳은 부유한 가문에서 설립한 것이었다. 이런 구빈원들은 각각 구빈원장(hospitaller)이라 불리는 사람의 도움을 받아 행정관(procurator)이 관리하였다. 일곱 명의 행정관들 중 다섯 명은 사제였으며, 한 명은 평신도 수도원장이었고, 나머지 한 명은 평신도 시 의원이었다. 구빈원장들은 모두 평신도로서 의회의 감독을 받는 사람들이었다. 15세기 중반에 이르러서는 제네바의 모든 행정관들이 의회에서 선출되었으며, 모두 평신도들로 바뀌었다. 제네바에서도 합리화와 평신도화가 구제제도의 핵심요소가 된 것이다.[44] 일곱 개의 구빈원 외에도 제네바에는 "연옥에 있는 모든 영혼들을 위한 금고"(Box for All Souls in Purgatory, 이하 "금고"로 표기한다.)라는 기관이 있었다. "금고"는 그 명칭이 암시하는 것처럼 연옥에 있는 모든 제네바 사람들의 영혼을 위해 미사를 드리려고 돈을 모금하던 것으로, 시에서 설립한 기관이었다. 그러나 이 기관도 얼마 지나지 않아 복지기관의 역할을 감당하였다.[45]

42) Hans Scholl, "The Church and the Poor in the Reformed Tradition," *Ecumenical Review* Vol. 32 (1980), 236.

43) "Armenpflege," *Theologische Realenzyklopädie*, Band IV, Horst Robert Balz et al. (Berlin : Walter de Gruyter, 1979), 96을 참조하라.

44) Robert M. Kingdon, "Calvinism and Social Welfare," *Calvin Theological Journal* Vol. 17, No. 2 (Nov 1982), 215-216.

제네바 종교개혁은 종교적인 측면에서뿐만 아니라 정치적이고 사회적인 면에서도 제네바에 진정한 혁명을 가져왔다. 구제제도에 있어서도 이전의 일곱 구빈원들과 "금고"를 모두 폐지하고 대신 1535년 11월 14일 종합구빈원(General Hospital)을 설립하였다. 구제 기관의 집중화가 일어난 것이다. 영어 단어 'Hospital'을 보고서 구빈원을 병원으로 생각하는 것은 오해이다. 당시의 구빈원은 단지 병자만을 돌보는 병원이 아니라 가난한 자, 고아, 노인들을 거두고 돕는 사회복지 기관이었다. 실제로 병원(hospital)과 호의(hospitality)라는 단어가 동일한 어원을 가지고 있다는 것은 흥미로운 사실이다.[46)]

종합구빈원의 최초 자금은 주로 이전 수도원의 재산이었다. 생 클레르(Sainte-Claire) 수도원이 종합구빈원의 본부로 사용되었다. 또한 구빈원은 전적으로 평신도들의 손에 의해 운영되는 기관이었다.[47)] 제네바 의회가 구빈원의 재정을 모금할 책임을 졌고, 따라서 의회는 자선제도의 주요 지원자가 되었다. 구걸은 엄격하게 금지되었고, 대신 진정한 형제애에서 나오는 자발적인 기부가 격려되었다. 제네바 시는 구빈원을 운영하기 위해 구빈원장과 행정관들을 선출하였다.[48)]

구빈원장은 주로 상업에 종사하는 사람들이 맡았다. 예전에는 사제들이 그 직무를 맡았지만 이제는 경영 정신을 가진 사업가 출신의 평신도가 이 직책을 맡았다. 구빈원장은 결혼한 사람들이었고 구빈원의 운영에서 중요한 일들을 그의 아내가 맡아 함으로써 사실상 부부가 함께 사역하는 식이었다. 실제로 어떤 구빈원장은 직책을 맡은 후 얼마 지나지 않아 사임하였는데, 그 이유가 그 아내가 구빈원에서 맡은 일을 제대로 감당하지 못했기 때문이었다.

---

45) Robert M. Kingdon, "Social Welfare in Calvin's Geneva," *American Historical Review* Vol. 76, No. 1 (Feb 1971), 54.

46) Robert M. Kingdon, "Calvinism and Social Welfare," 212-214.

47) Robert M. Kingdon, "Social Welfare in Calvin's Geneva," 52-53.

48) 1535년부터 1564년까지의 행정관과 구빈원장의 명단이 Robert M. Kingdon, "The Deacons of the Reformed Church in Calvin's Geneva," *Church and Society in Reformation Europe*, ed. Robert Kingdon (London : Variorum Reprints, 1985), 88-90에 수록되어 있다.

구빈원장과 그 아내는 가난한 자들을 위한 음식을 준비하고 빵을 굽고 주일날 구빈원 문 앞에 줄을 서 기다리는 사람들에게 음식을 나누어주는 일까지 도맡았다. 또한 가난한 자들을 위한 식량을 생산하기 위해 구빈원 소유의 농지나 포도원에서 일하는 일꾼들을 감독하는 것도 구빈원장의 몫이었다. 그 아내도 구빈원 건물을 관리하는 일꾼들이나 빵을 굽는 사람들을 감독해야만 했다.[49] 이처럼 많은 일들을 감당해야 하는 구빈원장은 본부 건물에 상주하면서 생활비 일체를 포함한 사례를 제공받는 전임 사역자였기 때문에 대단히 매력적인 직책이었다.[50] 구빈원에는 이발사, 의사, 약사로 봉사하는 사람들이 의료지원을 맡았고, 비숙련 일꾼들이 관리를 맡았다. 흥미로운 것은 목회자가 되기 위해 신학을 공부하는 학생들이 종합구빈원에서 어린이들을 교육하는 책임을 맡았다는 점이다.[51] 아마도 오늘날 한국 교회 교육전도사 제도의 가장 이른 원형이 아닐까 싶다.

구빈원장이 실제로 봉사하는 사람이었다면, 행정관은 구빈원의 재정을 책임지고 관리 감독하는 행정 책임자였다. 대체로 행정관은 네 명이었고 그 중 한 명이 장(長)을 맡았다. 행정관의 경우에는 매년 2월에 소의회가 종합구빈원의 행정관 후보를 추천하였다. 일반적으로 두 명은 새로 임명될 소의회(25명으로 구성)의 의원 중에서 뽑았으며, 또 다른 두 명은 60인 의회나 200인 의회에 속하는 사람들 중에서 지명하였다. 네 명의 행정관들의 명부는 최종적으로 200인 의회와 제네바의 전체 시민들로 구성된 총회에 제출되어 추인을 받았다. 종합구빈원의 행정관은 연임도 가능하였다. 이 종합구빈원은 목

49) Robert M. Kingdon, "Calvinism and Social Welfare," 218.

50) 1552년 5월 10일에 종합구빈원의 운용에 관한 규정들이 채택되었으며, 1553년 5월 12일에는 구빈원장 직책에 대한 자세한 규정이 채택되었다. 칼뱅이 제네바에 있는 동안 구빈원장에 임명되었던 사람들 중 적어도 세 사람, 즉 Anthoine Chicand(1540-1541), Pierre Jean Jesse(1550-1553), Pernet des Fosses(1560-1561)은 시의 행정장관을 지냈던 사람이었고, Jean Collondaz(1557-1560)와 Pierre Sommaretta(1560)는 소의회의 의원이었다. 이것은 구빈원장의 직책이 대단히 인기 있는 자리였음을 말해주는 것이다. Robert M. Kingdon, "Social Welfare in Calvin's Geneva," 55-56.

51) Robert M. Kingdon, "Social Welfare in Calvin's Geneva," 56.

사와 장로로 이루어진 감독위원들에 의해 3개월마다 감사를 받음으로써 투명성을 높였다.[52]

종합구빈원을 맡은 행정관들과 구빈원장은 매 주일 예배가 시작되기 전 아침 6시에 정기적으로 모였다. 이때 구빈원장은 행정관들에게 한 주간 동안 이루어진 일들을 보고하고, 빵의 분배와 돈의 지출에 대한 사항들을 결정하였다. 특별히 매주 가난한 사람들에게 빵을 얼마씩 나누어 줄 것인지를 결정하는 데는 도시의 분구(dizaine)를 책임지고 있는 분구장(dizainiers)의 도움을 받았다. 분구장들은 자기 분구의 가난한 사람들이 실제로 무엇을 얼마나 필요로 하는지를 심사하여 구빈원장에게 알려주었다. 행정관들은 구빈원에 속한 모든 자산들을 관리할 책임이 있었다. 행정관들은 임차인에게 세를 거두고, 돈을 빌려 주고, 유산 기증 계약이나 도제 계약을 맺고, 심지어 결혼하는 신부의 지참금을 지원하는 일까지 감당하였다. 또한 이들은 소의회에 회계보고를 하고, 새로운 직원을 추천하고, 규정을 만드는 일도 맡았다. 행정관들은 대부분 상인들이었으며, 도시의 유력한 명사들이었다. 대부분의 행정관들은 정부의 상설 위원회에 속한 의원들이었으며, 컨시스토리(Consistory)[53]의 장로

52) Robert M. Kingdon, "Social Welfare in Calvin's Geneva," 56-57.

53) 제네바 컨시스토리는 칼뱅이 스트라스부르에서 제네바로 귀환한 1541년에 설립되었다. 컨시스토리는 제네바의 치리법원으로 12명의 평신도와 12명의 목회자로 구성되었는데, 12명의 평신도는 소의회에서 2명, 60인 의회에서 4명, 200인 의회에서 6명이 선출되었으며, 12명의 목회자는 제네바 시의 목사들이었다. 컨시스토리는 행정장관 중 한 사람이 의장을 맡았으며, 서기와 소환 책임자를 두고 있었다. 컨시스토리는 매주 목요일 정기적으로 모였다. 컨시스토리는 재판소의 역할만을 한 것이 아니라 동시에 교육과 목회상담의 기능을 담당하기도 한 기구였다. 칼뱅 당시 컨시스토리의 기록들은 현재 21권으로 정리되어 미시간의 칼뱅신학교 내에 있는 칼뱅 연구소인 헨리 미터 센터, 프린스턴신학교 도서관, 위스콘신-메디슨대학, 그리고 스코틀랜드의 성 앤드류대학에 컴퓨터 자료화되어 보관되어 있다. Robert M. Kingdon, "A New View of Calvin in the light of the Registers of the Geneva Consistory," *Calvinus Sincerioris Religionis Vindex*, Vol. XXXVI, eds. W. H. Neuser and B. G. Armstrong (Kirksville, Mo. : Sixteenth Century Journal Publishers, 1997), 21-33; 같은 저자, "The Geneva Consistory in the time of Calvin," *Calvinism in Europe, 1540-1620*, eds. Andrew Pettegree et al. (Cambridge : Cambridge University Press, 1994), 21-34.

들인 경우도 많았다.[54] 제네바의 컨시스토리와 종합구빈원은 모두 상설기관으로서, 전자는 제네바의 도덕성을 유지시키는 기능을 하였고 후자는 가난한 자들을 돕는 역할을 하였다.

제네바 종합구빈원은 종교개혁의 산물이지만, 칼뱅이 만든 것은 아니다. 왜냐하면 종합구빈원은 칼뱅이 제네바에 도착하기 이전인 1535년 설립되었기 때문이다. 그러나 비록 칼뱅이 구빈원의 설립자는 아니라고 하더라도, 구제사역과 그 사역을 담당하는 사람들의 역할에 대한 성서적 전거를 마련해 줌으로써 구빈원을 더 굳게 세운 것은 분명하다. 다행스러운 것은 종합구빈원의 활동에 관한 방대한 기록이 남아 있다는 사실이다. 특별히 1541년 칼뱅이 제네바로 귀환한 이후의 기록들이 잘 보존되어 있다. 제네바는 "프로테스탄트의 로마"로서 복지정책의 개혁에 있어서도 프로테스탄트 진영에서 하나의 모범사례가 되었다.[55]

사회복지 분야에서 제네바의 개혁은 다른 도시들과 비교할 때, 가난한 사람들을 돕고 구제해야 한다는 정신에 있어서는 동일했지만 구제정책의 정도에 있어서는 특별한 면이 있었다. 제네바는 과거와 보다 철저하게 결별하였고, 복지정책을 보다 근본적으로 추진하였다. 제네바처럼 구제사역이 철저하게 평신도에게 맡겨진 곳도 없었고, 제네바처럼 이전의 모든 구빈원들을 완전히 철폐하고 새로운 기관을 세운 곳도 거의 없었으며, 제네바의 종합구빈원처럼 오랫동안 존속된 곳도 흔치 않았다. 종교개혁 시기에 세워진 제네바 종합구빈원은 프랑스 혁명기에 잠시 방해를 받은 것을 제외하고는 19세기 말까지 지속되었다. 1869년 종합구빈원이 그 이름을 종합요양원(General Hospice)으로 바꾸기는 했지만 그 기능은 동일하였다. 따라서 실제적으로 종합구빈원은 1535년 설립된 이후 지금까지 계속 가난한 자들을 위한 돌봄을 수행하고 있는 셈이다.[56]

---

54) Robert M. Kingdon, "Social Welfare in Calvin's Geneva," 57-58.

55) Robert M. Kingdon, "Social Welfare in Calvin's Geneva," 51.

56) Robert M. Kingdon, "Social Welfare in Calvin's Geneva," 68-69.

B. 프랑스 기금

사회복지에 대한 칼뱅의 관심을 가장 잘 보여주는 실례 중 하나가 "프랑스 기금"(Bourse Française; Fund for Poor French Foreigners) 혹은 "말씀에 따라 살기 위해서 제네바로 피난 온 가난한 외국인들을 위한 기금"이다.[57] 1540년대 중반에 이르러서 종합구빈원은 더 이상 제네바의 모든 사회복지 수요를 다 감당할 수가 없었다. 특히 종교의 자유를 찾아 제네바로 피신해 오는 사람들이 급증하였는데[58] 이들은 대부분 가난한 사람들이었다. 종합구빈원은 제네바 시민들과 제네바를 잠시 방문하는 여행자들을 위한 기관이었기 때문에, 당시 상황에서 발생한 많은 정착 피난민들을 돕기 위해서는 새로운 기금이 필요하였다. 그리하여 생겨난 것이 프랑스 기금이었다. 프랑스 기금은 종합구빈원과 달리 사적인 기관으로, 기부자들이 선출한 평신도 집사에 의해 운영되었다. 이 기금은 19세기 중반까지 존속했으며, 그것이 해체된 후에도 집사의 직무는 제네바에서 계속되었다.[59]

---

57) 프랑스 기금에 대한 가장 본격적이고 광범위한 연구는 Jeannine E. Olson, *Calvin and Social Welfare : Deacons and the Bourse française* (Cranbury, NJ : Associated University Presses, 1989)이다. 이 책은 1980년 Olson이 스탠포드대학 박사논문으로 제출한 것이다. 올슨은 자신의 논문에서 프랑스 기금이 어떻게 조직되었으며, 그 활동이 무엇이었는지, 누가 운영했는지, 누가 기부했는지, 누가 도움을 받았는지를 살펴보고, 그리고 초기에 기금을 위해 적극적으로 활동했던 사람들에 대해 고찰하고 있다. 올슨의 논문은 어떤 의미에서 프랑스 기금에 대한 전기이다.

58) Alfred Perrenoud의 연구에 따르면, 칼뱅이 활발하게 목회를 하던 1550-1560년 사이에 제네바의 인구는 13,100명에서 21,400명으로 60% 이상 급증하였다. 제네바 역사학자인 Louis Binz는 칼뱅이 제네바로 귀환한 1541년부터 1550년까지 인구가 급증하였다고 말하고 있다. 대체로 15년 정도의 기간 동안에 인구가 2배로 불어났을 것으로 보인다. 이런 인구 증가의 가장 큰 원인은 이민자들의 급증이었다. 특히 종교의 자유를 찾아 온 프랑스와 다른 도시들의 피난민들이 대부분이었다. 이런 피난민들의 급증은 제네바 토착세력들에게 불안을 가져다주었고 많은 갈등과 문제를 일으키기도 하였다. Robert M. Kingdon, "Calvinism and Social Welfare," 223, 그리고 William Monter, *Calvin's Geneva* (New York : Wiley, 1967), 21-22을 참조하라.

59) Jeannine E. Olson, "Calvin and social-ethical issues," *John Calvin*, ed. Donald K. McKim

프랑스 기금이 언제 시작되었는지를 정확히 말하기는 어렵다. 그러나 칼뱅이 스트라스부르에서 제네바로 돌아온 1541년 이후에 시작된 것은 분명하다. 만일 이전에 있었다면 칼뱅은 1541년의 『교회법령』(*Ecclesiastical Ordinances*)에서 분명 그 존재를 언급하였을 것이다. 제네바 시는 1540년대 초반 점점 늘어가는 피난민들의 문제로 재정적 압력을 받고 있었다. 그러다가 1545년 6월 15일 가난한 외국인들을 도시에서 쫓아내려고 시도하였다. 그때 칼뱅은 부장통(David Busanton)이 1545년 6월 25일 죽으면서 제네바와 스트라스부르의 가난한 피난민들을 위해 당시로서는 거금(2,000 écus)의 유산을 남겼음을 의회에 알렸다. 칼뱅은 피에르 비레(Pierre Viret)에게 보낸 편지에서 부장통이 숨을 거두면서 유산에 대해 말할 때 자신이 그 자리에 있었다고 말하였다. 어쩌면 피난민들을 위한 유산을 남긴 것은 칼뱅의 조언에 따른 것이었을지도 모른다. 하지만 우리는 이 돈이 어떻게 쓰였는지(칼뱅의 적대자 중 한 사람인 제롬 볼섹은 이 돈을 칼뱅이 유용했다고 비방하고 있지만), 또는 이 유산이 곧바로 프랑스 기금의 설립으로 이어졌는지에 대해 정확히 알 수가 없다. 현재 제네바 고문서 보관소에 남아 있는 최초의 프랑스 기금 회계장부는 1550년 9월 30일 것이다. 따라서 적어도 1550년 9월 말 이전에 프랑스 기금은 이미 운영되고 있었다는 것이 확실하다. 거기다가 프랑스 기금을 운용한 최초의 집사 세 사람이 1549년 5-6월 제네바의 거주민으로 등록하였으며, 1549년 8월 25일에 라구에니어(Denis Raguenier)를 칼뱅의 설교를 받아 적는 속기사로 임명하고 기금에서 사례비를 준 사실이 있기 때문에 늦어도 1549년에는 기금이 운용되고 있었음을 알 수 있다.[60)]

프랑스 기금을 맡아 운영하는 집사들의 숫자는 정해져 있지 않았다. 현존하는 회계보고서를 보면 최초에는 3명이었다가, 1554년 7월에는 4명, 1569년에는 5명, 1576년에는 6명, 1582년 선거에서는 다시 5명, 17세기 초반에는 다시 6명, 17세기 말에는 8명이었다. 집사들의 중요한 세 가지 임무는 돈을 모금하고, 분배하고, 가난한 자들을 심방하는 것이었다.[61)] 최초의 집사들 중

(Cambridge University Press, 2004), 165-166.

60) Jeannine E. Olson, *Calvin and Social Welfare*, 34-36.

에서 가장 두드러진 인물이 장 뷔데(Jean Budé, 1515-87)이다. 그는 칼뱅과 가까운 사람으로, 우리가 지금 알고 있는 프랑스 기금에 대한 많은 이야기들도 실상은 그의 기록에서 나온 것이다. 장 뷔데의 아버지 기욤 뷔데(Guillaume Budé)는 뛰어난 그리스어 학자이자 언어학자로서 콜레쥬 드 프랑스(Collège de France)의 창립에 공헌한 인물이었다. 칼뱅이 파리에서 몽테규대학에서 공부할 때, 기욤의 집에서 환대를 받곤 하였다. 제네바 목사회의 기록을 보면 장 뷔데는 1575년 60세가 되어 노환으로 회계 직분에서 물러나기까지 26년 동안이나 집사로서 봉사하였다. 뷔데는 다소 장황하게 기록하는 편이었는데, 그래서 오히려 당시의 생활상과 형편에 대한 풍성한 자료들을 제공해 주고 있다. 16세기의 회계 기록은 오늘날의 것처럼 간결하고 효율적인 방식보다는 자세하게 되어 있어서 역사가들에게 매우 유용하다. 뷔데는 제네바에 정착한 처음 세대 중에서 중요한 인물이었던 것으로 보인다. 프랑스 이민 공동체의 중요한 지도자 중 한 사람이었고, 1553년에는 스위스 개신교회에, 1558년에는 독일의 개신교 영주들에게, 1565년에는 팔츠의 선거후에게, 1567년에는 콜리니(Gaspard de Coligny) 제독에게 제네바의 대표 자격으로 파견되었다. 그는 200인 의회와 60인 의회의 의원이었고, 제네바아카데미의 건립에도 관여했으며, 칼뱅의 예언서 주석들의 편집에도 연관되었다.[62] 칼뱅은 1564년 1월 8일 편지에서 뷔데에 대해서 "나의 가장 가까운 친구 중 한 명이며, 끝까지 신뢰할 수 있는 사람"[63]이라고 말하고 있다.

장 뷔데에 대해 부정적인 평가가 없었던 것은 아니다. 가장 대표적인 예는 1580년 11월 15일 목사회 모임에서 베즈(Théodore de Bèze)와 로탕(Monsieur Rotan)이 그의 월권을 비난한 것이다. 그가 자기의 형제인 프랑수아(François)의 딸들, 즉 조카들(Jeanne과 Judith)의 재산을 남용했다는 것이었다. 11월 22일

61) Jeannine E. Olson, *Calvin and Social Welfare*, 72. 1550년부터 1557년까지 프랑스 기금을 맡았던 집사들의 명단이 이 책 87-91에 수록되어 있다.

62) Jeannine E. Olson, *Calvin and Social Welfare*, 148-151.

63) John Calvin, *Letters of John Calvin*, Vol. 4, ed. Jules Bonnet (New York : Burt Franklin, 1972), 348-349.

행정관은 뷔데에게 조카들과 관련된 회계장부를 제출할 것을 요구하였고, 11월 28일 뷔데는 조카들의 동의 하에 이루어진 지출들이었다고 해명한 바 있다.[64] 뷔데는 자신의 유언에서 제네바의 자선기관들에 유산을 남겼다. 프랑스 기금을 위해서 600, 구빈원을 위해서 100, 제네바아카데미를 위해서 100플로린을 각각 기부하였다. 아카데미나 구빈원에 남긴 것보다 무려 6배나 많은 유산을 프랑스 기금에 남겼다는 것만 보아도 그의 프랑스 기금에 대한 애착을 짐작할 수 있다.[65] 프랑스 기금은 어느 한 사람의 힘으로 이루어진 것이라기보다는 장 뷔데를 비롯한 수많은 사람들의 동참과 노력으로 세워진 것이며, 프로테스탄트 박애정신을 보여주는 최초의 노력들 중 하나였다. 개혁교회의 제도들은 언제나 공동노력의 산물이었고 프랑스 기금도 예외는 아니었다.

프랑스 기금의 초창기 기부자들은 대부분 프랑스인이었지만, 토착 제네바인들이나 다른 나라 사람들의 기부도 있었다. 기부금의 형태로는 살아 있는 자들의 증여와 죽은 자들의 유산이 있었고, 돈뿐만 아니라 물건이나 부동산에 이르기까지 다양하였다. 뷔데가 그랬듯이 제네바 사람들에게는 죽을 때 프랑스 기금이나 구빈원이나 아카데미에 유산을 남기는 것이 일반적인 관행이었다. 시의 서기에게는 죽어가는 사람에게 자선의 의무에 대해 상기시킬 책임이 있었다. 제네바 사람들은 거지들에게 직접 돈을 주지 않았다. 개혁교회 전통이 전파된 곳에서는 어디서나 사람들은 직접 가난한 사람들을 상대하기보다 집사들이 운용하는 기금에 기부금을 내었다.[66] 우리는 기부자들의 명단에서 당시 유명한 인쇄업자였던 로베르 에티엔(Robert Estienne), 인쇄업자와 판매업자들의 조합을 만들었던 로랑 드 노르망디(Laurent de Normandie), 그리고 칼뱅의 이름을 발견할 수 있다.[67]

프랑스 기금을 위해 봉사했던 집사들의 명단과 기부자들의 명단은 잘 남

64) Jeannine E. Olson, *Calvin and Social Welfare*, 152.

65) Jeannine E. Olson, *Calvin and Social Welfare*, 153, 155.

66) Jeannine E. Olson, *Calvin and Social Welfare*, 174–175.

67) 1550년부터 1559년까지 기부자들의 명단이 Jeannine E. Olson, *Calvin and Social Welfare*, 120–126에 수록되어 있다.

아 있는 반면, 수혜자들의 이름은 회계장부에 사실상 익명으로 표기되었기 때문에 별로 알려져 있지 않다. 하지만 컨시스토리 문서, 소송사건의 기록, 집사들이 남긴 메모들에 여기저기 수혜자들에 대한 기록이 나타난다. 수혜자들은 대체로 여성, 아이들, 실직한 남자들이었다.[68] 흥미로운 것은 프랑스 기금의 도움을 받았던 피난민들이 나중에는 그 기금의 후원자들이 되기도 했다는 사실이다. 예를 들어 파리에서 피난 온 디디어 루소(Didier Rousseau)는 1550년 6월 24일 제네바의 거주민이 되었는데, 집을 마련하기 위해 1551년 4월 6일 기금의 도움을 받았다. 그는 죽을 때 유언장에서 프랑스 기금을 기억하고 자신의 재산을 기부하였다. 이 사람의 후손 중에 장 자크 루소(Jean Jacques Rousseau)가 있다.[69] 이처럼 수혜자들이 다시 기부자가 되었다는 사실은 왜 프랑스 기금이 300년 이상이나 지속될 수 있었는지를 설명하는 하나의 단초가 된다.

프랑스 기금은 기본적으로 가난한 피난민들을 위한 것으로, 하룻밤 머무르는 여행자를 위한 여비에서부터 질병, 장애, 노환으로 인해 스스로 자활할 수 없는 사람들을 평생 도우는 데 이르기까지 그 사용범위가 다양하였다. 제네바로 유입되는 피난민들을 위한 숙소를 마련하기 위해 하숙집이나 여관이나 개인 집을 구해 주기도 하고, 당장 급한 현금이나 곡물을 제공하기도 하였다. 직업을 구하는 사람들에게 도제 훈련비용을 제공해 주거나, 일하는 데 필요한 연장을 마련해 주기도 하였다. 부모를 잃은 고아들을 위해 유모를 고용하는 일, 아픈 사람들에게 다양한 의료 서비스를 제공하는 일도 도맡았다. 심지어 옷을 사 주기도 하고, 옷을 고치기 위해 재봉사나 침모를 고용하기도 하였다. 집사들은 가난한 이들이 의존적이 되기보다는 스스로 자립할 수 있기를 바랐다. 따라서 집사들은 가능하다면 무조건적인 퍼주기보다 대출하는 방식을 더 선호하였다.[70]

68) Jeannine E. Olson, *Calvin and Social Welfare*, 176-177.

69) Jeannine E. Olson, "Calvin and social-ethical issues," 166.

70) Jeannine E. Olson, "The Bourse Française : Deacon and Social Welfare in Calvin's Geneva," *Pacific Theological Review* (1982), 21.

집사들은 프랑스 기금을 단순히 자선을 행하는 데만 국한하여 사용한 것은 아니었다. 다른 여러 복음적 사업들을 위해서도 기금을 사용하였다. 집사들은 칼뱅의 성서 강의나 설교를 받아 적는 사람을 고용하기도 하였다. 이렇게 하여 출판된 칼뱅의 작품은 또 다시 기금의 수익이 되었다. 오늘날과 마찬가지로 교회에서 사용될 시편찬양집의 출판은 16세기의 가장 큰 출판사업 중 하나였다. 제네바 시편찬양은 주로 클레망 마로(Clement Marot)와 테오도르 베즈가 시편을 프랑스어로 번역하고, 루이 부르주아(Louis Bourgeois)와 구디멜(Claude Goudimel)이 거기에 곡을 단 것이다. 이 시편찬양집은 인쇄업자들의 조합이 출판하였는데, 판매수익 중 일부가 다시 기금으로 들어왔다. 아마도 역사상 최초의 저작권 사용료 지불이었을 것이다. 프랑스 기금은 프랑스의 복음화에도 연관되었다. 집사들은 목사회를 대신하여 프랑스로 선교사를 파송하거나, 선교사로 파송된 사람들의 아내들을 돌보는 일에도 기금을 사용하였다.[71] 집사들은 1550년 말과 1560년대 초에 선교의 일환으로 성서, 시편찬송가, 요리문답 등을 프랑스로 운송하기도 했다. 이처럼 기금은 개혁교회들의 광범위한 연결망의 중심이었다.

초기 프랑스 기금의 운영자인 집사들, 모금인들, 감사들 모두가 자원봉사자들이었다. 1550년 보고서를 보면 유일한 유급 전임자는 칼뱅의 설교를 기록하던 속기사 라구에니어뿐이었다. 기금은 또한 필요에 따라 그때그때 고용한 교사나 의사나 약사에게도 일정액의 급료를 지불하였다. 기금 사용의 전체적 원칙은 필요하면 기금에서 사용하지만, 가능하면 자원봉사자들을 활용한다는 것이었다.[72] 프랑스 기금은 프랑스어를 사용하는 피난민들에 의해 조직된 핵심자금이었고, 그들이 선출한 사람들에 의해 운영되었다. 그러나 이 기금이 꼭 프랑스인들이나 프로테스탄트 신자들에게만 국한된 것은 아니었다. 우리는 이 기금이 유대인이나 터키인에게도 도움을 주었다는 기록을 발견할 수 있다. 또한 이 기금은 이후에 다른 나라의 피난민들이 각자의 기금을 형성하도록 하는 데 영향을 미쳤다. 이탈리아 기금, 독일 기금이 설립되었

71) Robert M. Kingdon, "Calvinism and Social Welfare," 227.

72) Jeannine E. Olson, *Calvin and Social Welfare*, 70.

고, 아마도 스페인 기금이나 영국 기금도 조성되었던 것으로 보인다.[73] 이와 같이 제네바에 다양한 복지 기금들이 형성된 것은 훗날 제네바가 국제적인 구호기관들의 중심지가 되는 시발점이라 할 수 있을 것이다.

칼뱅은 프랑스 기금의 형성에 직접적으로 관여하였고, 정기적으로 기부하였으며, 가난한 사람들에게 이 기금의 도움을 받으라고 권하였다. 심지어 1554년 7월 1일에는 프랑스 기금을 관리하는 집사들을 선출하기 위한 모임을 칼뱅의 집에서 가지기도 하였다.[74] 후에는 제네바의 목사회에서 한 사람을 선택하여 특별 대리인으로 기금의 운영을 돕도록 파송하기도 하였다. 따라서 칼뱅은 제네바의 종합구빈원보다 프랑스 기금에 더 관심을 보였다고 할 수 있을 것이다.[75] 루터가 공익 헌금함을 설치하여 가난한 사람들을 돕고 그들을 사회에 통합시키려 한 것처럼, 칼뱅도 자선기구의 제도화를 통해 가난한 사람들과 피난민들의 복지를 보장하고자 하였다. 장로들을 통해 꾸려간 컨시스토리 제도만큼, 집사들을 세워 운영한 프랑스 기금은 당시 제네바의 중요한 제도였다. 19세기에 와서 프랑스 기금은 제네바 시의 구빈원과 통합되게 되었다. 1849년 9월 14일 프랑스 기금을 운영하던 집사들의 마지막 모임이 있었다.[76]

누가 가난한 사람들을 돌아보아야 하는지, 그 책임이 국가에게 있는지 아니면 교회에게 있는지 하는 질문은 오랫동안 논란이 되어 온 문제이다. 종교개혁자들 사이에서도 의견이 분분하였다. 루터와 츠빙글리는 말씀선포와 성례의 교역만이 교회적인 직무라고 주장하면서, 그리스도인의 도덕에 대해 감독하고 그들의 일상생활을 돌보는 일은 그리스도인 군주나 의회에게 기꺼이 일임하였다. 왜냐하면 16세기에는 사회 자체가 그리스도교적인 세계였고 군주나 의원들도 모두 그리스도인이었기 때문이다. 그러나 칼뱅은 도덕적 문

73) Jeannine E. Olson, "The Bourse Française : Deacon and Social Welfare in Calvin's Geneva," 20.

74) Robert M. Kingdon, "Social Welfare in Calvin's Geneva," 64.

75) Robert M. Kingdon, "Calvinism and Social Welfare," 228.

76) Jeannine E. Olson, *Calvin and Social Welfare*, 178.

제에 관한 치리나 가난한 사람들을 돌보는 구제까지도 교회의 책임이라 생각하였고 이를 위해 교회가 국가와 협조하거나 혹은 독자적으로 일해야 한다고 믿었다. 교회의 장로는 치리를 맡은 사람이고, 집사는 구제를 맡은 사람이다. 이것이 16세기 종교개혁자들 중에서도 칼뱅의 독특한 점이다.77)

칼뱅에게 있어서, 인간은 기본적으로 하나님의 형상을 따라 지음을 받았기에 모두가 존귀하게 여김을 받아야만 하며, 이웃사랑의 계명의 관점에서라도 그리스도인들이 가난한 자들을 돌보는 것은 당연한 것이다. 칼뱅이 자선을 강조하고 자신도 정기적으로 기부를 하였지만, 사유재산을 없애거나 모든 소유를 팔아 가난한 사람들에게 주라고 요구하지는 않았다. 프란체스코가 그의 이상적 모델은 아니었다.78) 칼뱅이 강조한 것은 우리가 가진 모든 것은 하나님의 선물이며, 따라서 우리는 청지기로서 하나님의 선물을 하나님의 뜻대로 사용해야 한다는 것이다. 16세기 칼뱅의 제네바를 보면서, 신실한 평신도의 역할을 되찾아 주어야 할 필요성을 절감하게 된다. 21세기를 살아가는 개혁교회의 후예들인 우리에게 16세기 칼뱅과 그 친구들의 이야기는 실로 많은 것을 생각하게 해준다.

C. 이중집사 제도

이제 16세기 개혁교회에서 가난한 자들을 섬기고 구제하는 디아코니아의 사역을 실제로 담당했던 집사들에 대해 살펴볼 차례이다. 초대교회 구제를 위해 세웠던 집사는, 4-6세기에 이르러서 자선의 역할은 잃어버리고 예배적인 기능이 강화되었다. 그 결과 집사는 사제들의 보조자 혹은 사제의 직무를 위해 훈련받는 남자로 전락되었고, 일곱 단계(감독, 사제, 집사, 부집사, 시종직, 독경사, 문지기)로 구성된 중세의 성직체계에서 세 번째 서열로 자리매김 되었다.79) 중세에는 집사가 교회의 잡다한 임무들을 맡아 처리하였는데,

---

77) Elsie Anne McKee, *Diakonia in the Classical Reformed Tradition and Today*, 38-39.

78) Jeannine E. Olson, "Calvin and social-ethical issues," 166.

79) Elsie Anne McKee, *Diakonia in the Classical Reformed Tradition and Today*, 117.

그들의 주된 책임은 성례나 예전과 관련된 일이었다. 집사들은 제단을 진열하고, 성만찬에서 사제를 돕고, 성서를 봉독하고, 미사 때에 회중들이 무릎을 꿇도록 인도하고, 요리문답을 가르치고, 사제가 없는 특별한 경우에는 임종을 앞둔 사람의 신앙고백을 듣거나 세례를 주거나 설교를 하는 경우도 있었다.[80] 이처럼 중세의 집사직은 구제사역을 담당하는 영속적인 직무라기보다는 일시적이고 과도기적인 직무였다. 그리고 구제하는 일은 모든 기독교인들의 책임으로 간주되었다. 그러나 "모든 사람이 해야 하는 일은 결국 누구의 일도 아니다"라는 경구가 말해주듯이, 중세시대에는 가난한 사람을 돌보는 자선의 책임을 맡은 사람이 없었다는 의미가 된다.[81]

16세기에 이르러 칼뱅과 개혁교회에서는 집사의 주된 임무가 교회의 사회복지 목회라고 보았다. 곧 구제금을 모으고 분배하는 일, 과부와 고아와 병자들을 돌보는 일이 집사의 책무가 되어야 한다고 믿었다. 칼뱅은 로마 가톨릭교회가 "집사의 진정한 그리고 고유한 직무(true and proper office)는 도외시하고 그들을 떡과 잔을 나르는 사람으로만"[82] 취급하고 있다고 비판하면서, "집사들은 가난한 자들에게 자선을 베풀고 그들을 돌보라고, 또한 가난한 자들을 위한 공익 헌금함의 청지기로 섬기라고 교회가 임명한 사람들"[83]이라고 주장하였다. 칼뱅은 집사를 교회 계급 안에 두려는 시도나 예전적인 책임들에만 국한하여 묶어 두려는 시도를 거부하였다. 칼뱅에게 있어서 사회복지야말로 집사 사역의 핵심이었다.

칼뱅은 1541년 『교회법령』에서 목사, 교사, 장로, 집사라는 네 가지 직제에 대해서 논하였는데, 그 중 네 번째 직제가 집사직이다. 그는 집사직을 두 종류로 분류했는데, 하나는 가난한 사람들을 위해 구제금을 모으고 행정적인 일을 담당하는 직무이고, 또 다른 하나는 가난하고 병든 사람들을 위해

80) Glenn S. Sunshine, "Geneva Meets Rome : The Development of the French Reformed Diaconate," *Sixteenth Century Journal* Vol. 26, No. 2 (1995), 330.

81) Elsie Anne McKee, *Diakonia in the Classical Reformed Tradition and Today*, 34-35.

82) *Institutes,* IV, 5, 4.

83) *Institutes,* IV, 3, 9.

직접 봉사하는 직무이다. 제네바 시의 구조로 말하자면 전자는 행정관이고 후자는 구빈원장이다. 칼뱅은 『교회법령』에서 행정관과 구빈원장이라는 용어를 그대로 사용한다. 집사들의 주된 역할은 구제에 있었고, 예전과 관련해서는 성만찬 참여자들에게 잔을 돌리는 일이 그들에게 맡겨졌다. 왜냐하면 그것이 초대교회의 전통이었기 때문이다. 하지만 집사들이 구제사역에 전념할 수 있도록 가급적 분잔의 책임도 집사보다는 장로들이 맡도록 하였다. 집사들이 분잔을 맡을 경우에도 실제 봉사자인 구빈원장보다는 행정관이 맡는 경우가 많았다.[84] 이것은 칼뱅이 집사들은 어디까지나 가난한 자들을 돌보는 일을 가장 우선시해야 한다고 생각했음을 말해주는 것이다.

집사의 직무를 설명할 때 중요하게 등장하는 본문은 사도행전 6장 1-6절과 디모데전서 3장 8-13절이다. 이 두 본문 중에서 로마 가톨릭교회에서 집사의 직무를 설명할 때 보다 선호한 성서 본문은 디모데전서 3장 8-13절이었다. 디모데전서 3장 1-7절에서 감독에 대해 말한 후 이어서 집사에 대해 말하고 있기 때문에 두 직무는 유사한 것으로 인정되었고, 3장 13절에 언급된 "아름다운 지위"를 얻게 된다는 것을 집사에서 감독으로 승진하는 것으로 해석했다. 따라서 집사는 사제나 감독이 되기 위한 하나의 과정이나 징검다리로만 이해되었다. 그러나 칼뱅은 디모데전서 3장 13절의 "아름다운 지위"는 집사의 충실한 봉사에 대한 칭찬을 의미하는 것이지, 사제로의 승진을 뜻하는 것이 아니라고 분명히 밝혔다.[85] 중세교회가 사도행전 6장보다 디모데전서 3장에 무게를 둘 수밖에 없었던 또 다른 이유는 사도행전 6장을 해석하는 데서 발생하는 한 가지 어려움 때문이었다. 사도행전 6장은 구제하는 세속적인 임무를 위해 일곱 집사를 선출하면서 안수를 하는 것으로 기록되어 있다. 하지만 중세교회는 영적인 일을 위해서만 안수가 가능하지 세속적인 직무를 위해 안수를 한다는 것은 받아들일 수 없었다. 이것은 영적인 영역과 세속적인 영역을 날카롭게 구분했던 중세신학의 한계이기도 했다. 그러나 개신교는 하나님이 창조하신 어떤 것도 본질적으로 세속적이거나 불경스러운 것

---

84) Glenn S. Sunshine, "Geneva Meets Rome," 333.

85) Elsie Anne McKee, *Diakonia in the Classical Reformed Tradition and Today*, 67, 69.

은 없다고 확신하였기 때문에 사도행전 6장을 해석하는 데 아무런 어려움이 없었다. 안수는 그 자체가 어떤 효력을 지닌 것이 아니라, 어떤 사람이나 직무를 성별하기 위한 하나의 의식일 따름이었다.[86]

종교개혁기에 이르러서는 집사직의 이해에 있어서 사도행전 6장이 더 지배적인 위치를 차지하는 본문이 되었다. 사도행전 6장에서 보듯이, 일곱 집사는 빈민구제를 위해 선택된 것이지 예배에서 목회자를 보좌하기 위해 선택된 것이 아니다. 칼뱅은 집사는 가난한 자를 돌보기 위해 세워진 봉사자(minister)이며, 영속적인(permanent) 직분이라고 주장하였다. 칼뱅은 1536년 『기독교강요』 초판에서부터 "집사의 직무는 가난한 자들을 돌보고 섬기라고 세워진 것이다. 집사라는 명칭이 바로 여기에서 유래되었다. 그들은 봉사자로 부름을 받았다."[87]고 말하였다. 또한 칼뱅은 교회의 여러 은사 중에서 "다스리는 것과 가난한 자를 돌보는 것은 영구적"[88]인 것이라고 주장하였다. 다스리는 직분이 장로의 직무라면, 가난한 자들 돌보는 직분은 집사의 직무이다.

특별히 칼뱅은 두 종류의 집사 직무를 말함으로써 집사직에 대한 새로운 이해를 시도하였다. 칼뱅은 로마서 12장 8절 "구제하는 자는 성실함으로, … 긍휼을 베푸는 자는 즐거움으로 할 것이니라"는 말씀에서 두 종류의 집사 직무의 근거를 발견하였다. 칼뱅은 이렇게 말하고 있다.

> 바울이 이 말씀에서 교회의 공적 직무에 대해 말하는 것이 확실하고, 따라서 교회에는 두 가지 구별되는 집사의 등급이 있었음이 분명하다. 만일 내 판단이 틀리지 않는다면, 바울이 말하는 구제하는 자는 구호품을 나누어 주는 집사를 가리키며, 긍휼을 베푸는 자는 가난한 사람들과 병

86) Elsie Anne McKee, *Diakonia in the Classical Reformed Tradition and Today*, 68–69. 개신교 내에서도 루터파는 목사의 직제를 위해서만 안수하였고, 츠빙글리파는 안수행위를 완전히 폐지했으며, 칼뱅은 목사, 교사, 집사 모두에게 안수하는 것이 적절하다고 보았다.

87) *Institutes* (1536), V, D, 66.

88) *Institutes,* IV, 3, 8.

든 사람들을 돌보는 일에 헌신한 사람들을 말하는 것이다. … 우리가 이 해석을 인정한다면(또 인정해야만 한다) 두 종류의 집사가 있는데, 구제 사업을 관리함으로써 교회를 섬기는 집사와 직접 빈민을 돌보는 집사이다.[89]

칼뱅은 이 두 종류의 집사직은 사도들의 교회에서 세운 것이기 때문에 영속적인 가치를 지니고 있으며, 따라서 자신의 시대에도 그 모범을 따르는 것이 당연하다고 믿었다.

두 종류의 집사직의 근거로 사용된 로마서 12장 8절의 주석과 관련하여 두 가지 주제가 우리의 흥미를 끈다. 첫째는 여성의 집사 직무에 관한 것이다. 칼뱅은 로마서 12장 8절의 '구제하는 자', 즉 빈민을 위한 재정을 담당하는 자는 봉사자로 선택된 일곱 명의 남성 관리자를 말하고, '긍휼을 베푸는 자'는 환대를 베풀고 가난한 사람들을 친히 돌보는 여성 보호자를 말하는 것으로 보았다.[90] 또한 칼뱅은 여성 집사의 직무를 설명하기 위해 로마서 12장 8절과 로마서 16장 1절을 연결시켜 해석한다. 바울은 로마서 16장 1절에서 뵈뵈라는 한 여성을 겐그레아 교회의 집사(diakonos, 한글 성경에서는 일꾼으로 번역함)라고 부르고 있다. 칼뱅은 뵈뵈의 봉사를 디모데전서 5장 3-10절에서 논의되는 과부의 봉사와 흡사한 것으로 보았다. 칼뱅은 뵈뵈와 과부들을 병자와 빈민을 친히 돌보는 책임을 맡은 신약성경의 여성 집사들로 이해했다.[91]

여성에게 집사의 직무를 부여한 사람이 칼뱅이 처음은 아니다. 초대교회 시기 몬타누스주의자들은 집사의 자격과 직무를 논하는 디모데전서 3장 8-13절 가운데 11절의 말씀("여자들도 이와 같이 정숙하고 모함하지 아니하며 절제하며 모든 일에 충성된 자라야 할지니라")을 들어 여성 안수와 여성 직제의 정당성을 주장하기도 하였다. 그러다가 16세기에 이르러 스트라스부르에

89) *Institutes,* IV, 3, 9.

90) Elsie Anne McKee, *Diakonia in the Classical Reformed Tradition and Today*, 76.

91) Elsie Anne McKee, *Diakonia in the Classical Reformed Tradition and Today*, 72-74.

서 집사 사역에 있어서 여성의 역할과 중요성을 주장하는 개혁자들이 나타났다. 스트라스부르에서는 마태우스 젤(Matthäus Zell), 볼프강 카피토(Wolfgang Capito), 마르틴 부처(Martin Bucer)와 같은 개혁자들이 종교개혁을 이끌었다. 특별히 "디아코니아의 신학자"(the theologian of diakonia)[92]라 불리는 부처는 구제하는 일을 교회의 본질적인 사역으로 보면서, 이 일을 위해 믿음이 신실한 남성과 여성을 세울 것을 요청하였다. 또한 마태우스 젤의 아내였던 카타리나 젤(Katharina Schutz Zell)의 활동은 디아코니아 사역에서 여성의 중요성을 보여주는 실례가 되었다.[93] 이처럼 부처와 스트라스부르 개혁자들의 사상은 칼뱅에게도 적지 않은 영향을 미쳤다.

칼뱅이 여성에게 집사의 직무를 부여함으로써 교회 안에서 여성의 지도력이 발휘될 수 있는 장을 마련한 것은 사실이지만, 그것을 오늘날의 시각에서 지나치게 강조하는 것은 오해를 불러일으킬 소지가 있다.[94] 칼뱅은 교회 내의 여성 지도력에 대한 문제를 아디아포라(adiaphora), 즉 별로 중요하지 않은 비본질적인 문제의 범주 안에 두었다. 그는 여전히 16세기 사람이었고, 따라서 여성에게 허용되는 유일한 공적인 역할은 오직 병자와 가난한 자를 돌보는 일이라고 말하였다. 비록 칼뱅이 여성을 남성에 비해 종속적인 위치에 두기는 했지만, 그는 당대의 종교개혁자들 중에서는 매우 드물게 여성에게 교회의 정규적인 지위를 제공한 사람이었다.[95]

로마서 12장 8절의 해석과 관련하여 두 번째로 우리의 관심을 끄는 주제는 칼뱅이 주창한 집사 제도의 기원에 관한 문제이다. 칼뱅이 두 종류의

92) Basil Hall, "Diakonia in Martin Butzer," *Service in Christ : Essays Presented to Karl Barth on his 80th Birthday,* eds. James I. McCord and T. H. L. Parker (Grand Rapids : Wm. B. Eerdmans Publishing Company, 1966), 89.

93) Katharina Schutz Zell, *Church Mother*, ed. and trans. Elsie A. McKee (University of Chicago Press, 2006), 그리고 Elsie A. McKee, *Katharina Schutz Zell* (Boston : Brill Academin Publisher, 1999)을 참고하라.

94) 칼뱅의 여성관에 관해서는 Jane Dempsey Douglass, *Women, Freedom and Calvin* (Philadelphia : Westminster Press, 1985)을 참조하라.

95) Elsie Anne McKee, *Diakonia in the Classical Reformed Tradition and Today*, 80-81.

집사 제도를 만든 것은 제네바의 종합구빈원을 본받은 것인지, 혹은 부처를 비롯한 개혁교회 전통의 영향인지, 혹은 칼뱅 자신의 성서연구의 결과인지를 두고 학자들 사이에 주장이 엇갈리고 있다. 먼저 사회사적 관점을 강조하는 학자들(Robert M. Kingdon, J. K. S. Reid, Robert W. Henderson, Josef Bohatec)은 칼뱅이 제네바 종합구빈원의 행정관-구빈원장 제도를 근본적으로 채택하였고, 그 성서적 근거로 찾은 것이 로마서 12장 8절이라고 주장한다. 킹던은 이렇게 말한다. "칼뱅은 제네바 시에서 2년 동안 이중집사 제도의 성공적인 운영을 지켜보았다. 그는 구빈원을 돌보는 구빈원장들과 구빈원의 운영을 감독하는 행정관들을 잘 알게 되었다. … 내 생각에는 아마도 칼뱅이 가난한 자들을 돌보는 그리스도인의 책임을 훌륭하게 이행하는 구빈원에 대해 깊은 인상을 받았을 것이고, 그 성서적 근거를 찾았을 것이고, 결과적으로 로마서 12장 8절에서 답을 발견했을 것 같다."[96] 킹던을 비롯한 여러 학자들은 칼뱅이 제네바에 오기 전인 1535년에 설립된 종합구빈원을 그가 모방하거나 채용하였고, 로마서 12장 8절로써 그 제도에 종교적 의미를 부여해 주었다고 본다.

반면에 안리히(Gustav Anrich)는 칼뱅의 집사직 이론이나 로마서 12장 8절 주석이 일반적인 개혁전통의 복수직제 이론의 우연한 결과라고 말하였다. 말씀과 성례와 치리에 대한 칼뱅의 관심이 자연스레 신약성서의 다양한 직제에 대한 개혁교회의 가르침을 형성하도록 이끌었다는 것이다.[97] 또 이너스(William Innes)는 칼뱅의 이중집사직에 대한 이해가 마르틴 부처에게서 유래되었다고 주장하였다.[98]

하지만 맥키(Elsie A. McKee)는 칼뱅의 이중집사직이나 로마서 12장 8절 해석은 그의 성서연구의 결과라고 이해한다. 칼뱅에게 성서는 예배와 목회와

96) Robert M. Kingdon, "Calvin's Ideas about the Diaconate: Social or Theological in Origin?," *Piety, Politics, and Power: Reformation Studies in Honor of George Wolfgang Forell*, ed. Carter Lindberg (Kirksville: Sixteenth Century Journal Publishers, 1984), 178.

97) Elsie Anne McKee, "Calvin's Exegesis of Roman 12:8-Social, Accidental, or Theological?," *Calvin Theological Journal* Vol. 23, No. 1 (1988), 9.

98) Elsie Anne McKee, "Calvin's Exegesis of Roman 12:8," 10.

교리를 위한 가장 최종적인 권위였다. 따라서 교회의 집사직도 안리히가 말하는 것처럼 그저 우연의 결과가 아니라 사도행전 6장 1-6절, 디모데전서 3장 8-13절, 로마서 12장 6-8절과 16장 1-2절과 같은 성서에 근거한 교회의 영속적인 직제라는 것이다. 맥키는 킹던에 대해서도 비판하면서 칼뱅이 이중집사 제도를 주장한 것은 제네바의 사회복지 제도를 모방한 것이라기보다는 성서연구의 결과라고 주장한다. 킹던은 칼뱅이 제네바의 복지제도를 통해 집사직을 배우고 1539년 『기독교강요』 2판에서 이중집사직을 전개했다고 했지만, 맥키는 칼뱅의 이중집사직이 언급되는 것은 1539년 『기독교강요』 2판이 아니라 1543년 3판이라고 반박한다. 만일 칼뱅이 제네바의 종합구빈원 제도에서 집사직을 배웠다면 왜 1539년판 『기독교강요』에 그 내용이 없는지를 킹던에게 반문하는 것이다. 뿐만 아니라 이너스가 칼뱅에 대한 부처의 결정적인 영향을 주장하는 것에도 반대하여 맥키는 부처의 로마서 주석이나 조직신학적 저술들에서 이중집사 제도에 대한 강조가 없으며, 집사에 대해서 다루는 방식도 칼뱅과는 다르다고 주장한다. 부처의 대표적인 저서인 『그리스도의 왕국』(*De Regno Christi*)에서 로마서 12장 7-8절은 단 한 차례만 언급될 뿐이고, 거기서도 집사에 대해서는 아무런 언급도 없다. 따라서 맥키는 칼뱅의 집사직에 대한 이론은 제네바 사회의 영향이거나, 우연한 결과이거나, 부처의 영향이 아니라, 그의 성서에 대한 주석적, 신학적 연구의 결과라고 보는 것이 타당하다고 주장한다.[99)]

필자가 보기에 칼뱅이 『교회법령』이나 집사직과 관련된 성서구절에 대한 주석과 설교에서 행정관과 구빈원장이라는 용어를 그대로 사용하는 것에서 알 수 있듯이, 분명 칼뱅은 킹던이 말한 것처럼 집사직을 규정하면서 제네바 시의 영향을 받은 것으로 보인다. 그렇다고 칼뱅의 역할을 과소평가하는 것은 결코 아니다. 칼뱅은 구제를 담당하는 집사들을 평신도 교역자의 위치로 성별시켜 주었고, 집사의 직무가 하나님의 말씀에 근거하여 세워진 거룩한 일임을 상기시켜 주었다.

---

99) Elsie Anne McKee, "Calvin's Exegesis of Roman 12 : 8," 11-16.

칼뱅이 그의 교회론에서 집사에 대해 특별한 관심과 애정을 보이고 있음은 가톨릭 신학자인 가녹지(Alexandre Ganoczy)조차도 인정하고 있다. 집사들의 사역, 즉 디아코니아의 사역이 없다면 교회가 있다고 말할 수 없다. 구제는 단지 빵과 먹을 것을 주는 것만이 아니라 영적인 차원을 포함하기 때문에 칼뱅은 디아코니아의 사역이 곧 영적인 사역임을 강조한다. 칼뱅은 디모데전서 3장 6-7절 설교에서 제네바 사람들로 하여금 집사들의 직무는 단순히 국가의 일을 하는 것이 아니라 하나님의 일을 하는 것이라고 말하였다.[100] 칼뱅은 루터와 마찬가지로 구걸을 금지하였으며, 인문주의자들의 전통에 서서 자선기금의 집중화와 합리화와 평신도화를 표방했고, 가난한 자들의 구제를 자발적 도움에 의존하기보다는 제도적인 것으로 만들었다. 칼뱅은 가난 자체가 결코 신성한 것이 아니라고 주장하였고, 또한 가난한 자들을 돕는 집사의 섬김을 평신도들의 중요한 직무로 삼음으로써 조직화된 자선과 복지를 성서에 근거한 영적 사역으로 만들었다.

V. 맺는 말

필자는 2006년 여름 세계칼뱅학회에 참석차 독일을 방문했을 때, 아우크스부르크에 있는 푸거 정착촌을 방문할 기회가 있었다. 푸거 정착촌은 독일의 거부였던 야콥 푸거(Jakob Fugger)가 1521년에 아우크스부르크 시의 가난한 사람들을 위해 설립한 사회복지 기관이다. 그런데 놀라운 것은 푸거 정착촌은 500년의 시간을 거치면서 지금까지도 계속 운영되고 있다는 사실이다. 현재 150명 정도가 거주하고 있으며, 집의 1년 전세 비용은 0.88유로, 우리 돈으로 1,000원이다. 종교개혁자 루터나 화가 알브레히트 뒤러(Albrecht Dürer)도 이곳에서 손님으로 머문 적이 있으며, 한때는 모차르트(Wolfgang

---

100) *Ioannis Calvini Opera Quae Supersunt Omnia*, eds. G. Baum, E. Cunitz, and E. Reuss, 59 Vols. (Brunswick : Schwetzke and Son, 1863-1900), 53, 290-291. 그리고 Alexandre Ganoczy, *Calvin, théologien de l'église et du minintère* (Paris : Cerf, 1964), 383-384.

Amadeus Mozart)의 증조부인 프란츠 모차르트(Franz Mozart)가 살기도 했었다. 푸거는 정착촌의 가난한 사람들이 거지가 되지 않고 자립하기를 원했다.[101] 어쩌면 루터도 푸거에게서 이런 사회복지 원리를 배웠을지도 모른다. 필자는 푸거 정착촌을 둘러보면서 '노블레스 오블리주'(noblesse oblige)[102]의 진정한 의미가 무엇인지를 생각할 수 있었다.

비록 아직은 전체 한국 교회의 규모에서 볼 때에 소수이긴 하지만, 오늘날 이 땅의 많은 교회들이 내 교회만 성장하면 된다는 의식에서 점차 벗어나 지역사회를 섬기는 목회를 지향하고 있다는 것은 참으로 다행스럽고 바람직한 변화이다. 이제 여러 교회들이 도움을 필요로 하는 사람들을 위한 봉사관, 문화센터, 공부방, 노인대학 등 다양한 사회복지 프로그램을 운영하고 있으며, 일부 교회는 사회단체에서 운영하는 것보다 더 높은 수준의 서비스를 제공하고 있다. 모이기만 하던 교회가 흩어지게도 되고, 안(內)만 바라보던 교회가 밖(外)으로도 향하게 되었다는 점에서 고무적이라 할 것이다.

하지만 디아코니아 목회가 제 자리를 찾고 더욱 효과적으로 이루어지기 위해서는 보다 구체적이고 실천적인 노력이 필요할 것이다. 지역사회의 요구와 필요에 따른 맞춤형 프로그램을 개발하고, 전문화된 사역이 되도록 훈련시키는 과정이 필요할 것이다. 이런 다양화와 전문화에 덧붙여서 디아코니아 교역에 대한 목회자와 성도들의 의식변화도 중요한 과제라 할 것이다. 그리고 사회복지 사역이 일회성이나 단기간의 행사적인 성격을 가져서는 안 되고 지속가능한 교역이 될 수 있도록 제도화시키는 일이 필요할 것이다.

앞으로 디아코니아 목회가 궤도에 오르기 위해서는 두 가지 점이 특별히 고려되어야 할 것으로 본다. 첫째로 사회복지 교역을 위한 그물망(network)을 형성하는 것이 중요하다. 16세기 제네바의 종합구빈원처럼 모든 것을 대

101) Ulrich Graf Fugger von Glött, *The Fuggerei : The Oldest Social Settlement in the World* (Augsburg : Schwertberger GmbH, 2004), 9.

102) 본래 '귀족은 귀족다워야 한다'는 프랑스 어 속담 Noblesse oblige에서 유래한 것으로, 지금은 사회의 지도적인 지위에 있거나 여론을 주도하는 위치에 있는 사람들이 마땅히 지녀야 할 도덕적 · 정신적 의무를 뜻하는 말로 사용되고 있다.

체하는 하나의 새로운 기구를 만드는 기구적 집중화보다는, 21세기에는 여러 교회와 기구들의 유기적 그물망 형성이 더 바람직할 것이다. 대한예수교장로회 통합측 총회 내에 사회봉사부가 있고 그 산하에 사회복지부가 있으니 통합측 교회들이 현재 실시하고 있는 사회복지 목회의 정보와 경험들을 한데로 모아 공유함으로써 새롭게 디아코니아를 실천하려는 교회들이 시간과 노력을 크게 절약하고 보다 효율적으로 일을 시작할 수 있도록 협력해야 할 것이다. 여기서 한 걸음 더 나아가서 개신교 전체의 정보망을 형성함으로써 보다 크고 중요한 사역도 힘을 합해 감당할 수 있다면 더 좋을 것이다. 뿐만 아니라 정부와의 협력을 통해서 디아코니아 사역의 범위를 더욱 확장시키는 일도 필요할 것이다. 둘째로 평신도 사역의 활성화가 이루어져야 한다. 종교개혁자들은 한결같이 구제사역은 평신도의 사역이라고 주장하였다. 특별히 칼뱅은 구제를 맡은 집사들을 평신도 교역자로 간주하였다. 그러나 오늘날 한국 교회의 집사들은 그 정체성을 상실하였다. 딱히 집사들에게만 주어진 사명이 없다. 이제 한국 교회는 집사(deacon)들이 자신들의 본연의 임무인 디아코니아(diakonia) 교역을 할 수 있도록 훈련시켜 그 일을 감당하게 해야 한다. 이것이야말로 종교개혁이 표방했던 '만인제사장' 정신을 되살리는 길이다.

헤르초크(Frederick Herzog)는 다음과 같은 일화를 소개한 적이 있다.

> 제2차 세계대전 중 네덜란드가 독일에 의해 점령당했을 때 네덜란드 개혁교회의 많은 집사들은 정치적으로 박해받는 사람들을 돌보고자 음식과 은신처를 제공하는 책임을 감당하였다. 독일은 이러한 사실을 알고서 교회에서 집사의 직분을 폐지해야 한다고 공표했다. 1941년 7월 17일 개혁교회 총회는 "누구든지 집사직분을 문제 삼는 자는 그리스도께서 교회의 임무로 명하신 것을 훼방하는 자이다"라고 결의하였다. 누구든지 디아코니아를 방해하는 자는 예배를 방해하는 자이다! 독일은 결국 그 결정을 철회하고 말았다.[103)]

이 일화는 개혁교회 전통에 있어서 디아코니아가 얼마나 중요한 교역인지를 증언하고 있으며, 또한 디아코니아가 예배의 본질이며 교회의 존재 이유임을 보여주고 있다. 결코 교회의 사회봉사는 교회의 부차적인 교역이 아니라 본래적인 사명이다. 디아코니아 사역은 하면 좋고 하지 않아도 그만인 것이 아니라 반드시 해야 하는 교회의 사명이다.

그리스도인의 삶의 목표는 "경건의 능력"을 갖추는 데 있다. 그런데 성서는 우리가 막연히 생각하는 것과는 다소 다른 구체적인 경건의 내용을 말하고 있다. 야고보서 1장 27절은 "하나님 아버지 앞에서 정결하고 더러움이 없는 경건은 곧 고아와 과부를 그 환난 중에 돌보고 또 자기를 지켜 세속에 물들지 아니하는" 것이라고 말한다. 경건은 종교적인 의식을 지키는 것이 아니라 "고아와 과부를 그 환난 중에 돌아보는 것", 즉 구체적인 사랑의 실천임을 말하고 있는 것이다. "경건의 능력"은 곧 사랑할 줄 아는 능력, 나눌 줄 아는 능력인 것이다. 종교개혁자들의 사회봉사와 구제에 대한 가르침은 오늘날의 디아코니아 운동을 위한 소중한 자원이자 시금석의 역할을 한다.

103) Frederick Herzog, "Diakonia in Modern Times Eighteenth－Twentieth Centuries," *Service in Christ: Essays Presented to Karl Barth on his 80th Birthday*, eds. James I. McCord and T. H. L. Parker (Grand Rapids: Wm. B. Eerdmans Publishing Company, 1966), 147.

<부록 1> 종합구빈원의 행정관들과 구빈원장들

I. 행정관들

1535
Conradus Victy (Vity, Vyty, Vytyz)
Claude Bernard
Aymo Vullielmi (Vullielmoz, Vulliermo, Vulliermy)

Franciscus Comitis (Conte)
Johannes Amedeus Curtet
(RC, Rivoire & van Berchem ed., XIII, 351–352, 14 novembre 1535)

1537
Amy Porral (Porralis)
Jean Bordon (Bourdon)
(RC, vol. 31, fol. 1, 14 Juin 1537)

1538
Pierre Tissot
Jean Bordon
(RC, vol. 29/3, fol. 37v., 1er mars 1538)
(encore procureurs en 1540–RC, vol. 34, fol. 118, 1er mars)

1541
Jean Bordon
Michel Varro
Jean Pictrod
Aymo Vuilliermoz
(RC, vol. 35, fol. 64 v., 9 février 1541)

1541
(fin de l'année) :
Jean Coquet
Jean Chautemps
Michel Varro
Loys du Fort
(PH, 1271, 28 décembre 1541, Inventaire des meubles de l'hôpital général de Genève)

1542
Jean Coquet
Jean Chautemps
Loys du Fort
Michel Varro
(Arch. hosp., Aa 1, fol. 1, février 1542)

1543
Jean Coquet, syndic
Jean Chautemps

Loys du Fort
Michel Varro
(Arch. hosp., Aa 1, fol. 44, 11 février 1543, et ss.)

1544
Jean Coquet
Jean Chautemps
Loys du Fort
Michel Varro
(RC, vol. 38, fol. 68 v., 8 février 1544)

1545
Jean Coquet
Jean Chautemps
Loys du Fort
Michel Varro
(RC, vol. 40, fol. 22, 12 février 1545)

1546
Jean Coquet
Jean Chautemps
Loys du Fort
Michel Varro
(RC, vol. 41, fol. 11 v., 11 février 1546)
Jean Coquet est mort et a été remplacé par Anthoine Chicand en octobre
(RC, vol. 41, fol. 219, 12 octobre 1546)

1547
Jean Chautemps
Loys du Fort
Michel Varro
(RC, vol. 42, fol., 75 v., 4 avril 1547)
Anthoine Chicand, syndic
(Arch. hosp., Aa 1, fol. 267, 13 mars 1547, et ss.)

1548
Anthoine Chicand
Pierre Bonna (Bonnaz)*
François Vullens
Jean Leurat
(RC, vol. 43, fol. 13 v., 7 février 1548)

1549
Anthoine Chicand
Pierre Bonna
François Vullens
Jean Leurat
(RC, vol. 44, fol. 12 v., 5 février 1549)

1550
Jean Phillipin
(Anthoine Chicand

François Vullens
Jean Leurat)
(RC, vol. 44, fol. 323, 13 février 1550)

1551
Michel de l'Arche
(Jean Phillipin
François Vullens
Jean Leurat)
(RC, vol. 45, fol. 195 v., 16 février 1551)

1552
Jean Phillipin, syndic*
Michel de l'Arche
Françoys Vullens
Jean Leurat
Guillaume Beney (Benôit)*
(RC, vol. 46, fol. 157 v., 15 février 1552)

1553
Pernet des Fosses, syndic
Jean Amed Curtet, dit Botellier
Michel de l'Arche*
Jean Balard, le jeune
Jean Lois Ramel
(RC, vol. 47, fol. 12, 13 février 1553)

1554
Michel de l'Arche, syndic
Claude Delestra
Pierre d'Orsières
Jean Amed Curtet, dit Botellier
(RC, vol. 48, fol. 6 v., 8 février 1554)

1555
Pierre Jean Jesse, syndic*
Michel de l'Arche
Jean Amed Curtet, dit Botellier
Claude Delestra
Pierre d'Orsières
(RC, vol. 49, fol. 7, 7 février 1555)

1556
Jean Chautemps, syndic
Pierre Jean Jesse
Jean Donzel*
François Lullin*
Guillaume Chicand*
(RC, vol. 51, fol. 8, 12 février 1556)

1557
Guillaume Chicand, syndic*
Jean Chautemps
Jean Donzel*
Girard Catry
Jean Chrestien, dit de Roquemont
(RC, vol. 53, fol. 8, 11 février 1557)

1558
Jean Donzel, syndic*
Guillaume Chicand*
Jean Chautemps
Girard Catry
Jean Chrestien
(RC, vol. 54, fol. 78, 8 février 1558)

1559
Jean Porral (Porralis), syndic
Guillaume Chicand*
Jean Chautemps
Girard Catry
Claude Testu*
(RC, vol. 55, fol. 3, 7 février 1559)

1560
Jaques Blondel, syndic
Pernet des Fosses
Guillaume Chicand
Girard Catry
Aymoz Plonjon (Plongeon)
(RC, vol. 56, fol. 5, 8 février 1560)

1561
Guillaume Chicand, syndic
Jaques Blondel
Jean Collondaz
Aymoz Plonjon
Girard Catry*
(RC, vol. 56, fol. 147, 13 février 1561)

1562
Amy Chasteauneuf*
Pierre Chappuis
Girard Catry*
François de Roches*
(RC, vol. 57, fol. 5 v., 12 février 1562)

1563
Bertholome Lect, syndic*
Pierre Chappuis
Girard Catry*
François de Roches*
(RC, vol. 58, fol. 5, 11 février 1563)

1564
(Claude) de la Maisonneuve, syndic*
Pierre Chappuis
Girard Catry*
François de Roches*
(RC, vol. 59, fol. 3 v., 10 février 1564)

* 컨시스토리의 위원을 겸함.

II. 구빈원장들

1. Claude Salomon, dit Pasta
14 novembre 1535 (RC, Rivoire & van Berchem ed., XIII, 351-352)
28 janvier 1536 (*Ibid.*, p. 414, re sa mort)

2. Lois Bernard
22 février 1536 (RC, Rivoire & van Berchem ed., XIII, 457)

3. Jean Leurat
14 juin 1537 (RC, vol. 31, fol. 1)

4. Claude Magnin
31 août 1538 (RC, vol. 32, fol. 137)
29 juin 1540 (RC, vol. 34, fol. 314 v.)

5. Anthoine Chicand
30 juin 1540 (RC, vol. 34, fol. 317 v.)

6. Jean Fontannaz
21 décembre 1541 (RC, vol. 35, fol. 441)
2 mai 1543 (RC, vol. 37, fol. 82)

7. Pierre de Rages
2 mai 1543 (RC, vol. 37, fol. 82)
28 juillet 1550 (Reg. morts, I, 16)

8. Pierre Jean Jesse
11 août 1550 (RC, vol. 45, fol. 64 v.)
12 mai 1553 (Arch. hosp., Aa 2, fol. 41 v.)

9. Jullian Boccard
12 mai 1553 (RC, vol. 47, fol. 74 v.)
10 février 1557 (Arch. hosp. Aa 2, fol. 177)

10. Jean Collondaz*
12 février 1557 (RC, vol. 53, fol. 10)
18 juin 1560 (RC, vol. 56, fol. 51)

11. Pierre Sommaretta
18 juin 1560 (RC, vol. 56, fol. 51 v.)
12 novembre 1560 (mort－RC, vol. 56, fol. 100)

12. Pernet des Fosses
15 novembre 1560 (RC, vol. 56, fol. 100 v.)
29 mai 1561 (RC, vol. 56, fol. 196 v.)

13. Pirre Dance
3 juin 1561 (RC, vol. 56, fol. 198 v.)

* 컨시스토리의 위원을 겸함.

<부록 2> 프랑스 기금의 집사들 : 1550-1577

1550
Pierre Madonnade
Jean Budé; Sieur de Vérace
Guy de Serignac, Monsieur de Thillat

1551
Maldonnade
Budé
Thillat

1552
Maldonnade
Budé
Thillat (Died 12 October)

1553
Maldonnade
Budé
Guillaume Provost, Monsieur de Saint Germain

1554
Maldonnade (Died)
(5 July election at John Calvin's house) :
Budé
Saint Germain
René Gassin
François Buynard, Monsieur de La Touche

1555
Budé
Saint Germain
Gassin
La Touche

1556
Budé
Gassin
La Touche

1557
Budé
Gassin
La Touche
Antoine Popillon, Monsieur de Paré

1558
Budé
Gassin
La Touche
Paré

1559
Budé
Gassin
La Touche (January-September)
Paré

1560
Budé
Gassin
Paré

1561
Budé
Gassin
Paré
Jean Dalamont (3 November)

1562
Budé
Gassin
Paré
Dalamont

1563
Budé
Gassin (reported sick, 30 August)
Paré
Dalamont

1564
Budé
Paré
Dalamont

1565
Budé
Dalamont
Prévost Yves Bergevin

1566
Budé
Dalamont
Bergevin
Renaud Anjorrant, Sieur de Souilly

1567
Budé
Dalamont
Bergevin
Anjorrant

1568
Budé
Dalamont
Bergevin
Anjorrant

1569
Budé
Dalamont
Bergevin
Anjorrant
Charles de Jonvilliers

1570
Budé
Dalamont
Bergevin (Still alive, 18 June)

Anjorrant
Jonvilliers

1571
Budé
Dalamont
Bergevin (?)
Anjorrant
Jonvilliers

1572
Budé
Anjorrant (Died 25 August)
Dalamont (Died 26 August)
Jonvilliers
(3 September election) :
Budé
Jonvilliers
Antonie Calvin
Louys André

1573
Budé
Jonvilliers
Antonie Calvin (Died 2 February)
André
(6 February election) :
Philippes du Pas, dict de Feuquières
Artus Chauvin (For Antonie Calvin)

1574
Budé
Jonvilliers
André
Du Pas
Chauvin

1575
Budé
Jonvilliers
André
Du Pas
Chauvin
(30 December election) :
Budé (?)
Jonvilliers (?)
André
Du Pas
Chauvin
Monsieur de Campefleur

1576
Budé (?)
Jonvilliers (?)
André
Du Pas
Chauvin
Campefleur
(28 December election) :
Budé
Jonvilliers

André

Du Pas

Campefleur

Bernardin de Candolle for Chauvin

1577

Budé

Jonvilliers

André

Du Pas

Campefleur

Candolle

제12장 개혁교회의 요람 제네바아카데미에 관한 연구

I. 시작하는 말

16세기의 종교개혁 운동은 중세의 신학과 예전 전반에 대한 코페르니쿠스적 변화를 불러왔다. 중세 가톨릭교회는 인간의 선행과 공로가 구원에 일정 부분 기여할 수 있다는 공덕 신학을 전개했지만, 종교개혁자들은 인간의 구원은 오직 하나님의 은혜에 대한 믿음으로만 가능하며 인간의 공덕은 구원에 전혀 영향을 미칠 수 없다고 주장하였다. 따라서 성자들의 잉여공로 사상에 근거한 면죄부 판매는 종교개혁자들의 입장에서 볼 때 괴기스러운 것에 불과했다. 종교개혁자들의 유명한 표어, "은혜를 인하여 믿음으로 말미암아 구원 받는다"(justification through faith by grace)라는 선언은 로마가톨릭과 프로테스탄트 교회를 가르는 기준이 되었다.

신학에서뿐만 아니라 교회의 예전에서도 프로테스탄트 교회는 로마가톨릭과 분명한 차이를 보였다. 종교개혁자들은 성만찬 예식에서 일반 성도들에게도 포도주를 나누어주어야 한다고 주장했고, 성서봉독과 설교와 찬양이 라틴어가 아닌 성도들이 알아들을 수 있는 모국어로 진행되어야 한다고 설파했으며, 칠 성사 중에서 세례와 성만찬 두 가지만을 인정했고, 모국어로 번역한 성서를 예배에서 사용했다. 뿐만 아니라 종교개혁자들은 가톨릭교회와는 다른 자신들의 교회론을 전개했고, 새로운 신앙고백서와 요리문답을 만들어 사용하였다.

종교개혁의 사상과 예전이 교회의 지도자들에게 뿐만 아니라 일반 백성들에게까지 널리 전파되고 또 후대에까지 지속적으로 이어져 나가기 위해서는 무엇보다 적절한 교육을 제공할 필요가 있었다. 이런 필요를 채우기 위해 설립된 기관 중에서 가장 두드러진 것이 1559년 제네바에서 시작된 제네바 아카데미이다. 제네바아카데미는 종교개혁, 특히 개혁교회 전통을 온 유럽으로 전파하는 선봉이었다. 루터교회가 독일과 북유럽 일부에 국한된 반면, 개혁교회는 스위스, 프랑스, 잉글랜드, 스코틀랜드, 네덜란드, 독일, 폴란드 등 유럽 각국으로 확산될 수 있었던 가장 중요한 원인이 바로 제네바아카데미가 유럽 세계 안에서 개혁전통의 요람 역할을 했기 때문이다. 유럽 각 나라의 지도자들이 제네바아카데미에서 교육을 받은 후 자신들의 고국으로 돌아가 자기들이 배운 개혁교회의 이상을 실현함으로써 개혁신학 전통은 명실공히 국제적인 지위를 차지하게 되었다.

본 논문에서는 개혁교회 최초의 전문 교육기관인 제네바아카데미의 설립과정, 교육이념, 교과과정 등을 살펴보면서 제네바아카데미가 어떤 특징들을 가지고 있었는지 자세하게 밝히고자 한다. 이를 통해 제네바아카데미가 교회와 긴밀한 연관을 가지고 있었으며, 실제적이고 실용적인 교육을 지향하였고, 교회와 사회에서 필요한 지도자를 양성하기 위해 신학뿐만이 아니라 인문학과 교양교육에도 힘을 기울였음을 발견하게 될 것이다. 논의의 효율성을 위해 제네바아카데미가 설립된 1559년에서 칼뱅이 죽은 1564년까지의 역사에 국한하여 살펴볼 것이다.

II. 제네바아카데미의 설립과 교육

A. 제네바아카데미가 설립되기 이전의 상황

중세 시대의 교육은 라틴 문법, 수사학, 논리학의 삼학(三學)과 산수, 기하, 천문, 음악의 사과(四科)가 기본 교과목이었다. 철학적인 흐름의 견지에서 보자면, 중세 전반기에는 보편성을 강조하는 실재론(realism)이 강조되다가, 중세 후반기인 14-15세기에 들어와서는 개별적인 실제를 보편적 본질보다 더 중요하게 여기는 유명론(nominalism)이 대세를 이루었다. 그러다가 르네상스 인문주의의 대두로 교육에 있어서도 고전에 대한 관심과 수사학에 대한 강조가 더욱 더 두드러졌다. 종교개혁자 장 칼뱅(Jean Calvin, 1509-1564)은 파리대학, 오를레앙대학에서 인문주의 교육과 법학 교육을 받았다. 1532년 출판된 칼뱅의 처음 저작인 『세네카의 관용론 주석』은 칼뱅의 인문주의적 성향을 분명하게 보여주는 작품이다. 그는 서문에서 인문주의자의 왕자였던 에라스무스를 보완하고 정정할 것이라는 당찬 포부를 밝히면서, 이 책을 통해 인문주의자로서의 자신의 명성을 확고히 하고자 하였다. 프랑수아 방델(François Wendel)이 지적하듯이, 분명히 1532년 칼뱅은 인문주의자였다.[1] 이것은 이후 제네바아카데미가 인문주의적 교양을 강조하게 되는 이유가 된다.

1536년 제네바로 오게 된 칼뱅은 처음부터 기독교적 교리에 대한 지식이 기독교 신앙과 삶에 있어서 대단히 근본적이고 핵심적인 것이기 때문에 교육은 종교개혁의 완성을 위해서 대단히 중요한 문제라고 확신하였다. 1537년 1월 16일 제네바 시의회에 제출한 칼뱅의 『제네바 교회와 예배의 체제에 관한 조항들』에는 파문과 성만찬의 시행, 시편을 노래하는 것, 결혼에 관한 규례와 더불어 어린이와 청소년들을 교육시킬 학교에 대한 계획이 포함되어 있었지만 그것이 현실화되지는 못했다.[2] 당시 제네바에는 1536년 5월 21일 프로테스탄트 종교개혁을 받아들인 직후 세운 '콜레주 드 라 리브'(Collège de la Rive)가 있었다. 라틴어를 중심으로 가르치던 이 학교의 초대 교장은 앙투안 소니에(Antoine Saunier)였다. 하지만 다음 해인 1537년에는 칼뱅의 스승이었던 마튀랭 코르디에(Mathurin Cordier)가 교장을 맡았다. 학교의 상급반

---

1) François Wendel, *Calvin : Sources et Evolution de sa Pensee Religieuse*, 김재성 옮김, 『칼빈: 그의 신학사상의 근원과 발전』 (크리스챤다이제스트, 1999), 37.

2) John Calvin, "Articles Concerning the Organization of the Church and of Worship at Geneva," *Calvin : Theological Treatises*, ed. and trans. J. K. S. Reid (London : SCM Press, 1954), 48-55.

에서는 파렐이 구약을, 칼뱅이 신약을 가르쳤다. 그러나 1538년 코르디에가 칼뱅과 파렐과 함께 제네바에서 축출되면서 학교의 기능도 사실상 마비되었다.[3] 그러다가 1541년 칼뱅이 다시 제네바로 돌아오면서 학교는 문을 열었고, 칼뱅과 함께 온 세바스찬 카스텔리오(Sebastian Castellio)가 교장 직을 맡아 임무를 수행하게 되었다.

칼뱅은 제네바에서 쫓겨난 후 스트라스부르에 3년 정도 머물렀는데 (1538–41), 그는 거기서 마르틴 부처(Martin Bucer)와 장 슈트름(Jean Sturm)과 함께 지내면서 교육에 대한 실제적인 경험을 쌓을 수 있었다. 부처와 슈트름은 참된 경건은 무지에서 결코 나올 수 없다고 확신하고서 스트라스부르에 젊은이들을 가르칠 김나지움과 아카데미를 세우는 데 힘을 기울였다. 슈트름은 1537년 "sapiens atque eloquens pietas"(wise and eloquent piety)라는 모토를 가지고 교육체계를 조직하기 시작했다. 6살 미만의 어린이들을 위한 유치원, 6–15살까지의 청소년들을 위한 김나지움, 16살 이상의 젊은이들을 위한 고등전문학교로 세분하였다. 김나지움에서는 언어학적 소양, 특히 라틴어에 대해 강조하였고, 고등전문학교에서는 실제적인 과목들, 예를 들면 그리스어, 히브리어, 철학, 수학, 물리학, 역사, 법학, 신학 등이 강조되었다. 칼뱅은 스트라스부르에 머무르는 동안 고등전문학교에서 강의하는 기회를 가졌다. 슈트름의 계획이 스트라스부르에서 충분히 실현되지는 못했지만 칼뱅을 통해 제네바에 큰 영향을 미쳤다.[4]

1541년 9월 13일 제네바로 다시 돌아온 칼뱅은 9월 26일 소의회(Small Council)에 『교회법령』을 제출하였다. 『교회법령』은 교회의 네 직분, 즉 목사, 교사, 장로, 집사에 관해 언급하고 있다. 그 중에서 교사의 임무는 "신자들에게 건전하고 참된 교리를 가르침으로써, 복음의 순수성이 무지나 그릇된 사상들로 오염되지 않도록 하는 것"이었다.[5] 『교회법령』은 "우리 자녀들에게 교

---

3) W. Stanford Reid, "Calvin and the Founding of the Academy of Geneva," *Westminster Theological Journal* 18 (1955), 7–8.

4) W. Stanford Reid, "Calvin and the Founding of the Academy of Geneva," 5–6.

5) John Calvin, "Ecclesiastical Ordinances," *Calvin : Theological Treatises*, ed. and trans. J. K.

회가 황무지 같은 곳이 되지 않도록 우리는 다음 세대를 위해 준비해야 하며, 자녀들이 목회직과 시민정부에서 일할 수 있도록 준비시키기 위하여 우리가 학교를 설립해야만 한다."[6]고 못 박고 있다. 이처럼 1541년 『교회법령』에서 이미 고등교육 기관의 필요성을 명백하게 했지만, 그 계획을 실제로 실현시키는 데 18년이 걸렸다. 1541년부터 1555년까지 제네바에서는 칼뱅을 지지하는 개혁교회 진영과 리버틴파(Libertines)나 로마가톨릭주의자들(Romanists)과의 대립과 갈등이 끊이지 않았기 때문에 칼뱅을 비롯한 개혁자들이 교육제도의 발전에 힘을 기울일 여유나 여력이 거의 없었다.[7] 그러다가 1555년 칼뱅을 추종하는 사람들이 시의회의 다수를 차지하고, 1557년 칼뱅이 스트라스부르를 다시 방문한 것이 계기가 되어 제네바에도 본격적인 학교 설립이 논의되기 시작했다.

B. 제네바아카데미의 설립과정

다행스럽게도 1550년대 후반의 상황이 제네바아카데미의 설립에 유리하게 작용했다. 1555년 칼뱅을 지지하는 정치세력이 득세하게 된 점, 제네바에 프랑스어를 사용하는 피난민의 수가 급증한 점, 1558년 로잔 아카데미의 불화로 인해 테오도르 베즈를 비롯하여 프랑스어를 사용하는 교수들이 제네바로 몰려온 점 등이 아카데미의 설립에 청신호를 밝혔다. 이런 상황 속에서 제네바아카데미의 설립을 위한 몇 가지 구체적인 문제들이 수면 위로 떠올랐다.

무엇보다 먼저 학교의 부지를 정하고 재원을 모금하는 것이 숙제였다.[8] 1558년 1월 17일 소의회의 구성원들이 새 학교의 부지를 찾기 시작하였다. 3

S. Reid (London: SCM Press, 1954), 62.

6) John Calvin, "Ecclesiastical Ordinances," 63.

7) William Naphy, *Calvin and the Consolidation of the Genevan Reformation* (Manchester, 1994), 189-199.

8) 건축과 재정, 그리고 교사 확보에 관한 문제들에 대해서는 Karin Maag, *Seminary or University?: The Genevan Academy and Reformed Higher Education, 1560-1620* (Scolar Press, 1995), 1장에 자세하게 기술되어 있다.

월 25일 부지가 선정되었다. 부지는 리브(Rive)와 앙투안(St. Antoine) 거리 사이의 언덕 위에 위치한 곳으로 좋은 전경을 가지고 있었고 신선한 바람이 잘 통하는 최적의 장소였다. 통풍이 잘 된다는 것은 당시의 골칫거리였던 흑사병을 어느 정도 피할 수 있다는 뜻이었기 때문에 대단히 중요한 조건이었다. 4월에 곧바로 공사가 시작되었다. 정식 개원을 하기 전에 초등교육은 곧바로 이루어졌다. 1558년 11월 4일 교사들은 연봉 240플로린(florins)을 받았다. 당시 목회자들이 300플로린을 받았으니 그보다는 약간 적은 급료였던 것이다. 제네바아카데미의 건축은 당초 예정보다 지연되어 1562년에야 겨우 완성되었다. 건물의 반(半)쪽에 5-6개의 교실과 이층의 강당이 있었고, 다른 반(半)쪽에는 초등과정의 교사들과 학감과 고등과정의 교수들이 살도록 계획되었다. 1562년 6월 4일 소의회는 고등교육을 위한 별도의 공간이 필요하다는 사실을 인식하고 6월 15일에 고등교육을 담당한 교수들의 강의는 지금은 '칼뱅의 강당'(Auditoire)이라고 알려진 장소에서 이루어지도록 조처하였다. 따라서 새 건물은 초등교육 과정에서 전적으로 사용하였다. 행정관들에게는 초등교육 과정이 더 중요했기 때문에 새 건물을 초등교육 기관으로 배정하였지만, 사실상 제네바아카데미의 명성은 고등교육 과정으로 말미암은 것이었다.

건물 건축비용으로 1558년에 6,000플로린, 1559년에 36,000플로린, 1560년에 11,178플로린이 소용되어, 적어도 53,000플로린 이상이 들었다. 1559년 당시 제네바 시 예산이 200,000플로린 이라는 것을 감안하면 1559년에 아카데미의 건물을 위해 시 예산의 18%를 사용한 것이다.[9] 다행히도 칼뱅을 반대하던 아미 페랭(Ami Perrin)이 축출되어 베른으로 도망간 후 남아 있던 페랭주의자들의 부동산을 처분한 금액이 모두 여기에 사용되었다. 칼뱅을 반대하던 사람의 부동산이 칼뱅의 신학과 정신을 온 유럽과 세계에 알리는 제네바아카데미의 종자돈이 되었다니 역설적인 역사의 한 단면이다. 페랭의 부동산 대금이 1559년에 30,129플로린, 1560년에 31,582플로린이 제네바아카데미

9) Karin Maag, *Seminary or University?*, 11.

의 건축비용으로 유입되었기 때문에 제네바 시 예산에는 부담이 없었다.[10] 또한 소의회는 시의 서기들에게 죽을 때에 유산을 제네바아카데미에 남기도록 유언하도록 제네바의 시민들에게 요청할 것을 결정하였다. 벌금도 제네바아카데미를 위한 비용으로 충당되었다. 예를 들면 1562년 장 보키(Jean Bochy)가 리옹에서 칼뱅의 『기독교강요』를 무단으로 출판했다가 500플로린의 벌금을 부과 받았다. 제네바아카데미로 들어온 유산, 증여, 기부, 벌금 등의 내용은 회의록에 자세하게 기록되어 있다. 1558년 4건의 유산증여로 325플로린, 1559년 17건으로 1,191플로린, 1560년 13명으로부터 1,007플로린, 1561년 12명의 제네바 사람들이 630플로린을 그리고 다른 한 명은 100 오스트리아 플로린을, 1562년에는 12명이 739플로린을 약속하였다.[11] 기부자들은 대체로 부유층에 속하는 사람들이었다. 처음 4년 동안의 기부자를 보면 거주자(habitant)는 3명뿐이었고, 20명의 중산층(bourgeois)과 11명의 시민(citizen)이 참여하였다.[12]

제네바아카데미의 설립을 위해 칼뱅에게 당면한 또 다른 문제는 교사들을 확보하는 문제였다. 기존의 콜레주 드 라 리브(Collège de la Rive)에서 가르쳤던 교사들이 초등교육 기관에서 가르칠 수 있었다. 하지만 초등과정의 상급반인 1학년과 2학년, 그리고 처음 입학생인 7학년을 위한 교사들을 새롭게 충원해야만 했다. 특히 고등교육 기관에서 가르칠 교수들을 찾는 일이 문제였다. 1558년 3월 칼뱅은 히브리어 교수로 처음에 프랑스의 왕립 교수인 장 메르시에(Jean Mercier)와 접촉하였으나 거절당했다. 그 후 1558년 8월에 하이델베르크에서 가르치면서 최근 김나지움의 교장으로 임명된 개종한 유대인이었던 임마누엘 트레멜리우스(Immanuel Tremellius)와도 접촉했지만 뜻을 이

10) Karin Maag, *Seminary or University?*, 11.

11) Karin Maag, *Seminary or University?*, 12.

12) 거주자(habitant)는 제네바에 살고 있지만 투표권이 없는 사람이다. 중산층(bourgeoisie)은 기부를 통해서나 혹은 시에 특별한 공헌을 하여 투표권을 갖게 된 사람이다. 시민(citizen)은 제네바에서 태어난 사람으로 투표권뿐만 아니라 피선거권도 가진 사람이다. William Naphy, *Calvin and the Consolidation*, 127–129.

루지 못하였다. 그는 칼뱅의 요리문답을 히브리어로 번역하여 1554년 제네바에서 출판한 바 있었다. 다행히도 베른의 영내에 있던 로잔의 많은 교수들과 베른 사이에 벌어진 갈등이 교수들을 확보하는 데 도움이 되었다. 이 갈등으로 인해 1549년 이래로 로잔 아카데미에서 그리스어를 가르쳐 왔던 베즈가 로잔을 떠나 1558년 10월 27일에 제네바아카데미의 그리스어 교수로 임명되었다가 후에 교장의 직을 맡게 된다. 피에르 비레(Pierre Viret)를 포함한 다른 사람들도 베즈를 따랐다. 그리하여 앙투안 셔발리에(Antoine-Raoul Chevallier)가 히브리어 교수로, 프랑수아 베롯(François Béraud)이 그리스어 교수로, 장 타곳(Jean Tagaut)이 철학과 기초교양 교수로, 그리고 장 랑동(Jean Randon)이 초등교육기관의 상급반인 1학년 교사로 임명되었다. 고등교육기관 교수들의 연봉은 280플로린으로 목회자와 초등교육기관에서 가르치는 교사의 중간이었다.[13)]

건축과 교수 및 교사 수급문제가 어느 정도 해결되자, 마침내 1559년 6월 5일 생 피에르 교회에서 행정관, 목회자, 학생, 제네바 사람들이 모인 가운데 제네바아카데미가 공식 개원식을 가졌다. 칼뱅의 기도가 있은 후, 소의회의 서기였던 미셸 로제(Michel Roset)가 제네바아카데미의 정관과 규정과 신앙고백을 낭독했다. 그런 다음 초대 교장을 맡은 베즈의 개원 연설이 있었다. 그는 거룩한 것이든 세속적인 것이든 모든 지식은 하나님으로부터 나온다고 주장하면서 성(聖)과 속(俗)의 학문을 나누려는 시도에 반대하였다. 또한 그는 신학이 아닌 학문들도 경건을 보완하는 역할을 할 수 있다고 지적하였다. 베즈는 제네바아카데미는 하나님의 영광을 위해 자신의 사명을 감당할 하나님의 군병을 양성하는 학교가 되어야 한다고 역설하였다.

> 여러분들은 헛된 레슬링 게임을 구경하려고 체육관으로 몰려갔던 고대 그리스인들처럼 시시한 게임에 참여하려고 여기에 모인 것이 아닙니

13) Wulfert de Greef, *The Writings of John Calvin : An Introductory Guide*, trans. Lyle D. Bierma (Grand Rapids : Baker Book House, 1993), 53-56. 그리고 Karin Maag, *Seminary or University?*, 13-14.

> 다. 참된 경건에 대한 지식과 과학으로 잘 준비되어서, 하나님의 영광을 최고로 높이고 여러분들의 조국을 영광스럽게 하고 여러분의 가족을 부양하기 위해 이곳에 모였습니다. 여러분들은 위대한 지휘관의 거룩한 군병으로 소집되었다는 것을 결코 잊어서는 안 됩니다.[14)]

이것은 제네바아카데미가 경건에 대한 지식으로 무장되어 교회와 국가에 봉사하고 하나님의 영광을 높이 드러낼 하나님의 일꾼들을 양성하기 위한 목적지향적인 신학교육 기관임을 천명한 것이다. 개혁교회의 요람이 된 제네바아카데미는 이렇게 탄생하였다.

C. 제네바아카데미의 교육이념

칼뱅이 강의 전에 했던 짧은 기도문은 제네바아카데미가 지향한 교육의 목적이 무엇인지를 분명하게 제시해 주고 있다. "주여 우리로 주님의 지혜인 천국의 비밀을 공부하게 허락하셔서 우리의 신앙이 진보하여 하나님의 영광이 되고 우리가 세움을 입게 하소서"(May the Lord grant that we study the heavenly mysteries of God's wisdom, making true progress in religion to God's glory and to our edification). 우리가 가르치고 배우는 목적은 첫째로는 하나님의 영광을 드러내기 위함이다. 어떻게 하나님의 영광이 이 땅에서 손상되지 않고 보존될 것이지, 어떻게 하나님의 진리가 존귀하게 지켜질 것인지, 어떻게 그리스도의 나라가 우리 가운데서 안전하게 계속될 것인지가 핵심이었다. 또한 성도가 하나님 말씀의 진리 안에서 뿌리박고 든든히 세워지도록 하는 것이 교육의 목표였다.[15)] 즉 하나님의 영광과 성도들의 경건의 진작이 제

---

14) *Discours du Recteur Th. de Bèze prononcé à l'inauguration de l'académie dans le temple de Saint Pierre à Genève le 5 juin 1559* (Originally published Geneva 1559, reprinted Geneva 1959), 19. Karin Maag, *Seminary or University?*, 15-16에서 재인용.

15) T. M. Moore, "Some Observations Concerning the Educational Philosophy of John Calvin," *Westminster Theological Journal* 46 (1984), 143.

네바아카데미가 지향하는 교육이었다.

이와 같이 제네바아카데미의 교육철학은 내용 중심적이지도, 방법 중심적이지도, 학생 중심적이지도 않고, 오로지 목적 중심적이었다.[16] 하나님의 영광이라는 목적이 교육의 중심에 있었다. 교육이란 지적 호기심을 채우기 위한 것도 아니요, 문화적으로 세련된 사람으로 만드는 것도 아니요, 오직 교회와 세상에서 하나님의 영광을 드러내고 높여 줄 경건한 사람을 양성하는 것이 목적이었다. 여기에서 우리는 제네바아카데미의 실천적 교육이념을 발견할 수 있다.

제네바아카데미의 교육에서 가장 두드러진 특징 중 하나가 인문학과 교양에 대한 강조이다. 베즈의 개원 연설에서도 나타났듯이, 제네바아카데미는 교회와 사회를 위해 봉사할 목회자와 시민지도자를 양성하는 것을 목표로 했기 때문에 신학 교육과 더불어 인문학과 교양에 대한 교육에 강조점이 주어졌다. 교과과정을 살펴보기만 해도 제네바아카데미의 교육이 인문주의와 깊은 관련을 맺고 있음을 쉽게 알 수 있다. 초등교육기관에서부터 라틴어와 프랑스어, 그리고 그리스어를 배우고, 성서의 본문뿐만 아니라 베르길리우스(Vergilius), 키케로(Cicero), 오비디우스(Ovidius), 이소크라테스(Isocrates), 리비우스(Livius), 크세노폰(Xenophon), 폴리비오스(Polybios), 호메로스(Homeros), 데모스테네스(Demosthenes)와 같은 사람들의 작품을 읽었다. 고등교육기관에서는 수사학과 자연과학에 대한 교양과목이 크게 강조되었다. 신학과 더불어 인문학과 교양을 강조함으로써 하나님의 뜻은 특별계시를 통해서만이 아니라 일반계시를 통해서도 우리에게 전달된다는 것을 암시해주고 있는 것이다.

일부 사람들은 성서는 인간 지식의 모든 양상에 대한 온전한 요약이기 때문에 이방의 저술가들에게 의지하는 것은 불필요할 뿐만 아니라 신성모독적인 것이기도 하다고 주장하였다. 그러나 칼뱅은 인문주의적 저작들을 성서의 진리를 밝혀주는 수단으로 받아들였다.[17] 칼뱅은 고린도전서 1장 17절 주석에

---

16) 권태경, “칼빈의 제네바아카데미에 대한 연구”, 「역사신학논총」 제9집(2005), 52.

17) Gillian Lewis, “The Geneva Academy,” *Calvinism in Europe, 1540–1620*, eds. Andrew Pettegree et al. (Cambridge： Cambridge University Press, 1994), 45.

서 "바울이 이런 교과목들을 전적으로 폐기처분했다고 생각하는 것은 전혀 이치에 맞지 않는다. 오히려 그것들은 하나님의 뛰어난 선물이며, 사람들로 하여금 중요한 목적들을 이루도록 도움을 주는 도구"[18]라고 주장한다. 이방인들로부터 우리에게 전해진 교양과목과 자연과학은 폐기할 것이 아니라 적절히 받아들여서 사람들로 하여금 전능하신 하나님에 대한 참된 지식에 이르도록 해야 한다는 것이다. 칼뱅은 "누구든지 일급의 학자가 되지 않고서는 하나님 말씀의 사역자가 될 수 없다."[19]고 주장하면서 목회자가 되기 위해서는 성서를 학문적으로 해석하고, 그것을 청중들에게 논리적으로 설득력 있게 전할 수 있어야 한다는 점을 강조하였다. 이런 방식으로 제네바아카데미는 교회와 사회에서 필요로 하는 경건한 사람을 훈련하고자 하는 목표를 달성하였다.

그렇다고 해서 칼뱅이 인문학과 자연과학적인 소양만으로 참된 하나님에 대한 지식에 도달할 수 있다고 주장한 것은 결코 아니다. 어디까지나 인문학과 교양은 하나님의 진리를 좀 더 정확하게 이해하고 청중들에게 보다 쉽게 전달하기 위한 훌륭한 수단이었다. 칼뱅은 『기독교강요』에서 이렇게 말하고 있다.

> 데모스테네스나 키케로, 플라톤, 아리스토텔레스 혹은 그와 같은 부류의 사람들의 책을 읽어 보라. 그들이 참으로 당신을 끌어당기고 기쁘게 하고 감동시키고 놀라울 정도로 당신을 사로잡을 것이라는 사실을 나도 알고 있다. 그러나 우리가 그들로부터 벗어나서 성서로 돌아간다면 우리 자신도 모르는 사이에 성서는 우리를 깊이 감동시키고 우리 마음으로 파고들 뿐만 아니라 우리 골수에까지 새겨져서 모든 철학자들과 수사학자들의 힘이란 성서의 감명에 비교할 때 거의 사라지게 될 것이다.[20]

18) Comm. 1 Cor. 1 : 17. 칼뱅의 주석은 *Calvin's Commentaries,* 22 Vols (Grand Rapids : Baker Books, 1974)에서 인용하였다.

19) Comm. Deut. 5 : 23–27.

20) John Calvin, *Institutes of the Christian Religion* (1559), ed. John T. McNeill, trans. Ford L. Battles (Philadelphia : The Westminster Press, 1960), I권, 8장, 1절.

신학교육에 있어서 인문학과 교양은 분명 유용하고 필요한 것이지만 그것은 어디까지나 수단적인 성격을 지니고 있었다. 오직 성서만이 분명한 신앙의 원리와 규범이 된다. 그리고 성서에 나타난 하나님의 진리는 성령에 의해 조명될 때에만 올바르게 깨달을 수 있다. 하나님의 성령이 사람의 마음을 만져주실 때에 비로소 인간은 신앙을 가지게 되며 모든 것을 "영원의 관점 하에서"(sub specie aeternitatis : from the perspective of eternity) 바라보게 되는 것이다.[21] 제네바아카데미의 모든 수업이 교리문답에 있는 기도로 시작하고, 주기도문과 신앙고백서와 십계명 암송으로 끝이 났다는 사실은 그 교육의 토대가 무엇인지를 분명하게 증언해 준다.

제네바아카데미의 또 다른 특징은 실천적이고 실제적인 교육을 추구했다는 것이다. 이것은 제네바의 개혁자 칼뱅의 특징이기도 하다. 칼뱅은 지적 호기심만을 충족시키려는 추상적이고 무익한 스콜라주의에 대해 반대하면서, 인문주의에 기초한 유용하고 실천적인 지식을 추구하였다. 칼뱅은 중세의 스콜라신학 교육이 얼마나 추상적이고 무용한지를 그의 여러 글들에서 분명하게 지적하고 있다. 로마가톨릭 추기경이었던 『사돌레토에게 보내는 답변』에서 칼뱅은 이렇게 말한다.

> 당신은 우리 개혁자들이 나타난 때가 어떠한 때였고, 목회자 후보생들이 학교에서 어떤 종류의 교육을 받았는지 기억합니까? 그것은 단순한 궤변에 불과했고, 궤변이 너무 꼬이고, 뒤얽히고, 비틀리고, 이해하기 어려워, 스콜라 신학은 신비한 마법의 일종으로 묘사될 정도였다는 것을 당신 자신이 잘 알고 있습니다. 누구라도 주제 하나를 더 짙은 어둠 속에 감추면 감출수록, 자기 자신과 타인을 터무니없는 수수께끼들로 더욱더 혼란스럽게 만들수록, 총명함과 학식에 대한 그의 명성은 더욱 커집니다. 또 나는 그런 연구 분위기에서 교육을 받은 사람들이 어떤 기교로 자신들의 배움의 결실을 사람들에게 드러내고 싶을 때, 과연 교회에 무슨 덕을 끼

21) W. Stanford Reid, "Calvin and the Founding of the Academy of Geneva," 20.

쳤을지 묻고 싶습니다.[22)]

칼뱅에게 있어서는 아무런 유익도 없고 끝없는 질문만을 낳을 뿐인 스콜라주의 신학은 궤변일 뿐이다. 그것은 지적인 유희를 위한 놀이였고, 인간 교만의 다른 표현일 뿐이었다. 칼뱅은 지식이란 실제적인 유용성을 가져야 한다고 믿었다. 교회를 살리고, 신자들에게 경건한 열망을 불러일으키고, 세상을 변화시키는 것이 지식의 역할이라고 생각했다.

칼뱅에게 있어서 수사학은 대단히 실용적인 학문이었다. 수사학이란 말하는 사람이 청중에게 가장 알맞은 방식으로 자신의 언어를 조정하고 적응시킴으로써 자신의 의도를 명확하게 전달하는 기술이다. 법률을 공부한 사람이 자신의 법 논리로 다른 사람을 설득하기 위해서는 수사학적 접근이 필요하듯이, 신학을 공부한 사람이 하나님의 복음을 듣는 모든 사람들을 설득하기 위해서는 수사학에 대한 이해가 필수적이다. 사실상 칼뱅은 "초기 근대 유럽의 가장 탁월한 수사학자들 중 한 사람"[23)]이었다. 칼뱅에 따르면 하나님께서는 자신의 계시를 전하기 위해 바로 이런 조정의 원리를 사용하시는 "대수사학자"(the Grand Rhetorician) 혹은 "대 연설자"(the Grand Orator)이시다.[24)] 그분은 성육신을 통하여, 성서를 통하여, 성례를 통하여, 자연을 통하여 인간의 수준에 맞추어서 자신의 계시를 조정하여 전하셨다. 칼뱅이 사용한 이미지를 따라 표현하자면, 하나님은 유모가 어린 아이에게 말하듯이 우리에게 말씀하신다. 그 이유는 우리의 낮은 수준에 맞추어서 자신을 조정하시기 때문이다.[25)] 이런 의미에서 하나님의 말씀을 전하는 사람은 누구나 회중들의 눈높이에 자신을 맞추는 눈높이 교사, 즉 조정의 원리를 사용하는 수사학자가

22) John Calvin, "Reply to Sadolet," *Calvin : Theological Treatises*, ed. and trans. J. K. S. Reid (London : SCM Press, 1954), 233.

23) Serene Jones, *Calvin and the Rhetoric of Piety* (Louisville : Westminster/ John Knox Press, 1995), 2.

24) David F. Wright, "Was John Calvin a 'Rhetorical Theologian'?" *Calvin Studies IX*, eds. John Leith and Robert Johnson (Davidson, NC, 1998), 59.

25) *Institutes,* I, 13, 1.

되어야 할 것이다. 제네바아카데미에서 수사학이 강조된 것은 바로 이런 실제적이고 실용적인 이유 때문이었다.

제네바아카데미의 운영이 교회의 통제 아래에 있었다는 사실도 특징적인 점이다. 제네바에서 교육의 주체는 교회였다. 가정과 정부도 교육의 책임이 있긴 하지만, 주된 책임은 어디까지나 교회가 담당해야만 했다. 목사와 교사가 교회와 학교에서 성서에 기초한 경건 교육을 담당하였다. 목사는 예수 그리스도의 양떼를 먹이는 사람이다. 목사는 "한편으로는 가르치고, 권면하고, 위로하고, 경고하는 방식으로 목양하고, 다른 한편으로는 사단의 모든 계략과 거짓된 가르침에 반대하고, 성서의 순수한 가르침을 인간의 꿈과 무익한 허상과 혼합시키지 않음으로써"[26] 목양하는 것이다. 교사의 주된 임무는 신자들을 참된 교리로 가르치는 것이다. "교사는 치리나 성만찬이나 권면의 책임을 지는 것이 아니라 성서를 올바르게 해석하고 가르침으로써 믿는 자들 가운데 온전하고 순수한 교리가 지켜지도록 하는 사람이다."[27] 이와 같이 제네바에서는 목사와 교사가 시민들을 올바른 진리 안에서 양육하는 책임을 맡았다. 그런데 목사와 교사는 모두가 교회의 통제 아래 있었다.

모든 교사들과 학생들은 예외 없이 제네바의 신앙고백에 서명해야만 했고, 제네바아카데미의 교수들은 예배뿐만 아니라 제네바의 목회자들이 매주 금요일 실시하는 성서연구모임에 참석해야 했고, 학생들도 수요일과 주일예배에 필히 참석해야만 했다. 모든 수업은 기도로 시작하고 마쳤다. 학생들의 신앙과 생활에 대해서도 교회가 면밀히 감독하였다. 특히 교사가 목사, 장로, 집사와 더불어 교회의 영속적인 직분이었다는 사실은 제네바아카데미가 제네바 교회와 얼마나 긴밀히 연결되어 있었는지를 분명하게 보여준다. 제네바아카데미는 어디까지나 교회의 학교였다. 아카데미의 입학비는 무료였으며, 모든 것을 교회가 책임을 졌다. 교회와 학교는 결코 분리된 기관이 아니었고, 긴밀하게 연관된 하나님의 기관이었다. 교육은 교회 개혁에 있어서 가장 중

26) "The Genevan Confession," *Calvin : Theological Treatises*, ed. and trans. J. K. S. Reid (London : SCM Press, 1954), 32.

27) *Institutes,* IV, 3, 4.

요한 방법이었고, 교회는 교육을 통해 진리 안에서 세워질 수 있었다.

D. 제네바아카데미의 교과과정[28)]

제네바아카데미는 두 개의 구별되면서도 긴밀하게 연결된 교과과정으로 구성되어 있었다. 6세부터 16세까지의 학생들로 이루어진 초등교육 수준의 학교(schola privata)와 그 후의 고등교육 수준의 학교(schola publica)로 이루어져 있었다. 신학교로서의 제네바아카데미를 말할 때는 후자를 의미하는 것이다.

초등교육 학교는 매년 5월 1일 개학을 했고, 포도 수확기에 일손을 돕기 위한 3주간의 방학을 제외하고는 일년 내내 공부하였다. 월요일, 화요일, 목요일, 금요일에 수업이 있는데 여름에는 6시에 시작하였고, 겨울에는 7시에 시작하여 오후 4시에 수업을 마쳤다. 수업에 참여하는 학생들은 10명을 단위로 분반하였다. 여름이면 6시에 시작하여 1시간 30분 수업을 한 후 30분간 아침식사를 하고 다시 9시까지 수업을 했다. 겨울에는 아침식사 시간 없이 7시부터 9시까지 연속 수업을 했다. 11시에 간단한 오찬을 하고 12시까지 시편을 노래하였다. 다시 12시부터 1시까지 수업을 하고, 이후 1시간 동안 점심을 먹고, 기도하고, 작문과 공부를 한다. 그리고 2시부터 4시까지 수업이 계속되었다. 수업을 시작할 때에는 신앙고백서에 있는 기도로서 시작했고, 마칠 때에는 프랑스어로 주기도문, 신앙고백, 십계명을 번갈아 가며 암송했다. 학제는 7년으로 구성되어 있었는데, 7학년이 하급반이고 1학년이 상급반이었다. 위의 교과과정을 볼 때 초등교육 과정도 결코 쉽지 않은 과정이었다는 것을 알 수 있다.

수요일에는 수업이 없었지만 다른 일정이 있었다. 이 날에는 아침 설교를 경청한 후에 오찬을 하고, 11시부터 12시까지 질문들에 답하게 된다. 그리고 오후 3시까지 자유 시간을 가진다. 그리고 한 달에 두 번은 상급반 학

28) 제네바아카데미의 교과과정과 여러 규정들은 정관에 잘 나타나 있다. 정관의 영어 번역은 W. Stanford Reid, “Calvin and the Founding of the Academy of Geneva,” 22-33에 부록으로 수록되어 있다.

생이 오후 3시부터 4시까지 전체 앞에서 연설을 하는데 여기에 참여해야 했다. 다른 두 번의 수요일에는 교사들이 어떤 주제를 학생들에게 주어 작문을 하게 하고 교정해 주었다. 토요일 아침에는 주중의 학습내용을 복습했다. 12시부터 1시간 동안 논쟁에 참여하고, 3시까지 휴식을 취했다. 그리고 3시부터 4시까지 3학년부터 7학년까지 학생들은 교리문답에서 다음날 다룰 것을 암송하였다. 주일에는 아침과 오후에 설교를 듣고, 묵상하고, 기록하였고, 교리문답 시간에 참석해야 했다. 이때에도 담당 교사가 배정되어 출석을 점검하고 태만한 학생들을 감독하였다. 잘못이 인정되면 다음 날 공개적으로 학교에서 문책을 받았다.

초등교육 학교에서 배우는 구체적인 교과과정은 다음과 같았다.

7학년: 라틴어와 프랑스어 철자 익히기, 라틴어와 프랑스어 단어 읽기, 교리문답 읽기, 글쓰기

6학년: 처음 6개월 동안 어형 변화와 활용에 관한 기초적 학습, 후반 6개월 동안 라틴어와 프랑스어를 비교하면서 말하는 연습, 라틴어 숙달 연습

5학년: 구문론의 기본적 원리 배우기, 베르길리우스의 『목가시』(*Bucolics*), 작문과 논리적인 글쓰기

4학년: 구문론의 원리, 짧고 익숙한 키케로의 『편지』(*Letters*), 주어진 주제에 대한 간단한 작문, 오비디우스의 『애가』(*Elegies*)를 비롯하여 *De Tristibus*, *De Ponte* 읽기, 그리스어 읽기와 간단한 어형변화와 활용

3학년: 그리스어 문법, 라틴어와 그리스어 작문 규칙, 키케로의 『편지』(*Letters*), 그리스어와 라틴어로 된 *De Amicitia, De Senectute*, 베르길리우스의 *Aeneid*, 카이사르의 *Commentaries*, 이소크라테스의 *Hortatory Speeches* 읽기

2학년: 라틴어로 된 티투스와 리비우스의 역사서 읽기, 그리스어로 된 크세노폰과 폴리비오스 혹은 헤로디안의 역사서 읽기, 호

메로스의 시 읽기, 논리학의 원리, 키케로의 *The Parradoxes*와 간단한 연설문 읽기, 토요일 오후 3시부터 4시까지 그리스어로 누가복음 읽기

1학년: 고등 논리학, 수사학과 우아한 웅변술, 키케로의 고등 연설 읽기, 그리스 웅변가 데모스테네스의 *Olynthiacs, Philippics*, 호메로스와 베르길리우스의 문집, 주제 분석하기, 한 달에 두 번 수요일 웅변대회, 토요일 오후 3시부터 4시까지 사도들의 편지 읽기

진급을 위해서는 학생들은 매년 5월 1일 이전 3주 동안 주어진 주제에 대해 프랑스어로 작문을 하고, 그것을 5시간 이내에 라틴어로 번역해야만 했다. 시험은 부정을 막기 위해 교사를 교환하여 감독하였다. 통과된 학생들은 상급학년으로 진급을 할 수 있었고, 각 학년에서 2명이 5월 1일에 생 피에르 교회에서 우수상을 받았다.

위의 교과과정에서 알 수 있듯이, 제네바아카데미의 초등과정에서는 라틴어, 프랑스어, 그리스어를 읽고, 쓰고, 말할 수 있도록 하였고, 학생들의 이해력과 표현력을 향상시키는 데 주력하였다. 상급 학년으로 가면서 수사학이 강조되고, 우아한 문장으로 자신의 주장을 펼치는 웅변술이나 자신의 논리를 굳게 세워나가는 논리학을 공부하였다. 초등교육에서는 읽고 이해하는 것과 생각을 말로 분명하게 표현하는 것이 교육의 기본이었다. 언어와 고전을 강조하는 이런 교육은 전형적인 인문주의 교과과정이라 할 수 있으며, 앞으로의 고등교육을 위한 발판을 마련하는 것이라 할 수 있다.

제네바아카데미의 고등교육 학교에서는 주당 27시간의 수업이 이루어졌다. 여기에는 신학 3시간, 히브리어와 구약 8시간, 그리스어 웅변가들과 시인들 5시간, 윤리 3시간, 물리학과 수학 3시간, 수사학과 논리학 5시간이 포함되어 있었다. 모든 학생들은 신앙고백에 서명해야 했으며, 참된 경건 안에서 하나님을 섬기도록 교육을 받았다. 교양과목을 맡은 교수는 학생들에게 자연과학과 수학, 그리고 수사학을 가르쳤다. 교회의 목회자로 혹은 사회의 지도

자로 섬기기 위해서는 세상의 이치를 담은 자연과학과 교양에 익숙해질 필요가 있었다. 특히 수사학은 설교와 변론에서 매우 중요한 역할을 하기 때문에 중점을 두었다. 히브리어 교수는 학생들에게 히브리어와 함께, 구약성서 중 한 권을 히브리어 주석서들을 사용해서 주석하는 법을 가르쳤다. 그리스어 교수는 신약성서 자체를 가르치기보다는 아리스토텔레스, 플라톤, 플루타르크, 시인, 연설가, 역사가 등을 가르쳤다. 왜냐하면 신약성서의 주석은 신학과목 교수들이 맡았기 때문이다. 신학교수의 자격으로 칼뱅과 베즈는 월요일, 화요일, 수요일 격주로 학생들에게 신학을 가르쳤으며, 그 결과물이 바로 칼뱅의 주석서들이다.

신학을 공부하는 학생들은 매주 토요일 오후에 성서 구절을 주석하는 방법에 대해 한 시간씩 목회자들의 감독을 받아야만 했다. 이런 과정들을 통해서 목회자로서의 실제적인 소양을 쌓아갔던 것이다. 또한 매달 신학의 어떤 주제에 대해 작문을 해야 했는데, 호기심을 유발하는 것이나, 현학적인 것이나, 거짓 교리들을 담고 있지 않는 것이어야 했다. 이런 식으로 학생들은 자신의 생각을 논리적이면서 설득력 있게 전개하는 전문적인 훈련을 받았다.

1559년 5월 29일 소의회가 확정한 제네바아카데미의 정관은 학교의 구성에 대해 잘 설명하고 있다. 정관에는 아카데미의 구성원인 교사, 학감, 교수, 교장의 역할, 학생지도와 교과과정, 휴일과 진급에 대한 규정이 자세히 설명되어 있다. 초등교육 학교의 교사(Regent)는 수업에 반드시 참석하여 정해진 강의를 감당해야 하며, 어떤 사정으로 강의를 할 수 없다면 미리 학감에게 알려 승인을 받아야만 한다. 교사들은 학생 훈육의 책임을 지며, 특히 하나님을 사랑하고 죄를 미워하도록 가르쳐야 한다. 교사들은 상호간에 조화를 유지해야 하며, 만일 불화가 생기면 교장에게 알리고, 교장의 중재로도 해결되지 않으면 목사회에 알려서 해결해야 한다. 초등교육 학교를 책임진 학감(Principal)은 하나님을 두려워하는 사람으로 무례하거나 거친 기질을 가지지 않은 유순한 성격의 사람으로 모든 학생들에게 삶에 있어서 좋은 모범이 되어야 한다. 학감은 교사들과 교장 사이에서 중재역할을 하며 초등교육 전체를 관장하는 임무를 가지고 있다.

교수(Professor)는 고등교육 학교에서 히브리어, 그리스어, 교양, 신학을 가르치는 사람으로, 금요일에는 성서공부 모임과 목회자들의 회합에 참석해야 한다. 교수로 선출된 사람은 행정장관과 의회 앞에 출석하여 승인을 받아야만 한다. 2년 임기의 교장(Rector)은 제네바아카데미 전체를 책임지고 있는 사람으로 목사여야 하며 따라서 목회자회에 속해 있다. 로잔이나 스트라스부르 같은 도시에서는 시의 행정관이 보다 많은 권한을 갖고 있었지만 제네바는 예외적으로 목사회가 학교에 더 많은 역할을 하였다. 교장은 하나님을 두려워하는 지혜로운 사람이어야 하며, 학교 전체를 감독하고 교수, 학감, 교사를 권고하고 훈계하고 학교 내의 분쟁을 조정하고 해결한다. 교장, 교수, 학감, 교사는 자신의 직무를 맡기 전에 "내 힘이 미치는 한, 학생들이 겸손과 성실 안에서 평화롭게 살면서, 하나님의 영광과 도시의 유익과 평안을 위해 살도록 할 것임을 약속합니다."[29]라고 맹세하였다.

III. 제네바아카데미의 초기 역사

제네바아카데미가 설립된 1559년부터 칼뱅이 죽은 1564년까지 처음 5년 동안 학교는 대단히 성공적이었다. 제네바아카데미는 유럽 전역의 개혁교회 지도자들을 훈련시키는 탁월한 장소로 널리 인정을 받게 되었고, 1559-1564년 사이에는 무려 339명의 학생이 등록하였다.[30] 등록한 학생들의 수는 당시 유럽의 정치 상황에 따라서 기복이 있었다. 예를 들면 1561년과 1562년에는 프랑스의 위그노 전쟁으로 인해 학생 수가 급감하였다. 이곳에서 훈련받은 학생들의 이후 직업을 보면 목회자를 양성하고자 했던 아카데미의 목적이 충분히 달성되었음을 알 수 있다. 1563년의 경우 64.1%가, 1561년의 경우에는 77.8%가 목회자가 되었다. 제네바아카데미 학생들의 출신 국가와 이후 경력

29) W. Stanford Reid, "Calvin and the Founding of the Academy of Geneva," 33.

30) Karin Maag, *Seminary or University?*, 28-29.

은 다음의 표와 같다.[31)]

표1 학생들의 출신 국가, 1559-1564

년도	프랑스	이탈리아/피에몬테	스위스	제네바	독일	네덜란드	잉글랜드/스코틀랜드	스칸디나비아	동유럽	미상
1559	44	7	4	3	6	2	2	0	0	0
1560	38	7	0	0	2	3	1	0	0	1
1561	13	1	3	0	1	0	0	0	0	1
1562	20	0	1	0	0	1	0	0	0	0
1563	79	5	4	2	1	1	0	0	0	2
1564	51	3	9	0	4	4	0	1	2	9

출처: Stelling-Michaud, 1959-1980, *Le Livre du Recteur de l'Académie de Genève*

표2 학생들의 이후 경력, 1559-1564

년도	목회자/교수	공무원	법조인	의사	상인/수공업자	귀족	젊어서 죽음	서기관	미상
1559	40	5	0	5	1	0	1	0	16
1560	24	3	1	0	1	1	0	0	22
1561	8	1	0	0	0	0	0	0	10
1562	6	0	0	0	0	0	0	0	16
1563	29	3	3	2	0	1	1	0	56
1564	38	3	0	0	0	0	0	1	41

출처: Stelling-Michaud, 1959-1980, *Le Livre du Recteur de l'Académie de Genève*

특별히 프랑스 개혁교회에 미친 아카데미의 영향은 결정적이었다. 많은 학생들이 프랑스로부터 제네바로 건너 와서 아카데미에서 훈련을 받은 후 다시 고국으로 돌아가 프랑스 개혁교회를 위해 일하였다.[32)] 제네바아카데미의

31) Karin Maag, *Seminary or University?*, 30.

32) 예를 들면 Jean Blanchard, Gélibert Blauzat, Germain Chauveton, Pierre Chevillard, Antoine Durant, Etienne Defos, Jean de Lassus, Hugues de Regnard, Pierre Sachet, Gilles Solas, François Terond, Titus Veluysat, Jean Rapine 같은 사람들이 제네바아카데미에서 수학한 후 프랑스 개혁교회를 위해 일한 사람들이다.

학생들 중에서 프랑스 출신이 차지하는 비율을 나타낸 도표를 보면 초창기에 프랑스 학생들이 압도적으로 많았음을 한눈에 볼 수 있다. 1564의 경우 프랑스 학생의 비율이 가장 낮은데도 불구하고 61.4%에 달한다. 1562년의 경우에는 무려 86.3%에 이른다.[33]

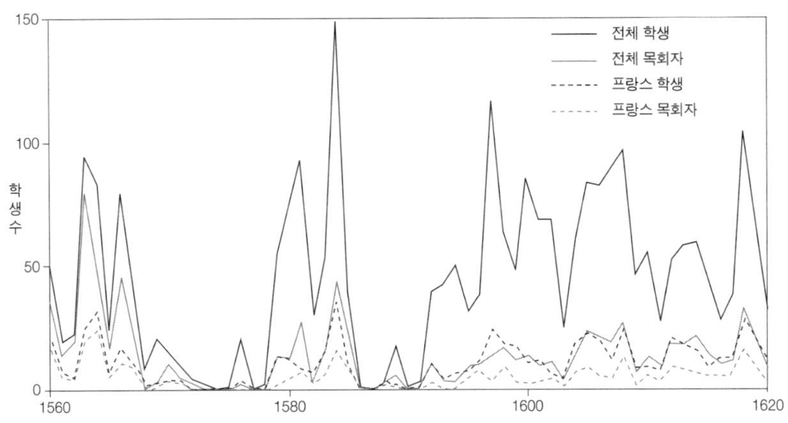

표3 제네바의 프랑스 학생들, 1560-1620

그렇지만 칼뱅이 죽은 1564년 이후에는 학생 분포에도 변화가 생겼다. 무엇보다 프랑스의 사정이 이전과는 달라졌다. 1562년 바시(Wassy)에서의 프로테스탄트 신도에 대한 살해로 인해 1차 위그노 전쟁이 발발한 이후로 1598년 낭트칙령이 발표되기까지 8차례에 걸쳐 위그노 전쟁이 계속해서 발생하였다. 또한 흑사병은 제네바아카데미에 오려는 사람들을 돌려세우도록 만들었다. 1567-1572년 제네바는 흑사병으로 고통을 받았다. 교사들과 교수들이 죽고 고통을 당했고, 학생들이 본국으로 되돌아갔다. 통계를 통해서도 그 시기 학생들의 숫자가 격감한 것을 확인할 수 있다. 1565-1572년까지 8년 동안 196명만이 등록하였다. 그리고 프랑스가 아닌 유럽의 다른 지역에서 온 학생들이 점차 늘어갔다. 하지만 졸업생들의 직업은 여전히 목회자가 압도적

33) Karin Maag, *Seminary or University?*, 124.

이었다.[34)]

표4 학생들의 출신 국가, 1565 – 1572

년도	프랑스	이탈리아/피에몬테	스위스	제네바	독일	네덜란드	동유럽	미상
1565	16	0	0	2	0	0	0	4
1566	49	0	0	1	0	9	2	17
1567	18	0	2	0	5	6	0	7
1568	1	1	0	0	0	6	0	1
1569	3	0	0	0	4	3	0	8
1570	10	0	0	0	1	3	0	0
1571	5	0	1	0	0	2	0	1
1572	3	0	0	0	0	0	0	0

출처 : Stelling – Michaud, 1959 – 1980, *Le Livre du Recteur de l'Académie de Genève*

표5 학생들의 이후 경력, 1565 – 1572

년도	목회자/교수	공무원	법조인	의사	상인/수공업자	귀족	서기관	군인	미상
1565	7	0	0	0	1	1	1	0	14
1566	22	5	0	0	0	0	0	1	51
1567	13	1	2	1	0	3	0	0	19
1568	2	0	0	0	0	3	0	0	3
1569	3	2	0	0	1	0	0	0	13
1570	4	1	0	0	0	0	0	0	9
1571	4	0	0	0	0	0	0	0	5
1572	1	0	0	0	0	0	0	0	3

출처 : Stelling – Michaud, 1959 – 1980, *Le Livre du Recteur de l'Académie de Genève*

1564년 칼뱅이 죽은 이후 베즈는 히브리어, 그리스어, 교양과목, 신학 외에도 1566년 2명의 법학 교수를, 1567년에는 1명의 의학 교수를 임명했다. 칼뱅은 자신이 오를레앙에서 법학교육을 받은 사람이긴 하지만, 제네바아카데

34) Karin Maag, *Seminary or University?*, 33.

미에 법학 교수를 세우는 데 주저하였다. 한편으로는 아카데미가 신학연구와 목회자 양성에 집중하기 위함이기도 하였고, 다른 한편으로는 법학에 종사하는 사람들에 대한 불신 때문이기도 하였다. 1562년 하이델베르크의 교수인 카스파르 올레비아누스(Caspar Olevianus)에게 보낸 편지에서 칼뱅은 "만일 당신이 법학자들과 관계해야 한다면, 거의 모든 곳에서 그 사람들은 그리스도의 목회자들에게 반대하는 사람들이라는 사실을 알아야만 합니다. 왜냐하면 그들은 교회의 권위가 굳게 확립된 곳에서는 자신들의 지위를 유지하기 어렵다는 것을 잘 알고 있기 때문입니다."[35]라고 썼다.

사실 제네바아카데미의 초창기에 아카데미의 목적을 둘러싸고 행정관들과 목회자들 사이에 갈등이 있었다. 제네바의 목회자들은 제네바아카데미가 미래의 개혁교회 목회자들을 양성하는 곳이 되기를 원했고, 행정관들은 아카데미의 교과목이 확장되어 제네바 밖의 많은 학생들이 관심을 갖기를 원했다. 따라서 목회자들은 신학을 강조하였고 행정관들은 시민법이나 의학과 같은 과목들에 강조점을 두고자 하였다. 행정관들의 입장에서는 의학이나 법학과 같은 과목을 둠으로써 유럽 교육계에서 제네바의 평판을 높이고 부유한 집안이나 귀족 가문의 학생들을 아카데미에 유치하고자 하였다.[36] 칼뱅의 경우에는 그가 제네바에 돌아온 1541년부터 1555년까지 행정관들과 여러 가지 갈등을 경험했기 때문에 행정 관료들에 대한 불신이 있었다. 그러나 베즈는 1558년에 제네바에 왔기 때문에 칼뱅처럼 시의 행정 관료들과 갈등을 겪지를 않았다. 따라서 베즈는 행정 관료들을 적대자로보다는 동지로 여겼고, 칼뱅 사후에 그들과 뜻을 합하여 법학과 의학 교수직을 쉽게 마련하였던 것이다.

35) Charles Borgeaud. *Histoire de l'université de Genève : L'Académie de Calvin 1559-1798* (Geneva, 1900), 89. Karin Maag, *Seminary or University?*, 24에서 재인용.

36) Karin Maag, *Seminary or University?*, 3, 24.

IV. 맺는 말

교육은 종교개혁의 이상을 현실로 만들어 줄 가장 강력한 수단 중 하나였다. 따라서 칼뱅과 제네바의 목회자들은 교회와 학교를 통해 개혁교회의 원리들이 현실에 뿌리내릴 수 있도록 만들기 위해 노력했다. 제네바아카데미의 설립은 이 과정에서 결정적인 역할을 하였다. 개혁교회의 가르침과 이상이 온 유럽으로 확산될 수 있었던 가장 큰 이유가 제네바아카데미를 통한 교육일 것이다. 이를 통해 칼뱅의 영향력은 제네바를 넘어서 스위스, 프랑스, 네덜란드, 잉글랜드, 뉴잉글랜드를 거쳐 오늘날 한국에 이르기까지 미칠 수 있었다.

한때 제네바아카데미의 학생이었고 후에 아카데미의 신학 교수이기도 했던 랑베르 다노(Lambert Daneau)는 1576년 아우구스티누스의 『이단에 관하여』(*On Heresies*)에 관한 주석을 제네바의 행정관들에게 헌정하였다. 그의 고백은 제네바아카데미의 위상을 여실히 보여준다.

> 저는 1560년에 제네바아카데미에 열정을 가지고 입학했습니다. 제가 그곳에 간 것은 프랑스에서 가까웠기 때문이 아닙니다. 그런 이유라면 부근에 다른 교육기관도 얼마든지 있었습니다. 제가 제네바에 간 것은 그곳이 제 스승으로서 순교한 법학자 뒤 부르(Anne du Bourg)가 신봉했던 바로 그 거룩한 교리의 가장 순수한 원천을 제게 제공했기 때문입니다. 제가 그곳에서 만난 교수들의 이름을 언급할 필요는 없을 것입니다. 왜냐하면 이미 돌아가신 분들이나 아직 살아 계신 분들 모두가 세상의 모든 이들로부터 존경을 받고 있기 때문입니다. 어떤 사람의 질시를 불러일으키리라는 두려움 없이 저는 거리낌 없이 말합니다. 저는 그 도시에서 그처럼 많은 세상의 탁월한 빛들, 학문의 모든 분야에서 재능 있고 명성이 높은 분들을 보았습니다. 저에게는 그곳이 세상에서 가장 훌륭한 지식의 교환 시장 중 한 곳으로 생각됩니다.[37]

37) Charles Borgeaud. *Histoire*, 52. Karin Maag, *Seminary or University?*, 31에서 재인용.

1586년 10월 5일 제네바 시의회가 교수들을 해임하려 하자 제네바의 목회자들은 시의회 앞에 나아가서 "제네바아카데미의 고등교육 과정은 세계적으로 높은 평판을 유지하고 있습니다. … 만일 해임이 이루어진다면, 제네바는 세상에서 잊혀질 것이고 우리의 적들은 기뻐할 것입니다."[38]라고 말하였다. 이것은 제네바아카데미가 제네바 개혁교회의 요람으로 온 유럽에 끼친 영향력을 단적으로 드러내주는 말이다.[39]

개혁교회 신학교의 요람이라 할 수 있는 제네바아카데미는 초등교육 과정과 고등교육 과정의 긴밀한 연관성을 바탕으로 하여, 성서와 신학 연구를 위해 꼭 필요한 기초적인 언어인 라틴어, 히브리어, 그리스어와 더불어 프랑스어를 가르쳤고, 설교를 위해 필요한 수사학과 논리학을 포함한 인문학과 교양뿐만 아니라 물리학이나 수학과 같은 자연과학에 이르기까지 폭넓게 가르쳤다. 이와 같은 인문학과 교양학문에 대한 강조는 오늘의 신학교육에도 시사하는 바가 크다고 할 것이다. 신학이 좁은 울타리에 갇힌 파편화된 학문이 아니라, 보편성을 가진 학문이 되기 위해서는 일반 학문과의 교류가 필요하다. 목회자가 세상과 소통하고 세상을 구원하는 직무를 다하기 위해서도 인문학적 소양을 갖추는 것은 필수적이라 할 것이다. 이런 점에서 오늘날의 신학교육도 더욱 더 간학문적인(interdisciplinary) 방향으로 가야 할 필요가 있다.

제네바아카데미가 하나님의 영광을 위해 일할 목회자와 군병을 양성하겠다는 교육의 목적을 세우고, 그 목적이 이끄는 학교로 운영한 점도 인상적이다. 또한 교회와 학교가 긴밀히 연결되어 교사와 교수들이 학생들의 경건훈련을 감독하고, 예배에 필수적으로 참여하게 하고, 스콜라주의적인 추상적 지식이 아니라 교회를 세우고 살리는 실천적 지식을 쌓도록 한 점도 주목할 만하다. 현장과 소통하는 신학, 실천과 유리되지 않는 신학, 경건의 훈련을 강화시켜 주는 신학의 가능성과 방향성을 시사해 주고 있는 것이다.

---

38) Charles Borgeaud. *Histoire*, 192-193. Karin Maag, *Seminary or University?*, 1에서 재인용.
39) Karin Maag은 그녀의 책 5-7장에서 취리히 아카데미(Zurich Academy), 하이델베르크대학교(Heidelberg University), 레이덴대학교(University of Leiden)와 제네바아카데미의 관계성에 대해 상세하게 논하고 있다.

칼뱅 연대표

1509. 7. 10.	프랑스 북부 도시 누아용에서 출생.
1521. 5. 19.	처음으로 성직록(聖職祿)을 받음.
1523-27.	파리의 라 마르슈, 몽테규대학에서 수학.
1528-29.	오를레앙대학에서 수학.
1529-31.	부르주대학에서 수학.
1531-33.	파리와 오를레앙에서 인문학과 성서연구.
1532. 4. 4.	『세네카의 관용론 주석』 출판.
1533. 11. 1.	니콜라스 콥의 학장취임 연설에 연루됨.
1534. 5. 4.	성직록을 포기함.
1534. 10.	미사를 비방하는 내용의 플래카드 사건으로 인해 바젤로 피신.
1536. 3.	『기독교강요』 초판 발행.
1536-38.	제1차 제네바 사역.
1538-41.	제네바에서 추방되어 스트라스부르에서 프랑스 피난민들의 교회에서 목회.
1539.	『기독교강요』 2판 발행, 『사돌레토의 편지에 대한 칼뱅의 답변』 출판.
1540. 8. 6.	이들레트 드 뷔르와 결혼.
1540.	첫 번째 주석인 『로마서 주석』 출판.
1540-41.	하게나우, 보름스, 레겐스부르크에서 열린 회담들에 참석.

1541.	『성만찬에 관한 소논문』 출판.
1541-64.	제2차 제네바 사역.
1541. 11.	제네바 의회가 칼뱅의 『교회법령』을 승인.
1543.	『기독교강요』 3판 발행, 『교회개혁의 필요성』 출판.
1544.	『재세례파를 반대하는 간략한 가르침』 출판.
1545.	『스스로 신령파라 주장하는 리버틴 분파에 대한 반박』 출판.
1549.	칼뱅의 아내 이들레트 드 뷔르 사망.
1550.	『기독교강요』 4판 발행.
1551.	제롬 볼섹과 예정론 논쟁, 『취리히합의』 출판.
1553.	미카엘 세르베투스 화형.
1555-57.	베스트팔과 성만찬 논쟁.
1559.	『기독교강요』 최종판 발행, 제네바아카데미 설립.
1564. 5. 27.	제네바에서 죽어 그곳에 묻힘.

참고문헌

1. 칼뱅의 작품들

Articles Concerning the Organization of the Church and of Worship at Geneva. Calvin : Theological Treatises. J. K. S. Reid. London : SCM Press, 1954 : 48-55.

Calvin's Commentaries on the Four Last Books of Moses Vols. 1-4. trans. Charles W. Bingham. Grand Rapids : Wm. B. Eerdmans Publishing Company, 1950.

Calvin's Commentaries. 22 Vols. Grand Rapids : Baker Book House, 1979.

Calvin's New Testament Commentaries. Vols. 1-12. eds. David W. Torrance and Thomas F. Torrance. Grand Rapids : Wm. B. Eerdmans Publishing Company, 1960.

Calvin : Commentaries and Letters. ed. Joseph Haroutunian. Library of Christian Classics. London : SCM Press Ltd., 1954.

Calvin : Theological Treatises. ed. J. K. S. Reid. Library of Christian Classics. Vol. 22. London : SCM Press Ltd., 1954.

Commentary on Seneca's De Clementia. trans. Ford Lewis Battles and André Malan Hugo. Leiden : E. J. Brill, 1969.

Commentary on the Book of Psalms. Vol. V. trans. James Anderson. Grand Rapids : Wm. B. Eerdmans Publishing Company, 1949.

Ecclesiastical Ordinances. Calvin : Theological Treatises. J. K. S. Reid. London : SCM Press, 1954) : 58-72.

Institutes of the Christian Religion (1536). trans. Ford L. Battles. Atlanta : John Knox Press, 1975.

Institutes of the Christian Religion (1559). ed. John T. McNeill, trans. Ford L. Battles. Library of Christian Classics Vols. 20–21. Philadelphia: The Westminster Press, 1960.

Ioannis Calvini Opera Quae Supersunt Omnia. ed. G. Baum, E. Cunitz, and E. Reuss. 59 Vols. Brunswick: Schwetzke and Son, 1863–1900.

Letters of John Calvin. Vols. 1–4. ed. Jules Bonnet. New York: Burt Franklin, 1972.

On God and Political Duty. Indianapolis: Bobbs–Merrill, 1956.

Opera quae supersunt omnia (*Corpus Reformatorum* 29–87, *Calvini Opera,* 1–59). ed. G. Baum, E. Cunitz and E. Reuss. Braunschweig: Schwetschke, 1863–1900.

The Mystery of Godliness and Other Selected Sermons. Grand Rapids: Wm. B. Eerdmans Publishing Company, 1950.

Tracts and Treatises on the Doctrine and Worship of the Church. Vols. 1–3. trans. Henry Beveridge. Grand Rapids: Wm. B. Eerdmans Publishing Company, 1958.

"Reply to Sadolet." *Calvin: Theological Treatises.* ed. J. K. S. Reid. London: SCM Press, 1954.

"Short Treatise on the Lord's Supper." *Calvin: Theological Treatises.* trans. J. K. S. Reid. London: SCM Press, 1954.

"The Form of Church Prayers, Strassburg, 1545 and Geneva, 1542." *Liturgies of the Western Church.* ed. Bard Thompson. Philadelphia: Fortress Press, 1980.

"The Genevan Confession." *Calvin: Theological Treatises.* J. K. S. Reid. London: SCM Press, 1954: 26–33.

"The Necessity of Reforming the Church." *Tracts and Treatises on the Reformation of the Church.* trans. Henry Beveridge. Grand Rapids: Wm. B. Eerdmans Publishing Company, 1958.

2. 2차 문헌들

Alves, Abel Athouguia. "The Christian Social Organism and Social Welfare: The Case of Vives, Calvin and Loyola." *Sixteenth Century Journal* Vol. 20, No. 1 (1989): 3–21.

Anderson, William P. "Gasparo Contarini : Sixteenth Century Ecumenist." *Ecumenical Trends* 13/9 (October 1984) : 140-142.

Atkinson, James. "Diakonia at the time of the Reformation." *Service in Christ : Essays Presented to Karl Barth on his 80th Birthday*. eds. James I. McCord and T. H. L. Parker. Grand Rapids : Wm. B. Eerdmans Publishing Company, 1966 : 80-88.

______. "Martin Bucer, 1491-1551 : Ecumenical Pioneer." *Churchman* 79 (March 1965) : 19-28.

Augustijn, Cornelis. "Bucer's ecclesiology in the colloquies with the Catholics." *Martin Bucer : Reforming church and community*. ed. D. F. Wright. New York : Cambridge University Press, 1994 : 107-121.

Augustine. *The Fathers of the Christian Church*. Washington : Catholic University Press, 1963.

Avis, Paul D. L. *The Church in the Theology of the Reformers*. Atlanta : John Knox Press, 1981.

Backus, Irena. "Calvin and the Greek Fathers." *Continuity and Change*. eds. Robert J. Ast and Andrew C. Gow. Leiden : Brill, 2000.

Bainton, Roland. *Hunted Heretic : The Life and Death of Michael Servetus 1511-1553*. Boston : The Beacon Press, 1953.

______. "Sebastian Castellio, Champion of Religious Liberty." *Studies on the Reformation*. Boston : Beacon Press, 1963.

______. "Servetus and the Genevan Libertines." *Church History* 2 (June 1936) : 141-149.

______. *The Travail of Religious Liberty*. New York : Harper, 1958.

Balke, Willem. *Calvin and the Anabaptists Radicals*. Grand Rapids : Wm. B. Eerdmans Publishing Company, 1999.

Barnett, James M. *The Diaconate : A Full and Equal Order*. New York, Seabury Press, 1981.

Baron, Hans. "Calvinist Republicanism and its Historical Roots." *Church History* 8 (1939).

Battles, Ford Lewis. "*Calculus Fidei* : Some Ruminations on the Structure of the

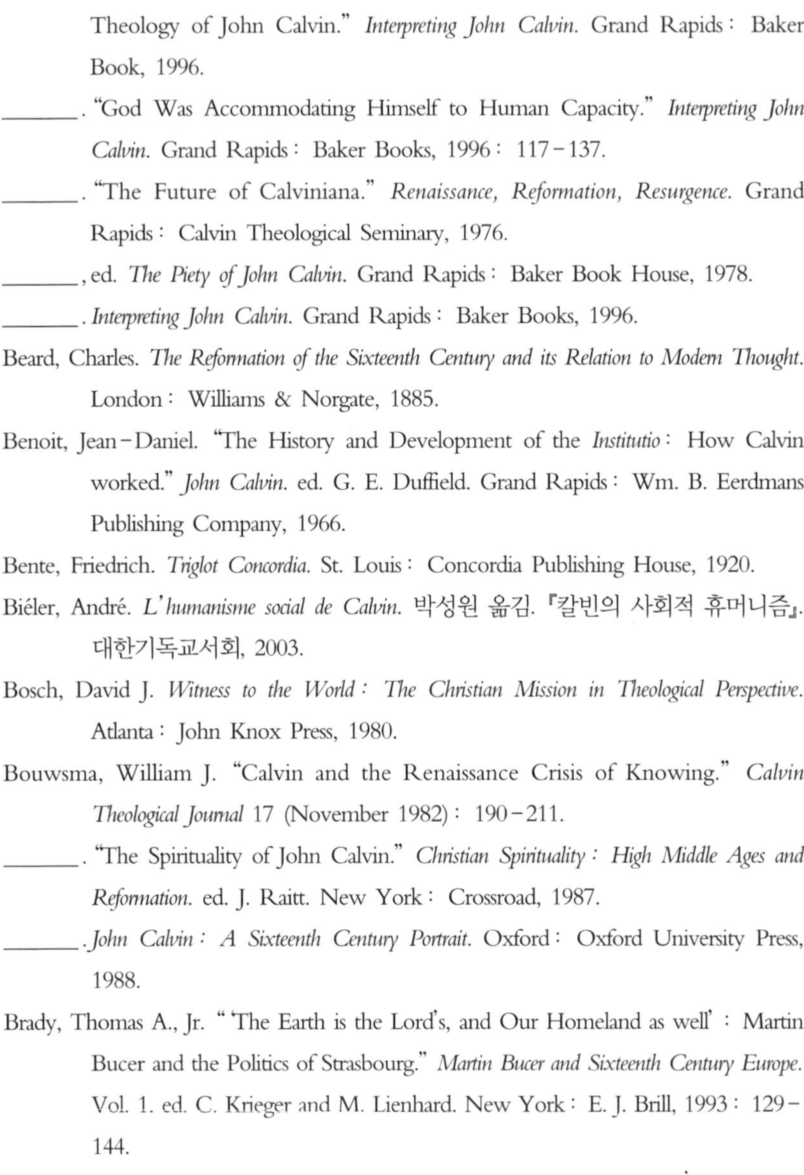

Theology of John Calvin." *Interpreting John Calvin.* Grand Rapids: Baker Book, 1996.

______. "God Was Accommodating Himself to Human Capacity." *Interpreting John Calvin.* Grand Rapids: Baker Books, 1996: 117-137.

______. "The Future of Calviniana." *Renaissance, Reformation, Resurgence.* Grand Rapids: Calvin Theological Seminary, 1976.

______, ed. *The Piety of John Calvin.* Grand Rapids: Baker Book House, 1978.

______. *Interpreting John Calvin.* Grand Rapids: Baker Books, 1996.

Beard, Charles. *The Reformation of the Sixteenth Century and its Relation to Modern Thought.* London: Williams & Norgate, 1885.

Benoit, Jean-Daniel. "The History and Development of the *Institutio*: How Calvin worked." *John Calvin.* ed. G. E. Duffield. Grand Rapids: Wm. B. Eerdmans Publishing Company, 1966.

Bente, Friedrich. *Triglot Concordia.* St. Louis: Concordia Publishing House, 1920.

Biéler, André. *L'humanisme social de Calvin.* 박성원 옮김. 『칼빈의 사회적 휴머니즘』. 대한기독교서회, 2003.

Bosch, David J. *Witness to the World: The Christian Mission in Theological Perspective.* Atlanta: John Knox Press, 1980.

Bouwsma, William J. "Calvin and the Renaissance Crisis of Knowing." *Calvin Theological Journal* 17 (November 1982): 190-211.

______. "The Spirituality of John Calvin." *Christian Spirituality: High Middle Ages and Reformation.* ed. J. Raitt. New York: Crossroad, 1987.

______. *John Calvin: A Sixteenth Century Portrait.* Oxford: Oxford University Press, 1988.

Brady, Thomas A., Jr. "'The Earth is the Lord's, and Our Homeland as well': Martin Bucer and the Politics of Strasbourg." *Martin Bucer and Sixteenth Century Europe.* Vol. 1. ed. C. Krieger and M. Lienhard. New York: E. J. Brill, 1993: 129-144.

Bratt, John H., ed. *The Heritage of John Calvin.* Grand Rapids: Wm. B. Eerdmans, 1973.

Brooks, Peter Newman. "Martin Bucer: Oecuméniste and Forgotten Reformer."

Expository Times 103 (May 1992) : 231–235.

Brown, Robert McAfee. " 'Tradition' as a Problem for Protestants." *Union Seminary Quarterly Review* 16 : 2 (January 1961) : 197–221.

Bucer, Martin. *Common Places of Martin Bucer*. trans. and ed. D. F. Wright. Abingdon : Sutton Courtenay Press, 1972.

______. *De Regno Christi. in Melanchthon and Bucer*. ed. Wilhelm Pauck. Philadelphia : Westminster Press, 1969.

______. *Instruction in Christian love*. trans. Paul Traugott. Richmond : John Knox Press, 1953.

Bunting, Ian D., trans. "The Consensus Tigurinus." *Journal of Presbyterian History* Vol. 44 (1996) : 45–61.

Cadier, Jean. "Calvin and the union of the churches." *John Calvin*. ed. G. E. Duffield. Grand Rapids : Wm. B. Eerdmans Publishing Company, 1966.

______. *The Man God Mastered*. London : Inter–Varsity Fellowship, 1964.

Cameron, James K. "Scottish Calvinism and the Principle of Intolerance." *Reformatio Perennis*. ed. B. A. Gerrish. Pittsburgh : The Pickwick Press, 1981.

Castellio, Sebastian. *Concerning Heretics*. trans. Roland Bainton. New York : Octagon Books, Inc., 1965.

Chaney, Charles. "The Missionary Dynamic in the Theology of John Calvin." *Reformed Review* Vol. 17, No. 3 (1963–64) : 24–38.

Chrisman, Miriam Usher. *Strasbourg and the Reform*. New Haven : Yale University Press, 1967.

Christ, Paul. "Zurich Consensus." *New Schaff–Herzog Encyclopedia of Religious Knowledge*. Vol. 12. New York : Funk and Wagnalls Company, 1912.

Chung, Paul. *Spirituality and Social Ethics in John Calvin : A Pneumatological Perspective*. Lanham : University Press of America, 2000. 정승훈. 『종교개혁과 칼빈의 영성』. 서울: 대한기독교서회, 2000.

Coffey, John. *Persecution and Toleration in Protestant England, 1558–1689*. Essex : Pearson Education, 2000.

Cummings, Owen F. "The Reformers and Eucharistic Ecclesiology." *One in Christ*. 33/1 (1997) : 47–54.

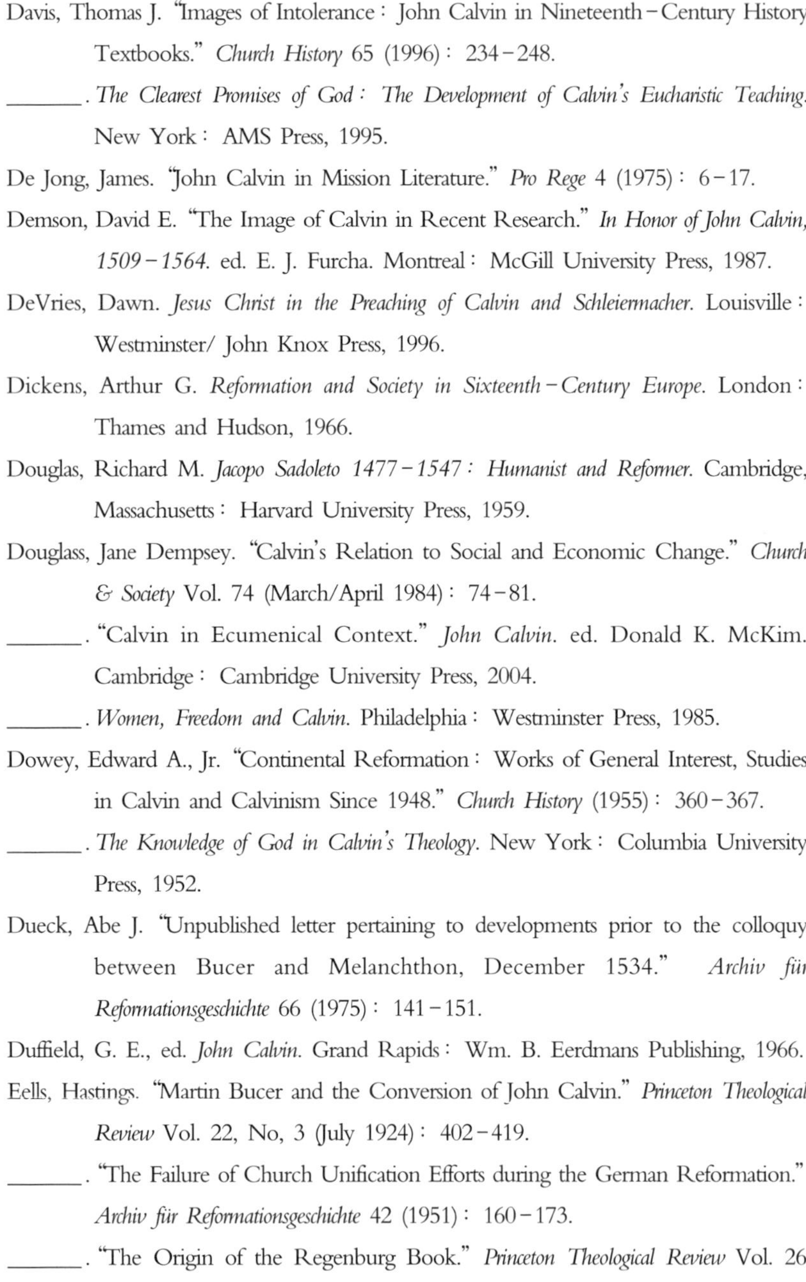

Davis, Thomas J. "Images of Intolerance : John Calvin in Nineteenth–Century History Textbooks." *Church History* 65 (1996) : 234–248.

______. *The Clearest Promises of God : The Development of Calvin's Eucharistic Teaching.* New York : AMS Press, 1995.

De Jong, James. "John Calvin in Mission Literature." *Pro Rege* 4 (1975) : 6–17.

Demson, David E. "The Image of Calvin in Recent Research." *In Honor of John Calvin, 1509–1564.* ed. E. J. Furcha. Montreal : McGill University Press, 1987.

DeVries, Dawn. *Jesus Christ in the Preaching of Calvin and Schleiermacher.* Louisville : Westminster/ John Knox Press, 1996.

Dickens, Arthur G. *Reformation and Society in Sixteenth–Century Europe.* London : Thames and Hudson, 1966.

Douglas, Richard M. *Jacopo Sadoleto 1477–1547 : Humanist and Reformer.* Cambridge, Massachusetts : Harvard University Press, 1959.

Douglass, Jane Dempsey. "Calvin's Relation to Social and Economic Change." *Church & Society* Vol. 74 (March/April 1984) : 74–81.

______. "Calvin in Ecumenical Context." *John Calvin.* ed. Donald K. McKim. Cambridge : Cambridge University Press, 2004.

______. *Women, Freedom and Calvin.* Philadelphia : Westminster Press, 1985.

Dowey, Edward A., Jr. "Continental Reformation : Works of General Interest, Studies in Calvin and Calvinism Since 1948." *Church History* (1955) : 360–367.

______. *The Knowledge of God in Calvin's Theology.* New York : Columbia University Press, 1952.

Dueck, Abe J. "Unpublished letter pertaining to developments prior to the colloquy between Bucer and Melanchthon, December 1534." *Archiv für Reformationsgeschichte* 66 (1975) : 141–151.

Duffield, G. E., ed. *John Calvin.* Grand Rapids : Wm. B. Eerdmans Publishing, 1966.

Eells, Hastings. "Martin Bucer and the Conversion of John Calvin." *Princeton Theological Review* Vol. 22, No, 3 (July 1924) : 402–419.

______. "The Failure of Church Unification Efforts during the German Reformation." *Archiv für Reformationsgeschichte* 42 (1951) : 160–173.

______. "The Origin of the Regenburg Book." *Princeton Theological Review* Vol. 26

(1928) : 355–372.

Elert, Werner. *The Structure of Lutheranism, vol. 1 : The Theology and Philosophy of Life of Lutheranism Especially in the Sixteenth and Seventeenth Centuries*. trans. Walter A. Hansen. St. Louis : Concordia Publishing House, 1962.

Elwood, Christopher. *The Body Broken : The Calvinist Doctrine of the Eucharist and the Symbolization of Power in Sixteenth–Century France*. Oxford : Oxford University Press, 1999.

Engammare, Max. "Calvin monarchomaque? Du soupçon à l' argument." *Archive for Reformation History* 89 (1998).

Fatio, Olivier, and Olivier Labarthe, eds. *Registres de la Compagnie des Pasteurs de Genève, 1553–1564*. vol. 2. Geneva : Droz, 1962.

Fey, Harold E. *A History of the Ecumenical Movement 1948–1968*. Vol. II. Geneva : WCC, 1986.

Fischer, Wolfram. *Armut in der Geschichte*. Göttingen : Vandenhoeck & Ruprecht, 1982.

Forell, George W. *Faith Active in Love*. Minneapolis : Augsburg Publishing House, 1964.

Foxgrover, David, ed. *Calvin and Spirituality*. Grand Rapids : Calvin Studies Society, 1998.

Friedman, Jerome. *Michael Servetus : A Case study in Total Heresy*. Geneva : Librairie Droz, 1978.

______. "Michael Servetus : Advocate of Total Heresy." *Profiles of Radical Reformers*. ed. Hans–Jürgen Goertz. Scottdale, Pennsylvania : Herald Press, 1982.

______. "Michael Servetus : Exegete of Divine History." *Church History* 43 (1974) : 460–469.

______. "The Reformation Merry–Go–Round : The Servetian Glossary of Heresy." *Sixteenth Century Journal* 7, 1 (April 1976) : 73–80.

Fry, C. George. "John Calvin : Theologian and Evangelist." *Christianity Today* Vol. 15 (1970–71) : 59–62.

Fulton, John F. *Michael Servetus : Humanist and Martyr*. New York : Herbert Reichner, 1953.

Gamble, Richard C. "Brevitas et Facilitas : Toward an Understanding of Calvin's Hermeneutic." *Westminster Theological Journal* 47 (1985) : 1–17.

______, ed. *Calvin's Ecclesiology : Sacraments and Deacons*. Vol. 10. New York & London : Garland Publishing, 1999.

______. "Current Trends in Calvin Research, 1982–90." *Calvinus Sacrae Scripturae Professor : Calvin as Confessor of Holy Scripture*. ed. W. H. Neuser. Grand Rapids : Wm. B. Eerdmans Publishing Company, 1990.

______. "Exposition and Method in Calvin." *Westminster Theological Journal* 49 (1987) : 153–165.

Ganoczy, Alexandre. *Calvin, théologien de l'église et du minintère*. Paris : Cerf, 1964.

______. *The Young Calvin*. trans. David Foxgrover and Wade Provo. Philadelphia : Westminster Press, 1987.

George, Timothy. "John Calvin and the Agreement of Zurich (1549)." *John Calvin and the Church : A Prism of Reform*. ed. Timothy George. Louisville : Westminster Press, 1990.

______. *Theology of the Reformers*. Nashville : Broadman Press, 1988.

Gerrish, Brian A. *Grace and Gratitude : The Eucharistic Theology of John Calvin*. Minneapolis : Fortress Press, 1993.

______. *The Old Protestantism and the New : Essays on the Reformation Heritage*. Chicago : The University of Chicago Press, 1982.

González, Justo A. *A History of Christian Thought*. Vol. III. Nashville : Abingdon Press, 1975.

Graham, W. Fred. *The Constructive Revolutionary : John Calvin and His Socio–Economic Impact*. Richmond : John Knox Press, 1971.

Greef, W. de. *The Writings of John Calvin : An Introductory Guide*. trans. Lyle D. Bierma. Grand Rapids : Baker Books, 1993.

Grell, Ole Peter, and Bob Scribner, eds. *Tolerance and intolerance in the European Reformation*. Cambridge : Cambridge University Press, 1996.

Grimm, Harold J. "Luther's Contributions to Sixteenth–Century Organization of Poor Relief." *Archiv für Reformationsgeschichte* 61 (1970) : 222–234.

Hall, Basil. "Diakonia in Martin Butzer." *Service in Christ : Essays Presented to Karl Barth on his 80th Birthday*. eds. James I. McCord and T. H. L. Parker. Grand Rapids : Wm. B. Eerdmans Publishing Company, 1966 : 89–100.

______. "The Colloquies between Catholics and Protestants, 1539-1541." *Councils and Assemblies*. ed. G. J. Cuming. New York: Cambridge University Press, 1971: 235-266.

Hall, Charles A. M. *With the Spirit's Sword*. Richmond: John Knox Press, 1968.

Hammann, Gottfried. "Ecclesiological motifs behind the creation of the 'Christlichen Gemeinschaften.'" *Martin Bucer: Reforming church and community*. ed. D. F. Wright. New York: Cambridge University Press, 1994: 129-143.

Henderson, Robert W. "Sixteenth Century Community Benevolence: An Attempt to Resacralize the Secular." *Church History* 38 (1969): 421-428.

______. *The Teaching Office in the Reformed Tradition*. Philadelphia: The Westminster Press, 1962.

Herzog, Frederick. "Diakonia in Modern Times Eighteenth-Twentieth Centuries." *Service in Christ: Essays Presented to Karl Barth on his 80th Birthday*. eds. James I. McCord and T. H. L. Parker. Grand Rapids: Wm. B. Eerdmans Publishing Company, 1966: 135-150.

Hesselink, John. "Reactions to Bouwsma's Portrait of 'John Calvin'." *Calvinus Sacrae Scripturae Professor: Calvin as Confessor of Holy Scripture*. ed. W. H. Neuser. Grand Rapids: Wm. B. Eerdmans Publishing Company, 1990.

Hickman, James T. "The Friendship of Melanchthon and Calvin." *Westminster Theological Journal* 38 (Winter 1976): 152-165.

Hillar, Marian. *The Case of Michael Servetus* (1511-1553): *The Turning Point in the Struggle for Freedom of Conscience*. Lewiston, NY: The Edwin Mellen Press, 1997.

Hirsch, Elisabeth Feist. "Luther, Calvin, and the Doctrine of Tolerance of Sebastian Castellio." *The Spanish Inquisition and the Inquisitorial Mind*. ed. Angel Alcalá. Highland Lakes, NJ: Atlantic Research and Publications, 1987.

Holder, R. Ward. "Calvin's Heritage," *John Calvin*. ed. Donald K. McKim. Cambridge: Cambridge University Press, 2004.

Hoogstra, Jacob T., ed. *John Calvin Contemporary Prophet*. Grand Rapids: Baker Book House, 1959.

House, H. Wayne. *Christian Ministries and the Law*. Grand Rapids: Baker Book House,

1992.

Hughes, Philip E. "John Calvin : Director of Missions." *The Heritage of John Calvin*. ed. John H. Bratt. Grand Rapids : Wm. B. Eerdmans Publishing Company, 1993.

______, ed. and trans. *The Register of the Company of Pastors of Geneva in the Time of Calvin*. Grand Rapids : Wm. B. Eerdmans Publishing Company, 1966.

Hunt, R. N. Carew. "Calvin's Theory of Church and State." *Church Quarterly Review* 108 (1929).

Hunter, A. Mitchell. *The Teaching of Calvin*. Eugene, OR : reprinted by Wipf and Stock Publishers, 1999.

Jantz, Denis, ed. *Three Reformation Catechisms : Catholic, Anabaptist, Lutheran*. New York : Edwin Mellon Press, 1982.

Jones, Serene. *Calvin and the Rhetoric of Piety*. Louisville : Westminster/ John Knox Press, 1995.

Kayayan, Eric. "The Case of Michael Servetus : The Background and the Unfolding of the Case." *Mid-America Journal of Theology* 8 (Fall 1992) : 117-146.

Keddie, Gordon J. "Calvin on Civil Government." *Scottish Bulletin of Evangelical Theology* 3 (1985).

Kingdon, Robert M. "A New View of Calvin in the light of the Registers of the Geneva Consistory." *Calvinus Sincerioris Religionis Vindex*. Vol. XXXVI. eds. W. H. Neuser and B. G. Armstrong. Kirksville, MO : Sixteenth Century Journal Publishers, 1997.

______. "Anticlericalism in the Registers of the Geneva Consistory 1542-1564." *Anticlericalism in Late Medieval and Early Modern Europe*. ed. Peter A. Dykema and Heiko A. Oberman. Leiden : E. J. Brill, 1993.

______. "Calvin's Ideas about the Diaconate : Social or Theological in Origin?" *Piety, Politics, and Power : Reformation Studies in Honor of George Wolfgang Forell*. ed. Carter Lindberg. Kirksville : Sixteenth Century Journal Publishers, 1984 : 167-180.

______. "Calvin's Socio-Political Legacy : Collective Government, Resistance to Tyranny, Discipline." *The Legacy of John Calvin*. ed. David Foxgrover. Grand

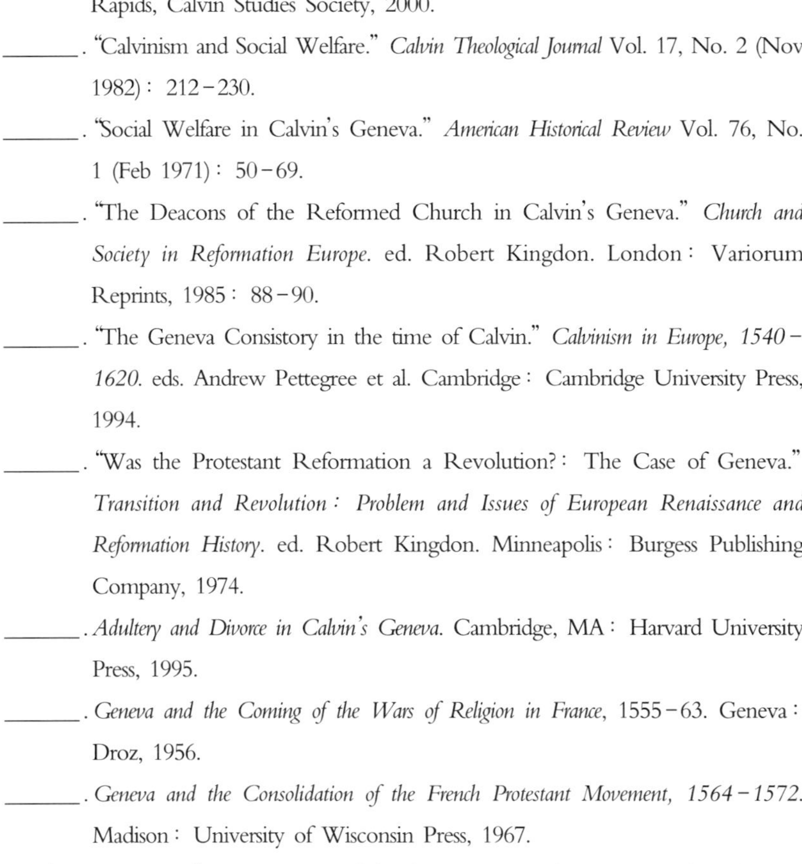

Rapids, Calvin Studies Society, 2000.

______. "Calvinism and Social Welfare." *Calvin Theological Journal* Vol. 17, No. 2 (Nov 1982) : 212-230.

______. "Social Welfare in Calvin's Geneva." *American Historical Review* Vol. 76, No. 1 (Feb 1971) : 50-69.

______. "The Deacons of the Reformed Church in Calvin's Geneva." *Church and Society in Reformation Europe*. ed. Robert Kingdon. London : Variorum Reprints, 1985 : 88-90.

______. "The Geneva Consistory in the time of Calvin." *Calvinism in Europe, 1540-1620*. eds. Andrew Pettegree et al. Cambridge : Cambridge University Press, 1994.

______. "Was the Protestant Reformation a Revolution? : The Case of Geneva." *Transition and Revolution : Problem and Issues of European Renaissance and Reformation History*. ed. Robert Kingdon. Minneapolis : Burgess Publishing Company, 1974.

______. *Adultery and Divorce in Calvin's Geneva*. Cambridge, MA : Harvard University Press, 1995.

______. *Geneva and the Coming of the Wars of Religion in France*, 1555-63. Geneva : Droz, 1956.

______. *Geneva and the Consolidation of the French Protestant Movement, 1564-1572*. Madison : University of Wisconsin Press, 1967.

Kittelson, James M. "Martin Bucer and the Sacramentarian Controversy : the origins of his policy of concord." *Archiv für Reformationsgeschichte* 64 (1973) : 166-183.

Klauber, Martin. "Calvin on Fundamental Articles and Ecclesiastical Union." *Westminster Theological Journal* 54 (1992) : 341-348.

Kretschmar, Georg. "The Imperial Diet of Regensburg 1541 and the Confessio Variata of 1542." *Piety, Politics, and Ethics*. ed. C. Lindberg. Kirksville, MO : Sixteenth Century Journal Publishers, 1984 : 85-102.

Kroon, Marijn de. "Martin Bucer and the Problem of Tolerance." *Sixteenth Century Journal* 19/2 (1988) : 157-168.

Lambert, Thomas A., and Isabella M. Watt, eds. *Registers of the Consistory of Geneva in the Time of Calvin.* trans. M. Wallace McDonald. Grand Rapids : Wm. B. Eerdmans Publishing Company, 2000.

Lane, Anthony N. S. *John Calvin : Student of the Church Fathers.* Grand Rapids : Baker Books, 1999.

Lecler, Joseph. *Toleration and the Reformation.* Vol. 1. New York : Association Press, 1960.

Leith, John H. "Calvin Study for Today." *Interpretation* 31 (1977).

_______. *An Introduction to the Reformed Tradition.* Atlanta : John Knox Press, 1978.

_______. *John Calvin : The Christian Life.* San Francisco : Harper & Row, 1984.

Lewis, Gillian. "The Geneva Academy" *Calvinism in Europe, 1540－1620.* ed. Andrew Pettegree et al. Cambridge : Cambridge University Press, 1994 : 35－63.

Lindberg, Carter. "The Liturgy after the Liturgy : Welfare in the Early Reformation." *Through the Eye of A Needle : Judeo－Christian Roots of Social Welfare.* eds. Emily Albu Hanawalt & Carter Lindberg. Kirksville : Thomas Jefferson University Press, 1994 : 177－191.

_______. *Beyond Charity : Reformation Initiatives for the Poor.* Minneapolis : Fortress Press, 1993.

Little, Lester K. *Liberty, Charity, Fraternity.* Northampton : Smith College, 1988.

Locher, Gottfried. *Calvin Anwalt der Okumene.* Zollikon : Evangelischer Verlag, 1960.

Luther, Martin. *Luther's Works.* eds. Jaroslav Pelikan and Helmut T. Lehmann. 55 vols. Philadelphia : Fortress Press, 1966.

Maag, Karin. *Seminary or University? : The Genevan Academy and Reformed Higher Education,* 1560－1620. Scolar Press, 1995.

McCue, James F. "Double Justification at the Council of Trent : Piety and Theology in Sixteenth Century Roman Catholicism." *Piety, Politics, and Ethics : Reformation Studies in Honor of George Wolfgang Forell.* ed. Carter Lindberg. Kirksville, MO : Sixteenth Century Journal Publishers, 1984 : 39－56.

McDonnell, Kilian. *John Calvin, the Church,* and the Eucharist. Princeton : Princeton University Press, 1967.

McGrath, Alister E. *Christian Theology : An Introduction.* Oxford : Blackwell, 1994.

_______. *Reformation Thought : An Introduction.* Oxford : Basil Blackwell, 1988.

McKee, Elsie Anne. "Calvin's Exegesis of Roman 12 : 8 – Social, Accidental, or Theological?" *Calvin Theological Journal* Vol. 23, No. 1 (1988) : 6 – 18.

_______. *Diakonia in the Classical Reformed Tradition and Today*. Grand Rapids : Wm. B. Eerdmans Publishing Company, 1989.

_______, ed. *John Calvin : Writings on Pastoral Piety*. New York : Paulist Press, 2001.

_______. *John Calvin on the Diaconate and Liturgical Almsgiving*. Geneva : Droz, 1984.

_______. *Katharina Schutz Zell*. Boston : Brill Academin Publisher, 1999.

McKim, Donald K. "John Calvin : A Theologian for an Age of Limits." *Readings in Calvin's Theology*. ed. Donald K. McKim. Eugene, OR : Wipf and Stock Publishers, 1998.

_______. "Recent Calvin Resources." *Religious Studies Review* 27/2 (April 2001) : 141 – 146.

McNeill, John T. "Calvin and Civil Government." *Readings in Calvin's Theology*. ed. Donald K. McKim. Eugene, OR : Wipf and Stock Publishers, 1998.

_______. "Calvin as an Ecumenical Churchman." *Ecumenical Testimony*. eds. John McNeill and James H. Nichols. Philadelphia : The Westminster Press, 1974 : 13 – 26.

_______. "Fifty Years of Calvin Study, Part I 1918 – 48, Part II 1948 – 68." *John Calvin*. ed. Williston Walker. New York : Schocken Book, 1969.

_______. "John Calvin on Civil Government." *Calvinism and the Political Order*. ed. George L. Hunt. Philadelphia : The Westminster Press, 1965.

_______. *The History and Character of Calvinism*. New York : Oxford University Press, 1954.

_______. *Unitive Protestantism : The Ecumenical Spirit and Its Persistent Expression*. Richmond : John Knox Press, 1964.

McNeill, John T., and James Hastings Nichols. *Ecumenical Testimony*. Philadelphia : Westminster Press, 1974.

Milner, Benjamin Charles, Jr. *Calvin's Doctrine of the Church*. Leiden, Netherlands : E. J. Brill, 1970.

Monter, William. *Calvin's Geneva*. New York : Wiley, 1967.

Moore, T. M. "Some Observations Concerning the Educational Philosophy of John

Calvin." *Westminster Theological Journal* 46 (1984) : 140-155.

Mueller, John T. "Notes on the Consensus Tigurinus of 1549." *Concordia Theological Monthly* Vol. 20, No. 12 (December 1949) : 894-909.

Mueller, William A. *Church and state in Luther and Calvin : A Comparative Study*. Nashville : Broadman Press, 1954.

Muller, Richard. "Directions in Current Calvin Research." *Calvin Studies IX*. ed. John Leith and Robert Johnson. Davidson, NC, 1998.

_______. "Directions in Current Calvin Research." *Religious Studies Review* 27/2 (April 2001) : 131-139.

_______. *The Unaccommodated Calvin*. Oxford : Oxford University Press, 2000.

Murray, Iain. *The Puritan Hope*. London : Banner of Truth Trust, 1971.

Naphy, William G. "Calvin and Geneva." *The Reformation World*. ed. Andrew Pettegree. London : Routledge, 2000.

_______. "Church and State in Calvin's Geneva." *Calvin and the Church*. ed. David Foxgrover. Grand Rapids : Calvin Studies Society, 2002.

_______. *Calvin and Consolidation of the Genevan Reformation*. Manchester : Manchester University Press, 1994.

Neill, Stephen. *A History of Christian Missions*. New York : Penguin Books, 1979.

Neuser, W. H., and B. G. Armstrong, eds. *Calvinus Sincerioris Religionis Vindex*. Vol. XXXVI. Kirksville, MO : Sixteenth Century Journal Publishers, 1997.

Neuser, W. H., ed. *Calvinus Sacrae Scripturae Professor : Calvin as Confessor of Holy Scripture*. Grand Rapids : Wm. B. Eerdmans Publishing Company, 1990.

_______. "The Development of the Institutes 1536 to 1559." *John Calvin's Institutes : His Opus Magnum*. ed. W. van't Spijker. Potchefstroom : Potchefstroom University, 1986.

Ngun, Richard. "Calvinism and Missions." *Stulos Theological Journal* 11, 1 (2003) : 85-105.

Nicholls, John D. "Union with Christ : John Calvin on the Lord's Supper." *Union and Communion* 1529-1979. London : The Westminster Conference, 1979.

Niesel, Wilhelm. *The Theology of Calvin*. Philadelphia, Westminster Press, 1956.

Nijenhuis, Willem. *Calvinus Oecumenicus : Calvijn en de eenheid der kerk in het licht van zijn briefwisseling*. 'S-Gravenhage : Martinus Nijhoff, 1959.

_______. *Ecclesia Reformata : Studies on the Reformation*. Leiden, Netherlands : E. J. Brill, 1972.

Nugent, Donald G. *The Colloquy of Poissy : A Study in Sixteenth Century Ecumenism*. University of Iowa, 1965.

Olin, J. C. *A Reformation Debate : Sadoleto's Letter to the Genevans and Calvin's Reply*. Grand Rapids : Baker Book House, 1966.

Olson, Jeannine E. "Calvin and Social-Ethical Issues." *John Calvin*. ed. Donald K. McKim. Cambridge University Press, 2004 : 153-172.

_______. "Calvin and the Diaconate." *Liturgy* 2 (1982) : 78-83.

_______. "The Bourse Française : Deacon and Social Welfare in Calvin's Geneva." *Pacific Theological Review* (1982) : 18-24.

_______. *Calvin and Social Welfare : Deacons and the Bourse française*. Cranbury : Associated University Presses, 1989.

_______. *Deacons and Deaconesses Through the Centuries*. St. Louis : Concordia Publishing House, 2005.

Osmer, Richard Robert. *A Teachable Spirit : Recovering the Teaching Office in the Church*. Louisville : Westminster/ John Knox Press, 1990.

Ozment, Steven. *The Age of Reform 1250-1550 : An Intellectual and Religious History of Late Medieval and Reformation Europe*. New Haven : Yale University Press, 1980.

Parker, T. H. L. *Calvin's New Testament Commentaries*. 2nd ed. Louisville : Westminster/ John Knox Press, 1993.

_______. *Calvin's Old Testament Commentaries*. Edinburgh : T. & T. Clark, 1986.

_______. *Calvin's Preaching*. Louisville : Westminster/ John Knox Press, 1992.

_______. *Calvin : An Introduction to His Thought*. Louisville : Westminster, 1995.

_______. *John Calvin : A Biography*. Philadelphia : Westminster Press, 1975.

Partee, Charles. "Calvin's Polemic : Foundational Convictions in the Service of God's Truth." *Calvinus Sincerioris Religionis Vindex*. Vol. XXXVI. eds. W. H. Neuser and B. G. Armstrong. Kirksville, MO : Sixteenth Century Journal Publishers, 1997.

Pauck, Wilhelm. "Calvin and Butzer." *The Heritage of the Reformation*. Glencoe : The Free Press, 1950 : 77–92.

Payton, James R., Jr. "On Unity and Truth : Martin Bucer's Sermon on John 17." *Calvin Theological Journal* 27, 1 (April 1992) : 26–38.

Peter, Rodolphe. "Calvin and Liturgy, according to the Institutes." *John Calvin's Institutes : His Opus Magnum*. Potchefstroom : Potchefstroom University for Christian Higher Education, 1986.

Pettegree, Andrew. "Michael Servetus and the Limits of Tolerance." *History Today* 40 (February 1990) : 40–45.

______. "The Spread of Calvin's Thought." *John Calvin*. ed. Donald K. McKim. Cambridge : Cambridge University Press, 2004.

Prichard, Rebecca B. "Health, Education and Welfare in the Protestant Reformation : Who Cared?" *Encounter* Vol. 54, No. 4 (Autumn 1994) : 359–373.

Pruett, Gordon E. "A Protestant Doctrine of the Eucharistic Presence." *Calvin Theological Journal*. Vol. 10, No. 2 (November 1975) : 142–174.

Puckett, David L. *John Calvin's Exegesis of the Old Testament*. Louisville : Westminster/ John Knox Press, 1995.

Reid, J. K. S. "Diakonia in the Thought of Calvin." *Service in Christ : Essays Presented to Karl Barth on his 80th Birthday*. eds. James I. McCord and T. H. L. Parker. Grand Rapids : Wm. B. Eerdmans Publishing Company, 1966 : 101–109.

Reid, W. Stanford. "Calvin's Geneva : A Missionary Certre." *Reformed Theological Review* 43, 3 (September–December 1983) : 65–74.

______. "Calvin and the Founding of the Academy of Geneva." *Westminster Theological Journal* 18 (1955) : 1–33.

Richard, Lucien Joseph. *The Spirituality of John Calvin*. Atlanta : John Knox Press, 1974.

Rorem, Paul. *Calvin and Bullinger on the Lord's Supper*. Bramcote : Grove Books Limited, 1989.

Rouse, Ruth, and Stephen Charles Neill. *A History of the Ecumenical Movement 1517–1948*. Vol. I. Geneva : WCC, 1986.

Rupp, E. Gordon. "Philip Melanchthon and Martin Bucer." *A History of Christian Doctrine*. ed. H. Cunliffe–Jones. Philadelphia : Fortress Press, 1980 : 373–383.

Schaff, Philip. "Calvin and Melanchthon." *History of the Christian Church*. Vol. VIII. Grand Rapids : Wm. B. Eerdmans Publishing Company, 1910 : 385-393.

_______. *History of the Christian Church*. Vol. VIII. Grand Rapids : Wm. B. Eerdmans Publishing Company, 1910.

_______. *The Creeds of Christendom*. Vol. III. New York : Harper & Brothers, 1877.

Schmidlin, Joseph. *Catholic Mission History*. ed. Matthias Braun. Techny : Mission Press, 1933.

Scholl, Hans. "The Church and the Poor in the Reformed Tradition." *Ecumenical Review* Vol. 32 (1980) : 236-256.

Spijker, W. van't. "Bucer's influence on Calvin : church and community." *Martin Bucer : Reforming church and community*. ed. D. F. Wright. New York : Cambridge University Press, 1994 : 32-44.

_______. "The Influence of Bucer on Calvin as becomes evident from the Institutes." *John Calvin's Institutes : His Opus Magnum*. Potchefstroom : Potchefstroom University for Christian Higher Education, 1986.

Stackhouse, Max L. "Protestantism and Poverty." *This World* 17 (1987) : 18-42.

Stauffer, Richard. *The Humanness of John Calvin*. New York : Abingdon Press, 1971.

Steinmetz, David C. "Luther and Calvin on Church and Tradition." *Calvin's Ecclesiology : Sacraments and Deacons*. Vol. 10. ed. Gamble, Richard C. New York & London : Garland Publishing, 1999.

Stephens, W. Peter. *The Holy Spirit in the Theology of Martin Bucer*. London : Cambridge University Press, 1970.

Stevens, Carl David. "Calvin's Corporate Idea of Mission." Ph. D. diss., Westminster Theological Seminary, 1992.

Sunshine, Glenn S. "Geneva Meets Rome : The Development of the French Reformed Diaconate." *Sixteenth Century Journal* Vol. 26, No. 2 (1995) : 329-346.

Tamburello, Dennis. *Union with Christ : John Calvin and the Mysticism of St. Bernard*. Louisville, KY : Westminster/John Knox Press, 1994.

Tavard, George H. *Holy Writ or Holy Church*. New York : Harper and Brothers, 1959.

Thompson, Bard. "Bucer Study since 1918." *Church History* Vol. 25, No.1 (March

1956) : 63-82.

Torrance, Iain R. "Mysterium Christi and Mysterium Ecclesiae : The Christological Ecclesiology of John Calvin." *The Greek Orthodox Theological Review* 43 (1998) : 459-467.

Tucker, Ruth A. *From Jerusalem to Irian Jaya : A Biographical History of Mission*. Grand Rapids : Zondervan Publishing House, 1983.

Tylenda, Joseph N. "Calvin and Christ's Presence in the Supper True or Real." *Scottish Journal of Theology* Vol. 27 (February 1974) : 65-75.

______. "Calvin and Westphal : Two Eucharistic Theologies in Conflict." *Calvin's Books*. ed. Wilhelm H. Neuser. Heerenveen : J. J. Groen & Zoon, 1997.

______. "The Calvin-Westphal Exchange : The Genesis of Calvin's Treatises against Westphal." *Calvin Theological Journal* 9 (1974) : 182-209.

______. "The Ecumenical Intention of Calvin's Early Eucharistic Teaching." *Reformatio Perennis : Essays on Calvin and the Reformation in honor of Ford Lewis Battles*. ed. B. A. Gerrish. Pittsburgh : The Pickwick Press, 1981.

Uprichard, Robert E. H. "The Eldership in Martin Bucer and John Calvin." *Evangelical Quarterly* 61 (January 1989) : 21-37.

Vanden Berg, J. "Calvin and Missions." *John Calvin : Contemporary Prophet*. ed. Jacob T. Hoogstra. Grand Rapids : Baker Book House, 1959.

Vischer, Lukas, ed. *Pia Conspiratio : Calvin's Commitment to the Unity of Christ's Church*. John Konx Series No. 12. Geneva : International Reformed Center, 2000.

Walker, Williston. *John Calvin : The Organiser of Reformed Protestantism 1509-1564*. New York : Schocken Books, 1969.

Wallace, Ronald S. *Calvin's Doctrine of the Word and Sacrament*. Grand Rapids : Wm. B. Eerdmans Publishing Company, 1957.

Warneck, Gustav. *Outline of A History of Protestant Mission from the Reformation to the Preset Time : A Contribution to Modern Church History*. trans. and ed. George Robson. New York : Fleming H. Revell Co., 1903.

Weber, Otto. "Die Einheit der Kirche bei Calvin." *Calvin-Studien 1959*. ed. Jürgen Moltmann. Neukirchen : Neukirchen Verlag, 1960.

______. *Die Treue Gottes in der Geschichte der Kirche*. Neukirchen : Neukirchen Verlag,

1968.

Wendel, François. *Calvin : Origins and Development of His Religious Thought*. trans. Philip Mairet. Durham, North Carolina : The Labyrinth Press, 1987.

Wengert, Timothy. "'We Will Feast Together in Heaven Forever' : The Epistolary Friendship of John Calvin and Philip Melanchthon." *Melanchthon in Europe : His Work and Influence beyond Wittenberg*. ed. Karin Maag. Grand Rapids : Baker Books, 1999.

White, Robert. "Fifteen Years of Calvin Studies in French (1965-1980)." *Journal of Religious History* 12 (December 1982) : 140-161.

Wilbur, Earl Morse, trans. *The Two Treatises of Servetus on the Trinity*. Cambridge, MA : Harvard University Press, 1932.

Willis, E. David. "Rhetoric and Responsibility in Calvin's Theology." *The Context of contemporary Theology*. ed. Alexander J. McKelway and E. Davis Willis. Atlanta : John Knox Press, 1974.

Willis-Watkins, David. "Calvin's Theology of Pastoral Care." *Calvin Studies VI*. ed. John H. Leith. Davidson, NC : Davidson Colloquium on Calvin Studies, 1992.

Wolters, A. "Recent Biographical Studies of Calvin." *In Honor of John Calvin, 1509-1564*. ed. E. J. Furcha. Montreal : McGill University Press, 1987.

World Council of Churches. *Baptism, Eucharist and Ministry*. Faith and Order paper 111. Geneva : World council of Churches, 1982.

Wright, David F. "Calvin's Accommodating God." *Calvinus Sincerioris Religionis Vindex : Calvin as Protector of the Purer Religion*. ed. Wilhelm H. Neuser and Brian G. Armstrong. Kirksville, Missouri : Sixteenth Century Journal Publishers, 1997.

______. "Was John Calvin a 'Rhetorical Theologian'?" *Calvin Studies IX*. ed. John Leith and Robert Johnson. Davidson, NC : Colloquium on Calvin Studies, 1998) : 46-69.

Zell, Katharina Schutz. *Church Mother*. trans. Elsie A. McKee. University of Chicago Press, 2006.

Zweig, Stefan. *The Right to Heresy : Castellio against Calvin*. Boston : The Beacon Press, 1951. 안인희 역. 『폭력에 대항한 양심 : 칼뱅에 맞선 카스텔리오』. 서울 :

자작나무, 1998.

Zwemer, Samuel M. "Calvinism and the Missionary Enterprise." *Theology Today* 7 (1950) : 206-216.

인명 찾아보기